Stammtafel der Vorfahren Friedrichs II.

Friedrich I. Barbarossa (nach 1122 – 1190)
Hg. v. Schwaben 1146 Dt. Kg. 1152 Kaiser 1155
∞
1. um 1149 **Adela v. Vohburg** (um 1128 – 1187)
geschieden 1153
2. 1156 **Beatrix v. Burgund** (1140/4 – 1184)

aus 2.

Friedrich
(urspr. Konrad ;
1167 – 1191)
g. von Schwaben
nach 1170

Otto
(1168/71 – 1200)
Pg. v. Burgund 1188
∞ 1190
Margarethe v. Blois - Champagne
(um 1169 – 1230)

Konrad
(um 1172 – 1196)
Hg. v. Rothenburg
1188
Hg. v. Schwaben
1192

Philipp
(1176/7 – 1208)
Hg. v. Tuskien 1195
Hg. v. Schwaben 1196
Dt. Kg. 1198
∞ 1195
Irene v. Byzanz
(1181 – 1208)

Beatrix
193 – 1231)
∞ 1208
Otto I.
n 1171–1234)
. v. Meranien
1204
g. v. Burgund
1208

Maria
(1196 – 1235)
∞ 1210/1
Heinrich II.
(1193 – 1248)
Hg. v. Brabant
1235

Beatrix
(1198 – 1212)
∞ 1209
Otto IV.
(1177 – 1218)
Dt. Kg. 1198
Kaiser 1209

Kunigunde
(1202 – 1248)
∞ 1224
Wenzel I.
(um
1205 – 1253)
Kg. v. Böhmen
1230

Beatrix
(1205 – 1235)
∞ 1219
Ferdinand III.
(1200 – 1252)
Kg. v. Kastilien
und León 1230

Otto II.
218 – 1248)
g. v. Meranien
. v. Burgund
1234

Heinrich III.
(1230/1 – 1261)
Hg. v. Brabant
1248

Beatrix
(um
1225 – 1288)
∞ 1241
Heinrich Raspe
(um
1202 – 1247)
Lg. v. Thüringen
1231
Gegenkg. 1246

Ottokar II.
(um
1230 – 1278)
Kg. v. Böhmen
1253

Alfons X.
(1221 – 1284)
Kg. v. Kastilien
und León 1252
Dt. Kg.
1257 – 1273

WOLFGANG STÜRNER

FRIEDRICH II.

TEIL 1

GESTALTEN DES MITTELALTERS UND DER RENAISSANCE

Herausgegeben von
PETER HERDE

WISSENSCHAFTLICHE BUCHGESELLSCHAFT
DARMSTADT

WOLFGANG STÜRNER

FRIEDRICH II.

TEIL 1

DIE KÖNIGSHERRSCHAFT IN SIZILIEN UND DEUTSCHLAND 1194–1220

WISSENSCHAFTLICHE BUCHGESELLSCHAFT
DARMSTADT

Die Deutsche Bibliothek – CIP-Einheitsaufnahme

Stürner, Wolfgang:
Friedrich II., Teil 1: Die Königsherrschaft in
Sizilien und Deutschland 1194–1220 /
Wolfgang Stürner. – Darmstadt: Wiss. Buchges.,
1992
(Gestalten des Mittelalters und der Renaissance)
ISBN 3-534-04136-4

Bestellnummer 04136-4

Gedruckt auf säurefreiem und alterungsbeständigem Offsetpapier
Gesamtherstellung: Wissenschaftliche Buchgesellschaft, Darmstadt
Printed in Germany
Schrift: Times, 9.5/11

ISBN 3-534-04136-4

INHALT

VORWORT DES REIHENHERAUSGEBERS

Das zweite in dieser Reihe erscheinende Werk fällt sowohl im Umfang als auch im wissenschaftlichen Apparat aus dem Rahmen. Der Umfang übertrifft das angezielte Maß um etwa das Doppelte, und der Anmerkungsapparat ist ebenfalls weit umfänglicher als geplant. Dennoch haben sich Herausgeber und Verlag entschlossen, das Werk ungekürzt zu drucken. Denn einmal rechtfertigt die Bedeutung der behandelten Persönlichkeit eine solche Ausnahme, und zum anderen ist seit dem glänzenden und hochgelehrten, in seiner Interpretation freilich umstrittenen Buch von Ernst Kantorowicz über Friedrich II. (1927–31) keine umfassende und hinreichend durch Quellen und Literatur dokumentierte Darstellung des Kaisers mehr erschienen. Am nächsten kam einer solchen noch das Buch von Thomas Curtis Van Cleve (1972), das freilich den Forschungsstand der fünfziger Jahre repräsentiert. In deutscher Sprache erschienen in den letzten Jahrzehnten das sehr knappe, aber auf unübertroffener Kenntnis der Quellen (einschließlich der ungedruckten) basierende Büchlein von Hans Martin Schaller (1964) und das für dieses Genre gute und gut belegte „Sachbuch" von Eberhard Horst (1975), das sich sehr positiv von einem ähnlichen Buch von Georgina Masson abhebt. Dagegen hat die Einzelforschung über Friedrich II., nicht zuletzt in Deutschland, in den letzten 50 Jahren erhebliche Fortschritte in unserem Kenntnisstand gebracht. Der Verfasser des vorliegenden Werkes, der durch seine vom Prooemium zu den Konstitutionen von Melfi ausgehende Untersuchung über 'Peccatum und potestas' Anteil an dieser Erforschung hatte, hat diese neuen Erkenntnisse ausgewertet, darüber hinaus jedoch durch nochmalige gründliche Durcharbeitung der Quellen in manchen Einzelfragen neue Ergebnisse gewonnen oder ältere modifiziert. Das Werk ist daher im Sinne der Programmatik der Reihe im besten Sinne weiterführende Synthese. Die umfangreiche Aufarbeitung und Präsentation der Quellen in dem dadurch stark angewachsenen Anmerkungsapparat wird, so glaube ich, diesem Buch bleibende Bedeutung verleihen. Das alles rechtfertigte es, die Arbeit im vollen Umfang zu publizieren. Das war aber nur möglich, indem sie in zwei Bände aufgeteilt wurde, deren zweiter rechtzeitig zum 800. Jahrestag der Geburt Friedrichs II. 1994 erscheinen soll.

Würzburg, im Februar 1992 Peter Herde

1. DAS ERBE. IMPERIUM ROMANUM UND REGNUM SICILIE BIS ZUM AUSGANG DES 12. JAHRHUNDERTS

Eben als im Triumph der Kaiser läßt ruhen die Waffen,
Wird ihm geboren der Sohn, künftiger Waffentat Held.
Glücklich preist sich der Vater, doch glücklicher noch wird das Kind sein:
Diesem Knaben erst wird vollkomm'ner Segen zuteil.
Fügt doch der Vater zum Ganzen mit siegender Lanze die Teile,
Schafft dem Reich jenen Rang, den es vordem einst genoß.
Oh, Du ersehnter Knabe, Du Wiederkehr glorreicher Zeiten,
Roger und Friederich, eins werden beide in Dir.
Friede kehrt ein mit Dir, denn Deine Geburt schafft auch uns erst;
Deine Geburt macht aus uns, was frommes Wünschen erstrebt.[1]

Mit diesen begeisterten Versen feierte der Dichter Petrus von Eboli (bei Salerno) im Frühjahr 1195 die Geburt Friedrichs II., und ähnlich wie er fühlten damals wohl alle Anhänger der staufischen Sache. Am Weihnachtstage des Jahres 1194 hatte Kaiser Heinrich VI. in der Kathedrale von Palermo zum ersten Mal die Krone der normannischen Könige getragen und damit endgültig und für alle Anwesenden sichtbar deren Nachfolge im Königreich Sizilien angetreten. Nur einen Tag später, am 26. Dezember, gebar seine Gattin, die Kaiserin Konstanze, in Jesi bei Ancona den lange ersehnten Sohn und Nachfolger.[2] Fast gleichzeitig war die Ausdehnung der staufischen Herrschaft über Mitteleuropa und ganz Italien, die Vereinigung von Imperium und Regnum Sicilie in staufischer Hand zum Abschluß gekommen und der Fortbestand dieser Verbindung wenigstens in der nächsten Generation des Stauferhauses möglich, ja wahrscheinlich geworden.

[1] Petrus von Eboli, Liber II 43, vv. 1369–1374, 1377f., 1381f., ed. Rota 177f., zu Person und Werk des Petrus siehe ebd. XIX–LXXV, sowie Siragusa VIII–XL, Kauffmann 8–13, Daneu Lattanzi 17–22, Schramm-Mütherich I 184, Nr. 184, Gianni-Orioli, Cultura 89–117, Miglio, Momenti 119–146, vgl. Manselli, Premessa 5–16.

[2] Krönung Heinrichs: Annales Aquenses, ad 1193, MGH SS 24, 39, Roger von Howden, ad 1195, ed. Stubbs 3,276 (vgl. 270), s. auch Annales Marbacenses, ad 1194, MGH SS rer. Germ. 19, 65, sowie RI IV 3, Nr. 394; Geburt Friedrichs: Brief Heinrichs VI. an Erzbischof Walter von Rouen vom 20. 1. 1195 (Radulfus de Diceto, ad 1195, ed. Stubbs 125, HB 1,1 Anm. 1; RI IV 3, Nr. 401), Richard von S. Germano, ad 1194, ed. Garufi 17 (vgl. ad 1233, 186f.), vgl. Friedrichs II. Brief an die Stadt Jesi von 1239, HB 5, 378.

Friedrich I. Barbarossa und das Imperium Romanum

Die Stärkung des Imperium Romanum hatte schon für Heinrichs Vater, für Kaiser Friedrich I. Barbarossa (1152–1190), unverkennbar eine neue Bedeutung gewonnen; weit offenkundiger als bei seinen Vorgängern, Lothar III. (1125–1137) und Konrad III. (1138–1152), stand sie bei ihm von Anfang an im Mittelpunkt seiner politischen Ziele und Anstrengungen. Er beabsichtige, als Herrscher sowohl die Kirche mit den ihr gebührenden Vorrechten zu schmücken, wie auch „die Hoheit des Römischen Reiches zur früheren Stärke und Vollkommenheit mit Gottes Hilfe zurückzuführen", so schrieb Friedrich I. unmittelbar nach seiner Erhebung zum deutschen König im März 1152 an Papst Eugen III. (1145–1153).[3] Kurz vor seiner Krönung zum Kaiser durch Papst Hadrian IV. (1154–1159) am 18. Juni 1155 trat ihm zwischen Sutri und Rom eine Gesandtschaft des römischen Senats mit der Forderung entgegen, er solle die Kaiserkrone nach eidlicher Bestätigung der Privilegien der Stadt Rom und einer Zahlung an ihre Bürger aus deren Händen entgegennehmen. Ihr antwortete er nach einem sicherlich ausschmückenden, die staufische Auffassung im Kern aber wohl zutreffend wiedergebenden Bericht seines Onkels, des Bischofs und berühmten Geschichtsschreibers Otto von Freising (um 1112–1158), das schwache, schutzlose Rom und sein Imperium seien durch die überlegene Tapferkeit der „neuen Kaiser", „unserer göttlichen Fürsten Karl und Otto", also Karls des Großen (768–814) und Ottos des Großen (936–973), und ihrer Völker für die Franken und die Deutschen gewonnen worden. Als ihr Nachfolger und zugleich ausgewiesen durch seinen eigenen Ruhm, gestützt auf sein eigenes glänzendes Heer, sei er selbst ohne jeden Zweifel der *legitimus possessor*, der rechtmäßige Eigentümer Roms, gewillt und im Stande, Stadt und Reich zu verteidigen, dessen alte Grenzen wiederherzustellen und den Gehorsam seiner Bewohner zu belohnen, aber ebenso auch berechtigt, Gesetze zu erlassen und deren strikte Einhaltung durch seine Untertanen zu verlangen.[4] Der durch göttliche Gnade über die Stadt Rom und den Erdkreis gesetzte Kaiser müsse dem Gang der Zeiten entsprechend Vorsorge für das heilige Reich, das heilige Gemeinwesen (*sacro imperio et divae rei publicae*) treffen,

[3] *Romani imperii celsitudo in pristinum sue excellentie robur deo adiuvante reformetur*, DF.I.5, ed. Appelt 1,11; zu Friedrich I. Barbarossa siehe die Biographien von Opll, Pacaut und Munz, sowie die gestrafften Darstellungen von Beumann, Reich 339–362, Haverkamp, Aufbruch 196–208, Appelt, Friedrich 177–198, Fuhrmann, Deutsche Geschichte 151–199, Engels, Staufer 49–107, und Jordan, Investiturstreit 383–413.

[4] Die Schilderung der Vorgänge bei Otto von Freising, Gesta II 31 f., ed. Schmale 342–352, zu Otto siehe Wattenbach-Schmale I 48–60.

heißt es schließlich in jenem Brief, in dem Barbarossa eben Otto von Freising im März 1157 zur Teilnahme am geplanten Italienfeldzug aufforderte.[5]

Diese wie viele ähnliche Äußerungen zeugen von der hohen Meinung, die der Kaiser von seiner Stellung als Herr des Imperiums hatte: Sie war ihm als dem Erben seiner antiken und mittelalterlichen Vorgänger unmittelbar von Gott verliehen und mit der Hilfe seines Heeres tatsächlich errungen worden, stellte ihn unabhängig und gleichberechtigt neben den Papst, verlieh ihm Macht über Rom und das Römische Reich, ja über den ganzen Erdkreis, gab ihm das Recht und die Pflicht, für die gebührende Größe, den äußeren Schutz und den inneren Frieden seines Gott besonders nahen, geheiligten Reiches zu sorgen.

Freilich gewannen nicht alle Komponenten der in programmatischen Reden und Erklärungen faßbaren kaiserlichen Herrschaftsvorstellungen jener Zeit gleichermaßen Bedeutung für Friedrichs praktische Politik. Den Gedanken der staufischen Weltherrschaft etwa verbreiteten wohl dem Hofe nahestehende oder von Rainald von Dassel (um 1120–1167), dem Reichskanzler und (seit 1159) Erzbischof von Köln, geförderte Dichter, und Rainald selbst betonte den Anspruch des Kaisers auf Vorrang vor den übrigen Königen bisweilen so schroff und herablassend, daß er auf energische Ablehnung in England wie besonders in Frankreich stieß. Andererseits führten derartige Reaktionen wie auch der Einfluß gemäßigterer Berater den Kaiser mit zunehmender Erfahrung deutlicher zu einem eher maßvoll-ausgleichenden Vorgehen. Er anerkannte die christlichen Königreiche grundsätzlich als gleichberechtigte Partner des Imperiums und knüpfte mannigfaltige Beziehungen zu ihnen. Dabei verzichtete er keineswegs darauf, die überlegene Stellung des Reiches zur Geltung zu bringen, wo sich Gelegenheit dazu bot, scheute allerdings ebensowenig die Aufgaben, die ihm nach seiner Überzeugung aus seinem kaiserlichen Rang erwuchsen. Am eindrücklichsten bekundete er seine Verantwortung für die gesamte Christenheit gewiß, als er seit 1188 den Kreuzzug zur Wiedergewinnung des Heiligen Landes vorbereitete, auf dem er am 10. Juni 1190 in Südkleinasien umkommen sollte.[6]

Trotz solch weitgespannter Absichten galt das Hauptinteresse Friedrichs I. indessen ohne Zweifel dem Imperium innerhalb jener verhältnismäßig festen Grenzen, die sich im Laufe der historischen Entwicklung für den Herrschaftsbereich der deutschen Könige und Kaiser herausgebildet hatten: Seine Bemühungen konzentrierten sich in erster Linie auf die Verhältnisse in den Königreichen Deutschland, Italien und Burgund. Dabei suchte er

[5] DF.I. 163, ed. Appelt 1,280 (auch MGH Const. 1,224, Nr. 161).

[6] Zur Beurteilung von Friedrichs Herrschaftsvorstellung siehe Kienast 2,270–295, 334–340 (vgl. 1,198–238), Töpfer 1348–1358, Koch, Sacrum Imperium 178–279, Appelt, Kaiseridee 208–244, Herkenrath, Regnum 323–359, Kirfel, bes. 208–213.

durchaus, traditionelle lehnrechtliche Bindungen der Grenznachbarn zu erneuern und zu festigen, so gleich zu Beginn seiner Regierung die Lehnsabhängigkeit des dänischen Königs, später, gleichfalls mit wechselndem Erfolg, die des Herzogs von Polen. Nach seiner Heirat mit Beatrix, der Erbin der Freigrafschaft Burgund (um Besançon) im Jahre 1156, konnte er, gestützt auf deren stattlichen Besitz, dem Einfluß des Reiches im gesamten burgundischen Gebiet, in dem sich östlich von Saône und Rhône bis zum Mittelmeer ausdehnenden Regnum Arelatense also, wieder stärkeres Gewicht verschaffen, als dies bisher üblich und möglich gewesen war. Auf dem Reichstag zu Besançon huldigten ihm 1157 die Mächtigen des Landes, und mehr als zwanzig Jahre später, im Juli 1178, kam er eigens nach Arles, um sich dort zum König von Burgund krönen zu lassen und so seine Herrschaftsansprüche noch einmal auf feierliche Weise zu unterstreichen.[7]

Friedrichs I. politisches Handeln in Deutschland

Die besondere Aufmerksamkeit und Kraft Friedrichs I. beanspruchten jedoch, über Jahre hin fast ausschließlich, die Probleme Deutschlands und Italiens. Die politische Lage in Deutschland war schon seit dem 11. Jahrhundert geprägt vom Auseinanderbrechen der großen Stammesherzogtümer. Bischöfe und Äbte mühten sich um die Mehrung ihrer weltlichen Befugnisse, den Gewinn herzoglicher Rechte. Aber auch die Adelsfamilien, darunter viele neue, sich erst jetzt stärker profilierende Geschlechter, strebten, einander heftig bekämpfend, danach, ihren Besitz zu erweitern sowie Herrschaftsrechte anzusammeln und in einem einigermaßen zusammenhängenden Territorium möglichst vollständig in die Hand zu bekommen. Ihre Anstrengungen galten dem Ziel, in ihrem Machtbereich eine unabhängige und umfassende, von konkurrierender Einmischung freie Herrscherstellung, die allein auf den königlichen Lehnsherrn bezogene und von ihm unmittelbar vergebene Stellung eines Reichsfürsten zu erringen und auszubauen. Das Königtum, das während des Investiturstreits in hohem Maße gebunden war durch die Auseinandersetzung mit dem Reformpapsttum um die Neuordnung des Verhältnisses von Imperium und Sacerdotium, von weltlicher und geistlicher Gewalt, vermochte den Aufstieg dieser neuen Führungsschicht und die ihn begleitenden Konflikte auch nach dem Abschluß des Wormser Konkordats mit der Kirche im Jahre 1122 kaum zu hemmen, zumal eben jenes Konkordat den bis dahin bei der Besetzung der Bistümer und großen Abteien des Reiches meist dominierenden Einfluß des Königs

[7] Appelt, Kaiserin Beatrix 275–283, Fried, Friedrich 347–371, Büttner, Friedrich 88–119, Mariotte, Comté, bes. 43–155.

empfindlich beschnitt, in Italien und Burgund fast gänzlich beseitigte und damit die traditionellen Grundlagen und Wirkungsmöglichkeiten der königlichen Politik drastisch einschränkte.

Friedrich hatte, seit 1147 als Herzog von Schwaben, die langwierigen, aufwendigen und am Ende doch vergeblichen Versuche seines Vorgängers und Onkels, Konrads III., miterlebt, den königlichen Willen gegen die Fürsten durchzusetzen, vor allem gegen die Opposition der mächtigsten Familie unter ihnen, der Welfen, deren Führer reichen Besitz in Schwaben, Bayern, Sachsen und Italien, darüber hinaus die Herzogtümer Bayern und Sachsen innehatte und sich ebenso wie der Staufer zur Königswürde berufen sah. Sicher unter dem Eindruck dieser Kämpfe und Streitigkeiten, die das ganze Reich in Unfrieden stürzten, ohne dem Königtum Aussicht auf dauerhaften Erfolg zu bieten, schlug Barbarossa von Beginn seiner Herrschaft an den Weg der friedlichen Einigung und des Vergleiches ein. Dabei kam ihm zweifellos die Tatsache zugute, daß er eng mit den Welfen verwandt, daß Heinrich der Löwe (um 1130–1195), der ihm an der Spitze des Welfenhauses gegenüberstand, sein Vetter war. Dennoch bedurfte es langer Verhandlungen und viel taktischen Geschicks, bis die dauerhafte Aussöhnung zwischen Staufern und Welfen und eine für alle beteiligten Parteien annehmbare Lösung der mannigfachen Streitpunkte gelang. Herausragende Bedeutung erhielt in diesem Zusammenhang die Übereinkunft mit den Barbarossa ebenfalls verwandtschaftlich verbundenen Babenbergern, die nun (1156) zu Herzögen von Österreich aufstiegen und in ihrer neuen landesherrlichen Stellung durch die Gewährung besonderer Privilegien noch zusätzlich gestärkt wurden.[8]

Der Kaiser hielt an seiner Politik des Ausgleichs mit den geistlichen und weltlichen Fürsten, der möglichst friedlichen Regelung der unter ihnen ausbrechenden Konflikte, der Wahrung und sogar Mehrung ihrer Vorrechte, auch künftig fest. Offenbar hoffte er, dadurch die Fürsten für sich zu gewinnen und wieder stärker seiner kaiserlichen Autorität zu verpflichten. Es läßt sich erkennen, daß er dieses Ziel in der Tat vielfach erreichte; so unterstützten etwa gerade die Babenberger und zunächst auch Heinrich der Löwe seine Reichspolitik nach Kräften. Andererseits zeigt das Beispiel Heinrichs ebenso deutlich die Bedingungen und Grenzen des kaiserlichen Entgegenkommens: Gewiß nicht zufällig entzog Friedrich dem Herzog, dessen überlegene Macht im Norden Deutschlands er bisher gegen alle Widersacher gedeckt hatte, von dem Augenblick an seinen Schutz und Rückhalt, in dem dieser ihm seine Hilfe bei der Durchsetzung der Reichsrechte in Italien offen

[8] Appelt, Privilegium minus, bes. 32–80, Jordan, Heinrich der Löwe, bes. 48–60, zum Herzogtum Schwaben als Beispiel für die Lage der Stammesherzogtümer im 12. Jahrhundert vgl. Maurer, Herzog von Schwaben 218–268.

verweigerte. Wenn er die dem Welfen daraufhin im Januar 1180 durch Fürstenspruch aberkannten Reichslehen nicht selbst verwaltete, sondern sofort wieder ausgab, so handelte er wohl nicht nur unter dem Druck der Fürsten, sondern folgte zugleich seiner eigenen Grundüberzeugung vom angemessenen Verhältnis zwischen königlicher und fürstlicher Gewalt. Die Teilung der Lehen erlaubte ihm nun zudem, eine ganze Reihe wichtiger Persönlichkeiten zu fördern, sie als Reichsfürsten auszuzeichnen und damit unmittelbar an sich zu binden.[9]

Es versteht sich – und der Konflikt mit Heinrich dem Löwen führt es praktisch vor Augen –, daß der neugewonnene Einfluß des Königs als Lehnsherr, als Schlichter und Richter fürstlicher Streitigkeiten, als den Landfrieden sichernder Gesetzgeber[10] über längere Zeit hin nicht wirkungsvoll ausgeübt werden konnte, wenn er sich allein auf das persönliche Ansehen und das Verhandlungsgeschick des Herrschers gründete. Um gegenüber den selbstbewußten Reichsfürsten des 12. Jahrhunderts dem königlichen Vorrang dauerhaft und zuverlässig Geltung zu verschaffen, bedurfte es vielmehr zusätzlicher, eigenständiger und konkreter Machtgrundlagen, und Barbarossas Fürstenpolitik diente nicht zuletzt eben der Absicht, die Bedingungen für deren Auf- und Ausbau zu verbessern. Zu diesen Grundlagen königlicher Macht gehörten für ihn gewiß die dem König verbliebenen Rechte bei der Besetzung der Bistümer. Er legte auf ihre Wahrung von Anfang an größten Wert, wobei er sich durchaus nicht immer streng an die ihm im Wormser Konkordat gezogenen Grenzen hielt, und erreichte es, daß das Reichsepiskopat im ganzen zu seinen zuverlässigen Stützen zählte.

Mit großer Energie widmete sich Friedrich, vor allem in den Jahren nach 1167, der gezielten Vergrößerung und planvollen Nutzung jenes aus Haus- und Reichsgut bestehenden unmittelbar staufischen Territoriums, dessen Kern in Schwaben, im Elsaß, am Mittelrhein und in Ostfranken lag, und das sich über die Oberpfalz und das Egerland bis Thüringen und zum Harz hinzog. Seine von Burgen und Pfalzen aus geführte Verwaltung war vorwiegend den Ministerialen anvertraut, ursprünglich unfreien Dienstleuten, die gewissermaßen mit den Staufern aufstiegen, sich als eine Art Beamter in immer bedeutenderen Positionen bewähren konnten und bald auch außerhalb des eigentlichen staufischen Machtzentrums als wichtige und zuverlässige Träger der Reichsverwaltung und Reichspolitik wirkten. Mancher von ihnen brachte es zu hochangesehenem, adligem Rang.

Wie der französische König in seiner sich immer weiter ausdehnenden

[9] Jordan, Heinrich der Löwe, bes. 165–213, Theuerkauf 217–248, Goez, Leihezwang 226–237; über die Reichsfürsten: Heinemeyer, König 4–39.

[10] Dazu Appelt, Rechtsentwicklung 40–43, vgl. ders., Römisches Recht 58–82, sowie Gernhuber, Landfriedensbewegung, bes. 80–98.

Krondomäne oder die Reichsfürsten in ihren Territorien, so förderte Barbarossa im Bereich des staufischen Haus- und Königsguts intensiv den wirtschaftlichen Ausbau mit Hilfe der damals neu zu Gebote stehenden Möglichkeiten. Angesichts der stark wachsenden Bevölkerung warb er Bauern durch Zusicherung von besonderen Freiheitsrechten für den mühevollen und risikoreichen Start als Neusiedler auf Rodungsland. Er bestätigte die Privilegien einer ganzen Reihe von Städten, gewährte den Bürgern finanzielle Erleichterungen und die individuelle rechtliche Besserstellung, erlaubte ihnen die Ummauerung ihrer Gemeinwesen und erhob mit besonderer Vorliebe Siedlungen, die sich in Anlehnung an staufische Pfalzen gebildet hatten, wie Ulm, Hagenau, Gelnhausen, Chemnitz oder Zwickau, zu Städten mit Marktrecht und oft genug einer Münzstätte. Galt demnach seine Aufmerksamkeit den Städten vorwiegend, insofern sie seine königliche Gewalt militärisch und wirtschaftlich stärken konnten, so suchte er folgerichtig städtische Bemühungen um größere politische Selbständigkeit oder gar weiträumiges Zusammenwirken zu unterdrücken, weil sie seine eigenen Ziele zu bedrohen schienen.[11] Hier schlugen sich negative Erfahrungen nieder, die der Kaiser in Italien, dem wohl überhaupt zentralen Feld seiner Reichspolitik, gemacht hatte.

Die Italienpolitik

Friedrich ging es in Italien darum, die alten Herrschaftsrechte des Königs, die Regalien, wie sie im Jahre 1158 während des Reichstages von Roncaglia (zwischen Piacenza und Lodi) von einer Kommission aus oberitalienischen Städtevertretern und Bologneser Juristen definiert worden waren, ihren unrechtmäßigen Besitzern zu entziehen und sie so vollständig wie möglich wieder unmittelbar selbst auszuüben. Wer immer sonst sich ihrer bedienen wollte, sollte der ausdrücklichen kaiserlichen Verleihung bedürfen. Diese Absicht richtete sich grundsätzlich gegen alle bisherigen Inhaber solcher Rechte, also etwa auch gegen adlige oder kirchliche Große, sie traf mit ganzer Schärfe jedoch in erster Linie die Städte der Lombardei. Gestützt auf ihren seit dem ausgehenden 11. Jahrhundert ständig wachsenden Reichtum als Fernhandelszentren und begünstigt durch die Schwäche ihrer bischöflichen Stadtherren, hatten sie weitgehende Autonomie errungen und die Regalien in einem ausgedehnten Gebiet in großem Umfang in ihre Hand ge-

[11] Büttner, Staufische Territorialpolitik 13–27, Stoob, Formen 381–385, 392–409, Maurer, Herzog von Schwaben 268–300, Nau, Staufische Münzpolitik 49–67, Kamp, Münzprägung 519–535, Patze, Kaiser Friedrich 349–408, Bosl, Reichsministerialität, bes. 140–546, 620–632.

bracht, meist ohne die Rechtmäßigkeit ihres Vorgehens durch kaiserliche Privilegien nachweisen zu können. Nun verloren sie oft genug einen erheblichen Teil dieser Rechte wieder. Sofern sie sie, etwa innerhalb der Stadtmauern, behalten durften, mußten sie dem Kaiser dafür Zahlungen leisten und ihre gewählten Amtsträger, die Konsuln oder Podestà, von ihm bestätigen lassen. Barbarossa gelang es so vielfach, große Machtblöcke aufzuspalten und die kleineren Gewalten wieder unmittelbar dem Reich und seinem Schutz zu unterstellen. Außerdem flossen ihm aus dem Regalienzins der reichsunmittelbaren Herrschaftsträger erhebliche Einkünfte zu, die er noch beträchtlich steigerte, indem er jene Regalien, die finanziellen Nutzen brachten, möglichst direkt beanspruchte und ihre Erträge durch seine Beauftragten und die sich nun etablierende Reichsverwaltung einzog. Besonders ergiebig scheinen dabei die Zölle und das Fodrum gewesen zu sein, die direkte Reichssteuer, die der Kaiser während seiner Anwesenheit in Italien erheben konnte.

Natürlich stieß diese Politik auf erhebliche Widerstände. Mailand unterwarf sich Friedrich nach harten Kämpfen erst 1162. Zwei Jahre später schlossen sich drei ostlombardische Städte zum Veroneser Bund gegen den Kaiser zusammen, und nach dem Untergang des kaiserlichen Heeres in der römischen Sommerhitze des Jahres 1167 bildete sich unter der Führung Cremonas der große lombardische Städtebund, in dem bald das mit byzantinischem Geld wieder aufgebaute Mailand eine maßgebliche Rolle spielte. Erst nach langen Jahren militärischer Auseinandersetzungen und mühevoller Verhandlungen gelang 1183 im Konstanzer Frieden der Ausgleich zwischen Kaiser und Lombardenbund. Der Kaiser gewährte den Bundesstädten weitgehende innere Autonomie und anerkannte ihren Zusammenschluß; er setzte ihnen gegenüber aber seine Regalienpolitik in vielen Punkten durch und verpflichtete sie zur Unterstützung seiner lombardischen Unternehmungen. Daneben konnte Barbarossa in jenen Jahren die Reichsverwaltung in Mittelitalien, also in den Markgrafschaften Tuskien und Ancona sowie im Herzogtum Spoleto, entscheidend festigen und ausbauen; hier entstand geradezu ein neuer Schwerpunkt seiner Macht.[12]

Diese im ganzen zweifellos günstige Stellung des Kaisers in Italien während des letzten Jahrzehnts seiner Regierung entsprach dennoch gewiß nicht in jeder Hinsicht dem, was er sich ursprünglich zum Ziel seiner Italienpolitik gesetzt hatte. Sie war schwer erkämpft, mit Zugeständnissen erkauft und

[12] Grundlegend für die Italienpolitik Barbarossas: Haverkamp, Herrschaftsformen, zusammenfassend 729–748, vgl. ders., Konstanzer Friede 11–44, ders., Friedrich I. 53–92, ders., Städte 208–244, außerdem Fasoli, Lega Lombarda 143–160, dies., Friedrich Barbarossa 149–183, Appelt, Italienische Kommunen 83–103, Stoob, Formen 385–390.

zudem ständig von Rückschlägen bedroht. Das lag einmal an der weitentwickelten wirtschaftlichen Stärke und politischen Eigenständigkeit der lombardischen Städte, die Friedrich schon vorgefunden hatte, vor allem aber daran, daß neben den Städten selbst eine zweite, eher noch bedeutsamere Institution, das Papsttum, die Maßnahmen des Staufers von Anfang an mit überaus kritischer Aufmerksamkeit verfolgte und bald mit offenem Protest und wachsendem Widerstand auf sie reagierte.

Friedrichs I. Auseinandersetzung mit dem Papsttum

Zu Mißtrauen und Zwist gab es in den Beziehungen zwischen Kaiser und Papst mancherlei Anlaß. Die päpstliche Seite hatte aufgrund der 1153 im Konstanzer Vertrag getroffenen Vereinbarungen gehofft, von Friedrich rasche, durchgreifende Hilfe gegen die Widersacher der päpstlichen Herrschaft in Rom und gegen die den Kirchenstaat vom Süden her bedrängenden Normannen zu erhalten. Sie war deshalb schwer enttäuscht, als Barbarossa nach seiner Krönung zum Kaiser im Jahre 1155 weder die Lage in Rom dauerhaft im päpstlichen Sinne zu ordnen, noch gegen den von Adelsaufständen bedrohten Normannenkönig Wilhelm I. (1154–1166) vorzugehen vermochte. Die Spannungen verschärften sich, als Papst Hadrian IV. im Sommer 1156 eine grundsätzliche Wendung der Normannenpolitik vollzog, den inzwischen siegreichen Wilhelm I. anerkannte und mit seinem Reich belehnte.

Zugleich zeigte sich immer offener, daß die von Barbarossa 1155 eingeleitete und seit 1158 intensivierte Regalienpolitik in Reichsitalien durchaus jene Gebiete einbezog, auf die die Kurie Ansprüche erhob. Das galt etwa für die großen, wertvollen Güter der Markgräfin Mathilde (1046–1115) in der nördlichen Toskana, der Emilia und Romagna (gehäuft insbesondere zwischen Lucca, Modena und Mantua), für das Herzogtum Spoleto, für Sardinien oder Korsika, vor allem aber auch für das Patrimonium Petri, den Kirchenstaat: Der Kaiser stellte auch hier Kirchen und Klöster, Städte und Adlige unter den Schutz des Reiches, dem sie fortan allein zu Leistungen verpflichtet sein sollten, er knüpfte direkte Verbindungen zu römischen Gruppen und machte so deutlich, daß er sogar in Rom selbst dem Reich wenigstens einen gewissen Einfluß zu sichern gedachte.[13]

Schließlich führte die zwiespältige Papstwahl von 1159 zum offenen Bruch: Friedrich entschied sich für den kaiserfreundlichen Viktor IV. (1159–1164), somit gegen den von der Mehrheit der Kardinäle gewählten, außer-

[13] Haverkamp, Herrschaftsformen 170–182, 288 f.; vgl. Rahewin, Gesta IV 34–35, ed. Schmale 584–588.

halb des Imperiums bald weithin anerkannten Alexander III. (1159–1181). Er veranlaßte die Bischöfe des Reiches, Viktor auf einer Synode zu Pavia anzuerkennen, und hielt auch nach dessen Tod am Gegenpapsttum fest. Durch feierliche Eide verpflichtete er im Mai 1165 die Reichsfürsten, weltliche wie geistliche, auf seine harte anti-alexandrinische Linie; Bischöfe, die einen solchen Schwur ablehnten, ersetzte er durch Männer seines Vertrauens.

Mit dieser Haltung dem Papsttum und der Kirche gegenüber verließ Barbarossa zweifellos an einem wichtigen Punkt die streng dualistische Auffassung vom Verhältnis zwischen Imperium und Sacerdotium, nach der Gott beide Gewalten unmittelbar eingesetzt und mit der eigenständigen Erfüllung je besonderer Aufgaben betraut hatte. Wie seine Vorgänger bis zum Investiturstreit betrachtete er es offensichtlich als das Recht und die Pflicht des kaiserlichen Vogts der Kirche, bei Gefährdung der innerkirchlichen Ordnung, beispielsweise durch ein drohendes Schisma, einzugreifen und mit dem ganzen Gewicht und den Möglichkeiten seines Amtes die Einheit der Kirche zu wahren oder wiederherzustellen.

Das Papsttum indessen, dem er derart entgegentrat, ließ sich seinem Selbstverständnis und seiner Geltung nach kaum mehr mit jener Institution vergleichen, deren Schwierigkeiten Kaiser Heinrich III. (1039–1056) im Jahre 1046 noch souverän in seinem Sinne hatte regeln können. Die Reformpäpste, am entschiedensten und wirkungsvollsten gewiß Gregor VII. (1073–1085), waren erfolgreich darum bemüht, die einzigartige Stellung des römischen Bischofs als Nachfolger Petri und Erbe von dessen Binde- und Lösegewalt in allen ihren Konsequenzen auszuformulieren und der Christenheit ins Bewußtsein zu rufen. Nach Gregors Überzeugung lenkte der kanonisch ins Amt gekommene Papst, durch Petri Verdienste geheiligt, mit uneingeschränkter Vollmacht die Kirche. Er allein setzte rechtmäßig Bischöfe ein oder ab, sein Urteil behielt letzte Gültigkeit, nur er durfte neue Gesetze erlassen oder die Kirche neu ordnen, erst seine Zustimmung gab Konzilsbeschlüssen allgemeine Geltung, während er selbst hingegen von niemandem, auch von keiner Synode, gerichtet werden konnte. Allein die gehorsame Bindung an ihn, den Christus zum Hirten aller seiner Schafe berief, sicherte das Seelenheil der Gläubigen und gerade auch der Fürsten. Diese bezeugten durch ihre Unterordnung unter die apostolische Gewalt ihre Zugehörigkeit zur Gemeinde Christi und schufen damit die unverzichtbare Voraussetzung dafür, daß ihr Wirken Gott wohlgefällig und ihnen selbst und ihren Untertanen zum Segen zu werden vermochte. Mangelnder Gehorsam gegenüber dem Papst bewies umgekehrt, daß ein Herrscher sich von Gott abgewandt hatte und damit zu den verworfenen Knechten des Satans gehörte. Dem Papst blieb dann in seiner Verantwortung für das Heil der gläubigen Untertanen nichts übrig, als einen solchen Abgefallenen, wenn er den Ermahnungen der römischen Kirche standhaft trotzte, von seinem Amt zu entfernen. Folgerichtig beanspruchte Gregor das Recht, Treueide der Untertanen zu lösen und sogar Kaiser abzusetzen.[14]

Gregors Anschauung begegnet bei den Gelehrten des 12. Jahrhunderts vielfach wieder. Schon der wohl vorwiegend in Regensburg wirkende Enzyklopädist und Theologe Honorius Augustodunensis († nach 1130) hob den überlegenen Rang der Geistlichkeit hervor, die den König in sein Amt einführe und deren übergreifender Kontrolle dieser letztlich unterliege. Deutlicher sah des Honorius Zeitgenosse, der Augustiner-Chorherr Hugo von St. Viktor in Paris (1096–1141), in der geistlichen Gewalt die von Gott unmittelbar erwählte Dienerin, die ihrerseits die weltliche Gewalt der Fürsten einsetze, sie also überhaupt erst zum Dasein bringe und in der Weihe des Herrschers ihren eigenen Vorrang sichtbar mache; ganz entsprechend komme es ihr zu, den versagenden Machthaber, der die von ihm geforderte Gerechtigkeit nicht verwirkliche, zu richten. Der Zisterzienserabt Bernhard von Clairvaux (1091–1153), der einflußreiche Ermahner und Berater der Päpste und Könige seiner Zeit, belehrte Papst Eugen III., nach Christi Willen seien dem Papst beide Schwerter, das geistliche wie das freilich minder wertvolle weltliche, anvertraut; wenn auch der Kaiser die praktischen Maßnahmen des letzteren befehle, so trete es doch auf päpstlichen Wink in Aktion und unterstehe päpstlicher Aufsicht. Für Gerhoch schließlich, den Propst des Regularkanoniker-Stiftes Reichersberg am Inn (um 1093–1169), den Barbarossa aus persönlichen Begegnungen kannte, gehörten die Inhaber der weltlichen Herrschaft als tyrannische Usurpatoren von Beginn an zum Bereich des Bösen. Erst durch ihre Aufnahme in die Schar der Gläubigen und durch die Weihe und das Gebet der Geistlichen gewann ihre herrscherliche Position ihre Rechtmäßigkeit vor Gott. Sie behielt sie freilich nur, solange sich die Herrscher in Demut Gott beugten, sich also der Führung der Kirche anvertrauten. Verweigerten sie ihr den gebührenden Gehorsam, so entzog ihnen der Papst mit Recht Gottes Gnade und damit die entscheidende Basis für ihre Stellung in der Gemeinschaft der Gläubigen.[15]

Die Kanonistik, deren erste große Blüte der Bologneser Magister Gratian um 1140 mit seinem Dekret begründete, äußerte sich eben zur Zeit Friedrichs I. überwiegend in ähnlichem Sinne. In Anerkennung einer übergreifenden, die Übereinstimmung mit Gottes Willen sichernden und kontrollierenden päpstlichen Oberhoheit habe der Kaiser wie jeder andere christliche Herrscher seine sonst selbständige Regierungsgewalt auszuüben, so forderte der Bologneser Magister Rufinus († um 1190) in seiner zwischen 1157

[14] Vgl. dazu bes. Gregor VII., Registrum II 55a, ed. Caspar 202–208, VIII 21, 546–562; zur Haltung Gregors und seiner Anhänger siehe Stürner, Peccatum 132–141, mit weiterer Literatur.

[15] Ausführlicher zu den behandelten Autoren Stürner, Peccatum 151–159.

und 1159 verfaßten Summe zum Dekret, und die zehn Jahre jüngere Summa Coloniensis beschied: „Es gibt keinen Zweifel daran, daß die Kaiser den Päpsten in jeder Weise untergeordnet sind, nicht übergeordnet.“[16] Andere Summen sprachen dem Papst als dem Nachfolger Petri unumwunden die volle *auctoritas* auch über das weltliche Schwert zu. Der Papst erst verleihe dem Kaiser mit der Weihe seine Exekutionsgewalt, und der päpstliche Spruch hebe infolgedessen alle ungerechten kaiserlichen Entscheidungen auf. Mit großer Bestimmtheit bekannte sich der anfangs des 13. Jahrhunderts in Bologna wirkende Alanus Anglicus zum gleichen Standpunkt: Da der weltliche Herrscher sein Amt rechtmäßig allein aus der Hand des Papstes empfängt, unterliegt er konsequenterweise vollständig dessen Kontrolle als seines *iudex ordinarius* gerade auch in weltlichen Angelegenheiten. Selbst Huguccio (um 1140–1210), der zu seiner Zeit wohl bedeutendste und einflußreichste Kirchenrechtslehrer Bolognas und spätere Bischof von Ferrara, ein Mann, der grundsätzlich auf Ausgleich bedacht war und von der gottgewollten Existenz zweier getrennter, aber aufeinander angewiesener Gewalten in der Kirche ausging, billigte doch den Bischöfen und vor ihnen dem Papst die Vollmacht zu, Kaiser und Könige, sofern sie ihre Untertanen widerrechtlich behandelten und hartnäckig auf ihrem Unrecht beharrten, zu bannen und sie sogar mit Waffengewalt absetzen zu lassen, wenn sie nur so zur Umkehr und Besserung bewegt werden konnten.

Auch Alexander III., dessen Papsttum Friedrich I. mit allen Mitteln zu bekämpfen suchte, hatte zunächst vielleicht als Theologe in Bologna gelehrt, ehe er zum Kardinal und Kanzler der römischen Kirche aufstieg. Als Papst jedenfalls entschied er in einer bislang unbekannten Fülle von Dekretalen Fragen aus den unterschiedlichsten Bereichen, solche der Glaubenslehre, der kirchlichen Verwaltung, der Rangordnung und der Amtspflichten der Geistlichkeit ebenso wie etwa Probleme des Verfahrens- oder Eherechts, und wurde so zum ersten bedeutenden Kanonisten auf dem Stuhle Petri. Noch im Auftrag Hadrians IV. überbrachte er dem Reichstag zu Besançon im Jahre 1157 jenen berühmten, sicher von ihm mitformulierten Brief, der das Kaisertum als päpstliches *beneficium* oder, wie Rainald von Dassel der Versammlung wohl übersetzte, als päpstliches Lehen bezeichnete und damit bei allen Anwesenden ungeheure Empörung hervorrief, denn sie erinnerten sich offenbar durchaus an ähnliche Äußerungen von römischer Seite. Der päpstliche Kanzler trat dieser Entrüstung, soweit wir wissen, keineswegs mit einem versöhnlich-einlenkenden Wort entgegen – vielleicht heizte er den

[16] *Nulla iam dubitatio est imperatores summis pontificibus subesse modis omnibus, non preesse*, Summa Coloniensis III 14, edd. Fransen-Kuttner 119; zu den in diesem Abschnitt genannten Kanonisten Stürner, Peccatum 160–166.

Zorn der Fürsten durch eine bekräftigende Bemerkung sogar noch weiter an.[17]

Barbarossa fürchtete nach dieser Erfahrung in Alexander gewiß den entschlossenen Vertreter einer kirchlichen Gegenposition, die seine eigene Anschauung vom Kaisertum im Kern bedrohte, und von daher mag die zähe Unnachgiebigkeit verständlich sein, mit der er dessen Anerkennung unbedingt zu verhindern trachtete, zumal ein von ihm, dem Kaiser, durchgesetztes, auf ihn angewiesenes Papsttum natürlich umgekehrt seinen Einfluß auf die Kirche ganz allgemein verstärkt und abgesichert sowie die Weiterführung seiner Italienpolitik erleichtert hätte. Dennoch widersprach sein Versuch, wie die salischen Kaiser strittige Papstwahlen zu klären, nicht nur fundamental dem Selbstbewußtsein, das das Reformpapsttum seit dem Investiturstreit gewonnen hatte; Friedrich unterschätzte vor allem den Rückhalt, auf den dieses Papsttum inzwischen in Westeuropa, vorweg in Frankreich und England, bauen konnte. Es wurde dort weithin, was immer man über seine Stellung zur weltlichen Gewalt denken mochte, als geistliches Haupt der ganzen Christenheit betrachtet. Eine Spaltung an der Spitze der Kirche betraf aus westeuropäischer Sicht dementsprechend alle Gläubigen gleichermaßen, ging nicht nur den Herrscher eines einzigen Landes an. So schmälerte die Entscheidung des englischen und französischen Klerus für Alexander die Erfolgsaussichten des Kaisers von vornherein, um so mehr, als es ihm nicht gelang, den englischen oder französischen König wirklich von Alexander abzuziehen. Selbstverständlich erhielt dieser außerdem die Unterstützung der antikaiserlichen Städte Oberitaliens und bot ihnen seinerseits Legitimation, Aufmunterung und aktive Hilfe in ihrem Kampf um ihre städtischen Freiheiten.

Zwar beharrte Friedrich dennoch achtzehn Jahre lang zäh und trotzig, zuweilen geradezu rechthaberisch-uneinsichtig, auf seinem Standpunkt und mühte sich, ihn mit allen Mitteln, mit den Künsten der Diplomatie wie mit Waffengewalt durchzusetzen. Am Ende mußte freilich auch er einsehen, daß er der vielfältigen Gegner seiner Kirchenpolitik auf Dauer nicht Herr zu werden vermochte. Mit dem Friedensschluß von Venedig (1177), in dem er Alexander feierlich anerkannte, gestand er das Scheitern dieser Politik ein, schuf er zugleich jedoch die Voraussetzung für sein erfolgreiches Vorgehen gegen Heinrich den Löwen, für den künftigen Ausgleich mit dem Lombardenbund und damit für die im wesentlichen unangefochtene Stellung, die er während der achtziger Jahre im Imperium innehatte, wie für das hohe Ansehen, das er damals über die Grenzen des Reiches hinweg genoß.

[17] Vgl. den Bericht bei Rahewin, Gesta III 10–13, ed. Schmale 408–420; zu Alexander III. siehe Pacaut, Alexandre III, bes. 88–105, 210f., der Bologneser Kanonist Rolandus ist nicht mit ihm identisch: Weigand, Magister 3–44, ders., Glossen 389–427.

Friedrich I. und das Regnum Sicilie

Die für die Zukunft des staufischen Hauses wie des Reiches wohl bedeutendste Entscheidung des Kaisers in jener Schlußphase seiner Regierung betraf die Neuordnung seines Verhältnisses zum Normannenreich in Süditalien und Sizilien. Friedrich hatte von Beginn seiner Herrschaft an immer wieder militärische Unternehmungen gegen das Regnum Sicilie geplant. Damit entsprach er zunächst durchaus den päpstlichen Wünschen nach kaiserlichem Schutz vor der normannischen Bedrohung, später ging es ihm um die Vernichtung eines wichtigen Bundesgenossen Alexanders. Grundsätzlich leitete ihn offenbar wie seine Vorgänger die Überzeugung, das normannische Gebiet gehöre von Rechts wegen seit der Zeit Karls des Großen zum Reich. Zwar verhinderten andere, drängendere Probleme, vor allem die Auseinandersetzung mit den oberitalienischen Städten und mit Alexander, daß es jemals tatsächlich zu einem Kriegszug gegen die Normannen kam. Aber noch die letztlich erfolglosen Verhandlungen, die Friedrich 1171 mit dem byzantinischen Kaiser Manuel I. Komnenos (1143–1180) wegen der Heirat eines seiner Söhne mit einer byzantinischen Prinzessin führte, richteten sich unter anderem gegen das sizilische Königreich.[18]

Schon zwei Jahre später indessen lassen sich Ansätze zu einer veränderten Einstellung erkennen. Wir hören, Barbarossa habe damals dem normannischen König Wilhelm II. (1166–1189) Frieden und Bündnis sowie die Ehe mit einer der kaiserlichen Töchter vorgeschlagen. Scheiterte das Angebot damals daran, daß Wilhelm seine guten Beziehungen zu Papst Alexander nicht gefährden wollte, so lagen die Dinge seit dem Friedensvertrag des Kaisers mit dem Papst, der einen Waffenstillstand mit Wilhelm einschloß, deutlich anders. Für den sizilischen König rückte nun das alte Ziel der normannischen Politik, die Machterweiterung auf Kosten des byzantinischen Reiches, wieder ins Zentrum seiner Bemühungen. Die Umstände schienen günstig: Nach dem Tode Manuels herrschte in Byzanz dessen unmündiger Sohn Alexios II. (1180–1183), den bald ein Verwandter, Andronikos I. (1183–1185), beiseite schob; Aufstände im Inneren und Niederlagen gegen die äußeren Feinde machten die Schwäche Ostroms offenkundig.

Bevor König Wilhelm aus dieser Situation Nutzen zu ziehen gedachte, suchte er sich durch ein Übereinkommen mit Barbarossa den Rücken zu decken. Außerdem galt es freilich, die Königsherrschaft seiner Familie und

[18] Zur Tradition kaiserlicher Ansprüche auf Unteritalien siehe Deér, Papsttum 37–50, zu den päpstlich-normannischen Beziehungen ebd. 221–257, zur staufischen Byzanz-Politik Lamma, Comneni, bes. 1,115–147, 2,227–237, vgl. zur Lage in Byzanz ders., Byzanz 37–51, Ostrogorsky, Geschichte 321–342, Beck, Byzanz 227–241, Browning, Byzantine Empire 126–135.

Abb. 1: Kaiser Friedrich I. Barbarossa mit seinen Söhnen König Heinrich VI. und Herzog Friedrich (VI.) von Schwaben.

Repräsentationsbild der Weingartner Welfenchronik, Hess. Landesbibliothek Fulda, Hs D 11, fol. 14r (ca. 1184–1190)

damit den Bestand seines Reiches dauerhaft zu sichern. Seine Ehe war nämlich 1184 nach sieben Jahren noch immer ohne Nachkommen, und manches spricht dafür, daß er sich damals kaum noch Hoffnungen auf die Geburt eines Thronfolgers machte. Als die einzige legitime Erbin der normannischen Krone jedoch blieb, wenn er ohne Kinder sterben würde, seine Tante Konstanze, die 1154, schon nach dem Tode ihres Vaters, geborene Tochter König Rogers II. Ihre Eventualnachfolge mußte er demnach so sorgfältig wie möglich vorbereiten, und auch dieser Absicht mochte eine enge Verbindung mit dem staufischen Kaiserhaus am ehesten dienen.

So stießen die Friedens- und Bündnisvorschläge, die Friedrich I. im Laufe des Jahres 1184 erneut Wilhelm unterbreiten ließ, um auf friedliche Weise doch noch Einfluß im sizilischen Königreich zu gewinnen und damit zugleich seine Stellung in Reichsitalien sowie dem Papst und insbesondere dem krisengeschüttelten Byzanz gegenüber weiter zu festigen, diesmal auf offene Ohren: Am 29. Oktober 1184 wurde in Augsburg die Verlobung König Heinrichs, des neunzehnjährigen Barbarossa-Sohnes, mit Konstanze bekanntgegeben und dabei mit großer Wahrscheinlichkeit das Erbrecht der Braut und ihres künftigen Gatten auf das Regnum Sicilie ausdrücklich festgehalten. Wohl unmittelbar anschließend rief Wilhelm die Barone seines Reiches nach Troia, einer Bischofsstadt westlich von Foggia, und veranlaßte sie, für den Fall seines kinderlosen Ablebens Konstanze und ihrem Gemahl einen Treueid zu schwören. Die Hochzeitsfeier des Paares fand dann im Januar 1186 in der Kirche Sant'Ambrogio in Mailand statt.[19]

Was bei diesen Vereinbarungen offenbar immerhin als eine recht konkrete Möglichkeit behandelt worden war, wurde überraschend schnell zur Wirklichkeit: Schon am 18. November 1189 starb König Wilhelm II., erst sechsunddreißigjährig, kinderlos in Palermo. Frühestens um die Jahreswende erhielt Heinrich VI. diese Nachricht in Deutschland, und er zögerte nicht, seine Ansprüche auf das Erbe Konstanzes anzumelden.

Die Anfänge der normannischen Herrschaft in Unteritalien

Das Reich, das damit, wenngleich nicht sofort und ohne Schwierigkeiten, in die staufische Herrschaft überging, war eine verhältnismäßig junge Schöpfung. Noch am Anfang des 11. Jahrhunderts standen sich in Unteritalien die langobardischen Fürstentümer Benevent, Capua und Salerno, die zeitweise praktisch selbständigen, Seehandel treibenden Städte Gaeta, Neapel und

[19] Zur Annäherung zwischen Barbarossa und Wilhelm II. und zum Abschluß des staufisch-normannischen Ehebundes grundlegend Baaken, Unio 219–295, vgl. Zerbi, Papato 49–52, Kölzer, Sizilien 7–13.

Amalfi sowie die zum byzantinischen Reich gehörenden, von griechischen Beamten und Offizieren verwalteten Gebiete Apuliens und Kalabriens gegenüber. Sie lagen untereinander fast ununterbrochen im Kampf und sahen sich überdies ständig bedroht durch die islamischen Sarazenen, die Sizilien erobert hatten und von dort aus vor allem die Küstenstädte des Festlandes mit ihren Raubzügen heimsuchten. Hin und wieder schalteten sich auch die deutschen Kaiser, die Süditalien in der Nachfolge der Langobardenkönige und der karolingischen Kaiser als Teil ihres Imperiums betrachteten, in die Auseinandersetzungen ein.

In dieses so heftig umstrittene Land kamen etwa seit 1015 in immer größerer Zahl Normannen aus dem französischen Herzogtum der Normandie. Angeworben von den örtlichen Machthabern, vor allem von langobardischen Fürsten, beteiligten sie sich zunächst als Söldner in deren Diensten an den regionalen Konflikten. Bald jedoch handelten sie selbständiger, nutzten sie die unübersichtliche Lage entschlossener für ihren Aufstieg. Einzelne ihrer Führer errangen eigene Herrschaftsbezirke. Am unbedenklichsten und erfolgreichsten gingen dabei die zwölf Söhne Tankreds von Hauteville (bei Coutances) vor. Sie wandten sich offen gegen den byzantinischen Machtbereich und eroberten mit ihren normannischen Truppen, auf Melfi gestützt, große Teile Apuliens und Kalabriens. Seit 1057 lag die Leitung dieses Unternehmens nach dem Tod seiner älteren Brüder bei Robert Guiscard (1016–1085), dem schon 1059 die Legitimierung seiner Stellung durch das Papsttum gelang: Er leistete Papst Nikolaus II. (1058–1061) einen Treueid und erhielt aus dessen Händen dafür das von ihm unterworfene Gebiet als *dux Apulie et Calabrie et . . . futurus Sicilie* zu Lehen; scin neuer Titel zeigt, daß er mit päpstlicher Einwilligung bereits an ein Vorgehen gegen die Sarazenen Siziliens dachte. Nikolaus II. fühlte sich offenbar aufgrund der Konstantinischen Schenkung und karolingischer wie ottonischer Privilegien zugunsten der römischen Kirche zur Lehensvergabe an die Normannen berechtigt, wohl ohne damit die Ansprüche des deutschen Kaisers auf Süditalien grundsätzlich bestreiten zu wollen. Die päpstliche Rücksichtnahme darauf entfiel vollständig erst seit 1080, also während des Pontifikats Gregors VII.[20]

Herzog Robert Guiscard bemühte sich erfolgreich, seine Herrschaft auf dem süditalienischen Festland auf Kosten von Byzanz weiter auszubauen und gegen Aufstände und byzantinische Rückgewinnungsversuche abzusichern. Kriegszüge führten ihn an die Ostküste der Adria und tief hinein in das byzantinische Reich auf dem Balkan. Auf Vorstößen nach Norden nahm er den Protesten Gregors VII. zum Trotz Salerno, Amalfi und Teile der

[20] Siehe dazu vor allem Deér, Papsttum 51–106, außerdem Chalandon, Histoire 1, 42–172.

Markgrafschaft Fermo ein. Daneben unterstützte der unersättliche Eroberer die Anstrengungen seines jüngsten Bruders, des Grafen Roger (1031–1101), Sizilien den unter sich zerstrittenen Arabern abzuringen. Im Jahre 1061 fiel die Stadt Messina in normannische Hände, und kaum mehr als zehn Jahre später, im Januar 1072, brachte die Erstürmung Palermos, damals eine der größten und reichsten Städte Europas, den entscheidenden Durchbruch für Rogers Vorhaben, mochte sich die vollständige Eroberung der Insel auch noch bis 1091 hinziehen. Zwar unterstand der Graf für Sizilien wie für seine südkalabrische Herrschaft formell dem apulisch-kalabrischen Herzog als seinem Lehnsherrn. Doch die rasch sichtbaren und für lange Zeit charakteristisch bleibenden strukturellen Unterschiede zwischen Insel und Festland führten nach dem Tod Robert Guiscards alsbald dazu, daß Roger ein deutliches Übergewicht über seinen herzoglichen Neffen gewann.

Robert Guiscard hatte seine dominierende Stellung in Unteritalien in Konkurrenz mit zahlreichen anderen, teilweise schon vor ihm dort tätigen normannischen Führern erworben. Er brauchte ihre Hilfe bei seinen militärischen Aktionen und mußte sie an seinen Erfolgen beteiligen; natürlich nutzten sie seine Mißerfolge, etwa gegen Byzanz, ebenfalls zu ihrem Vorteil. Unter seinen Nachfolgern, seinem Sohn Roger Borsa (1085–1111) und seinem Enkel Wilhelm (1111–1127), baute diese Schicht – an ihrer Spitze nahe Verwandte des Herzogs selbst – ihre Unabhängigkeit noch bedeutend aus. Die selbstbewußten Grafen Apuliens agierten nach eigenem Ermessen und anerkannten kaum noch die herzogliche Lehnshoheit. Aber auch die großen Städte wie Bari oder Amalfi trieben eine Politik, die vorwiegend ihren kommunalen Interessen diente, und die Langobarden suchten bei jeder Gelegenheit, die alte Freiheit wieder zu erlangen. Außerdem blieb Neapel immer unabhängig, stand Benevent unter lockerer päpstlicher Oberhoheit, banden sich die Normannenfürsten von Capua nur vorübergehend und höchst lose an das apulische Herzogtum. So kennzeichneten zunehmende Ohnmacht der herzoglichen Gewalt und allgemeine Verwirrung die Lage auf dem süditalienischen Festland. Seine Bewohner, Stadtbürger wie Bauern, litten unter Rechtsunsicherheit und Gewalt, und die Bemühungen der päpstlichen Lehensherren um Frieden fruchteten meist wenig, zumal die aufrührerischen Grafen ja keine unmittelbaren Lehnsbeziehungen zum Papst hatten.

Anders die Situation auf der Insel. Ganz eindeutig war deren Eroberung in erster Linie die Leistung Rogers gewesen; weit uneingeschränkter als sein Bruder konnte er deshalb seinen Erfolg zu seinen Gunsten verwerten. Er verteilte verhältnismäßig wenig Land als Lehen an ihm ergebene Mitkämpfer, oft Mitglieder seiner Familie, behielt den größten Teil hingegen als Domäne in seiner eigenen Hand. Von Anfang an stützte er sich auf die einheimische griechische Bevölkerung, die ihn als Befreier von der islamischen

Herrschaft begrüßte. Er schützte ihre Kirchen und Klöster, begünstigte ihre Städte, bediente sich ihrer Kenntnisse bei der Verwaltung des Landes und förderte die Einwanderung weiterer Griechen wie im übrigen auch die anderer Bevölkerungsgruppen, etwa von Langobarden. Besonders bedeutsam erscheint jedoch, daß er den Arabern Siziliens, offenbar aus Einsicht in ihre zahlenmäßige Stärke und ihre Bedeutung für sein künftiges Reich, mit Toleranz begegnete. So duldete er ihre Religion, sicherte er weitgehend ihre gewohnten Lebens- und Arbeitsverhältnisse, übernahm er Einrichtungen ihrer Verwaltung, unter anderem ihr Steuersystem, und verwendete sie als Soldaten in seinem Heer.

Wie die anderen Vasallen des apulischen Herzogs besaß Roger seine Grafschaft Sizilien als erbliches Lehen und konnte deshalb seine Nachfolge völlig frei regeln. Wie jene war auch er kein direkter Lehensmann des Papstes, der deshalb nicht nur keinen Einfluß in der Nachfolgefrage auszuüben vermochte, sondern dem Befreier der sizilischen Christen noch besondere Herrschafts- und Aufsichtsrechte über die Kirche Siziliens zugestehen, ihm schließlich sogar den Rang des päpstlichen Legaten auf der Insel einräumen mußte. Zusätzlich stärkte Roger seine Position, indem er es, wo immer möglich, vermied, sich an langwierigen und riskanten auswärtigen Unternehmungen zu beteiligen – so blieb er etwa dem ersten Kreuzzug fern. Das schwache apulische Herzogtum freilich unterstützte er, nicht ohne sich indessen – etwa durch die Vergrößerung seines kalabrischen Besitzes – dafür bezahlen zu lassen.[21]

Die Errichtung des sizilischen Königreiches durch Roger II.

Als im Jahre 1112 Rogers Sohn Roger II. (1095–1154) nach Jahren der Regentschaft seiner Mutter die Regierung in Sizilien übernahm, begann das wohl bedeutsamste Kapitel in der Geschichte der normannischen Herrschaft über Unteritalien und Sizilien. Der junge Herrscher war offenbar maßgeblich von Griechen erzogen worden; byzantinische Vorstellungen prägten seine Herrschaftsauffassung im allgemeinen wie sein Verhältnis zur Kirche seines Reiches. Er privilegierte mit Vorliebe griechische Klöster und griff, gestützt auf seinen Status als päpstlicher Legat, massiv in das kirchliche Leben Siziliens ein, ohne sich durch päpstliche Ermahnungen beeindrucken zu lassen. Das noch weitgehend islamische Palermo machte er endgültig zur Hauptstadt seines Inselreiches, was den Einfluß der arabischen Kultur und

[21] Zur Frühphase der normannischen Herrschaft in Unteritalien und Sizilien vgl. Tramontana, Monarchia 27–128, Deér, Papsttum 143–169, Chalandon, Histoire 1, 173–354, Caspar, Roger II. 3–24.

Lebensform am Hofe zweifellos weiter vergrößerte. Andererseits baute er die sizilische Flotte aus und lenkte sie gegen die Araber Nordafrikas, gegen das Reich der Ziritendynastie im heutigen Tunis; das Unternehmen scheiterte freilich vollkommen.

Seinen entscheidenden Erfolg hingegen erzielte Roger II. auf dem italienischen Festland. Rücksichtslos nützte er die Unfähigkeit Herzog Wilhelms aus, um – wiederum gegen ausdrücklichen päpstlichen Protest – ganz Kalabrien an sich zu bringen und sich in apulische Angelegenheiten einzumischen. Schließlich rang er dem kinderlosen Herzog vielleicht sogar ein Versprechen bezüglich seiner Nachfolge ab. Obwohl Wilhelm auf dem Sterbebett dann sehr wahrscheinlich den Wunsch aussprach, sein Land möge an den Papst als den Stellvertreter Petri und somit an seinen eigentlichen Eigentümer zurückfallen, beanspruchte Roger, normannischen Vorstellungen folgend, als nächster Verwandter das Erbe Wilhelms und begann noch im Jahre 1127, unmittelbar nach dessen Tod, seine Rechte auf dem Festland durchzusetzen. Papst Honorius II. (1124–1130), der dieses Vorgehen als einen usurpatorischen Eingriff in seine lehnsherrliche Verfügungsgewalt über das Herzogtum Apulien aufs heftigste verurteilte und die nun drohende Bildung eines normannischen Einheitsreiches im Süden des Kirchenstaates mit allen Mitteln, durch die Bannung Rogers und den Zusammenschluß aller seiner unteritalienischen Feinde unter päpstlicher Führung, zu verhindern trachtete, mußte wegen der bald sichtbar werdenden Gegensätze in seinem eigenen Lager schon im August 1128 vollständig nachgeben: Er belehnte Roger II. mit dem Herzogtum Apulien. Auch Benevent, das Fürstentum Capua sowie Neapel standen wenig später unter dem beherrschenden Einfluß des neuen Herzogs.[22]

Zur Festigung von Rogers Stellung trug wesentlich bei, daß sich die Kardinäle im Jahre 1130 nicht auf einen Nachfolger für Honorius II. einigten. Innozenz II. (1130–1143), der Kandidat der jüngeren, den damals modernen Reformbewegungen der Regularkanoniker und Zisterzienser nahestehenden Kardinäle, fand bald in Frankreich und England wie auch beim deutschen König Lothar Anerkennung. Deshalb blieb sein Gegner Anaklet II. (1130–1138) ganz wesentlich auf die Unterstützung durch Roger angewiesen, und dieser verstand es meisterhaft, die Situation zu nutzen. Schon

[22] Grundlegend dazu wie zum Folgenden: Caspar, Roger II., Chalandon, Histoire 1, 380–404 (Rogers Aufstieg zum Herzog), 2, 1–166 (Rogers Königtum), sowie Deér, Papsttum 169–246, vgl. Abulafia, Frederick 11–62, zur wirtschaftlichen Lage des sizilischen Königreichs bes. 13–19, 43–46 (leider durchweg ohne Belege), Tramontana, Monarchia 129–180, Norwich, Normannen 17–154, Caravale, Regno normanno 32–52, zur Einschätzung Rogers bei seinen Zeitgenossen Wieruszowski, Roger, bes. 53–78.

im September 1130 erlangte er von Anaklet als Preis für seine Hilfe die Erhebung der von ihm beherrschten Gebiete unter Einschluß Capuas, Neapels und Benevents zum „Königreich Sizilien, Kalabrien und Apulien“ sowie die Zusicherung der uneingeschränkten Erblichkeit der neuen Königskrone, für deren künftige Träger selbst das Ausbleiben der Investitur durch ihren päpstlichen Lehnsherrn keinerlei Einschränkung ihrer Herrschaftsrechte zur Folge haben sollte. Nach der Leistung von *hominium* und *fidelitas* belehnte ihn der Papst mit seinem Reich, und am Weihnachtstage 1130 ließ sich Roger im Dom von Palermo unter Entfaltung allen Glanzes und Prunkes, der dem Ereignis angemessen schien, zum König erheben; der Fürst von Capua, nunmehr sein bedeutendster Vasall, setzte ihm die Krone auf.[23]

Gestärkt durch den neugewonnenen königlichen Rang und die Abhängigkeit Anaklets ging Roger II. daran, die Organisation der sizilischen Kirche auszubauen und seinen Einfluß in Unteritalien zu festigen. Doch stieß er dort auch jetzt wieder auf den traditionellen Widerstand von Städten und Baronen, machte ihm insbesondere das Bündnis des Grafen Rainulf von Alife (nördlich Capua) mit Robert von Capua, der ihn eben noch gekrönt hatte, und mit Benevent, später Neapel, schwer zu schaffen. Die Lage spitzte sich gefährlich zu, als der deutsche König Lothar III. in Italien erschien, Innozenz II. nach Rom führte und von ihm im Juni 1133 zum Kaiser gekrönt wurde. Freilich zog Lothar dann sofort über die Alpen nach Deutschland zurück, Anaklet konnte sich in Rom behaupten und Roger seine Gegner an der Spitze eines nun vorwiegend sarazenischen Heeres niederwerfen.

Schon wenig später jedoch drohte ihm seine isolierte Position an der Seite Anaklets tatsächlich zum Verhängnis zu werden: Erneut erhoben sich die festländischen Aufrührer, und während sie sich in Neapel verschanzten, brach Kaiser Lothar im Herbst 1136 zu seinem zweiten Italienzug auf, dieses Mal begleitet von einem überlegenen Truppenaufgebot, unterstützt von Venedig und der Flotte Pisas, gefördert vom byzantinischen Kaiser und mit der ernsthaften Absicht, Anaklet und seinen normannischen Beschützer endgültig zu bezwingen. Geteilt in zwei Abteilungen, stieß sein Heer rasch in das Reich Rogers hinein. Im Mai 1137 fiel Bari, und Roger beeilte sich, ein Friedensangebot vorzulegen. Dabei zielte er geschickt auf die zunehmende Kriegsmüdigkeit in der Umgebung des Kaisers wie auf die immer offensichtlichere Uneinigkeit zwischen Kaiser und Papst bezüglich der künftigen Neuordnung Unteritaliens, für das beide die Oberhoheit beanspruchten. Lothar wies Roger zwar zurück, beendete aber bald darauf, nach der Einnahme Salernos, seinen Vormarsch. Mit Innozenz fand er einen Kompromiß: Gemeinsam be-

[23] Elze, Königtum 102–116, ders., Ruggero II. 27–39, Schmale, Studien, bes. 29–90, 195–247.

lehnten Kaiser und Papst Rainulf von Alife mit dem Herzogtum Apulien, während Robert von Capua in seinem Fürstentum bestätigt wurde.

Schien damit das Festland fast ganz für Roger verloren, so gab der König doch keineswegs auf. Kaum hatte sich Lothar wieder nach Norden gewandt, eilte er vielmehr mit seinen Sarazenenscharen herüber und begann zielstrebig, die an seine Gegner gelangten Gebiete zurückzugewinnen. Nach dem Tod des Kaisers im Dezember 1137 und dem Anaklets im Januar 1138 suchte er zudem die Annäherung an Innozenz: Er anerkannte ihn als Papst und Lehnsherr. Innozenz indessen gedachte, seinen Hauptwidersacher, den Usurpator und Tyrannen Roger, nicht so leicht davonkommen zu lassen, sondern war fest entschlossen, Süditalien nun endlich dauerhaft in päpstlichem Sinne zu ordnen. Sogar noch, als sein wichtigster Helfer, der Herzog Rainulf, im April 1139 starb, hoffte er, sein Ziel auch allein auf sich gestellt zu erreichen.

Er sollte sich schwer irren: Im Juli 1139 trafen die feindlichen Armeen aufeinander, die päpstliche unterlag, und der Papst selbst geriet in die Gefangenschaft Rogers. Dieser huldigte seinem Lehnsherrn, während umgekehrt Innozenz und damit das rechtmäßige Papsttum notgedrungen Roger II. als königlichen Beherrscher Siziliens, des Herzogtums Apulien und des Fürstentums Capua (des *regnum Sicilie, ducatus Apulie, principatus Capue*) anerkennen mußte, im wesentlichen unter Bestätigung jener großzügigen Bedingungen, die neun Jahre zuvor Anaklet seinem sizilischen Bundesgenossen eingeräumt hatte. Schnell gelang es dem König dann, die letzten Widerstände in seinem Reich beiseite zu räumen. In den folgenden Jahren verstärkten seine Söhne den normannischen Einfluß in den Grenzzonen zum Kirchenstaat, vor allem in den Abruzzen. Seine Flotte brachte das Zirinenreich in Tunesien sowie Tripolis und andere nordafrikanische Küstenstädte unter normannische Oberhoheit. Sie nützte den zweiten Kreuzzug, um im Jahre 1147 das byzantinische Griechenland, namentlich die reichen Handelszentren Theben und Korinth, zu plündern und die dortigen hochspezialisierten Seidenweber nach Palermo zu verschleppen.

Eine solch gewaltsam ausgreifende Politik schuf natürlich Feinde. Sie führte zu einem bedrohlichen Zusammenwirken des byzantinischen Kaisers Manuel I. mit dem deutschen König Konrad III. und Venedig und belastete zugleich schwer das Verhältnis Siziliens zum Papsttum, das sich ohnehin nicht günstig entwickelte: Innozenz wartete vergeblich auf Hilfe seines normannischen Lehnsmannes gegen die sich als Kommune organisierende antipäpstliche Oppositionsbewegung in Rom und beklagte bitter die Kirchenpolitik Rogers, der nun für sein ganzes Reich auf seinem Legationsprivileg bestand und überall Bischöfe nach seinem Willen einsetzte. Zutiefst verstimmt weigerten sich die Nachfolger Innozenz' deshalb, den sizilischen König neu zu belehnen und das päpstliche Privileg von 1139 zu bestätigen, das sie als dem gefangenen Papst abgepreßt und damit ungültig betrachteten. Trotz gelegentlicher Verhandlungen und Teilabsprachen blieb es bis zum Tode Rogers bei diesem Schwebezustand. Mochte die päpstliche Seite auf eine günstige Gelegenheit hoffen, um Süditalien doch noch nach den eigenen Vorstellungen umzugestalten, so suchte Roger die Herrschaft seiner Dynastie zu sichern, indem er 1151 in Palermo seinen Sohn Wilhelm zum König krönen ließ. Er hielt sich aufgrund seiner unabhängigen, allein durch eigene Leistung und Kraft mit Gottes Hilfe gewonnenen Herrscherstellung für berechtigt zu diesem Schritt, während der Papst darin einen neuerlichen massiven Eingriff in seine lehnsherrlichen Rechte erkannte.

Rogers Herrschaftsverständnis, seine administrativen und gesetzgeberischen Maßnahmen

Die hier zutage tretende, selbstbewußte Auffassung von der Gottesunmittelbarkeit und Eigenständigkeit seiner königlichen Würde bestimmte Roger II. zeitlebens. Auf vielfältige Weise suchte er sie zur Anschauung zu bringen, wobei der byzantinische Kaiser, der Gegner seiner praktischen Politik, das eifersüchtig nachgeahmte Vorbild abgab. Am Hof Rogers setzte sich das prunkvolle byzantinische Zeremoniell durch, seine Beamten erhielten wohltönende griechische Titel wie den eines Logotheten, eines Protonobilissimus oder Protonotarius, seine Bauten, vor allem die Cappella Palatina in Palermo und der Dom von Cefalù mit ihren großartigen, von griechischen Künstlern geschaffenen Mosaiken, sollten mit dem Glanz Konstantinopels wetteifern. Der allmächtige Gott habe aus unermeßlicher Güte und Barmherzigkeit das ganze Gebiet Unteritaliens und Siziliens, das Rogers Vorfahren einst den ungläubigen Sarazenen entrissen, nun seiner, Rogers, Macht und Botmäßigkeit unterworfen, so verkündete im April 1140 die Arenga der in Goldschrift auf Purpurpergament verfaßten Stiftungsurkunde des Königs für seine Palastkapelle, und gewissermaßen als die bildliche Vergegenwärtigung dieses Vorgangs zeigt ein berühmtes Mosaik in der Palermitaner Kirche S. Maria dell'Ammiraglio (La Martorana), der Gründung von Rogers erfolgreichem Admiral Georg von Antiochien († 1151/52), den König mit demütig geneigtem Haupt, auf das Christus selbst die Krone setzt.

In bewußter Betonung seiner Gleichrangigkeit mit dem päpstlichen Lehnsherrn knüpfte Roger II. im Jahre 1145, zwei Jahre nach der Beisetzung Papst Innozenz' II. im Porphyrsarkophag Kaiser Hadrians, auch seinerseits an den Brauch insbesondere spätrömischer Kaiser an und ließ aus antikem römischem Material zwei kostbare, nach dem Muster römisch-kaiserzeitlicher Prunkmulden gestaltete Porphyrsarkophage als Grabmäler für sich sowie vermutlich eine künftige Gattin fertigen und im Dom von Cefalù auf-

Abb. 2: König Roger II. von Sizilien wird von Christus gekrönt.

Mosaik in der Vorhalle der von Admiral Georg von Antiochien gestifteten Palermitaner Kirche S. Maria dell'Ammiraglio (La Martorana) (um 1143)

stellen. 1215 von Friedrich II. in den Dom von Palermo überführt, dienen sie dem Willen von Rogers Enkel gemäß bis heute als Gräber Heinrichs VI. und Friedrichs selbst. Wohl vom gleichen Anspruch dem Papst gegenüber geleitet, benützte der sizilische König in seinen Urkunden wie die päpstliche Kanzlei als Beglaubigungsform die oft mit roter Tinte gezogene Rota, ein radförmiges Zeichen mit dem Titel und der Devise des Herrschers.[24]

Roger II. begnügte sich selbstverständlich nicht mit solchen äußerlich-zeremoniellen Formen, um seine überragende Geltung zu dokumentieren. Zielbewußt arbeitete er vielmehr auf die dauerhafte Sicherung seiner Stellung, die konkrete Durchsetzung seines Willens in seinem Königreich hin. Eine wichtige Rolle spielte dabei der Ausbau der Verwaltung. An deren Spitze stand die *curia regis*, ein noch keineswegs fest umgrenzter Kreis von hohen Geistlichen und angesehenen Adligen, dazu einzelnen Angehörigen der Herrscherfamilie und verdienten Beamten, mit denen sich der König beriet und denen er wichtige Aufgaben wie etwa die Entscheidung von Rechtsstreitigkeiten durchaus auch zur selbständigen Erledigung übergab. Diejenigen unter ihnen, die seine besondere Achtung erwarben, zeichnete er mit dem Titel eines Familiaren aus.

Unter den Ämtern des Reiches ragte zunächst das des Admirals hervor. Sein bedeutendster Inhaber, der syrische Christ Georg von Antiochien, den die Urkunden Admiral der Admirale (*amiratorum amiratus*) und Oberster der Obersten (ἄρχων τῶν ἀρχόντων) nennen, kommandierte nicht nur die sizilische Flotte, sondern stand als engster Vertrauter Rogers auch der *curia* vor. Ähnliches Gewicht erlangten bald die Kanzler. Fast nur dem Namen nach und sozusagen nebenbei Leiter der Kanzlei, taten sie sich vor allem als Heerführer, insbesondere bei den Feldzügen auf dem Festland, als einflußreiche Politiker und Diplomaten hervor. Maio von Bari († 1160), Sohn eines Bareser Richters und Laie, der die Funktion des Kanzlers seit 1152 begleitete, stieg unter Wilhelm I. zum ersten Mann nach dem König auf.

Die Kanzlei selbst bediente sich noch meist der griechischen Sprache; drei Viertel aller Urkunden Rogers scheinen in Griechisch verfaßt worden zu sein. Das Gewicht des Lateinischen nahm freilich schon jetzt zu, und am Ende des Jahrhunderts hatte es das Griechische aus den normannischen

[24] Zur Rota Brühl, Diplomi 58–63 (= ders., Urkunden 69–75), vgl. Enzensberger, Beiträge 77–86; die Stiftungsurkunde für die Palastkapelle: DRo.II.48, ed. Brühl 133–138 (bes. 135,3–136,12); die Aufstellung zweier Porphyrsarkophage in Cefalù: DRo.II.68, ed. Brühl 197–200, über deren Herkunft, Bedeutung und Geschichte: Deér, Porphyry Tombs, bes. 1f., 42–76, 117–125, 146–154, ders., Grab 361–383; vgl. ders., Kaiserornat 11–17, 73f.

Königsurkunden völlig verdrängt. Als dritte Sprache begegnet in den Urkunden Rogers das Arabische, vorwiegend im Zusammenhang mit sogenannten Hörigenlisten (*platee*) und Grenzbeschreibungen. Die Auswertung dieser Texte zeigt einmal, daß dem König ausgezeichnete arabische Sekretäre zur Verfügung standen, denen vermutlich auch der Schriftverkehr mit islamischen Herrschern oblag. Mit Hilfe von Segensformeln und Titeln, die sie aus der hochentwickelten arabischen Diplomatik entlehnten, wußten sie die Erhabenheit und Unnahbarkeit des Königs ganz in Rogers Sinn, aber auf bislang im Westen unerhörte Weise herauszustellen. Vor allem aber bekunden die arabischen Dokumente, daß unter Roger II. wie unter den arabischen Beherrschern Siziliens eine als Dīwān (lateinisch *doana*) bezeichnete Behörde arbeitete, die mit Wirtschafts- und Finanzfragen befaßt war, und zwar vorweg mit der Verwaltung der königlichen Domänen der Insel und der Besteuerung der darauf lebenden Menschen. Dabei handelte es sich um Bauern, zum Teil auch Handwerker oder sogar Kaufleute griechischer, ganz überwiegend jedoch muslimischer Herkunft. Dementsprechend gehörten die als Stratege oder ʿāmil angeredeten Provinzbeamten oder die Zöllner, an die die Anweisungen des Dīwān ins Land hinaus gingen, in der Regel wohl ebenfalls zur arabischen oder griechischen Bevölkerung, und die Behörde benutzte der Zweckmäßigkeit wegen offensichtlich auch die zur Zeit der Araberherrschaft entstandenen Unterlagen weiter.[25]

Auf eine ähnliche Einrichtung konnte Roger in seinem festländischen Reichsteil nicht zurückgreifen. Er betraute dort seine Söhne mit wichtigen Fürstentümern wie dem Herzogtum Apulien oder dem Fürstentum Capua, mußte im übrigen jedoch den großen Städten, Kirchen und Baronen des Landes mannigfache Sonderrechte bestätigen, etwa für den Bereich der Gerichtsbarkeit. Ebenso scheint im Jahre 1144 ein Befehl zur Überprüfung aller königlichen Privilegien nur Sizilien und Kalabrien, nicht aber Apulien oder Kampanien betroffen zu haben. Dennoch gelang es ihm auch in diesen Regionen zunehmend, seinen Einfluß zur Geltung zu bringen. So suchte er etwa die besonders bedeutsame Strafgerichtsbarkeit bei schweren Verbrechen, namentlich bei Majestätsverbrechen, eigens dafür eingesetzten Beamten, den meist aus dem hohen Adel kommenden *iustitiarii*, zu überweisen. Daneben begann er mit der Berufung von *camerarii*, denen die Zivilgerichtsbarkeit und Verwaltungsaufgaben, vor allem die Kronguts- und

[25] Über Rogers Kanzler, seine Kanzlei, die Sprache seiner Urkunden Brühl, Diplomi 11–20, 26–44 (= ders., Urkunden 14–25, 33–54), über die arabischen Dokumente und ihre Bedeutung Noth, Documenti, bes. 200–202, 208–222 (= ders., Arabische Dokumente 231–235, 243–261), über das Admiralsamt Ménager, Amiratus 26–59; Caravale, Regno normanno 187–192, Mazzarese Fardella, Aspetti 27–30; vgl. von Falkenhausen, Gruppi etnici 133–156.

Finanzverwaltung, in den anfangs wohl noch nicht allzu fest umrissenen Amtsbezirken zufielen.[26]

Das Streben Rogers II. nach einheitlicher rechtlicher Durchgestaltung seines Reiches kommt wohl am stärksten in jener Sammlung von Gesetzen (Assisen) zum Ausdruck, die er 1140 auf dem Hoftag von Ariano (östlich Benevent) erließ. Wie einst Justinian eröffnete er sein Werk mit einem Vorwort, worin er den neugewonnenen Frieden und die in den zurückliegenden Kämpfen gewahrte Einheit des Regnum Sicilie dem gnädigen göttlichen Eingreifen zuschreibt und seine eigene gesetzgeberische Sorge um die Gerechtigkeit als eine Dankespflicht dem barmherzigen und gerechten Gott gegenüber bezeichnet. Indem er ihr nachkomme, so verkündet er weiter, biete er dem Schöpfer mit der *iustitia* das diesem Angenehmste, diesen selbst wesentlich Bestimmende dar, er vollziehe damit also gewissermaßen das Amt des Priesters. Der derart in die Sphäre der Heiligkeit und Gottesnähe erhobene königliche Legislator läßt dann 44 Konstitutionen folgen, die streng beachtet werden, die bisher geltenden Gewohnheiten und Gesetze allerdings nur dann aufheben sollen, wenn diese ihnen widersprechen. Die neuen Gesetze lehnen sich im übrigen an ältere Rechtsnormen an: Sie folgen überwiegend dem römischen Vorbild des justinianischen Corpus, daneben dem byzantinischen, langobardischen und kanonischen Recht und formulieren nur relativ selten eigenständige Vorstellungen. Inhaltlich fallen die Assisen zum Kirchen-, Ehe- und Strafrecht sowie besonders jene Vorschriften ins Gewicht, die den König, seinen Besitz und seine Berater schützen und zu diesem Zweck den Begriff des unter Todesstrafe stehenden Majestätsverbrechens einführen. Unmißverständlich heißt es hier etwa: „Einem Sakrileg kommt es gleich, die Urteile, Anweisungen, Taten und Entschlüsse des Königs kritisch zu diskutieren oder darüber, ob derjenige würdig sei, den der König auswählt oder bestimmt."[27] Ob die königlichen Gesetze im ganzen Königreich gleichermaßen praktische Beachtung fanden, muß freilich offen bleiben.

[26] Jamison, Norman Administration 265–268, 270–281, 302–408; vgl. außerdem Brühl, Diplomi 44f. (= ders., Urkunden 54f.), Mazzarese Fardella, Problemi 41–45, Caravale, Regno normanno 221–244, Kamp, Episkopat 99–132, Martin, Communautés 73–98, Scheffer-Boichorst, Vorbilder 245f.

[27] *Est enim par sacrilegio disputare de eius (sc. regis) iudiciis, institutionibus, factis atque consiliis, et an is dignus sit, quem rex elegerit aut decernit*, Assisen von Ariano XVII 1, ed. Monti 320, das Vorwort 309f., vgl. I, 311 und zum Majestätsverbrechen bes. XVIII 1–4, 321f., siehe dazu Schminck 28–79; zu Erlaß, Inhalt und Quellen der Assisen Niese, Gesetzgebung, bes. 37–100, Dilcher, Sizilische Gesetzgebung 13–16, 790–792, Zecchino, Assise, bes. 125–188. Zur These von Ménager, Législation 462–496, wonach der vorliegende Assisentext erst 1230 rekonstruiert wurde, vgl. die einleuchtenden Gegenargumente von Dilcher 791f. und Zecchino 32–46, 81–103.

Recht und Gesetzgebung gewannen im 12. Jahrhundert auch außerhalb des Regnum Sicilie eine neue Bedeutung. Schon seit dem Beginn des Jahrhunderts blühte in Bologna die berühmte Rechtsschule, die Studenten aus ganz Europa anzog. Die Bologneser Lehrer entwickelten neue Methoden zur wissenschaftlichen Bearbeitung des römischen Rechts und verbreiteten ihre Ergebnisse im Unterricht und in einer ständig steigenden Zahl von Veröffentlichungen. Als Gratian um 1140 in Bologna mit seinem Dekret eine den modernen Bedürfnissen entsprechende Sammlung des kirchenrechtlichen Materials herausbrachte, wandte sich das wissenschaftliche Interesse sofort auch diesen Texten zu. Zugleich wuchs der Einfluß der Juristen auf die Praxis der Politik, der Verwaltung und des Rechtslebens. Sie begannen, städtische Ämter zu übernehmen, oder berieten Fürsten wie jene Bologneser Professoren, die uns 1158 zu Roncaglia in der Umgebung Friedrich Barbarossas begegneten.

Dieses zunehmende Ansehen und Gewicht von Recht und Gesetz spiegelte sich bald auch in den zeitgenössischen Theorien über die vorbildliche Ordnung des Gemeinwesens wider. So sprach Johannes von Salisbury (1110/1120–1180), damals der führende Denker auf diesem Gebiet, zeitweise Sekretär des Erzbischofs von Canterbury und am Ende seines Lebens Bischof von Chartres, im Jahre 1159 die Überzeugung aus, der Herrscher verdiene seine überragende Würde als Haupt der *res publica*, als Diener Gottes und Abbild der göttlichen Majestät nur dann, wenn er sich ganz der göttlichen Gerechtigkeit unterordne, ihren Willen zu dem seinen mache und gewissermaßen als ihr Sklave, als ein Diener der *iustitia*, wie einst Justinian durch seine allerheiligsten Gesetze die Welt zum Tempel der Gerechtigkeit zu bilden trachte.[28] Vielleicht weniger in solch hehrer Absicht, sondern eher um die im Investiturstreit geschmälerte Autorität der weltlichen Gewalt dadurch zu festigen, hatten sich schon zuvor in der Tat etwa die deutschen Kaiser seit Heinrich IV. wieder der Legislative als ihrer ureigensten Aufgabe zugewandt und einzelne Landfriedens- und Lehnsgesetze erlassen. Erst Roger II. indessen schuf mit dem Corpus der Assisen von Ariano wirklich etwas der gesetzgeberischen Tätigkeit der Karolinger Vergleichbares, erst er suchte die Möglichkeiten, die sich auf diesem Felde zur grundsätzlichen Legitimierung seiner Herrscherstellung, zur Begründung der eigenen Unabhängigkeit und Gottesnähe wie zur praktischen Durchsetzung konkreter Regelungen gegenüber seinen Untertanen boten, ganz bewußt und in großem Stile zu nutzen.

[28] Vgl. bes. Johannes von Salisbury, Policraticus IV 1 f., ed. Webb 235–239, IV 6, 252 f., dazu Stürner, Peccatum 144–150; zu Bologna und zum Recht allgemein Coing, Handbuch 39–90, Otte, Rechtswissenschaft 123–142, vgl. Kuttner, Revival 299–323, Nörr, Foundations 324–338.

Roger und die Wissenschaft seiner Zeit. Bilanz seiner Herrschaft

Noch einer ganz anderen wichtigen Grundtendenz seiner Zeit stand Roger II. in ähnlicher Weise, als Geprägter wie aktiv Fördernder nahe: Er teilte mit ihr das Interesse an der sichtbaren Natur und den ihr innewohnenden Gesetzen, an den greifbaren Dingen und ihren Eigenschaften. Die Neugierde für diesen Wissenszweig erwachte im Abendland um die Wende zum 12. Jahrhundert. Intensiv und erfolgreich betrieben wurde sein Studium über die erste Jahrhunderthälfte hinaus vor allem von einem Kreis gelehrter Geistlicher, den man als Schule von Chartres zu bezeichnen pflegt, weil die meisten seiner Mitglieder an der Domschule von Chartres lehrten oder doch lernten; im übrigen bestanden enge Verbindungen zu anderen Schulzentren, insbesondere zu Paris. Ein wichtiges Anliegen dieser Gruppe war es, die Aussagen des biblischen Schöpfungsberichtes mit der Naturphilosophie der Antike zu verbinden, die man aus Platons Timaios, dem Timaios-Kommentar des Calcidius oder etwa aus dem Werk des Boethius kannte. Außerdem verbesserte sich der Zugang des lateinischen Abendlandes zur griechischen Philosophie, Naturwissenschaft und Medizin gerade damals ständig dank der emsigen Tätigkeit von Übersetzerzentren in Italien, in Südfrankreich und Spanien, allen voran Toledo, deren Übertragungsarbeit allerdings meist arabische Fassungen der griechischen Quellen zugrunde lagen.

Besondere Bedeutung gewann für Chartres die antike Elementenlehre, nach der sich alles wahrnehmbare Sein aus den vier Elementen Feuer, Luft, Wasser und Erde zusammensetzt. Die diesen Basisstoffen innewohnenden Qualitäten deutete man in Chartres als jene Kräfte, die schon während der Schöpfung die Entstehung der sichtbaren Welt bewirkt hatten und, nach festen, der menschlichen Ratio zugänglichen Prinzipien wirkend, auch alle Bewegung und Veränderung in der geschaffenen Natur, sogar im Menschen selbst, hervorriefen. Natürlich mußten sich die Vertreter solcher Vorstellungen immer wieder gegen den Vorwurf wehren, sie mißachteten oder schmälerten doch die Wirksamkeit und Allmacht Gottes. Gottes Größe, so hielt etwa Wilhelm von Conches († 1154), einer der größten Naturphilosophen der Zeit, seinen Kritikern entgegen, werde durch seine und seiner Kollegen Erkenntnisse eher noch deutlicher, habe Gott doch den geschaffenen Dingen jene Natur geschenkt, deren Wesensmerkmale und Gesetze die Wissenschaft erforsche.[29]

Im Bereich des Regnum Sicilie läßt sich eine verstärkte Hinwendung zur

[29] Wilhelm von Conches, Glosae 52, ed. Jeauneau 122, vgl. ders., Philosophia mundi I 23, PL 172, 56 AB, dazu Stürner, Natur 36–42, zur Schule von Chartres sowie zur Naturwissenschaft der Zeit ebd. 20–65, Southern, Schools 113–137, Schipperges, Chartres 1753–1759, vgl. d'Alverny, Translations 434–459.

Naturwissenschaft und vor allem zur Medizin am frühesten in Salerno beobachten. Schon in der zweiten Hälfte des 11. Jahrhunderts hatte Constantinus Africanus († 1085), ein hochgebildeter Arzt nordafrikanischer, aber vielleicht christlicher Herkunft, im Kloster Montecassino eine Reihe wichtiger medizinischer Handbücher aus dem Arabischen ins Lateinische übersetzt und so dem Abendland als einer der ersten überhaupt das Wissen der arabischen und damit indirekt der griechischen Medizin vermittelt, vor allem jedoch die Voraussetzung für den Aufstieg der Salernitaner Medizinschule geschaffen. Deren Ärzte genossen im ganzen 12. Jahrhundert weithin einen hervorragenden Ruf. Gerade die führenden unter ihnen veröffentlichten nicht nur eine Fülle von Traktaten zu Problemen der medizinischen Praxis, sondern befaßten sich durchaus auch mit naturphilosophischen Fragen. So suchte Urso († um 1200), der vielleicht bedeutendste Vertreter der Schule, den auch der eingangs erwähnte Dichter Petrus von Eboli rühmend erwähnt, in umfangreichen Abhandlungen sogar den natürlichen Rhythmus komplizierter Lebensvorgänge – die jährlich wiederkehrende Baumblüte etwa oder die Regelmäßigkeit, mit der einzelne Vogelarten ihre Eier legen – mit Hilfe einer verfeinerten Elementenlehre zu erklären und anhand von Tabellen geradezu als rechnerisch erfaßbaren Ablauf verständlich zu machen. Ähnlich kühn hatte wohl keiner vor ihm die in Chartres erarbeiteten Grundlagen der Naturerkenntnis weiterentwickelt.[30]

Roger II. besaß offenbar eine echte Neigung und Begabung für den neuartigen, gewissermaßen rationalen Umgang der zeitgenössischen Wissenschaft mit der Natur. Er scheint sich einige wissenschaftliche Kenntnisse angeeignet und den Städten und Landschaften seines Königreiches ungewöhnlich viel Zeit und Aufmerksamkeit gewidmet zu haben in dem Bestreben, ihre Maße und Eigentümlichkeiten möglichst genau und vollständig zu erfassen. Vor allem zog er fähige Gelehrte an seinen Hof und förderte sie. Zu ihnen gehörte beispielsweise wohl Henricus Aristippus († 1162), der sich als Astronom wie als Übersetzer hervortat und Werke der griechischen Philosophen, Dialoge Platons oder Teile der aristotelischen Meteorika, unmittelbar aus der Originalsprache ins Lateinische zu übertragen vermochte. Er wirkte vermutlich als Erzieher des Thronfolgers Wilhelm und stieg unter diesem zum Archidiakon von Catania und in höchste Regierungsämter auf. Der besondere Liebling König Rogers jedoch war ohne Zweifel der große arabische Geograph al-Idrīsī († 1165), der in königlichem Auftrag fünfzehn Jahre lang das damals zugängliche Wissen über die Beschaffenheit der Länder und Weltteile sammelte und seine Ergebnisse in einem Buch zur

[30] Stürner, Natur 48–55, 190–195, d'Alverny, Translations 422–426; zu Constantinus: Hettinger, Lebensgeschichte 517–529.

vielleicht bedeutendsten mittelalterlichen Leistung auf dem Felde der Geographie zusammenfaßte.[31]

Roger war es gelungen, die normannischen Eroberungen in Unteritalien und Sizilien zu einem Königreich zu fügen, dessen Einheit er gegen alle seine Widersacher zu behaupten vermochte und dessen Anerkennung er zeitweise auch dem Papsttum abtrotzte. Den inneren Zusammenhalt seiner Staatsschöpfung förderte er durch eine Regierungspraxis, die die unterschiedlichen Völkerschaften seines Reiches, Araber wie Griechen, Normannen wie Langobarden, gleichermaßen heranzog, sich ihrer Erfahrungen und Fähigkeiten gleicherweise bediente, sei es im Heerwesen oder in der Verwaltung, auf künstlerischem oder wissenschaftlichem Gebiet. So läßt sich vieles, was sein herrscherliches Handeln auszeichnet, auch anderswo nachweisen. In der Betonung seiner Gottesunmittelbarkeit ahmte er die byzantinischen Kaiser nach, bei seinen Bemühungen um eine zentrale Reichsverwaltung, die er wie andere Normannenherrscher zweifellos mit besonderem persönlichen Geschick betrieb, stützte er sich doch wesentlich auf griechische und vor allem arabische Helfer, seine Gesetzgebung oder seine Neigung zur Naturwissenschaft entsprachen Tendenzen, die das Abendland im 12. Jahrhundert ganz allgemein prägten. Wenn seine Person und sein Reich dennoch schon zu seinen Lebzeiten aufmerksame Beachtung fanden, Neid und Bewunderung hervorriefen, so mag dies an der Offenheit liegen, mit der Roger den gerade ihm zu Gebote stehenden vielfältigen Anregungen, Einrichtungen und Zeitströmungen begegnete, an der Sicherheit, mit der er ihren Wert für seine Absichten erkannte, und an der Klugheit und Energie, mit der er diese Fülle zu einem glanzvollen, für das Abendland zugleich immer auch fremden Ganzen zu verbinden strebte.

Manches indessen blieb unvollendet. Im Innern des Königreiches bewahrten eine Reihe von Bewohnern, Adlige etwa oder die Bürger mächtiger Städte, zäh ihre Sonderrechte. Das gilt zumal für Unteritalien, wo sich die königliche Verwaltung erst in Anfängen auszubilden begann. In Sizilien zeigte sich am Ende von Rogers Regierung schon deutlicher die Gefahr von Gegensätzen zwischen der durch Zuwanderung ständig wachsenden christlichen und der islamisch-arabischen Bevölkerung. Die Päpste verweigerten seit Jahren die Belehnung Rogers und damit die formelle Anerkennung seiner Königswürde, und der deutsche wie der byzantinische Kaiser betrachteten ihn noch immer als einen Usurpator, einen durch nichts als Gewalt legitimierten Eindringling in ihr Imperium. Rogers Nachfolgern glückte die

[31] Amari, Storia 3,460–471, 677–704, Haskins, Studies 155–190, Gabrieli, Storia 188, 201–203, 205–208; Jamison, Eugenius XVII–XXI, vgl. Minio-Paluello, Henri Aristippe 62–74, Ménager, Amiratus 56–59.

Lösung eines Teils dieser Probleme und Spannungen, andere traten bald deutlicher hervor.

Die Nachfolger: Wilhelm I. und Wilhelm II.

Rogers Sohn Wilhelm I. reizte den nie wirklich mit dem Königtum versöhnten Adel des Festlandes sofort durch seine Bevorzugung Maios von Bari und der Verwaltungsfachleute um ihn zum Widerstand. Die Barone setzten ihre Hoffnung zunächst auf Friedrich Barbarossa. Als dieser jedoch nach seiner Kaiserkrönung 1155 nicht gegen das Normannenreich, sondern zurück nach Deutschland marschierte, verbündeten sie sich mit Kaiser Manuel I. Komnenos, dessen Flotte eben damals an der apulischen Küste erschien. Mit Hilfe der Aufständischen im Lande selbst brachten die byzantinischen Truppen rasch fast ganz Apulien in ihre Hand. Sie vermochten ihre Eroberungen freilich nicht lange zu halten. Bereits im Mai 1156 gelang es Wilhelm, die Griechen wieder zu vertreiben und die adligen Aufrührer hart zu bestrafen.

Als besonderen Erfolg aber konnte er seine Übereinkunft mit dem Papst verbuchen. Hadrian IV. hatte in Wilhelms Schwäche eine willkommene Gelegenheit erkannt, doch noch die lange erstrebte Neuordnung des Südens im päpstlichen Sinne zu erzwingen. An der Spitze eines Heeres war er durch Kampanien gezogen und schließlich, überall seine Rechte als Oberlehnsherr praktizierend, nach Benevent gelangt. Unvermutet sah er sich dort nun völlig isoliert dem siegreichen Normannenkönig gegenüber und, wie Innozenz II. vor ihm, zum Einlenken genötigt: Noch im Juni 1156 kam es zum Abschluß eines Vertrages. Darin anerkannte das Papsttum endgültig die Existenz des normannischen Königreiches Sizilien in seinem vollen territorialen Umfang, einschließlich der umstrittenen Eroberungen in den Abruzzen und den Marken. Es gestand dem sizilischen König das Recht zu, frei seine Erben zu bestimmen; diese mußten umgekehrt allerdings, wie Wilhelm I. selbst, dem Papst als ihrem Lehnsherrn Treueid und Hominium leisten. Während sich Wilhelm die Vorteile des Legationsprivilegs Rogers I. für die Insel Sizilien weiterhin sicherte, räumte er der römischen Kirche die Möglichkeit ein, in den festländischen Reichsteil Legaten zu entsenden, dort Konzilien abzuhalten, von dort Geistliche vorzuladen und Appellationen anzunehmen. Dagegen sollten im ganzen Reich kirchliche Ämter erst besetzt werden dürfen, wenn der König dem geheim gewählten Kandidaten seine Zustimmung erteilt hatte.

Wilhelm I. und nach ihm sein Sohn Wilhelm II. bauten auf der in Benevent geschaffenen Grundlage ihren Einfluß auf die Kirche ihres Landes zielstrebig aus. Sie kontrollierten die kirchlichen Wahlen, ließen Streitigkeiten zwischen geistlichen Parteien vor ihrem Gericht behandeln und legten trotz päpstlicher Proteste ihre Hand auf die Einkünfte der zuweilen absichtlich vakant gehaltenen Bistümer. Andererseits fiel der Geistlichkeit eine bedeutsame und offenbar gerne wahrgenommene Rolle am Hof zu.[32]

Der Vertrag von Benevent legitimierte nicht nur Wilhelms Königtum und stärkte seine Stellung der sizilischen Kirche gegenüber, er machte ihn auch zu einem wichtigen Verbündeten des Papsttums und der oberitalienischen Städte in ihrem Kampf gegen Kaiser Friedrich Barbarossa. Diese Festlegung der sizilischen Politik trug freilich mit dazu bei, daß die Besitzungen in Nordafrika, in denen im Zusammenhang mit dem Baronenaufstand von 1155/56 ebenfalls lang anhaltende Unruhen ausgebrochen waren, schließlich anfangs 1160 nach nur halbherzigen Gegenaktionen völlig verloren gingen. Vor allem jedoch erregte die in jenen Jahren immer deutlicher zutage tretende Allmacht Maios von Bari erneut und verstärkt den Widerwillen des Adels und nun auch der Städte, wieder vorwiegend des Festlandes. Der Haß gegen den Admiral der Admirale und seine Günstlinge – Beamte, Geistliche oder Eunuchen aus dem Hofdienst – entlud sich in mehreren Aufständen und Verschwörungen zwischen 1160 und 1162. In deren Verlauf wurde der königliche Palast in Palermo erstürmt, die Schatzkammer geplündert, Maio wie auch der älteste Sohn des Königs ermordet und Wilhelm selbst zeitweise gefangengenommen. Gleichzeitig kam es, zum ersten Mal in der Geschichte des Königreiches, zu schweren Ausschreitungen gegen die arabische Bevölkerung Siziliens, vorweg gegen die Muslime am königlichen Hof – die Zeit des friedlichen Miteinanders der unterschiedlichen Völker und Religionen ging offenkundig zu Ende. Wilhelm rettete Leben und Herrschaft zunächst nur dank der Unterstützung einiger hoher Geistlicher wie des Erzbischofes Romuald von Salerno, warf dann jedoch alle Widerstände auf der Insel wie auf dem Festland grausam nieder und belegte die rebellierenden Städte mit hohen Strafgeldern.

Wenig später, im Jahre 1166, stürzte Wilhelms früher und überraschender Tod das normannische Königtum in eine neue Bewährungsprobe. Für den zwölfjährigen Thronfolger Wilhelm II. übernahm zunächst dessen Mutter Margarethe († 1183) die Regentschaft. Sie stützte sich auf persönliche Vertraute, insbesondere auf ihren Vetter Stephan von Perche, und beschwor damit schnell die Feindschaft des Adels, der Prälaten und hoher Beamter herauf; Intrigen, Mordanschläge und Aufruhr zwangen Stephan bereits

[32] Zur Regierung Wilhelms I. und Wilhelms II. siehe Chalandon, Histoire 2, 167–418, Tramontana, Monarchia 181–212, Norwich, Normannen 155–319, zum Vertrag von Benevent und zur Kirchenpolitik der Könige außerdem Deér, Papsttum 246–254, 258–260, Pacaut, Papauté 31–61, Enzensberger, Wilhelm 396–432, zur Beurteilung der beiden Wilhelme durch die mittelalterlichen Geschichtsschreiber ebd. 386–396; Text des Vertrags von Benevent: MGH Const. 1, 588–591, Nr. 413f.

1168, Sizilien wieder zu verlassen. Die Regierung fiel an einen Familiarenrat, sie lag tatsächlich jedoch bald bei Matthaeus von Aiello († 1193), einem aus Salerno stammenden Notar, der als Maios Mitarbeiter in der königlichen Verwaltung Karriere gemacht hatte und jetzt Vizekanzler wurde, sowie bei Walter, dem schon bisher als Dekan von Agrigent, Kanoniker in Palermo und Erzieher Wilhelms II. recht einflußreichen neuen Erzbischof von Palermo († 1190). Beide blieben auch die maßgebenden Männer am Hofe, als Wilhelm II. 1171 mit achtzehn Jahren die Herrschaft selbst auszuüben begann.[33]

Wilhelm II. unterstützte zunächst, wie sein Vater, den Papst Alexander III. in seiner Auseinandersetzung mit Kaiser Friedrich I. Nach deren Friedensschluß in Venedig (1177) trat dann aber seine Absicht immer stärker in den Vordergrund, den Kampf mit dem zunehmend gelähmten byzantinischen Kaiserreich wieder aufzunehmen und als machtvoller Beschützer des Heiligen Landes Ruhm zu erwerben. Der Realisierung dieser Pläne und zugleich der Sicherung der Herrschaft seiner Dynastie in Sizilien über seinen Tod hinaus sollte wohl – wie wir schon sahen (oben S. 14f.) – seine Annäherung an das staufische Kaiserhaus dienen, die 1184 zur Verlobung, 1186 zur Heirat seiner Tante Konstanze, der Erbin seiner Königswürde im Falle seiner Kinderlosigkeit, mit Friedrichs Sohn und Nachfolger, König Heinrich, führte. Wilhelms Vorstoß gegen die Griechen begann 1185 zu Land und zur See durchaus erfolgreich, zeitweilig schien sogar die Einnahme der Hauptstadt Konstantinopel möglich; eine Niederlage ließ das Unternehmen dann aber rasch zusammenbrechen. Dennoch verfolgte der König seine Ziele im östlichen Mittelmeer hartnäckig weiter. Noch bevor die Ritterschaft Westeuropas nach dem Fall Jerusalems (1187) zum dritten Kreuzzug aufbrach, leistete seine Flotte den noch übrig gebliebenen christlichen Stützpunkten im Heiligen Land wertvolle Hilfe in ihrem Existenzkampf gegen den Sultan Saladin.

In den fünfunddreißig Jahren zwischen dem Tod Rogers II. und dem seines Enkels, Wilhelms II., festigten die Könige nicht nur ihre Kirchenherrschaft, sie entwickelten auch die Verwaltung des Reiches auf den bewährten Grundlagen weiter und sicherten sich so vor allem einen wertvollen Anteil an der Wirtschaftskraft ihres Landes. Auf dem Festland lassen sich jetzt größere Verwaltungseinheiten oder Provinzen wie die Fürstentümer Salerno und Capua, Apulien, die Capitanata und Kalabrien erkennen, in denen Justitiare für die Strafgerichts-, Kämmerer für die Zivilgerichtsbarkeit, daneben für die Verwaltung der Krongüter und die Kontrolle der Lehnsleute des Königs zuständig waren. Diese königlichen Beamten stammten in der

[33] Zu ihnen siehe Kamp, Kirche 1, 1112–1119, 425–428, vgl. Schadek, Familiaren 211–216, sowie Tramontana, Gestione 79–101, d'Alessandro, Corona 63–77.

Regel aus dem Adel, die Kämmerer vielfach aus der niederen, langobardischen Nobilität; es begegnen jedoch auch griechische Kämmerer. Den Kämmerern unterstanden auf lokaler Ebene die meist aus der städtischen Führungsschicht kommenden Baiuli, die mit einer Reihe spezialisierter Helfer die vielfältigen Abgaben und Zölle, die Einkünfte der Domänen und die Gerichtsgebühren einzogen und mit ihren Richtern die unterste Gerichtsinstanz bildeten.

Die zentrale Doana zu Palermo (auch *magnum secretum* genannt), der wie zur Zeit der Araber und Rogers II. die Wirtschafts- und Finanzverwaltung der Insel Sizilien oblag, erhielt wohl unter Wilhelm II. eine zweite Abteilung, die die Tätigkeit der festländischen Kämmerer lenkte und überwachte. An der Spitze der solcherart erweiterten Behörde standen zwei oder drei *magistri camerarii*, wie ihre Mitarbeiter meist Fachleute arabischer, griechischer und zunehmend lombardischer Herkunft. Dazu kam die vorzüglich organisierte lateinische Kanzlei. Als oberster Gerichtshof für die Südhälfte des Königreiches (Sizilien und Kalabrien) wirkte die *magna curia*, zu der meist drei *magistri iustitiarii* gehörten, noch vorwiegend Adlige, oft ehemalige Justitiare, aber auch schon städtische Richter. Die höchste richterliche Gewalt auf dem Festland hingegen lag in den Händen des *magister iustitiarius totius Apulie et Terre Laboris*.

Sieht man einmal von besonders bedrohlichen Situationen oder einzelnen Lieblingsprojekten ab, wie etwa dem Bau des Klosters Monreale (seit 1174) oder dem Krieg gegen Byzanz, so neigten Wilhelm I. und sein Sohn dazu, die Leitung der Regierungsgeschäfte dem Familiarenkreis von hohen Geistlichen, Adligen und Beamten bzw. einzelnen herausragenden Vertrauten zu überlassen. Zu verführerisch lockte sie das orientalisch-luxuriöse Leben des Palastes mit seinen erlesenen Genüssen, dem Heer der Hofbeamten, der Garden und der Dienerschaft unterschiedlichster Rasse und Stellung, dem Harem, den Werkstätten der Seidenweber und Goldschmiede, nicht zu reden von der angenehmen Abwechslung und Bereicherung der sommerlichen Ausflüge zu den königlichen Schlössern rund um Palermo, deren Zahl sie selbst durch glanzvolle Bauten wie La Cuba oder La Zisa noch vergrößerten und in deren Umgebung prächtig gepflegte Gärten und weite Parkanlagen mit Tiergehegen, Pavillons, künstlichen Seen und Inseln jede erdenkliche Kurzweil boten.[34]

[34] Caravale, Regno normanno 110–168, 191–217, 244–283, Mazzarese Fardella, Aspetti 30–43, Jamison, Norman Administration 268–270, 282–408, Girgensohn-Kamp, Urkunden Patti 57–59, Kamp, Kämmerer 43–45, 48–54, vgl. Chalandon, Histoire 2, 611–742, Enzensberger, Beiträge 53–68, 101–106, ders., Documento 103–108; einen aufschlußreichen Einblick in die Praxis der Rechtsprechung in den letzten Regierungsjahren Wilhelms II. gibt Girgensohn, Schwierigkeit 415–424. Zur

Heinrichs VI. Kampf um das sizilische Regnum

Als König Wilhelm II. am 18. November 1189 ohne Kinder verschied, hätte sein Reich nach Erbrecht und seinem Willen gemäß an seine Tante Konstanze, die letzte legitime Angehörige des Herrscherhauses, und ihren Gemahl, den Staufer Heinrich VI. fallen müssen. Ihre Nachfolge war wohl in den Heiratsvereinbarungen vom Herbst 1184 eigens festgelegt und außerdem vom sizilischen Adel beschworen worden. Sogar der Papst hatte sie noch kürzlich wenigstens indirekt anerkannt. Im Zusammenhang mit dem Treueid, den Wilhelm erst 1188 vor dem päpstlichen Legaten für sein Königreich ablegte, hatte Clemens III. (1187–1191) auf entsprechende Nachfrage aus Palermo festgestellt, auch von den Erben des Königs werde die Leistung von Hominium und Treueid gefordert. Freilich genüge ein einmaliger Schwur von ihrer Seite, den sie also nicht jedem neuen Papst zu wiederholen brauchten. Im übrigen könne ihnen sogar, unbeschadet ihrer Treuepflicht, das Hominium durch den apostolischen Stuhl erlassen werden. Clemens suchte ganz offenkundig, im Blick auf die zu erwartende Nachfolge Konstanzes und Heinrichs deren künftige Verpflichtungen dem päpstlichen Lehnsherrn gegenüber deutlich zu machen, und war gleichzeitig bereit, alle jene Akte, die ihre lehnsrechtliche Unterordnung nach außen hin dokumentierten, mit Rücksicht auf Heinrichs Stellung zu reduzieren.[35]

Die Entwicklung in Sizilien ging zunächst jedoch über die Ansprüche Konstanzes und ihres Gatten hinweg. Mit dem Tod Wilhelms traten die schon länger bestehenden Spannungen am Palermitaner Hof, vor allem die aus politischen Meinungsverschiedenheiten wie persönlicher Feindschaft herrührenden Gegensätze zwischen Erzbischof Walter von Palermo und Vizekanzler Matthaeus von Aiello mit neuer Heftigkeit zutage. Matthaeus fürchtete wohl, die Herrschaftsübernahme durch Konstanze werde die Position Walters, des Förderers ihrer Heirat mit Heinrich, noch weiter stärken. Um beides zu verhindern, stellte er sich an die Spitze aller derjenigen, die sich, wie zu Zeiten Stephans von Perche gegen den überhandnehmenden französischen Einfluß, nun gegen die drohende deutsche Vorherrschaft und gegen die Auflösung des selbständigen sizilischen Königreiches im staufischen Imperium wandten, und betrieb entschlossen die Kandidatur des Grafen Tankred von Lecce. Tankred, ein illegitimer Enkel Rogers II., der sich am Aufstand gegen seinen Onkel Wilhelm I. beteiligt, später aber Verzeihung erlangt und hohe militärische Stellungen innegehabt hatte, eilte daraufhin nach Palermo, wurde am 8. Dezember 1189 zum König gewählt und,

Kunst siehe Krönig, Significato 291–310, Calò Mariani, Fenomeni 215–227, Scerrato, Arte 307–342, 359–398.

35 Siehe dazu Baaken, Unio 267–270, Deér, Papsttum 253–255.

nachdem die Zustimmung des Papstes vorlag, am 18. Januar 1190 gekrönt. Wie seine Anhänger fühlte er sich augenscheinlich nicht mehr an die wohl einst auch von ihm beschworene Nachfolgeregelung Wilhelms II. gebunden, und Clemens III. nützte sofort die sich mit dem Auftreten Tankreds bietende, kaum mehr erwartete Gelegenheit, doch noch die unerwünschte Vereinigung von Regnum und Imperium in staufischer Hand zu verhindern.

Der neue König stand allerdings von Anfang an vor erheblichen Problemen. In Sizilien kam es wieder zu gewaltsamen Auseinandersetzungen der christlichen mit der schon seit längerem zurückgesetzten muslimischen Bevölkerung. Deren Führer verschanzten sich in den Bergen im Innern der Insel und wurden nur mühsam bezwungen. Vor allem aber bereitete der Adel Schwierigkeiten. Unter den Grafen und Baronen herrschte tiefe Uneinigkeit über das künftige Schicksal des Reiches. Jeder von ihnen suchte aus der unklaren Situation möglichst große persönliche Vorteile zu ziehen, und mancher dachte daran, für sich selbst die Königswürde zu erstreben. Das galt, wie zu erwarten, in besonderem Maße für das Festland, wo Graf Roger von Andria, ein mächtiger, gleichfalls in leitenden Ämtern bewährter Mann, den Widerstand gegen Tankred organisierte, bald unterstützt von einem Truppenkontingent Heinrichs VI. Erst großzügige Zahlungen aus der Palermitaner Schatzkammer an die Schwankenden, Privilegien für die großen unteritalienischen Städte und ihre Führer sowie der energische militärische Einsatz Richards von Acerra, des Schwagers Tankreds, gegen die Aufrührer verschafften Tankred auch hier eine gewisse Anerkennung.[36]

Heinrich VI., der wohl Anfang Januar 1190 vom Tode Wilhelms II. erfuhr, war zwar fest entschlossen, seine und Konstanzes Rechte auf Sizilien durchzusetzen, zunächst jedoch nur zu unzureichender militärischer Hilfe für Tankreds Gegner imstande. Andere, dringendere Aufgaben hielten ihn ab. 1165 geboren, schon vier Jahre später in Aachen zum König gekrönt und seit Mitte der achtziger Jahre, vorwiegend in Italien, selbständig mit der Reichsverwaltung befaßt, hatte er beim Aufbruch seines Vaters, Friedrichs I., zum

[36] Über die Ereignisse nach dem Tod Wilhelms II. siehe vor allem Annales Casinenses, ad 1189–1190, MGH SS 19, 314, Richard von S. Germano, ad 1190, ed. Garufi 8–10, die die Eigensucht des Adels herausstellen, sowie Petrus von Eboli, Liber I 2–7, vv. 35–199, ed. Rota 11–32, wo unter anderem auch die Furcht vor der *Teutonica rabies* erwähnt wird (I 5, vv. 120–123, S. 23), diese bezeugt sehr deutlich die Epistola ad Petrum, ed. Siragusa, bes. 171–174; die päpstliche Zustimmung zu Tankreds Erhebung erwähnt neben Richard und den Annales Casinenses auch Arnold von Lübeck V 5, MGH SS rer. Germ. 14, 151 f. (zu Autor und Werk: Hucker, Chronik 98–119); vgl. dazu und zum Folgenden Chalandon, Histoire 2, 419–491, Tramontana, Monarchia 212–220, Norwich, Normannen 320–351, Zielinski, Tancredi diplomata XV–XXVIII, zur Kanzlei Tankreds auch ders., Urkunden 433–458, 475–477, zur Erhebung Tankreds Clementi, Circumstances 57–80, Tramontana, Ceti 157–163.

Kreuzzug im Mai 1189 die Regentschaft im Reich übernommen. Kurz darauf kehrte Heinrich der Löwe unter Bruch seines Eides aus der Verbannung nach Deutschland zurück und begann in der Abwesenheit des Kaisers erfolgreich, seine frühere Machtstellung in Sachsen wieder aufzubauen. Der König sah sich genötigt, dem Welfen an der Spitze eines Reichsaufgebots entgegenzutreten. Die Kämpfe zogen sich hin, erst im Juli 1190 gelang ein friedlicher Ausgleich.

Wohl während des Herbstes traf dann die Nachricht vom Tod des Kaisers am deutschen Hofe ein und zwang Heinrich, seinen Italienzug erneut hinauszuschieben. Im Januar 1191 brach er schließlich auf. Sein erstes Ziel war Rom. Einer Vereinbarung gemäß, zu der sich Clemens III. unmittelbar vor Beginn des Kreuzzuges bereitgefunden hatte, krönte ihn dort der neue Papst Coelestin III. (1191–1198) am 15. April, einen Tag nach seiner eigenen Inthronisierung, zum Kaiser und Konstanze zur Kaiserin. Unmittelbar danach marschierte das kaiserliche Heer trotz päpstlichen Widerspruches nach dem Süden weiter und überschritt die Grenze des Regnum Sicilie.[37] In seiner ersten auf dessen Boden ausgestellten Urkunde betonte Heinrich, sicher in bewußter Reaktion auf die päpstlichen Vorhaltungen und Proteste, die zweifache Legitimation seines Vorgehens: Das Königreich Sizilien und Apulien gehöre sowohl nach altem Reichsrecht wie aufgrund der Erbschaft seiner Gemahlin Konstanze zum Imperium.[38]

Inzwischen hatte Tankred seine Position weiter aufzuwerten vermocht. Auf ihrer Fahrt ins Heilige Land verbrachten nämlich König Philipp II. Augustus von Frankreich (1180–1223) und Richard Löwenherz (1189–1199), der englische König, den Winter 1190/91 in Messina, und der letztere schloß

[37] *Tunc Imperator ipse regnum intrat mense Madii, papa prohibente et contradicente*, Richard von S. Germano, ad 1191, ed. Garufi 12, vgl. Arnold von Lübeck V 5, MGH SS rer. Germ. 14, 152, Annales Casinenses, ad 1191, MGH SS 19, 314; zu Heinrich VI. siehe Beumann, Reich 362–366, Jordan, Investiturstreit 413–422, ders., Heinrich der Löwe 219–232, Haverkamp, Aufbruch 208–211, ders., Italien 600–605, Engels, Staufer 107–119, Fuhrmann 199–206, vgl. Seltmann, Heinrich VI., zusammenfassend 69f., 110f., 193–197, 271–277, Csendes, Kanzlei 161–327.

[38] *(Regnum Siciliae et Apuliae) ... tum antiquo iure imperii tum ex hereditate illustris consortis nostrae Constantiae Romanorum imperatricis augustae ad imperium deveniatur*, RI IV3, Nr. 152 (Acerra, 21. 5. 1191). Zur Bedeutung beider Rechtsgrundlagen siehe Baaken, Unio 272–295, Deér, Papsttum 37–50, Tabacco, Impero 13–33, Zerbi, Papato 49–61, 70f.; ob Heinrich VI. „sich immer strikt geweigert (hat), das regnum Siciliae zu Lehen zu nehmen" (Baaken, 291, vgl. Zerbi, 56; vorsichtiger Tabacco, 32, vgl. 20 mit Anm. 22, der die Weigerung «forse al principio del 1197» datiert), sollte vielleicht trotz seines Hinweises auf das *ius imperii* offen bleiben, scheint es doch, als ob er dazu wenigstens zunächst von päpstlicher Seite auch gar keine Gelegenheit erhielt, weil diese sich nicht klar auf ihn festlegen wollte.

nach heftigem Streit um die Ansprüche seiner Schwester Johanna, der Witwe Wilhelms II., und nach blutigen Auseinandersetzungen mit der Bevölkerung Messinas ein Abkommen mit Tankred, das ihm und seiner Schwester erhebliche Entschädigungszahlungen einbrachte, ihn andererseits zur Unterstützung seines Vertragspartners während seines Aufenthalts in dessen Reich verpflichtete. Neben das 1187 geschlossene staufisch-kapetingische Bündnis, von dem sich Philipp II. Rückendeckung gegen die übermächtigen, England und ganz Westfrankreich beherrschenden Könige aus dem Hause Plantagenet erhoffte, trat nun also eine englisch-sizilische Allianz. Als Kaiser Heinrich sich dem sizilischen Königreich näherte, verließ Richard Löwenherz freilich gerade wieder Messina, um sein Kreuzzugsunternehmen fortzusetzen, und Tankred mußte seine Krone doch allein verteidigen. Er blieb selbst abwartend auf Sizilien, das er wohl am sichersten glaubte, und übertrug die Verteidigung des Festlandes wie ein Jahr zuvor Richard von Acerra.

Dieser schien zunächst in der Tat auf verlorenem Posten zu stehen. Dem Kaiser fiel der Norden des Reiches fast kampflos zu. Der Adel und die Städte gingen ebenso wie das Kloster Montecassino auf seine Seite über, die Kaiserin konnte ihren Aufenthalt in Salerno nehmen. Erbitterten Widerstand leistete indessen Neapel, das Richard entschlossen verteidigte. Die Belagerung der Stadt kam nicht voran, und als in der Augusthitze Seuchen im kaiserlichen Heer ausbrachen, mußte Heinrich, selbst an Ruhr erkrankt, seinen glanzvoll begonnenen Feldzug erfolglos abbrechen und umkehren. Besatzungen sollten die wichtigsten Eroberungen halten, was ihnen freilich nur zum Teil gelang. Wie viele andere sagten sich die Salernitaner von dem zeitweise sogar für tot gehaltenen Kaiser eilends wieder los und lieferten Konstanze, ihren kaiserlichen Gast, an Tankred aus, um so dessen Gnade zurückzugewinnen.

Tankred begab sich nach dieser für ihn unerwartet günstigen Wendung der Dinge auf das Festland. Dort leitete er den Kampf gegen die Reste des kaiserlichen Anhangs. Vor allem aber nahm er Verbindung mit dem Papst auf in der Absicht, dessen offizielle Anerkennung zu erlangen. Offenbar sah auch Coelestin III. nun, nach der Niederlage des Kaisers, die Zeit für einen solchen Schritt gekommen. Seine offene Parteinahme zugunsten Tankreds konnte vielleicht doch noch Heinrichs sizilisches Königtum verhindern. Zudem gelang es ihm meisterlich, die Stunde im Sinne der Kirche zu nützen, denn Tankred fand sich um der ihm so wichtigen päpstlichen Legitimierung seiner Herrscherstellung willen zu weitgehenden kirchenpolitischen Zugeständnissen bereit: Im Vertrag von Gravina (di Puglia, südwestlich Bari), der im Juni 1192 abgeschlossen wurde, gestattete er Appellationen an die römische Kirche und päpstliche Legationen im ganzen Königreich, also im Gegensatz zu den Vereinbarungen von Benevent (1156) auch auf der Insel Sizilien, und verzichtete zugunsten des Papstes weitgehend auf das im Vertrag von Benevent festgelegte königliche Vetorecht bei kirchlichen Wahlen. Wenig später leistete er vor zwei Kardinälen den Lehnseid.[39] Die Kaiserin Konstanze ließ er auf Bitten Coelestins frei. Sie sollte bis auf weiteres unter päpstlicher Obhut stehen, entkam jedoch auf dem Weg nach Rom ihren Begleitern und reiste unter dem Schutz kaiserlicher Truppen an den Hof Heinrichs zurück.

So wertvoll der päpstliche Rückhalt für Tankred auch sein mochte, im Norden des Königreichs Sizilien blieb doch der hartnäckige Widerstand gegen ihn wach, geschürt von kaiserlichen Heerführern wie rebellierenden Adligen und, trotz der päpstlichen Exkommunikation des Klosters, konzentriert auf das Gebiet um Montecassino. Besonders schmerzlich traf den König gewiß der Tod seines wichtigsten Beraters, des Matthaeus von Aiello, und seines ältesten, soeben mit Irene, der Tochter des griechischen Kaisers, verheirateten Sohnes im Laufe des Jahres 1193. Nicht lange danach, im Februar 1194, starb er selbst. Für seinen unmündigen zweiten Sohn, Wilhelm III., übernahm seine Witwe die Regentschaft, beraten von den königlichen Familiaren Graf Richard von Aiello, Erzbischof Nikolaus von Salerno, beides Söhne des Matthaeus, und Erzbischof Bartholomaeus von Palermo.

Heinrich VI. betrachtete zwar die Übernahme des sizilischen Erbes nach der Niederlage von Neapel nur als aufgeschoben, ein erneutes persönliches Eingreifen im Süden aber erwies sich, trotz der Bekräftigung des Bündnisses mit Philipp II. im Herbst 1191, fürs erste als unmöglich. Das Scheitern seines Feldzuges gegen Tankred führte nämlich nicht nur den Papst endgültig auf dessen Seite, sondern ermutigte auch die antistaufische Opposition in Deutschland. Wohl während der Belagerung von Neapel hatte Heinrich von Braunschweig, der älteste Sohn Heinrichs des Löwen, insgeheim das kaiserliche Heer verlassen, in Rom ein Schutzprivileg des Papstes für seinen Vater erlangt und daraufhin in Sachsen die von dem Löwen unter Bruch der Vereinbarungen von 1190 schon eingeleiteten Bemühungen um die Erweiterung der welfischen Herrschaft sehr intensiv und gewaltsam fortgesetzt.

Noch bedrohlicher für Heinrich VI. entwickelte sich die Lage im Nordwesten des Reiches, wo der Kölner Erzbischof an der Spitze der Unzufriedenen stand. Heinrich suchte seinen Einfluß in dieser unruhigen Region zu festigen, indem er im Bistum Lüttich nach einer Doppelwahl einen dritten, ihm genehmen Kandidaten gegen die anderen beiden Bewerber durchsetzte. Der von der Mehrheit Gewählte hingegen erlangte die päpstliche Bestätigung. Als er kurze Zeit nach seiner Weihe ermordet wurde, geriet sofort der Kaiser, wohl zu Unrecht, in den Verdacht, hinter der Untat zu stecken.

[39] Text des Vertrags von Gravina und von Tankreds Lehnseid: DT. 25 und DT. 26 I–II, ed. Zielinski 59–65; zur Bedeutung des Vertrags siehe Deér, Papsttum 260–262.

Der Widerstand gegen ihn wuchs rasch. Seine Feinde am Niederrhein und in Sachsen verbanden sich, viele andere Fürsten schlossen sich ihnen an, das Wohlwollen der Kurie, des mit den Welfen verwandten englischen Herrscherhauses und des sizilischen Königs galt ihrer Sache.

Allein ein glücklicher Zufall, die vielberedete Gefangennahme des englischen Königs, half dem Kaiser aus seiner schweren Krise. Richard Löwenherz war auf der Heimreise vom Kreuzzug Ende 1192 in die Hände des mit ihm zerstrittenen Herzogs Leopold von Österreich geraten. Dieser übergab ihn an Heinrich VI., der ihn erst im Februar 1194 nach Zahlung der riesigen Lösungssumme von 150000 Mark Silber (die Mark, ein Gewichtsmaß, wog etwa 233 g), nach der Ablegung eines Lehnseids für sein Königreich mit der Verpflichtung zu jährlicher Zinszahlung sowie nach der Stellung von Geiseln freiließ. Richards Gefangenschaft entzog den innerdeutschen Gegnern Heinrichs einen wichtigen Helfer und lähmte sie spürbar, während sich umgekehrt der politische Spielraum des Staufers wieder vergrößerte. Die Ehe, die Heinrich von Braunschweig mit Agnes, der Base des Kaisers, einging, ebnete trotz vielfältiger Hemmnisse schließlich sogar den Weg für die Aussöhnung zwischen Heinrich VI. und Heinrich dem Löwen im März 1194.

Vor allem aber setzte das englische Silber den Kaiser in die Lage, nach der Entspannung in Deutschland zum zweiten Male ein Heer für die Eroberung des Königreichs Sizilien auszurüsten und abermals die Unterstützung der Seestädte Genua und Pisa zu gewinnen. Ihre gemeinsame Flotte unterstellte er dem Reichstruchseß Markward von Annweiler († 1202), einem Mann reichsministerialer Herkunft, der nun zu einem seiner wichtigsten Mitarbeiter aufstieg.[40] Im sizilischen Regnum selbst rührte sich kaum noch Widerstand, als er es ziemlich genau drei Jahre nach dem Fehlschlag seiner ersten Expedition und ein halbes Jahr nach dem Tode Tankreds wieder betrat. Seine Anhänger im Norden machten ihm den Zugang leicht, die großen Küstenstädte von Neapel über Messina bis Palermo ergaben sich der kaiserlichen Flotte, dem Heer trotzte lediglich Salerno – aus verständlichem Grunde. Nach seiner raschen Erstürmung und Bestrafung fielen Festland wie Insel fast mühelos dem neuen König zu. Am 20. November zog er feierlich in die Hauptstadt des Reiches ein, am Weihnachtstag 1194 empfing er die Krone des Landes. Einen Tag später wurde – wir erwähnten es schon – sein einziger Sohn und Erbe, der künftige Kaiser Friedrich II. geboren.

Wir sind wieder am Ausgangspunkt unseres Rückblicks angelangt. Er führte uns zunächst in das staufische Imperium des 12. Jahrhunderts, schilderte die Verhältnisse in Deutschland, Ober- und Mittelitalien zu jener Zeit,

[40] Über ihn Van Cleve, Markward, bes. 16–46, vgl. Seltmann, Heinrich VI. 134–139, Bosl, Reichsministerialität 228f., 590–598.

die Ziele und Taten der Kaiser und Päpste, der Fürsten und Städte jener Länder, um dann eingehend das normannische Königreich Sizilien vorzustellen, fremdartig und faszinierend zugleich durch seine Grenzlage am Rande Europas, durch seine vermittelnde und assimilierende Stellung zwischen abendländischer, byzantinischer und arabischer Welt und Lebensform. Mit Bedacht fiel dieser Bericht – besonders im Falle des sizilischen Regnum – relativ ausführlich aus, stellt er uns doch die Menschen vor, die Friedrich II. ihre Anlagen oder Schwächen vererbten, zeigt er uns doch die Wirklichkeit, in die er hineinwuchs, die Gruppen und Institutionen, die sie prägten, die Kräfte und Überzeugungen, die ihr Lebendigkeit und Profil gaben, die Spannungen und Gegensätze, die sie erfüllten. So werden hier zu einem guten Teil die Bedingungen deutlich, unter denen Friedrich sich entwickelte und seine eigenen Erfahrungen gewinnen konnte, die Gegebenheiten, die er antraf und mit denen er sich auseinandersetzen mußte. Dabei standen anfangs, während seiner Jugendjahre, die Einflüsse Siziliens im Vordergrund. Dazu kam jedoch bald das Wirken im weitgespannten Rahmen des Imperiums und die Begegnung mit dessen Eigentümlichkeiten, Traditionen und Problemen, bei deren Darstellung wir einsetzten. Vieles von dem, was für das 12. Jahrhundert wichtig und wesentlich schien, wird uns demnach auch weiter beschäftigen, wenn wir uns nun der Biographie Friedrichs im eigentlichen Sinne zuwenden, und wir werden auf das Gewicht zu achten haben, das ihm dort im einzelnen zukommt. Das heißt selbstverständlich weder, daß sich die mitteleuropäische Gesellschaft zu Friedrichs Zeit nicht geändert hätte, noch daß er selbst während seines ganzen Lebens bei jenen Erkenntnissen und Vorstellungen stehen, an jene Grenzen gebunden geblieben wäre, die seine Vorfahren und die Epoche vor ihm geprägt und bestimmt hatten, ohne die Dinge neu zu sehen, sich neuen Zielen und Lösungen auf neuen Wegen zu nähern. Allein die Kenntnis seiner Vorgeschichte und seines Ausgangspunktes erlaubt uns indessen ein Urteil darüber, ob es sich wirklich so verhielt, ob er dies tatsächlich versuchte und inwieweit es ihm gelang.

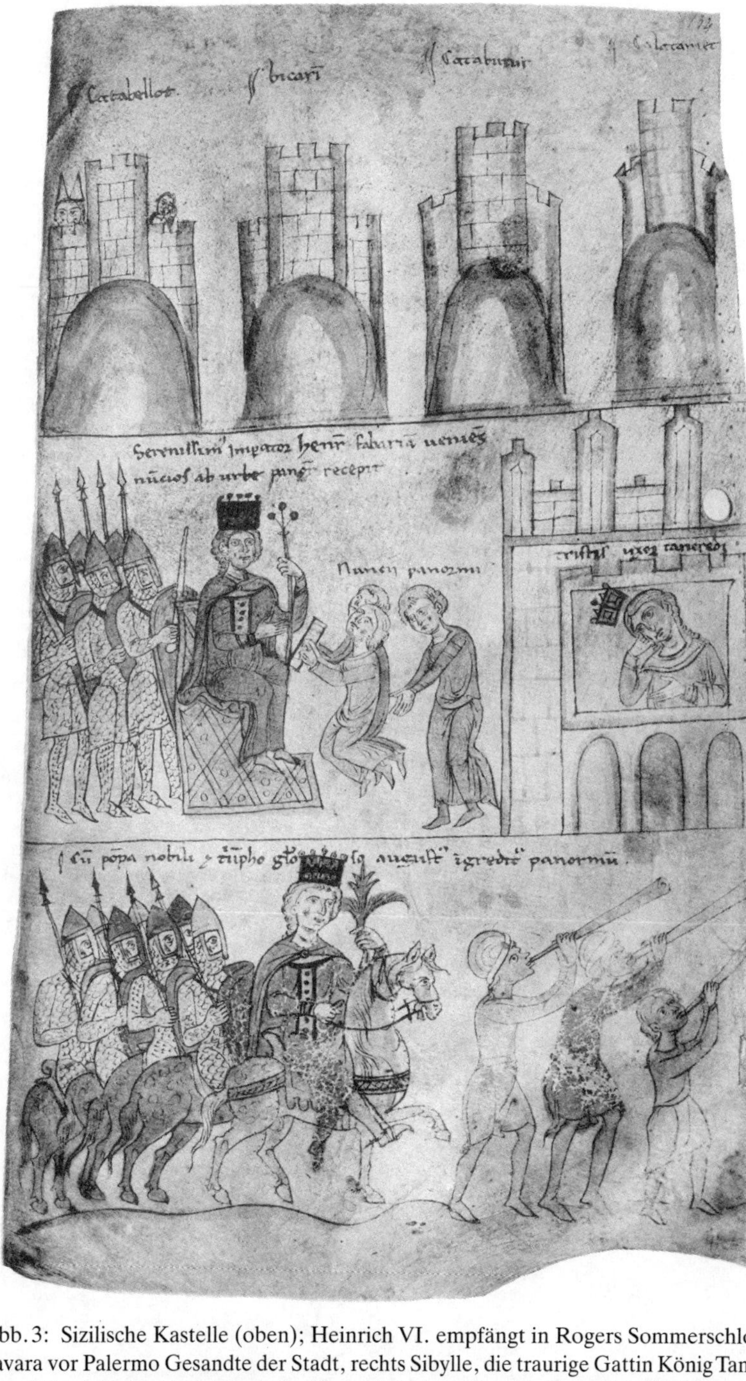

Abb. 3: Sizilische Kastelle (oben); Heinrich VI. empfängt in Rogers Sommerschloß Favara vor Palermo Gesandte der Stadt, rechts Sibylle, die traurige Gattin König Tankreds (Mitte); Heinrichs triumphaler Einzug in Palermo am 20. November 1194 (unten).

Petrus von Eboli, Liber ad honorem Augusti; Burgerbibliothek Bern, Cod. 120 II, f. 134[r] (1194–96)

2. WIRRNIS UND GEFÄHRDUNG. DIE JUGEND FRIEDRICHS II. IM KÖNIGREICH SIZILIEN (1194–1208)

Kaiserin Konstanze, die Geburt Friedrichs und sein Taufname

Kaiserin Konstanze, die Mutter Friedrichs II., begleitete Heinrich VI. wie auf dem ersten, so auch auf dem zweiten Zug in das Königreich Sizilien. Gemeinsam brachen sie mit dem Heer am 12. Mai 1194 von der Burg Trifels auf, gemeinsam feierten sie das Pfingstfest Ende Mai in Mailand, und wir hören von einem Besuch der schwangeren Kaiserin im Kloster S. Vittore zu Meda, etwa 30 km nördlich der Stadt. Von Piacenza aus begab sich der Kaiser weiter nach Genua und Pisa, während Konstanze vermutlich den bequemeren Weg dem Apennin entlang nach Osten einschlug und dann auf der Küstenstraße nach Süden zog. In Jesi, etwa 20 km von Ancona landeinwärts gelegen, machte sie Halt, hier brachte sie am 26. Dezember 1194 ihr einziges Kind zur Welt.[1] Warum sie gerade diesen Ort wählte, muß offen bleiben. Immerhin hatte Heinrich VI. – und vielleicht die Kaiserin mit ihm – Ende 1186 einige Tage in Jesi verweilt. Ansonsten jedoch fristete die Stadt damals ein eher bescheidenes Dasein, begünstigt zwar von der Lage im Esino-Tal, einer wichtigen Verkehrsverbindung vom Landesinnern zur Küste, behindert andererseits durch das Fehlen eines eigenen Zugangs zum Meer und die daraus resultierende Abhängigkeit von den Hafenstädten, insbesondere vom übermächtigen Ancona. Es mag indessen gerade die hier vorherrschende Ruhe und Abgeschiedenheit gewesen sein, die Konstanze zu ihrem Schritt bewog.[2]

Über die Jugend der Kaiserin, über das Leben, das sie an der Seite Heinrichs führte, erfahren wir aus den zeitgenössischen Quellen sehr wenig. Diese notieren meist nur die beiden epochemachenden Ereignisse ihrer Heirat und der Geburt Friedrichs. Darüber hinaus wissen wir, daß sie nach dem Tode ihres Vaters, Rogers II. († 26. 2. 1154), im Laufe des Jahres 1154 von dessen dritter Gattin Beatrix († 1185), einer Tochter des Grafen von

[1] Zu Friedrichs Geburt siehe die Belege oben S. 1, Anm. 2, zum Italienzug von 1194 RI IV 3, Nr. 349 a–381 a, vgl. Clementi, Aspects 343–354, zum Besuch in Meda Memoriae Mediolanenses, ad 1195, MGH SS 18, 400; über Konstanze informiert Kölzer, Urkunden 8–30, vgl. ders., Costanza 346–356.

[2] Vgl. dazu Hagemann, Jesi 138–145; der Aufenthalt Heinrichs VI. vom 27. 11. bis 3. 12. 1186 durch drei Urkunden belegt: RI IV 3, Nr. 27–29.

Rethel (nordöstlich Reims), geboren wurde und, wohl erzogen von ihrer Mutter, eher zurückgezogen am Hofe zu Palermo aufwuchs. Während der Wirren im Frühjahr 1168 hielt sich einige Tage das Gerücht, Stephan von Perche, der Günstling der Regentin, wolle seinen Bruder mit der Prinzessin verheiraten, um so seine eigene Stellung im Königreich zu festigen.[3]

Erst sehr viel später traten zu diesen recht dürftigen Nachrichten sagenhafte Ausschmückungen. In ihrem Mittelpunkt stand die Vorstellung, Konstanze sei Nonne gewesen und die römische Kirche habe sie vor ihrer Heirat von ihrem Gelübde entbunden. Sie begegnet uns erstmals, knapp als Tatsache berichtet, in der zweiten Hälfte des 13. Jahrhunderts in dem anonymen Breve chronicon de rebus Siculis. Obwohl es keinerlei entsprechende Belege oder Hinweise aus der Zeit Konstanzes selbst gibt, nahmen andere Autoren die Behauptung rasch auf und reicherten sie phantasievoll mit weiteren Einzelzügen an. Eine Prophetie, so erzählte etwa der Franziskaner Thomas von Pavia um 1280, habe König Wilhelm gewarnt, seine Schwester Konstanze werde dem sizilischen Reiche Zerstörung und Untergang bringen; ihren Tod, für den sich die Mehrheit der königlichen Vertrauten daraufhin aussprach, habe allein Tankred von Lecce verhindert, der riet, die Unschuldige lieber in ein Palermitaner Kloster zu bringen. Guelfisch gesonnene Schriftsteller benutzten die Legende zum Zwecke anti-staufischer Propaganda, während Dante (1265–1321) umgekehrt Konstanze als die leuchtend Reine rühmte, die nur widerwillig das Kloster verlassen und deshalb die Aufnahme ins Paradies verdient habe. Unterdessen sahen sich in der Tat bald verschiedene Klöster Palermos, allen voran San Salvatore, in der Lage, als Beweis für den Aufenthalt der späteren Königin und Kaiserin in ihren Mauern Handschriften und andere Gegenstände aus deren Besitz vorlegen zu können.[4]

[3] Hugo Falcandus, ed. Siragusa 150, vgl. die kurze Bemerkung der Epistola ad Petrum, ed. Siragusa 174; über die Geburt und Kindheit Konstanzes außerdem Petrus von Eboli, Liber I 1, vv. 13–21, ed. Rota 8, Gottfried von Viterbo, Pantheon XXIII 50, MGH SS 22, 263, vgl. XXIV 11, 272, Richard von S. Germano, ed. Garufi 6 (*Erat ipsi regi amita quedam in palatio Panormitano*), Burchard von Ursberg, ad 1181, MGH SS rer. Germ. 16, 57.

[4] *Regina Constancia que fuerat monialis et de mandato Ecclesie Romane absoluta ab observantia religionis*, Breve chronicon, ed. Huillard-Bréholles 891 (vgl. im unmittelbaren Kontext die falschen Angaben für Wilhelms II. Todesjahr, 1185, und Friedrichs II. Geburt, 26. 12. 1189, gleich anschließend jedoch 26. 12. 1123 irrtümlich für 1193; alle Daten so schon in der Hs. Vat. Ottobon. lat. 2940, wohl saec. XIV ex., fol. 43r, der zweite Cod. Neapel, Bibl. Naz. VIII C9, saec. XIV ex., fol. 102 v, bringt nur die Angabe 26. 12. 1193; zur Abfassungszeit, um 1272, siehe Breve chronicon 901: *nunc ... in anno MCCLXXII*); Thomas von Pavia, Gesta, MGH SS 22, 498 (Wilhelm I. und Wilhelm II. verschmelzen zu einer Person); Dante, Divina Commedia,

Einigermaßen zuverlässig sind wir über die Reise unterrichtet, zu der Konstanze im Jahre 1185 aufbrach, um am 27. Januar 1186 Heinrich VI. in Mailand zu heiraten. Bis Salerno begleitete sie ihr königlicher Neffe Wilhelm II.; mehr als 150 Pferde sollen mit dem Gold und Silber, den kostbaren Tuchen und Pelzen beladen gewesen sein, die er ihr mitgab. In Rieti nahmen Gesandte des Kaisers, ihres künftigen Schwiegervaters, die Braut in Obhut, und sogar dieser selbst kam ihr wohl ein gutes Stück Wegs entgegen. Nach dem glanzvollen Mailänder Hochzeitsfest schweigen die Quellen wiederum lange Zeit fast ganz über das Schicksal der neuen Königin. Erst die Kaiserkrönung und ihre spektakuläre Gefangennahme während des ersten Sizilienzuges Heinrichs VI. im Jahre 1191 fanden größere Aufmerksamkeit.[5]

Auf ungeteiltes Interesse stieß dann natürlich die Nachricht von der Geburt ihres Sohnes in Jesi. Allerdings gab das Alter der 1194 immerhin vierzigjährigen und bisher kinderlosen Konstanze anscheinend bald auch Anlaß zu Mißtrauen und Verdächtigungen. Vermutlich waren es damals umlaufende, Konstanzes Mutterschaft in Zweifel ziehende Gerüchte, die Papst Innozenz III. im Juli 1201 in einem Brief an den unmündigen Friedrich selbst zu der später von seinem Biographen wiederholten Behauptung anregten, Markward von Annweiler, vormals engster Mitarbeiter Heinrichs VI., habe im Sommer 1199 die päpstliche Unterstützung für sein Streben nach der sizilischen Königskrone zu gewinnen versucht und zu diesem Zwecke sichere Belege dafür beizubringen versprochen, daß Friedrich gar nicht das Kind Heinrichs und Konstanzes sei. Ganz offenbar ging es dem Papst in seinem Schreiben in erster Linie darum, Markward mit allen Mitteln als einen machtbesessenen, gewissenlosen Egoisten zu charakterisieren, um so Friedrichs Familiaren zu energischem Widerstand gegen ihn zu bewegen und seinen äußerst unerwünschten Einfluß in Sizilien zurückzudrängen. Das arg-

Paradiso III 109–120, ed. Petrocchi 291 f.; vgl. Salimbene, Cronica, ad 1250, MGH SS 32, 358 f., wo die dreißigjährige Konstanze das Leben der königlichen Familie zu Palermo mit ihren Bosheiten so sehr stört, daß sich ihre Brüder gezwungen sehen, sie zu verheiraten, um sie los zu werden. Siehe Kölzer, Urkunden 9 f., ders., Costanza 346 f., Enzensberger, Wilhelm 392 f., zu Dante: Löwe, Dante 291–293, Capitani, Costanza 239 f., Buisson, L'impératrice 56–61, vgl. 41–43, 46–48.

[5] Über die Reise nach Mailand siehe Annales Casinenses, ad 1185, MGH SS 19, 313, Annales Placentini Codagnelli, ad 1184, MGH SS rer. Germ. 23, 13, Annales Placentini, ad 1184, MGH SS 18, 465, zur Gefangennahme besonders Petrus von Eboli, Liber I 15–17, vv. 392–463, ed. Rota 64–71, I 20–25, vv. 549–742, 83–106, I 29–31, vv. 869–964, 121–130, I 33, vv. 1009–1046, 137 f., vgl. Annales Casinenses, ad 1191–1192, MGH SS 19, 315 f., Annales Ceccanenses, MGH SS 19, 289, 292, Otto von St. Blasien 37, MGH SS rer. Germ. 47, 56 f., Roger von Howden, ad 1191, ed. Stubbs 3, 164, Gesta Heinrici VI., vv. 85–92, MGH SS 22, 336; dazu Kölzer, Urkunden 12–16, ders., Costanza 348 f., Chalandon, Histoire 2, 386 f., 454, 456–459, 466–468.

wöhnische Gerede jener Zeit spiegelt sich ganz ähnlich wohl auch in der Meldung eines englischen Chronisten wider, wonach Konstanze Ende 1197 oder Anfang 1198 einem päpstlichen Legaten gegenüber die legitime Geburt Friedrichs durch einen Eid bekräftigt habe.[6]

Die Gegner der Staufer griffen das Thema dann seit den vierziger Jahren des 13. Jahrhunderts begierig auf. Sie würzten den Stoff mit weiteren Entstellungen und Übertreibungen und bauten ihn zu legendenhaften Erzählungen aus. Vielfach den Franziskanern zugehörend, standen sie dabei oft genug unter dem Einfluß jener düsteren Spekulationen, die damals in Anknüpfung an die schwer deutbaren Prophetien des einflußreichen kalabrischen Abtes Joachim von Fiore († 1202) in diesem Kreise umgingen. Schon sechzig Jahre alt sei Konstanze bei ihrer Verlobung mit dem jungen Heinrich gewesen, so berichtete der 1240 zum Franziskanerorden übergetretene ehemalige Benediktinerabt Albert von Stade († wohl 1264) zunächst, um später, im Anschluß an die lakonische Meldung von Friedrichs Kaiserkrönung zum Jahre 1220, ausführlicher auf die wieder und wieder zu hörenden Mutmaßungen über die dunkle Herkunft dieses Kaisers einzugehen. Danach habe dessen Mutter angesichts ihres Alters schon gefürchtet, keine Kinder mehr zu bekommen. Sein Vater Heinrich jedoch konsultierte in der Sorge um einen Erben die Ärzte, und diese versprachen Hilfe. Mit Medikamenten riefen sie in der Tat ein allmähliches Anschwellen der Gebärmutter Konstanzes, also eine Art Scheinschwangerschaft hervor. Als der Zeitpunkt der Geburt gekommen war, raubten sie, wie von langer Hand vorbereitet, ein gerade neugeborenes Kind und brachten es insgeheim in den Palast, wo es für das echte Kind des Kaiserpaares gehalten wurde. Zweifelhaft aber sei nach Aussage der Gewährsleute dieser Geschichte lediglich, ob es sich in Wirklichkeit um den Sohn eines Arztes, eines Müllers oder eines Falkners handle.[7]

[6] Roger von Howden, ad 1197, ed. Stubbs 4, 31; hätte die Kurie einen solchen Eid tatsächlich gefordert, wie Van Cleve, Frederick 15, annimmt, hätte Innozenz III. wohl kaum kurze Zeit später Markwards angebliches gleichgerichtetes Mißtrauen anprangern können in der Hoffnung, damit Palermo für die päpstliche Sache zu gewinnen. Zu Markward: Gesta Innocentii, c. 23 bzw. 33, PL 214, XLIII BC bzw. LVII C, siehe dazu Baethgen, Regentschaft 14–16, 128–135, Van Cleve, Markward 108–115, zum Ganzen Kölzer, Costanza 349 f.

[7] Albert von Stade, ad 1184, MGH SS 16, 350, und bes. ad 1220, 357; vgl. Cronica Principum Saxoniae, c. 7, MGH SS 25, 474 (wörtlich auch in der erweiterten Fassung: MGH SS 30, 30), außerdem Cronica Reinhardsbrunnensis, ad 1214, MGH SS 30, 1, 584. – Über Joachim von Fiore und die Joachimiten siehe Lambert, Ketzerei 270–280, Reeves, Influence 3–75, 175–190, 306–314, Grundmann, Biographie 480–507, ders., Neue Forschungen, bes. 31–84, ders., Studien, bes. 56–118, 157–192, ders., Kirchenfreiheit 361–377, 393–396, Pásztor, Joachim 485–487.

Ein anderer Franziskaner, der aus Parma stammende, weitgereiste Salimbene de Adam (1221– nach 1288), wußte in der Chronik, die er in den achtziger Jahren des 13. Jahrhunderts niederschrieb und auch sonst reichlich mit Anekdoten und Fabeln spickte, ähnliches zu melden: Von Friedrich werde verbreitet, er sei in Wahrheit der Sohn eines Metzgers aus Jesi, den die bei ihrer Heirat bereits sehr bejahrte Kaiserin nach einer simulierten Schwangerschaft als ihr Kind ausgegeben habe. Salimbene hält das Gerücht für durchaus glaubwürdig, weil Merlin – der sagenhafte Zauberer, dessen angebliche Prophezeiungen damals in joachimitischen Zirkeln eine gewisse Rolle spielten – die erstaunliche und unerwartete Geburt des Herrschers angekündigt und weil dessen eigener Schwiegervater Johannes von Brienne († 1237) ihn einmal im Zorn tatsächlich als einen „Fi de becer" beschimpft habe.[8]

Die Angabe des Thomas von Pavia, Konstanze habe Heinrich als etwa Fünfzigjährige geheiratet (nach seinen Worten übrigens während der Regierungszeit des Tankred), kehrt um 1282 wieder in der Florentiner Geschichte des Ricordano Malispini, und noch in der Jahrzehnte später entstandenen Chronica des venezianischen Dogen Andrea Dandolo (1306–1354) liest man, sogar der Kaiser selbst habe angesichts des hohen Alters seiner über fünfzigjährigen Frau zunächst nicht an deren Schwangerschaft glauben wollen und sich erst beruhigt, nachdem ihm der berühmte Abt Joachim von Fiore aufgrund von Weissagungen des Merlin und der erythräischen Sibylle versicherte, Friedrich sei in der Tat sein eheliches Kind – wieder tritt die joachimitische Herkunft des Stoffes deutlich zutage. Nach Malispini hingegen hätte Konstanze in der Absicht, von vornherein alles künftige Gerede zu vermeiden, ihren Sohn öffentlich auf dem Marktplatz von Palermo zur Welt gebracht. Auch diese Version fand bald in verschiedenen Varianten Verbreitung. Malispinis Landsmann Giovanni Villani (1280–1348) übernahm sie ebenso wie der eineinhalb Jahrhunderte jüngere Pandolfo Collenuccio (1444–1504), der in seiner Geschichte Neapels wieder von dem Zelt erzählt, das Konstanze – allerdings in Jesi – für die Geburt habe aufstellen lassen, und von ihrer Einladung an den Adel und die Frauen der Gegend, an dem Ereignis als Zeugen teilzunehmen.[9]

[8] Salimbene, Cronica, MGH SS 32, 42f., vgl. 359.

[9] Thomas von Pavia, Gesta, MGH SS 22, 499, vgl. Bartholomaeus von Neocastra, Prooem., ed. Paladino 2; Dandolo, Chronica, ed. Pastorello 274; Malispini, Storia c. 81, ed. Costero 88f., Villani, Cronica V 16, ed. Gherardi Dragomanni 1, 202f., Collenuccio, Compendio III f., ed. Saviotti 104, 112f., vgl. noch Antoninus (1389–1459), Chronicon XIX 6, Bd. 3, 126, sowie Anonymi Vaticani Historia, Muratori 8, 778f., wo die als Greisin von einem Dämon geschwängerte Konstanze zum Beweis ihrer Mutterschaft ihre mit Milch gefüllten Brüste vor ihren Untertanen entblößt. Zu Villanis

Indessen hielten die normannische Königstochter und römische Kaiserin gewiß schon ihre Erziehung und ihre hohe Selbstachtung von einem solch erniedrigenden Schauspiel ab, das im übrigen den ihm zugeschriebenen Zweck, zumal in dem verhältnismäßig unbedeutenden Jesi, schwerlich hätte erfüllen können: Die unmittelbare Umgebung Konstanzes wurde doch wohl in jedem Fall Zeuge ihrer Schwangerschaft und ihrer Niederkunft, und es erscheint recht unwahrscheinlich, daß darüber hinaus gerade die Aussage von Honoratioren einer kleinen Provinzstadt und ihres Umlandes bei Zweiflern auf besonderen Glauben gestoßen wäre. Vom Eintreten solcher Gewährsleute gegen die umlaufenden Gerüchte hören wir denn auch nichts. Trotzdem begegnet die Geschichte von Friedrichs öffentlicher Geburt noch in Darstellungen unserer Gegenwart.[10]

Friedrichs Geburt rief freilich nicht etwa nur mißtrauisches Gerede, Kern künftiger Verzeichnungen und Legenden, hervor. Die zeitgenössischen Chronisten notierten das Faktum vielmehr, wenn überhaupt, dann knapp und sachlich,[11] und eine Kundgebung überschäumenden Jubels haben wir gleich am Beginn unserer Schilderung gehört: Petrus von Eboli (um 1160–um 1220), vermutlich ein Kleriker, der schwerlich, wie oft angenommen, als Arzt, eher als Lehrer in Salerno wirkte, beschrieb in einem umfangreichen, großenteils wohl im Jahre 1195 abgeschlossenen Gedicht, dem ›Liber ad honorem Augusti‹, die Geschichte des Königreichs Sizilien vom Tod Wilhelms II. bis zur Krönung Heinrichs VI. in Palermo, wobei er leidenschaftlich Partei für die Sache Heinrichs und Konstanzes nahm. So versteht es sich, daß er auch die von der Herrschaft ihres eben geborenen Sohnes zu erwartende Heils- und Friedenszeit in glanzvollen Versen ausmalte, ehe er sein Werk mit dem Lob und Preis Kaiser Heinrichs schloß. Die Dichtung ist uns in einer wertvollen, den Text fortlaufend mit Bildern illustrierenden, vielleicht von Petrus selbst ergänzten Handschrift erhalten und brachte ihren Schöpfer in enge Verbindung zum Hofe. Seine guten Beziehungen bestanden offenbar auch noch zu Zeiten Friedrichs II. Manches spricht näm-

Abhängigkeit von Malispini siehe De Matteis, Ancora su Malispini 344–389, sowie dies., Malispini 145–169, 185–220, für das umgekehrte Abhängigkeitsverhältnis Davis, Buon Tempo 51–59, vgl. Aquilecchia, Malispini 791 f.; zu den Quellen Collenuccios Baethgen, Mainardino 684–687, der die Thesen von Güterbock, Biographie 35–83, einschränkt, vgl. Schaller, Eustachius 253–257.

[10] Siehe etwa Willemsen, Kindheit 110, Peri, Uomini 122, Norwich, Normannen 348 f., vgl. immerhin Van Cleve, Frederick 15.

[11] So Richard von S. Germano, ad 1194, ed. Garufi 17, Burchard von Ursberg, ad 1196, MGH SS rer. Germ. 16, 73, Reineri Annales, ad 1194, MGH SS 16, 651, Annales Casinenses, ad 1194 bzw. 1195, MGH SS 19, 317 f., vgl. Annales Marbacenses, ad 1195, MGH SS rer. Germ. 9, 65, Chronica regia Coloniensis, ad 1196, MGH SS rer. Germ. 18, 159.

lich dafür, daß Petrus gegen Ende seines Lebens ihm seinen kleinen, wieder reich mit Miniaturen geschmückten Gedichtband über die Bäder von Pozzuoli bei Neapel widmete.

Noch ein anderer Poet, der anonyme Verfasser der Gesta Heinrici VI., gedachte hoffnungsfroh der Geburt und dem künftigen Los Friedrichs. Das Kind, schon jetzt im Besitz des sizilischen Reiches, werde einst, wie längst vorhergesagt, Kaiser sein und Regnum wie Imperium mit seiner Alleinherrschaft umgreifen, so verkündete der auch sonst der kaiserlichen Sache zugetane Autor – eine um 1203/4, der vermutlichen Entstehungszeit der Strophen, wahrlich optimistische Aussage![12]

Über die Reaktion der Eltern selbst erfahren wir leider recht wenig. Immerhin unterrichtete Heinrich seinen „geliebten Freund", den Erzbischof Walter von Rouen, am 20. Januar 1195 in einem relativ kurz gehaltenen Brief nicht nur vom glücklichen Ausgang des Sizilien-Feldzuges und der rechtzeitigen Entdeckung einer Adelsverschwörung, sondern fügte mit spürbarer Freude die Nachricht von der zusätzlichen Erhöhung seines Glückes durch die Geburt seines Sohnes an und forderte Wilhelm zum Mitfreuen auf. Seine Gattin Konstanze scheint das Ereignis im April desselben Jahres den Bürgern der Stadt Lucca wie vermutlich auch anderen Städten des Reiches mitgeteilt zu haben.[13]

Ob die Kaiserin ihren Sohn tatsächlich zunächst Konstantin nannte, muß hingegen mindestens fraglich bleiben. Die Behauptung taucht recht spät erst, in der Mitte des 13. Jahrhunderts, bei Albert von Stade auf, dessen Schwäche für das zu seiner Zeit über Konstanze umlaufende Gerede wir bereits kennenlernten. Sie begegnet ein zweites Mal in der Chronik des thüringischen Klosters Reinhardsbrunn (südwestlich Gotha), die im Jahre 1337, also nach ungefähr neunzig weiteren Jahren, entstand, allerdings zu einem großen Teil auf wesentlich älteren Quellen beruht.[14] Natürlich ist grundsätz-

[12] Zu Leben und Werk des Petrus von Eboli siehe die oben S. 1, Anm. 1 angeführten Belege; das Preisgedicht auf Friedrich II.: Petrus von Eboli, Liber II 43, vv. 1363–1396, ed. Rota 177f., vgl. die Kindheitslegende II 44, vv. 1397–1428, 181f.; die Bilder des Cod. 120 der Burgerbibliothek Bern veröffentlichen Rota und Siragusa (Bd. 2 Tavole) in ihren Editionen des Liber (Schwarzweiß-Wiedergaben), zu der Hs. vgl. noch Sackur, Petrus 387–393. Über das Gedicht ›De balneis Puteolorum‹ siehe auch Kauffmann 14–39, 45–49, sowie Daneu Lattanzi 23–55, die in einem Anhang die Faksimile-Ausgabe der ältesten Hs. des Werks, des Cod. Rom, Bibl. Angelica 1474 aus dem 3. Viertel des 13. Jhs., bringt. – Gesta Heinrici VI., vv. 93–96, MGH SS 22, 336; zum Verfasser und zu den Gründen gegen die Autorschaft Gottfrieds von Viterbo Wattenbach-Schmale 1, 89f.

[13] Der Brief Heinrichs RI IV 3, Nr. 394, vgl. dazu oben S. 1, Anm. 2; zum Brief Konstanzes an Lucca siehe Dep. Ks. 1, ed. Kölzer 214f.

[14] Albert von Stade, ad 1198, MGH SS 16, 353, vgl. zum Autor oben S. 44 mit

lich nicht völlig auszuschließen, daß Konstanze in Anlehnung an ihren eigenen Namen oder in Erinnerung an den ersten christlichen Kaiser des römischen Reiches eine so ungewöhnliche Namenswahl traf. Andererseits hätte sie sich damit sowohl von der staufischen wie gerade auch von der Tradition ihrer eigenen Familie sehr deutlich distanziert, ein sonst für sie nicht eben typisches Verhalten, wenig wahrscheinlich zumal in diesem Falle, weil die Berufung auf Konstantin leicht als programmatischer Hinweis auf eine beabsichtigte Auflösung des sizilischen Regnum im Imperium hätte verstanden werden können.

Petrus von Eboli, der seit 1195 gute Kontakte zu Konrad, dem Kanzler Heinrichs und künftigen Bischof von Hildesheim und Würzburg († 1202), besaß, also gerade in den Monaten nach der Geburt Friedrichs einen gewissen Einblick in die Verhältnisse am Hof gewann, charakterisierte in seinem eben damals entstandenen Preisgedicht den Neugeborenen als einen Knaben, der seine beiden Großväter übertreffe, weil er ihre Macht vereine, und rief ihm zu: „Daher wirst Du Roger und Friedrich zugleich sein." Sehr wahrscheinlich gab er damit die Namen wieder, auf die sich die Eltern bereits in jenen Tagen geeinigt hatten und die im übrigen durchaus nahelagen, weil sie, alter Gepflogenheit gemäß auf Vergangenheit und Zukunft gleichermaßen weisend, das doppelte Erbe des Kindes, die zweifache Grundlage der ihm einst zufallenden Machtstellung bezeichneten. So berichtet denn auch ein anderer Zeitzeuge, der anonyme, aber zuverlässige Annalist des Klosters Montecassino, unumwunden, Konstanze selbst habe ihrem Sohn nach der Geburt die Namen seiner Großväter gegeben in der Hoffnung, in ihm möchten beider Vorzüge zu gesteigerter Geltung gelangen. Manche Autoren vorwiegend italienischer Herkunft, wie der Notar Giovanni Codagnello aus Piacenza († nach 1235), nennen den Herrscher damit übereinstimmend *Rogerius Federicus*, und diesen Doppelnamen erhielt er wohl in der Tat bei seiner Taufe, die erst relativ spät, Ende 1196 oder Anfang 1197, stattfand.[15]

Anm. 7 sowie außerdem ad 1195–1196, MGH SS 16, 352f., mit weiteren ungenauen Nachrichten über Friedrichs Geburt und Verdächtigungen gegen Konstanze, ad 1195, 352, der ungewöhnliche Name Cecilia für Irene, die Frau König Philipps. Cronica Reinhardsbrunnensis, ad 1197, MGH SS 30, 1, 558, vgl. zur Quelle Wattenbach-Schmale 1, 410–413; die Informationen der dort für die Jahre 1180 bis 1217 vermutlich herangezogenen, insgesamt wertvollen zeitgeschichtlichen Historia sind gerade bezüglich der Verhältnisse in Italien durchaus nicht zuverlässig, vgl. etwa ad 1192, 549f.

[15] Petrus von Eboli, Liber II 43, vv. 1377f., ed. Rota 178 (*Ex hinc Rogerius, hinc Fredericus eris*); Annales Casinenses, ad 1195, MGH SS 19, 318 (*in auspicium cumulandae probitatis inculcatis avorum nominibus Fredericum Roggerium seu Roggerium Fredericum vocat*); Annales Placentini Codagnelli, ad 1211f., MGH rer. Germ. 23, 39, ad 1220, 69, ad 1226, 84 (daneben auch bloß *Federicus*, etwa ad 1215, 53, ad 1231,

Die Quellen freilich, die auf die Tauffeier eingehen, erwähnen einhellig ausschließlich den Taufnamen *Fridericus*; er allein findet sich von Anfang an ganz selbstverständlich gerade bei den wohlunterrichteten Geschichtsschreibern und gleicherweise in den Urkunden der Kaiserin Konstanze und Friedrichs selbst.[16] Wie sehr sich der Kaiser später zumindest in den Augen seiner Zeitgenossen mit diesem Namen identifizierte, vermag vielleicht doch eine von Salimbene notierte Geschichte aufzuzeigen, so wenig man ihr, die zusammen mit einer Reihe ähnlicher Anekdoten ausdrücklich die kaiserliche Verworfenheit dokumentieren soll, im einzelnen auch wird Glauben schenken wollen: Friedrich habe, so lesen wir da, einem seiner Notare den Daumen abhacken lassen, weil dieser den Herrschernamen falsch wiedergegeben, entgegen kaiserlichem Befehl *Fredericus* statt *Fridericus* geschrieben habe.[17] Dazu paßt immerhin, daß die erhaltenen Originalurkunden des Kaisers durchweg eben die Namensform *Fridericus* überliefern.

Regnum und Imperium unter der Herrschaft Konstanzes und Heinrichs VI.

Der in Jesi zur Welt gekommene künftige Beherrscher des römischen Imperiums und des sizilischen Regnums wuchs fast von Geburt an ohne seine Eltern auf. Schon zeitig im Frühjahr 1195 begab sich seine Mutter nach Süditalien, um mit ihrem kaiserlichen Gemahl zusammen die Regierung ihres ererbten Reiches zu übernehmen.[18] Ihren Sohn vertraute sie der Gattin

110), vgl. Tolosanus, c. 114, ed. Rossini 111, c. 137, 124, Annales Bergomates, ad 1212, MGH SS 31, 331; siehe außerdem Reineri Annales, ad 1194, MGH SS 16, 651, ad 1197, 653, wo der allgemein bei Reiner übliche Name *Fredericus* im Autograph auf Rasur steht und vielleicht ein ursprüngliches *Rogerus* ersetzt. *Rogerus* blieb stehen S. 653, 48; zum Tauftermin: RI V 1, Nr. 511 f., vgl. unten S. 62 mit Anm. 40.

[16] Taufname *Fridericus/Fredericus*: Roger von Howden, ad 1197, ed. Stubbs 4, 24, Albert von Stade, ad 1195, MGH SS 16, 352; zum selben Namen vgl. Richard von S. Germano, ad 1194, ed. Garufi 17, Annales Casinenses, ad 1194, MGH SS 19, 317 (Cod. 3), Gesta Innocentii, c. 19, PL 214, XXXI A, Chronica regia Coloniensis, ad 1196, MGH SS rer. Germ. 18, 159, Annales Marbacenses, ad 1198, MGH SS rer. Germ. 9, 74, Otto von St. Blasien, c. 43, MGH SS rer. Germ. 47, 69, Burchard von Ursberg, ad 1196, MGH SS rer. Germ. 16, 73; erste Nennung *benedicti filii nostri Frederici* in DKs. 42, ed. Kölzer 131 (zwischen 8. 10. und 24. 12. 1197).

[17] Salimbene, Cronica, MGH SS 32, 350.

[18] Sie war wohl mit Heinrich VI. seit dem 30. 3. 1195 in Bari: RI IV 3, Nr. 413, seit dem 8. 4. in Trani: RI IV 3, Nr. 421, und vielleicht seit dem 13. 4. in Barletta: RI IV 3, Nr. 426; ihre älteste erhaltene Urkunde, ein Justizmandat, wurde ausgestellt in Palermo am 25. 6. 1195: DKs. 1, ed. Kölzer 1–3; vgl. Annales Casinenses, ad 1195, MGH SS 19, 318.

Konrads von Urslingen (heute Irslingen, nördlich Rottweil am Neckar) an, eines schwäbischen Adligen, der sich im Dienste Barbarossas in Italien bewährt hatte, von diesem 1176 oder 1177 zum Herzog von Spoleto erhoben worden war und zu den engsten Vertrauten Heinrichs VI. gehörte († 1202). Von seiner Frau, bei der nun die Verantwortung für den Neugeborenen lag, wissen wir leider kaum etwas Sicheres. Die Quellen geben nicht einmal ihren Namen preis, und ob sie aus einer adligen Familie der Gegend um Spoleto oder doch eher aus Deutschland stammte, muß letztlich offen bleiben. Die jüngeren ihrer Kinder waren wenig älter als Friedrich; dieser verbrachte seine ersten drei Lebensjahre also wohl vorwiegend in ihrem Kreise. Zwei von ihnen, Berthold (1190–1251) und vor allem Rainald (1185–1253) von Spoleto, sollten später erneut Bedeutung für ihn gewinnen, zunächst als seine Helfer, dann als Gegner. Der herzogliche Hof hielt sich damals offenbar vorwiegend in Foligno (zwischen Assisi und Spoleto) auf. Jedenfalls erinnerte der Kaiser die Bürger dieser Stadt noch im Jahre 1240 mit eindringlichen Worten daran, daß er hier seine früheste Kindheit erlebt, seine erste Erziehung genossen habe und dem Ort deshalb in besonderer Sorge und Liebe zugetan sei.[19] Wie gerne würden wir etwas Näheres über diese frühe Zeit erfahren, über die Verhältnisse, die Friedrich in dem Haushalt eines deutschen Reichsfürsten auf mittelitalienischem Boden antraf, über die Eindrücke, die das kleine Kind dort empfing, über die Sprache zumal, die es dort vorwiegend hörte – das Italienische in der Färbung der Region oder etwa einen mittelhochdeutschen Dialekt? – und in der es seine ersten eigenen Worte und Sätze formulierte. Aber nichts davon ist uns zuverlässig überliefert.

Daß die Kaiserin ihr so lange erwartetes Kind nach noch nicht drei Monaten anderen, wenngleich vertrauten, zuverlässigen Händen überließ und mehr als zweieinhalb Jahre nicht mehr sah, muß zweifellos befremden. Die überraschende Trennung läßt sich nach Konstanzes dramatischer Gefangennahme auf dem ersten Sizilienzug am ehesten vielleicht doch mit der unsicheren Lage in Süditalien und der Furcht der Eltern vor neuen Aufständen, wie überhaupt mit dem besonderen, unbestimmten Charakter erklären, der die rechtlichen und politischen Verhältnisse in Imperium und Regnum damals kennzeichnete. Die künftige Form des Zusammenschlusses und Zusammenwirkens der beiden Reiche war noch offen; schwer ließ sich

[19] Über Konrad von Urslingen und seine Frau siehe Schubring, Herzoge 28–42, über seine Söhne Rainald und Berthold ebd. 42–54, zur Genealogie 40, 296–306, zur These von der italienischen Herkunft der Herzogin RI V 1, Nr. 511 c; Brief Friedrichs an Foligno HB 5, 662, vgl. zum dortigen Aufenthalt Breve chronicon, ed. Huillard-Bréholles 892 (*Fridericus qui erat sub tutela et nutritura uxoris Conradi ducis Spoletani in civitate Fuligni*).

Abb. 4: Kaiserin Konstanze gibt vor ihrer Abreise nach Sizilien ihren Sohn Friedrich in die Obhut der Herzogin von Spoleto.

Petrus von Eboli, Liber ad honorem Augusti; Burgerbibliothek Bern, Cod. 120 II, f. 138^{r} (1194–96)

absehen, was der staufische Erfolg in Süditalien für die ohnehin gespannten Beziehungen des Kaisers zum Papsttum bedeuten würde. Heinrich ging es in jener Situation ganz offenbar darum, die Nachfolge seines Sohnes in seinem gesamten Herrschaftsgebiet bei den deutschen Fürsten und dem Papst durchzusetzen, und er mochte sich zunächst Hoffnung machen, sein Ziel ließe sich nach seinem glänzenden sizilischen Sieg recht rasch erreichen. Bis dahin glaubte er wohl die Taufe Friedrichs aufschieben zu können, die dann um so eindrücklicher vom Papst selbst, etwa verbunden mit der Königssalbung, vollzogen werden sollte.[20] Einstweilen blieb Friedrich am besten bei der herzoglichen Familie zu Foligno, nahe der Grenze von Imperium, Regnum und Patrimonium Sancti Petri. Hier war er sicher und vortrefflich versorgt, von hier aus konnte er zudem ohne allzugroße Schwierigkeiten alle jene Orte erreichen, an denen seine Gegenwart in der nächsten Zukunft möglicherweise erforderlich sein würde, sei es Rom, Aachen oder auch Palermo.

Konstanze scheint mit dieser Einschätzung der Dinge durchaus einverstanden gewesen zu sein. Wenigstens deutet nichts darauf hin, daß sie ihr Kind gegen ihren Willen der Herzogin übergeben oder dessen Abwesenheit während der Jahre bis zum Tod ihres Mannes als ihr auferlegte Zumutung empfunden und beispielsweise einen Besuch in Foligno erwogen oder gar verwirklicht hätte.[21] Da die Eltern wie im übrigen auch die Zeitgenossen die fürs erste gefundene Lösung demnach offenbar als naheliegend und angemessen betrachteten, fehlt auch jeder Anhalt, in ihr, wie dies zuweilen geschieht,[22] das Indiz für eine beginnende Entfremdung zwischen den kaiserlichen Ehegatten zu sehen.

Ursache der damals angeblich aufkommenden Spannung sollen die Meinungsverschiedenheiten über die künftige Stellung des Königreichs Sizilien und insbesondere über die Behandlung der Verschwörung gewesen sein, die kurz nach Heinrichs Krönung in Palermo entdeckt wurde. Der Kaiser hatte wohl noch im November 1194 die Unterwerfung der Witwe Tankreds und ihres Sohnes Wilhelm entgegengenommen und diesen daraufhin in feierlicher Form mit Lecce, der Grafschaft seines Vaters, und mit dem Für-

[20] Vgl. dazu Annales Marbacenses, ad 1196, MGH SS rer. Germ. 9, 68, und unten S. 61 f.

[21] *Imperatrix Siciliam repetens benedictum filium suum ducisse dimisit*, Petrus von Eboli, Liber II, Tav. XLV (Darstellung der Übergabe Friedrichs an die Herzogin durch Konstanze), ed. Rota 175 (siehe Abb. 4), übereinstimmend noch Collenuccio, Compendio IV, ed. Saviotti 113; die Kaiserin blieb bis zu ihrem Tode auf Sizilien, vgl. ihre Urkunden, ed. Kölzer, sowie ders., Urkunden 18–22, und Ries, Nr. 11 ff.

[22] Siehe etwa Kölzer, Urkunden 18, ders., Sizilien 15–19, Clementi, Aspects 333 f., vgl. 330–335, Winkelmann, Philipp 1, 13.

stentum Tarent belehnt. Schon wenig später jedoch, eben nach dem Bekanntwerden des Umsturzplanes einiger sizilischer Barone, bestrafte er die Verdächtigen schwer und ließ bei dieser Gelegenheit auch Wilhelm mit seiner Mutter und seinen Schwestern in die Gefangenschaft nach Deutschland führen; der kostbare Palermitaner Staatsschatz begleitete sie, angeblich auf 150 reich beladenen Saumtieren. Die Berichterstatter sehen in diesem Ereignis je nach Einstellung entweder ein Beispiel für die betrügerische List Heinrichs, der seine Gegner erst durch scheinbare Nachgiebigkeit zum Aufgeben ihres Widerstands veranlaßt und dann mit Hilfe falscher Anschuldigungen völlig ausgeschaltet habe, oder aber ein Zeugnis für die Ruchlosigkeit der gegen ihn rebellierenden Adligen, die seinen Edelmut hinterhältig auszunützen versuchten, um ihn zu beseitigen.[23] Es versteht sich, daß Heinrich selbst den Vorfall eben so, als einen angesichts seiner Gnadenerweise besonders schändlichen Verrat darstellte. Doch auch aus dem ganzen Verlauf seines zweiten Sizilienfeldzugs gewinnt man den Eindruck, daß er eigentlich nicht gerade auf die Inszenierung einer feierlichen öffentlichen Versöhnung mit anschließendem Komplott angewiesen war, um die letzten Widerstände zu überwinden. Zu denken gibt indessen vor allem die Stellungnahme Innozenz' III. Er rühmte dem siebenjährigen Friedrich gegenüber die Belehnung Wilhelms III. durch Heinrich und Konstanze als Exempel vorbildlichen königlichen Verhaltens und vertrat dann die Auffassung, weder Wilhelm noch seine Schwestern als seine Erben hätten die damals übertragenen Befugnisse durch irgendwelche Untaten gegen Heinrich verwirkt, da ihr jugendliches Alter sie entschuldige. Er bestritt die Existenz einer Verschwörung an sich also nicht, im Grunde nicht einmal die Beteiligung der königlichen Familie.[24] Handelte es sich bei beidem aber um Tatsachen, so fällt es besonders schwer, gerade in

[23] Annales Ceccanenses, ad 1192, MGH SS 19, 290, ad 1194f., 292; Annales Casinenses, ad 1194, MGH SS 19, 317 Cod. 3, vgl. jedoch die weit zurückhaltendere Aussage der ausführlicheren Version der Codd. 4.5, ad 1194–1195, 317f., ähnlich Richard von S. Germano, ad 1194, ed. Garufi 17; Thomas von Pavia, Gesta, MGH SS 22, 499. Petrus von Eboli, Liber II 41f. mit Tav. XLIII, vv. 1301–1362, ed. Rota 169–174; Otto von St. Blasien, c. 39–41, MGH SS rer. Germ. 47, 60f., 63, 65f.; Gesta Heinrici VI., vv. 145–152, MGH SS 22, 337. Die Gefangennahme der sizilischen Hochadligen, aber nichts von einer Verschwörung melden die Annales Marbacenses, ad 1195, MGH SS rer. Germ. 9, 65, ebenso Breve chronicon, ed. Huillard-Bréholles 891. Eine ausführliche Beschreibung der nach Deutschland geschafften Schätze auch bei Arnold von Lübeck V 20, MGH SS rer. germ. 14, 184f., wonach Heinrich allerdings den Staatsschatz Rogers der Konstanze überließ.

[24] Heinrichs Schilderung: Brief vom 20. 1. 1195, RI IV 3, Nr. 401, vgl. dazu oben S. 1, Anm. 2; Innozenz' III. Auffassung: Gesta Innocentii, c. 25, PL 214, XLVII C–XLVIII A, c. 33, LIX CD, vgl. LXI A (Brief vom 3. 7. 1201, auch HB 1, 82f., vgl. 84f.), siehe auch Gesta Innocentii, c. 18, XXX BC, c. 25, XLVI C–XLVII A; vgl. Cha-

Konstanze, deren Erbrecht durch Wilhelm und seine Anhänger ja doch entschieden bedroht wurde, eine Kritikerin Heinrichs zu vermuten.

Der feierliche Hoftag, zu dem sich an Ostern 1195 (2. April) der Kaiser, die Kaiserin und die Großen des Reiches in Bari versammelten, ordnete offenbar die Regierung des Königreiches Sizilien neu. Vielleicht hier, vielleicht allerdings auch erst bei ihrer Ankunft in Palermo im Mai, wurde Konstanze zur sizilischen Königin gekrönt, in Bari übertrug Heinrich seiner Gattin wohl für die Zeit seiner Abwesenheit die Regentschaft im Königreich. Als dessen neuer Kanzler erscheint seit jenen Tagen Walter von Pagliara († nach 1229), der Bischof von Troia (westlich Foggia), ein bewährter Parteigänger des Kaisers, dem er nach dem Scheitern des ersten Sizilienzuges sogar nach Deutschland gefolgt war. Konrad von Urslingen, der Herzog von Spoleto, trägt nun, erstmals in einer Urkunde vom 23. April, den Titel eines *regni Sicilie vicarius*. Beide begleiteten den Herrscher aber zunächst bis an die Grenze des Königreiches; dann wirkte Konrad bis zur Rückkehr Heinrichs vorwiegend in Mittelitalien, Walter in seinem Bistum.[25]

landon, Histoire 2, 488–490, der allerdings auf Innozenz' Epp. I 24–27, ed. Hageneder 35–41, verweist. Erstaunlicherweise erzählt Albert von Stade, ad 1195, MGH SS 16, 352, ohne Umschweife, der Admiral Margaritus habe die Ermordung Heinrichs geplant, sei aber verhaftet und geblendet worden; die Nachricht von der Gefangennahme der Familie Tankreds schließt sich unmittelbar an.

[25] Hoftag in Bari: Brief Heinrichs vom 12. 4. 1195, RI IV 3, Nr. 425 (Chronica regia Coloniensis, MGH SS rer. Germ. 18, 157), vgl. Annales Casinenses, ad 1195, MGH SS 19, 318; zur Krönung Konstanzes Kölzer, Urkunden 18, 29, 101 f.; Walter von Pagliara Kanzler seit 30. 3. 1195, RI IV 3, Nr. 412, zur Person vgl. Kamp, Kirche 1, 509–514, 1122–1125, 1210–1215, Kölzer, Urkunden 46–52, zu seinem Aufenthalt 1195/96 bes. 48 f., vgl. RI IV 3, Nr. 412–436, Nr. 559 ff.; Konrad von Urslingen: RI IV 3, Nr. 430, zum Itinerar vgl. Nr. 430–436, Nr. 559 ff., dazu Schubring, Herzoge 38, 271 f., Kölzer, Urkunden 47. – Wohl erst Anfang 1196 erschien der Reichskanzler Konrad von Hildesheim († 1202) in Italien. Er wirkte als *imperialis aule cancellarius et tocius Italie et regni Sicilie et Apulie legatus* zunächst in der Lombardei, eilte dann offenbar seinem kaiserlichen Herrn in das Königreich Sizilien voraus (siehe dazu seinen bei Arnold von Lübeck V 19, MGH SS rer. Germ. 14, 174–183, überlieferten Reisebericht), zerstörte auf dessen Befehl die Mauern Neapels (vgl. Richard von S. Germano, ad 1196, ed. Garufi 18, der ihn mit dem damals schon toten Bischof Heinrich von Worms verwechselt) und saß im Oktober in Brindisi dem Hofgericht vor (Girgensohn-Kamp, Urkunden Patti 60 mit Anm. 12; vgl. Cod. dipl. Barese 6, 5, Nr. 2 vom 20. 8. 1196, sowie ebd. 9 f., Nr. 3–4 vom 20. 3. bzw. 12. 5. 1197, beide ohne den Legatentitel für Konrad). Seine Hauptaufgabe bestand jedoch vermutlich schon jetzt in der Vorbereitung des von Heinrich geplanten Kreuzzuges, vgl. Arnold von Lübeck V 25, 195, Cronica Reinhardsbrunnensis, ad 1197, MGH SS 30, 1, 555; dazu Bach, Konrad, bes. 22–33, Seltmann, Heinrich VI. 147–154, Kölzer, Urkunden 47 f., Wendehorst, Würzburg, bes. 185 f., Jamison, Eugenius 146–152.

So regierte Konstanze doch recht selbständig, beraten von einem Kreis von Familiaren, zu denen die Erzbischöfe von Palermo und Capua gehörten, und auch sonst gestützt auf die uns bekannten Einrichtungen der normannischen Verwaltung, das Großhofgericht, die Kanzlei und das *magnum secretum*. Deren Wirksamkeit bleibt freilich schwer faßbar. Die Sekretie konzentrierte sich jetzt vorwiegend auf Sizilien, unter den Provinzialbeamten tauchen einzelne deutsche Namen auf. Deutlicher tritt allein die rege Tätigkeit der Kanzlei hervor, dokumentiert durch die relativ hohe Zahl der bekannten Urkunden Konstanzes. Die Kaiserin holte ihr Kanzleipersonal durchweg aus ihrem sizilischen Königreich und scheute sich keineswegs, auch bewährte Notare Tankreds zu übernehmen.[26]

Als selbstbewußte Tochter Rogers II., als rechtmäßige Erbin seines Reiches und der Herrschaftsrechte Wilhelms I. und Wilhelms II. protestierte Konstanze im Oktober 1195 energisch bei Papst Coelestin III. gegen dessen Einmischungen in kirchliche Angelegenheiten des Regnum Sicilie. Sie wandte sich namentlich gegen die Entsendung eines Legaten mit unbegrenzter Vollmacht, gegen die massive Beeinflussung der Abtswahl im Palermitaner Kloster S. Giovanni degli Eremiti zugunsten eines Gegners der kaiserlichen Majestät sowie endlich gegen die Weihe eines ihrer notorischen Widersacher zum neuen Erzbischof von Siponto (bei Manfredonia) durch Coelestin persönlich ohne jede Befragung oder gar Zustimmung des Hofes. Die genaue Analyse ihres Beschwerdebriefes zeigt eindrucksvoll, daß Konstanze sich strikt am 1188 bestätigten Vertrag von Benevent (1156), also an den Vereinbarungen ihres Bruders und ihres Neffen ausrichtete, den von Tankred mit Coelestin in Gravina 1192 ausgehandelten Vertrag jedoch als die rechtlich unwirksame Abmachung eines Usurpators ignorierte. Der Papst umgekehrt legte seinem kirchenpolitischen Vorgehen in Süditalien ganz eindeutig eben dieses Dokument zugrunde. Der Streit mit dem Papsttum um die Anerkennung von Konstanzes Erbrecht verband sich also aufs engste mit der Auseinandersetzung um die Beherrschung der sizilischen Kirche.[27]

Das Vorgehen der Kaiserin stand schwerlich im Gegensatz zu den Absichten Heinrichs. Dessen Verhandlungen mit dem Papst waren gerade damals unterbrochen, wurden also nicht gestört, und er selbst verwahrte sich, trotz der inzwischen wieder aufgenommenen Kontakte mit der päpstlichen Seite, im Juli 1196 ebenfalls namentlich gegen die rechtswidrige Weihe Hugos von Siponto. Das Erbrecht Konstanzes, das sehr wahrscheinlich seit

[26] Kamp, Kämmerer 54f., Girgensohn-Kamp, Urkunden Patti 57–60, Mazzarese Fardella, Aspetti 47–52, Kölzer, Urkunden 18 Anm. 63, zur Kanzlei Konstanzes 52–76, 106f., vgl. 24 Anm. 98.

[27] DKs. 3, ed. Kölzer 8–11, vgl. Baaken, Verhandlungen 488–496, Deér, Papsttum 256, 261f.

den bei seiner Verlobung getroffenen Vereinbarungen auch die Rechtsgrundlage für seine eigenen Herrschaftsansprüche im Regnum bildete, gab demnach offensichtlich den Rahmen auch für seine kirchenpolitischen Vorstellungen und Maßnahmen. Das verwundert nicht, betonte er doch in seinen sizilischen Urkunden überhaupt von Anfang an auffallend häufig seine Stellung als rechtmäßiger Nachfolger Rogers II. und der beiden Wilhelme, indem er ausdrücklich die von jenen erteilten Privilegien bestätigte und die unter jenen ausgebildete Rechtsordnung wiederherzustellen und zu schützen versprach. Diese Praxis richtete sich, ganz wie die Konstanzes, gegen das widerrechtliche Königtum Tankreds und seines Sohnes und zugleich gegen die Rechtsauffassung des Papstes. Sie hätte sich jedoch eigentlich verboten, wenn Heinrich seine sizilische Herrschaft primär aus den alten Rechten des Imperiums abgeleitet hätte. In diesem Falle nämlich hätten ihm auch Roger II. und die Wilhelme als Usurpatoren gelten müssen, und er hätte im Grunde ebensowenig den Titel eines *rex Sicilie* neben dem kaiserlichen führen dürfen, wie er dies seit der Einnahme Palermos tat.[28]

Auf das *antiquum ius imperii* bezüglich Siziliens berief sich Heinrich denn auch, soweit bekannt, nur ein einziges Mal: im Frühjahr 1191 bei seinem ersten Einmarsch in das Königreich. Es geschah bezeichnenderweise nach außen, dem Papst gegenüber und offenbar, wir sahen es bereits, veranlaßt durch die besondere Situation, in Reaktion auf das päpstliche Übergehen von Konstanzes Erbrecht. Ganz ähnlich erklärt sich wahrscheinlich Heinrichs Weigerung, wegen der *dignitas imperii* dem Papst den Lehnseid für das sizilische Königreich zu leisten – erst Innozenz III. berichtet davon –, als Antwort auf die päpstliche Hartnäckigkeit, vielleicht auch als ein eher taktisch gemeinter Versuch, in den zähen Verhandlungen mit Rom die eigene Ausgangsposition im Blick auf eine künftige Übereinkunft zu verbessern.[29]

[28] Brief Heinrichs vom 25.7.1196: MGH Const. 1, 523f., Nr. 375 (RI IV 3, Nr. 534); dazu sowie zur Situation der päpstlich-kaiserlichen Verhandlungen Baaken, Verhandlungen 483–485, 488f., 395f., dort der Hinweis auf Heinrichs Verbot für die Kleriker Siziliens, nach Rom zu gehen oder dorthin zu appellieren, RI IV 3, Nr. 392, vgl. Zerbi, Papato 68–70; zum Inhalt der Heiratsvereinbarungen siehe oben S. 15 mit Anm. 19 und bes. Baaken, Unio 272–280. Zur Berufung auf Roger II., Wilhelm I. und II. vgl. RI IV 3, Nr. 376ff., zum Königstitel ebd. (zwei Ausnahmen: Nr. 382 und 384) sowie bes. Ries Nr. 4–6.

[29] Berufung auf das *antiquum ius imperii*: RI IV 3, Nr. 152, vgl. oben 36f. mit Anm. 38, auf die *dignitas imperii*: Innocentius III, RNI 29, ed. Kempf 79 (Deliberatio de tribus electis, Jahreswende 1200–1201); daß Heinrich den Lehnseid für Sizilien grundsätzlich und dauernd mit Hinweis auf die *dignitas imperii* verweigert haben soll, verwundert auch deshalb, weil Innozenz im selben Dokument lobend feststellt, eben Heinrich habe eingewilligt, sogar das Kaisertum von Papst Coelestin in einer Form zu empfangen, die dessen Abhängigkeit vom Papsttum besonders zum Ausdruck bringe,

Umgekehrt dachte Konstanze zwar sicher noch weit weniger als Heinrich daran, dem Aufgehen des ererbten Regnum im Imperium Vorschub zu leisten. Mit dem Gedanken einer Vereinigung der beiden Reiche jedoch war sie seit ihrer Heirat wohl vertraut, und sie wußte die Vorteile, die sich aus deren Verwirklichung für ihre Stellung in Sizilien ergaben, durchaus zu nutzen. Bis zu ihrem Tode nannte sie sich, dem Titel ihres Gatten entsprechend, *Romanorum imperatrix semper augusta et regina Sicilie*. Sie berief sich auf Heinrich als den *invictissimus, serenissimus* oder *gloriosissimus imperator*, verwies des öfteren auf ihren eigenen kaiserlichen Rang, erinnerte in feierlichen Arengen einzelner Urkunden an die mit der *imperialis magnificentia* oder dem *sacri nomen imperii* verbundenen Herrscherpflichten und gab ihren Anweisungen zuweilen als *edicta imperialia* besonderes Gewicht.[30] Bezeichnenderweise wertete die Kaiserin schließlich in ihrem bereits erwähnten Protestschreiben an Papst Coelestin dessen Eingreifen im sizilischen Regnum als eine empfindliche Störung der Bemühungen um die Einheit von Imperium und Ecclesia, die Heinrich, der *victoriosissimus imperator et rex Sicilie*, eingeleitet und die sie selbst zu unterstützen beabsichtigt habe. Sie ging hier also ganz selbstverständlich von der außerordentlich engen Verbindung zwischen Imperium und Regnum aus. An deren Ursprung erinnerte sie ihren Adressaten recht deutlich mit der Bemerkung, sie habe ihr Königreich kraft ihres Erbrechts und dank der Hilfe der kaiserlichen Waffen empfangen.[31]

Das alles spricht für die grundsätzliche Übereinstimmung des Kaiserpaares in zentralen politischen Fragen. Heinrich wie Konstanze galt die Vereinigung von Imperium und Regnum offenbar als bewahrenswerte Realität, beide gründeten ihre Rechte im sizilischen Königreich primär auf Konstanzes Erbrecht. Daß dessen praktische Durchsetzung völlig von Heinrichs Kaisermacht abhing, war Konstanze bewußt und erklärt vermutlich auch ihr auffallendes Zurücktreten, sobald ihr Gemahl in Sizilien erschien. Dieser verzichtete seinerseits nicht darauf, dem Papst gegenüber die alten Reichsrechte auf Sizilien ins Spiel zu bringen, wo er dies für angebracht hielt. Nicht

RNI 29, 75f., dazu Baaken, Verhandlungen 511f.; für die seit Wilhelm I. dagegen immer mehr schwindende Bedeutung des formalen Belehnungsaktes der sizilischen Könige durch den Papst vgl. Deér, Papsttum 253–255.

[30] Siehe dazu die Belegstellen in den DDKs., ed. Kölzer, Index zu „Constantia" (288), „Henricus" (291f.), „augustalis" (308), „edictum" (320), „imperator" oder „imperialis" (326f.); vgl. Kölzer, Urkunden 92f. bzw. 102f., dazu die Arengen von DKs. 9, ed. Kölzer 31, D 11, 37, D 35, 110, D 43, 134, D 44, 141, oder D 52, 166.

[31] *Regnum nostrum, quod et paterna successione et imperialis adquisitione potentie contra emulorum conatus indebitos Domino largiente suscepimus*, DKs. 3, ed. Kölzer 10, vgl. dazu ebd. 8f., sowie ders., Urkunden 25–29, Baaken, Unio 290, Deér, Papsttum 256, Tabacco, Impero 17 mit Anm. 11, 28–31, Zerbi, Papato 61f., 65–68.

alle Probleme freilich mochten derart einvernehmlich zwischen Heinrich und Konstanze gelöst sein, und unmöglich ließen sich die aus dem Grundkonsens zu ziehenden Folgerungen, ließ sich vor allem das künftige Verhältnis der beiden Reiche zueinander in allen Einzelheiten vorweg absehen und bestimmen. So konnte jeder Tag konkreten politischen Handelns neue Schwierigkeiten ans Licht bringen und die beiden Ehegatten, äußerlich getrennt und in unterschiedliche Lebens- und Gesellschaftsordnungen gebunden, auch innerlich und sachlich auseinanderführen.

Heinrichs Ringen um die dauerhafte Sicherung seiner Machtstellung

Die letzten Jahre Heinrichs VI. waren nach allem, was wir darüber erfahren, eine Zeit hektischer Aktivität mit dem Ziel, Imperium und Regnum dauerhaft in staufischer Hand zu verbinden. Noch im April 1195, gleichzeitig mit den Maßnahmen zur Neuordnung Siziliens, festigte der Kaiser auch seine Herrschaft in Mittelitalien, dem nun aufgrund seiner geographischen Lage zentrale Bedeutung zukam: Neben Konrad von Spoleto sollten hier künftig der bewährte Markward von Annweiler als Markgraf von Ancona und Herzog von Ravenna und der Romagna (des Gebiets um Ravenna, Bologna und Ferrara) sowie Heinrichs jüngster, damals etwa achtzehnjähriger Bruder Philipp, der 1193 seine geistliche Laufbahn aufgegeben hatte, als Herzog von Tuszien (Toskana) und Inhaber der Mathildischen Güter den Einfluß des Reiches sichern. Philipp heiratete zudem wohl am Osterfest 1195 Irene, die Witwe von König Tankreds früh verstorbenem ältestem Sohn und Tochter des byzantinischen Kaisers Isaak II. Angelos (1185–1195). Obwohl ihr Vater in eben jenen Tagen von seinem Bruder Alexios III. (1195–1203) gestürzt wurde, stand diese Eheschließung doch in engem Zusammenhang mit Heinrichs weiteren Absichten, namentlich mit dem ihm jetzt immer wichtiger werdenden Kreuzzugsunternehmen.[32]

Schon bald nach seiner Krönung in Palermo hatte der Staufer durch den Bischof Wolfger von Passau († 1218) die Verbindung mit Papst Coelestin III. wieder angeknüpft, und seine Beziehungen zu Rom rissen dann – wiewohl zuweilen unterbrochen – bis zu seinem Tode nie ganz ab. Um welche Ziele es ihm dabei im einzelnen ging, welche Vorschläge er ins Spiel brachte, das gehört bis heute zu den großen Streitfragen der Forschung. Man darf jedoch

[32] Siehe die Urkunden Heinrichs vom April 1195: RI IV 3, Nr. 422ff., vgl. Continuationes Weingartenses, MGH SS 21, 479, Burchard von Ursberg, ad 1195, MGH SS rer. Germ. 16, 72f., Chronica regia Coloniensis, ad 1195, MGH SS rer. Germ. 18, 156f., Annales Marbacenses, ad 1194, MGH SS rer. Germ. 9, 64; zu den Vorgängen in Byzanz: Ostrogorsky 342–359.

sicher annehmen, daß er grundsätzlich für sich und Konstanze die päpstliche Anerkennung ihrer königlichen Stellung in Sizilien als Nachfolger Wilhelms II. und als legitime Erben von dessen Rechten gerade auch über die sizilische Kirche erstrebte, eine Anerkennung, die ihm Coelestin bislang verweigerte: Das Schreiben, in dem der Papst Ende April 1195 dem Kaiser die Entsendung zweier Kardinäle zur Aufnahme direkter Verhandlungen ankündigte, verschwieg gewiß absichtsvoll den von jenem selbstverständlich beanspruchten Titel *rex Sicilie*.[33] Vielleicht hoffte Coelestin noch immer und aus seiner Sicht verständlicherweise auf eine Möglichkeit, die Umklammerung des Kirchenstaates durch die Staufer, die *unio regni ad imperium* zu verhindern. Jedenfalls suchte er seine rechtlich notwendige, von Heinrich gewünschte Billigung der neuen Situation so lange wie irgend möglich hinauszuschieben. Eine solche Haltung mochte wenigstens die Bereitschaft der Gegenseite zu Zugeständnissen, etwa bezüglich der Übernahme der Abmachungen von Gravina, erhöhen.

Ein Versprechen des Kaisers stand in der Tat schon am Beginn seiner neuerlichen Kontakte zum Papst: die Zusage nämlich, aus eigenen Mitteln einen Kreuzzug zu organisieren. Bischof Wolfger hatte sie in Rom überbracht. Die heimliche Kreuznahme des Kaisers aus der Hand des Bischofs Radulf von Sutri am Karfreitag 1195 in Bari, die öffentliche Kreuzzugspredigt am folgenden Ostersonntag sowie der kurz darauf hinausgehende kaiserliche Kreuzzugsaufruf mit Einzelheiten über die Finanzierung des Projektes überzeugten Coelestin von der Ernsthaftigkeit des Vorhabens, das auch ihm außerordentlich am Herzen lag. Nun endlich, Anfang Mai, fand er sich im Gegenzug bereit, an den durch Mittelitalien nordwärts ziehenden Herrscher zwei Legaten abzusenden, also Verhandlungen im eigentlichen Sinne einzuleiten. Diese endeten freilich sehr rasch und ohne greifbares Ergebnis – zu weit auseinander lagen die Standpunkte der Gesprächspartner. Immerhin fand Heinrich vermutlich jetzt Zeit und Gelegenheit, in Foligno seinen kleinen Sohn und Erben zum ersten Mal zu sehen.[34]

Der letzte Aufenthalt des Kaisers in Deutschland vom Juni 1195 bis Juni 1196 galt zunächst der weiteren Vorbereitung des Kreuzzuges, des einzigen Unternehmens, das ihn nach wie vor mit dem Papst verband. Päpstliche Beauftragte forderten in zahllosen Predigten leidenschaftlich zur Teilnahme auf, und ihre deutschen Hörer folgten ihrem Ruf. Mit ähnlichem Eifer warb

[33] Grundlegend zum zeitlichen Ablauf der päpstlich-kaiserlichen Verhandlungen 1195–1197 Baaken, Verhandlungen, bes. 477–513; das Schreiben Coelestins vom 27. 4. 1195: Magnus von Reichersberg, ad 1195, MGH SS 17, 524.

[34] Zum Itinerar Heinrichs siehe RI IV 3, Nr. 410–438, zum Kreuzzug bes. 415a, 415b, 425, die Einzelheiten bei Baaken, Verhandlungen 480–485; einen Besuch in Foligno vermutete schon Kantorowicz, Friedrich 16.

Heinrich selbst in seiner Umgebung und bei den Fürsten des Reiches. So nahm auf den Hoftagen, die am 28. Oktober 1195 in Gelnhausen und am 6. Dezember in Worms stattfanden, eine große Zahl geistlicher und weltlicher Großer das Kreuz. Zugleich sorgten kaiserliche Befehle dafür, daß in Italien genügend Geld, Proviant und Schiffe für die Kreuzfahrer beschafft wurden. Schließlich zog Heinrich Vorteile aus dem immer deutlicheren Zerfall des byzantinischen Reiches. Schon 1194 hatte Leo von Kleinarmenien, seit langem ein Gegner des oströmischen Kaisers, sein Kilikien an der Südostküste Kleinasiens umfassendes, um die Städte Tarsus und Seleukia konzentriertes Fürstentum von Heinrich zu Lehen genommen. Ihm folgte nun, ein Jahr später, König Amalrich von Zypern, der so ebenfalls den Rückhalt des Reiches für seine 1191 den Byzantinern entrissene Herrschaft zu gewinnen suchte. Vor allem aber wandte sich Heinrich selbst mit Gebietsansprüchen und wohl auch als Verteidiger der Thronrechte der Familie Irenes, seiner Schwägerin, an den neuen Machthaber in Byzanz, den als Usurpator gebrandmarkten Alexios, und erreichte mit seinen massiven Drohungen, daß sich dieser zu erheblichen Zahlungen bereit fand, die er seinen Untertanen in Form einer „Alamannensteuer" abpreßte.[35]

Trotz ihres gemeinsamen Einsatzes für den Kreuzzug waren sich Kaiser und Papst in den grundsätzlichen Fragen keinen Schritt näher gekommen. Um so intensiver nützte Heinrich deshalb die Monate in Deutschland, suchte er nun zunächst die deutschen Fürsten für seine Absichten zu gewinnen, ihre aktive Unterstützung für seine Bemühungen um die dauerhafte Sicherung seiner Erfolge zu erlangen. Damit tat er sich jedoch unvermutet schwer: Die in Worms versammelten Fürsten lehnten die Wahl seines kaum einjährigen Sohnes zum deutschen König ab. Das überrascht, hatte sich doch etwa noch Barbarossa mit dem gleichen Ansinnen ohne Schwierigkeiten durchgesetzt. Zudem hatten anscheinend viele Fürsten Heinrich gegenüber bereits vorher die Wahl Friedrichs eidlich versprochen. Offenbar begann sich nun aber erneut die reichsfürstliche Opposition gegen die mehr denn je als übermächtig empfundene Stellung Heinrichs zu formieren, und wie 1192/93 ging der Widerstand vom Niederrhein aus: Erzbischof Adolf von Köln (1193–1205, † 1220) verweigerte den Plänen des Kaisers von Anfang an am entschiedensten seine Zustimmung. Er und seine Anhänger mochten nach dem Sieg des Staufers in Sizilien befürchten, mit einem Nachgeben in

[35] Annales Marbacenses, ad 1194, MGH SS rer. Germ. 9, 64f., ad 1195, 65–67, Otto von St. Blasien, c. 42f., MGH SS rer. Germ. 47, 66f., 69f., Arnold von Lübeck V 25, MGH SS rer. Germ. 14, 194–196, Cronica Erfordensis, ad 1195, MGH SS rer. Germ. 42, 198, Cronica Reinhardsbrunnensis, ad 1197, MGH SS 30, 1, 554–556; Nicetae Historia, ed. v. Dieten 475,32–479,43; vgl. Ostrogorsky 353f., Mayer, Kreuzzüge 142–144, Leonhardt, Kreuzzugsplan 47–63.

der Wahlfrage nicht nur ein wesentliches fürstliches Recht, sondern die fürstliche Position dem deutschen Königtum gegenüber überhaupt zu gefährden. Daß Heinrich grundsätzlich willens war, seine Macht auch in Deutschland und auf Kosten der deutschen Fürsten auszubauen, daran konnte kaum Zweifel bestehen: Nach einem früheren, fehlgeschlagenen Versuch mit der Landgrafschaft Thüringen zog er eben jetzt die Markgrafschaft Meißen unter Übergehung des Bruders des verstorbenen Markgrafen als heimgefallenes Reichslehen ein und vergrößerte damit das in jenem Raum schon ausgebildete bedeutsame Reichsterritorium noch weiter. Im übrigen dürften die Männer um den Kölner Erzbischof die Abneigung des Papstes gegen eine endgültige Festsetzung der Staufer in Regnum und Imperium, seine Furcht vor der daraus resultierenden Gefährdung der Kirchenfreiheit wohl gekannt haben.[36]

Der Kaiser reagierte auf die Schwierigkeiten, die die Fürsten ihm in den Weg legten, mit einem spektakulären Schritt: Er unterbreitete ihnen, wohl im März 1196 in Würzburg, seinen „Erbreichsplan", das heißt: den Vorschlag, die deutsche Königskrone künftig nach Erbrecht weiterzuvergeben. Für den Verzicht auf ihr Wahlrecht sollten die weltlichen Fürsten auch ihrerseits die volle Erblichkeit ihrer Lehen in männlicher wie in weiblicher Linie, nötigenfalls sogar in Seitenlinien, erlangen, den geistlichen Fürsten gegenüber wollte der König seinen traditionellen Anspruch auf die Spolien, auf den Einzug ihres Nachlasses also, aufgeben. Eine so weitreichende Reform der Reichsverfassung hätte – darauf weisen zeitgenössische Quellen ausdrücklich hin – zweifellos die Verbindung des Imperiums mit Sizilien entscheidend gefestigt und zugleich der damaligen Entwicklung in anderen Königreichen, etwa in Frankreich, entsprochen. Sie hätte freilich, das zeigt gerade der Vergleich mit Frankreich, wohl vor allem das Königtum gestärkt. Dem Vorschub zu leisten, waren die Fürsten nur äußerst zögernd bereit, zumal sich die ihnen versprochene Erblichkeit der Reichslehen seit der Mitte des 12. Jahrhunderts ohnehin zu verbreiten begann und das königliche Spolienrecht schon seit längerem umstritten war. Zwar scheint es, daß sich Heinrich in Würzburg schließlich durchsetzte. Die Gruppe um Adolf von

[36] Heinrichs Bemühungen um die Wahl Friedrichs: Annales Marbacenses, ad 1195–1196, MGH SS rer. Germ. 9, 67–69, vgl. Otto von St. Blasien, c. 44f., MGH SS rer. Germ. 47, 70f., Burchard von Ursberg, ad 1197, MGH SS rer. Germ. 16, 74f., Chronica regia Coloniensis, ad 1196, MGH SS rer. Germ. 18, 159, Sächsische Weltchronik, c. 339, MGH Dt. Chron. 2, 235, Cronica Reinhardsbrunnensis, ad 1197, MGH SS 30,1, 556–558, zu Meißen ebd. ad 1196, 554, vgl. Chronicon Montis Sereni, ad 1196, MGH SS 23, 166, Sächsische Weltchronik, c. 338, 235, dazu Helbig, Ständestaat 14f., zur Sächs. Weltchr. Herkommer, Überlieferungsgeschichte, bes. VIII (aus der Mitte des 13. Jahrhunderts, nicht von Eike von Repgow).

Köln jedoch versagte sich standhaft seinem Projekt, und andere Fürsten wurden bald wieder schwankend. Immerhin kam es nach intensiven Bemühungen des Kaisers sowie des Mainzer Erzbischofs und Philipps, den sein Bruder im August 1196 mit dem Herzogtum Schwaben belehnte, Ende 1196 in Frankfurt doch wenigstens zur Königswahl Friedrichs, der später sogar der Erzbischof von Köln beitrat.[37]

Die Entwicklung in Deutschland hing aufs engste mit dem Stand der Beziehungen des Kaisers zum Papst zusammen. Offenbar diskutierte Heinrich die mit Rom strittigen Fragen zunächst ausführlich mit einem der päpstlichen Kreuzzugslegaten, der sich während der ersten Hälfte des Jahres 1196 ständig an seinem Hofe aufhielt. Diese Gespräche sowie die zu jener Zeit als sicher angesehene fürstliche Zustimmung zum Erbreichsplan ermutigten den Herrscher dann im Juli, nach Italien aufzubrechen, um unmittelbar mit Coelestin selbst endlich den Frieden zwischen Kirche und Reich zu besiegeln. Er stieß indessen bald auf erhebliche Hindernisse. Nicht nur, daß sich die Streitigkeiten zwischen den großen Städten der Lombardei, zwischen Mailand und Cremona zumal, kaum schlichten ließen. Auch der Papst brachte neue Beschwerden vor über das brutale Verhalten der kaiserlichen Verwaltung einzelnen Geistlichen gegenüber und insbesondere über das rechtswidrige Vorgehen Herzog Philipps im Patrimonium Petri. Dennoch intensivierten sich die Kontakte im Herbst, als der Kaiser im Oktober und November 1196 mehrere Wochen in der weiteren Umgebung Roms verweilte, erst in Montefiascone nördlich von Viterbo, dann in Foligno und endlich in Tivoli, nur dreißig Kilometer östlich der Stadt. Zahlreiche hochrangige Gesandtschaften reisten damals zwischen ihm und Coelestin hin und her.[38]

Über die Vorschläge, die sie austauschten, wissen wir leider kaum mehr, als daß es um die Eintracht zwischen den beiden Parteien, auch um die Stellung des Regnum Sicilie ging. Der Kaiser bot wohl zunächst an, öffentlich seine persönliche Teilnahme am Kreuzzug zu geloben, sich also noch stärker als bisher mit diesem Unternehmen zu identifizieren, und forderte dafür, daß der Papst seinen Sohn taufe und zum König salbe – unklar bleibt, ob zum deutschen oder zum sizilischen. Im ersten Fall hätte sich Coelestin, gerade als der Erbreichsplan des fürstlichen Widerstands wegen fallen gelassen werden mußte, auf sehr eindrückliche Weise zum Verbleib der deutschen Königswürde beim staufischen Haus bekannt, im zweiten zum staufischen

[37] Zu Philipps Herzogswürde vgl. RI V, Nr. 10b, RI IV 3, Nr. 542; zum Erbreichsplan und zur Wahl Friedrichs: Schmidt, Königswahl 225–260, vgl. Annales Marbacenses, ad 1196, MGH SS rer. Germ. 9, 68, Sächsische Weltchronik, c. 339, MGH Dt. Chron. 2,235, Gesta episc. Leodiensium, MGH SS 25, 132.

[38] Zu dieser Phase der Verhandlungen siehe Baaken, Verhandlungen 496–505, vgl. RI IV 3, Nr. 505, 520, 534, 555–572.

Erbrecht auf Sizilien. In jedem Falle aber hätte er praktisch zugleich der fortdauernden Vereinigung von Imperium und Regnum in staufischer Hand Vorschub geleistet. Er lehnte den Vorschlag ab. Heinrich antwortete mit einem zweiten, jenem berühmten „höchsten Angebot", von dem er selbst später sagte, es stehe in der Geschichte der Christenheit beispiellos da. Bedauerlicherweise verrät er uns freilich nichts über seinen konkreten Inhalt. Es mag sich um eine außergewöhnlich hohe finanzielle Verpflichtung der Kirche gegenüber oder – vielleicht doch wahrscheinlicher – um die Bereitschaft gehandelt haben, in einer eindeutigen, dem Lehnsrecht verwandten Form die Bindung seiner kaiserlichen Herrschaft an das Papsttum zu bekunden, um dafür die päpstliche Anerkennung der eigenen Herrscherstellung in ihrem vollen territorialen und rechtlichen Umfang einschließlich ihrer Erblichkeit zu erlangen. Gewiß ist nur dies, daß Coelestin auch darauf negativ reagierte. Die Festsetzung der Staufer im Norden wie im Süden des Kirchenstaates war für ihn ganz augenscheinlich in jeder Form unannehmbar.[39]

Während der Verhandlungen mit dem Papst hatte sich Heinrich Anfang November 1196 für einige Tage nach Foligno und Spoleto begeben, um dort, vermutlich zum zweiten Mal, seinen Sohn Friedrich zu besuchen. Er hoffte damals wohl, daß sich die von ihm gewünschte feierliche und bedeutungsvolle Taufe und Königssalbung seines einzigen Kindes durch Coelestin alsbald durchführen lasse, und nahm Friedrich deswegen möglicherweise sogar mit sich nach Tivoli. Ob dessen Taufe nach der päpstlichen Weigerung dann trotzdem noch in Anwesenheit des Vaters während der zweiten Novemberhälfte stattfand oder erst später in bescheidenerem Rahmen am Hofe der Herzogin zu Foligno oder Spoleto, das entzieht sich unserer Kenntnis.[40]

Mit großem Unwillen sei Heinrich auf den Fehlschlag aller seiner Bemühungen hin von Rom weg südwärts weitergezogen, so berichtet ein mit der Stimmung am kaiserlichen Hof gut vertrauter Zeitgenosse, und des Herrschers eigene Worte aus jenen Tagen lassen seine tiefe Enttäuschung deutlich spüren. Zwar kam es auch noch 1197 zum Austausch von Gesandten mit dem Papst, doch ein greifbares Resultat blieb diesen Bemühungen ebenso wie allen früheren versagt.[41]

[39] Taufe und Salbung Friedrichs: Annales Marbacenses, ad 1196, MGH SS rer. Germ. 9, 68; „höchstes Angebot": MGH Const. 1, 524f., Nr. 376 (RI IV 3, Nr. 572), dazu Baaken, Verhandlungen 458–460, 467–473, 509–513, vgl. Schmidt, Königswahl 252 mit Anm. 141.

[40] RI IV 3, Nr. 567f., vgl. RI V, Nr. 511f. die einschlägigen Quellenstellen; für den Dom S. Rufino zu Assisi als Taufort fehlt dort jeder Anhalt.

[41] *Iter cum magna indignatione versus Syciliam movit* (sc. *imperator*), Annales Marbacenses, ad 1196, MGH SS rer. Germ. 9, 68, Heinrichs Brief: RI IV 3, Nr. 572 (vgl. Anm. 39); vgl. Baaken, Verhandlungen 505–509.

Letzter Sizilienaufenthalt und Tod des Kaisers

Sein Hauptaugenmerk wandte der Kaiser in den folgenden Monaten den Kreuzzugsvorbereitungen und den Verhältnissen im Königreich Sizilien zu. Schon Ende Dezember 1196 berief er einen Hoftag nach Capua. Dort ließ er an Richard von Acerra, dem Schwager und wichtigsten Verbündeten Tankreds, der jetzt erst in seine Hand geriet, ein grausames Todesurteil vollstrecken. Mit der Grafschaft Richards belehnte er Diepold von Schweinspoint (östlich Donauwörth; † nach 1221), einen Mann ministerialer Herkunft, der es im staufischen Dienst bis zum Justitiar der das ehemalige Fürstentum Capua umfassenden Provinz Terra Laboris gebracht und Richard gefangen genommen hatte. Schon dies wirkte nicht nur abschreckend, sondern weckte vielfach Unmut. Die Unzufriedenheit wuchs bedenklich, als Heinrich auf derselben Versammlung die Erhebung einer allgemeinen Steuer verkündete und schließlich hier und noch einmal an Ostern 1197 von Palermo aus seinen Untertanen im Königreich befahl, alle von ihm empfangenen Urkunden zurückzugeben, also die Absicht bekundete, sämtliche von ihm erteilten Privilegien zu überprüfen. Zwar hatte schon Roger II. 1144 ähnliches unternommen, und offensichtlich erhielten viele weltliche und geistliche Große die ihnen früher verliehenen Rechte und Besitzungen nach der Überprüfung durch Heinrich erneut zugewiesen. Doch manchen trafen gewiß schmerzliche Verluste. Vor allem verriet die Maßnahme wie auch der in den herrscherlichen Urkunden nun öfters auftauchende allgemeine Widerrufsvorbehalt klar den Willen Heinrichs, die grundsätzliche und ständige Abhängigkeit aller Privilegierten, des Adels, der Kirche wie der Städte, von seiner Herrschervollmacht und seinem Wohlwollen deutlicher denn je zur Geltung zu bringen.[42]

Um diese Tendenz zu durchkreuzen, fand sich eine Gruppe von Verschwörern zusammen, die Ende April 1197 losschlug. Heinrich hielt sich damals gerade zur Jagd in der Gegend von Patti (60 km westlich Messina) auf. Er wurde offenbar gewarnt und konnte vor dem Zugriff seiner Gegner nach Messina entkommen. Von dort aus organisierte er rasch die Gegenwehr. Gestützt auf die Hilfe Markwards von Annweiler, Heinrichs von Kalden sowie der in der Hafenstadt zur Ausfahrt versammelten Kreuzritter schlug er das Heer der Aufständischen bei Catania und nahm schließlich Anfang Juli nach

[42] Hoftag in Capua: RI IV 3, Nr. 575, 584, Richard von S. Germano, ad 1196–1197, ed. Garufi 18; in Palermo: RI IV 3, Nr. 583, 586, 587, 588; zu Diepold: RI IV 3, Nr. 413, 426, 576, vgl. Winkelmann, Herkunft 159–162. Zu Heinrichs Maßnahmen siehe Baaken, Salvo mandato 16–23, außerdem Kölzer, Urkunden 19 sowie 44 f., Scheffer-Boichorst, Vorbilder 244–249, und Niese, Gesetzgebung 159, mit Hinweisen auf normannische Vorläufer des Widerrufs-Vorbehaltes, zu Roger II. oben S. 24.

mehrwöchiger Belagerung von Castrogiovanni, dem heutigen Enna (80 km westlich Catania), die letzten Rebellen gefangen. Erneut folgte, in Anwesenheit der Kaiserin, ein schreckliches Strafgericht über die Hochverräter, insbesondere über ihren offenbar als künftigen König ausersehenen Führer, den Burgherrn von Castrogiovanni.

Die sizilischen Geschichtsschreiber erwähnen diesen Aufstand kaum, und wenn sie es tun, so schildern sie ihn als die Rebellion eines einzelnen. Aus den Herrscherurkunden jener Tage läßt sich aber doch erkennen, daß die Revolte für Heinrich überraschend kam und zunächst recht bedrohlich aussah, sich allerdings wohl hauptsächlich auf den Osten Siziliens konzentrierte. Für eine Erhebung des ganzen Königreiches, von der deutsche Quellen reden, findet sich hier wenig Anhalt. Die deutschen Chronisten berichten außerdem von dem offenbar auch unter den Deutschen am Hof umgehenden Gerücht, wonach der Papst und selbst die Kaiserin von der Verschwörung gewußt hätten, ja Konstanze sie sogar aus Feindschaft gegen Heinrich angezettelt habe. Welche konkreten Vorgänge zu diesen Verdächtigungen führten, läßt sich heute nicht mehr sicher sagen. Freilich spricht gegen eine wie immer geartete Beteiligung der Kaiserin, daß das geplante Unternehmen, zumal mit einem adligen Thronbewerber an seiner Spitze, doch auch ihre eigene, bewußt auf die kaiserliche Hilfe gegründete Herrscherstellung und die Erbrechte ihres Sohnes entscheidend bedrohte. Das schließt natürlich keineswegs aus, daß Heinrichs harte Maßnahmen und der zunehmende Widerstand der Bevölkerung damals Meinungsverschiedenheiten und Spannungen zwischen dem Kaiserpaar hervorriefen, die ihrer Umgebung nicht verborgen blieben.[43]

Ende Juli hatte sich die Lage in Sizilien offenbar völlig geklärt, und Heinrich kehrte wieder in das bei Patti gelegene Jagdrevier zurück. Schon wenige Tage später jedoch erkrankte er, vermutlich an rezidiver Malaria, an der er seit dem Sizilienzug von 1194/95 litt. Er mußte nach Messina gebracht werden, wohin sich auch Konstanze und ein großer Teil seiner Berater begaben. Nach kurzer trügerischer Besserung verschlimmerte sich sein Zustand infolge einer hinzutretenden Ruhrerkrankung rasch weiter, und am 28. September 1197 starb der kaum Zweiunddreißigjährige. Kurz zuvor legte er noch Richtlinien für die nach seinem Tod zu führenden Verhandlungen nieder. Ihren Wortlaut überliefert freilich allein der Biograph Innozenz' III.,

[43] Richard von S. Germano, ad 1197, ed. Garufi 18 (der dort genannte Führer *Guillelmus monachus, castellanus castri Iohannis*, erwähnt in DKs. 58, ed. Kölzer 181); Annales Marbacenses, ad 1197, MGH SS rer. Germ. 9, 69f., Chronica regia Coloniensis, ad 1197, MGH SS rer. Germ. 18, 159, vgl. Arnold von Lübeck V 25f., MGH SS rer. Germ. 14, 196f., sowie Albert von Stade, ad 1196, MGH SS 16, 352f.; RI IV 3, Nr. 592–598, 605; Kölzer, Urkunden 19f., ders., Costanza 352.

Abb. 5: Kaiser Heinrich VI. auf dem Thron sitzend; über ihm die Sapientia, auf deren Wink die Fortuna den König Tankred unter ihr Rad stürzt; rechts und links von ihm sein Kanzler Konrad von Querfurt, Bischof von Hildesheim und Würzburg, sowie Markward von Annweiler; darunter Heinrich von Kalden.

Petrus von Eboli, Liber ad honorem Augusti; Burgerbibliothek Bern, Cod. 120 II, f. 147r (1194–96)

und auch er nur auszugsweise und mit dem wohl unzutreffenden Hinweis, es handle sich um das Testament des Kaisers. Deshalb hat man immer wieder die Authentizität des Textes überhaupt angezweifelt. Er gibt die Vorstellungen des mit dem Tode ringenden Herrschers insgesamt aber doch wohl zutreffend wieder. Ziel seiner Nachfolger, zunächst Konstanzes, sollte es demnach offenbar sein, bezüglich des Königreiches Sizilien mit dem Papst zu einer Vereinbarung zu kommen, die sich unter Anerkennung der päpstlichen Lehenshoheit möglichst an den Verhältnissen zur Zeit der normannischen Könige ausrichtete, vor allem aber das Erbrecht Konstanzes und Friedrichs sicherte. Um vom Papst für Friedrich dennoch zugleich auch die Kaiserwürde zu erlangen, sollten ihm weitgehende territoriale Zugeständnisse vorwiegend in Mittelitalien gemacht, die besetzten Territorien des Kirchenstaates sowie die Mathildischen Güter an ihn zurückgegeben werden, sollte Markward von Annweiler das Herzogtum Ravenna und die Mark Ancona aus päpstlicher Hand zu Lehen nehmen. Bis zuletzt blieb die dauerhafte Vereinigung des Imperiums und des Regnum Sicilie das zentrale Anliegen Heinrichs VI.[44]

Der Kaiser starb, auch für mittelalterliche Verhältnisse noch jung, in einer offenen Situation. Schwer läßt sich deshalb sein Wirken beurteilen, schwer läßt sich absehen, welche Ziele er sich gesteckt hatte und wieviel vom Geplanten er in einem längeren Leben hätte verwirklichen können. Der Kreuzzug, auf den er so große Hoffnungen setzte und der, lange und umsichtig vorbereitet, gerade in den Wochen vor seinem Tod mit dem Auslaufen des Hauptkontingentes von Messina aus im eigentlichen Sinne begann, schien angesichts der Überlegenheit der kaiserlichen Mittel, der Ohnmacht Ostroms und der Zerstrittenheit der Muslime nach dem Tode des Sultans Saladin († 1193), ihres erfolgreichen Führers, des Herrn von Ägypten und Syrien,[45] alle Aussicht auf Erfolg zu besitzen. Ein solcher Erfolg aber, diese Vermutung darf man vielleicht doch wagen, hätte Heinrichs Ansehen und politisches Gewicht sicher noch weiter erhöht, hätte ihn so in den Stand gesetzt, mit seinen Vorstellungen beim Papst und den deutschen Fürsten entschiedener als bisher durchzudringen und auf diese Weise den bereits einge-

[44] Annales Marbacenses, ad 1197, MGH SS rer. Germ. 9, 70, vgl. RI IV 3, Nr. 600–614a; dazu Herde, Katastrophe 162–166; „Testament“: Gesta Innocentii, c. 27, PL 214, LII A–C, RI IV 3, Nr. 614 (Literaturüberblick), dazu Kölzer, Urkunden 20f., Tabacco, Impero 38f., Zerbi, Papato 72f., Deér, Papsttum 256, Zweifel an der Echtheit vor allem bei Pfaff, Gesta, bes. 90–112, 124–126; zur Überlieferung der Gesta Innocentii vgl. Imkamp, Kirchenbild 10–20.

[45] Über Saladin und die Lage nach seinem Tod sowie den Kreuzzug Heinrichs VI. siehe Mayer, Kreuzzüge 117–129, 139–144, 195f., vgl. Johnson, Crusades, bes. 116–122, Runciman, Geschichte 2, 391–458, und 3,78–108; zum Aufbruch der Kreuzfahrer vgl. Arnold von Lübeck V 26, MGH SS rer. Germ. 14, 198.

leiteten Prozeß der Vereinigung der verschiedenen Reiche Mitteleuropas unter einer starken, strukturell abgesicherten, unter Umständen sogar erblichen staufischen Kaiserherrschaft energisch weiter voranzutreiben. Daß er das Instrumentarium, das seine Zeit einem entschlossenen Fürsten bereitstellte, zu handhaben wußte, daß er etwa die Möglichkeiten einer auf die Herrschergewalt hingeordneten und von ihr abhängigen Verwaltung, die Bedeutung des Rechts und der finanziellen Mittel für eine effiziente Herrschaftsausübung kannte, das immerhin hatte er schon zur Genüge bewiesen.

Nach dem überraschenden Tod des Kaisers ging die Entwicklung freilich zunächst fast stürmisch in die entgegengesetzte Richtung. Schon die Zeitgenossen waren sich dieses Umschlags wohl bewußt; Verwirrung, Unheil und Krieg habe nun im ganzen Erdkreis geherrscht, so klagt einer von ihnen.[46] Man könnte diese Tatsache als Zeichen einer entscheidenden Schwäche, als Beweis dafür betrachten, daß Heinrichs weitgespanntes Imperium Regionen mit allzu unterschiedlicher wirtschaftlicher, gesellschaftlicher und politischer Ordnung künstlich und gewaltsam zusammenfügte, daß es allzu ausschließlich von seiner Energie, seinem prägenden Willen beseelt und gestaltet war, daß also überholte Formen personaler Herrschaftsausübung offenbar noch allzusehr dominierten. Ganz gewiß hatte die Persönlichkeit Heinrichs für den Zusammenhalt und die einheitliche Entwicklung der von ihm regierten Gebiete entscheidende Bedeutung. Ein Vergleich zeigt indessen, daß dem persönlichen Moment bei allen übergreifenden Reichsbildungen jener Zeit eine ähnlich gewichtige Rolle zufiel – man denke nur an die Herrschaft Heinrichs II. in Westfrankreich und England und den Zerfall des Plantagenet-Reiches nach dem gleichfalls unerwarteten und frühen Tod von Richard Löwenherz, von dem dann der französische König Philipp II. profitierte. Offensichtlich setzte die Zusammenfassung der gesellschaftlichen Kräfte großer Territorien zu einem einheitlichen Staatsgebilde auch jetzt noch, trotz der neuen Formen der institutionellen, finanziellen, juristischen und auch ideologischen Absicherung der Zentralgewalt, wesentlich die Autorität und Phantasie des Herrschers voraus. Ihrer Wirksamkeit aber war im Falle Heinrichs VI. eine allzu kurze Zeit vergönnt, und auf Jahrzehnte hinaus fand sich niemand, der sein Vorhaben weiterzuführen imstande gewesen wäre.

[46] Annales Marbacenses, ad 1197, MGH SS rer. Germ. 9, 70, vgl. Otto von St. Blasien, c. 45, MGH SS rer. Germ. 47, 71, Chronica regia Coloniensis, ad 1197, MGH SS rer. Germ. 18, 160, Arnold von Lübeck V 27, MGH SS rer. Germ. 14, 203, Chronica Reinhardsbrunnensis, ad 1197, MGH SS 30,1, 558.

Der neue Papst: Innozenz III. Seine Amtsauffassung

Nur ein gutes Vierteljahr nach Heinrich VI., am 8. Januar 1198, starb 92jährig auch Papst Coelestin III. Noch an seinem Todestag wählten die Kardinäle, kaum war er in der Lateranbasilika beigesetzt, einhellig den Jüngsten aus ihrem Kreis zu seinem Nachfolger, den gerade siebenunddreißig Jahre alten Kardinaldiakon Lothar, der als Papst den Namen Innozenz annahm. Innozenz III. wurde, den Kaiser gewissermaßen ablösend, sehr rasch zur dominierenden Gestalt in Mitteleuropa und wahrte diesen bestimmenden Rang bis zu seinem Tode im Jahre 1216, also während der ganzen Jugendzeit von Heinrichs Sohn Friedrich. So übte er auf dessen Werdegang einen bedeutsamen Einfluß aus als der überragende Führer der römischen Kirche und als großer politischer Lehrmeister. Sein Verhältnis zu dem heranwachsenden Stauferkind hatte jedoch noch einen besonderen, persönlichen Charakter: Schon bald fiel ihm nämlich die Aufgabe des Vormundes für den früh Verwaisten zu.

Innozenz stammte väterlicherseits aus einer um Segni (südwestlich Rom) begüterten Adelsfamilie, mütterlicherseits aus einem römischen Patriziergeschlecht. Mit hervorragendem Gedächtnis und scharfem Verstand begabt, erhielt er nach ersten Schuljahren in Rom eine glänzende Ausbildung an den führenden europäischen Universitäten seiner Zeit: Er studierte Theologie in Paris und Kirchenrecht in Bologna, wo damals Huguccio, der berühmte Kanonist und spätere Bischof von Ferrara, wirkte. Schon 1190 folgte seine Ernennung zum Kardinal. Die römische Kurie bediente sich in den nächsten Jahren vor allem seiner auffallenden juristischen Begabung, seiner von der scholastischen Methode geprägten Kunst des Aufspürens und Abwägens von Argumenten, und befaßte ihn in erster Linie mit Rechtsstreitigkeiten. Daneben fand er aber durchaus noch Zeit, sich theologischen Fragen zu widmen und einige einschlägige Abhandlungen zu veröffentlichen. Auf das besondere Interesse seiner Zeitgenossen stieß dabei offenkundig seine Schrift ›Über das Elend des Menschen‹ – merkwürdig genug, schildert sie doch drastisch und ausführlich allen Jammer, die ganze Trostlosigkeit der menschlichen Existenz: „Aus Erde geformt, in Schuld empfangen, zur Strafe geboren, tut der Mensch Böses, das nicht gestattet ist, Schändliches, das sich nicht geziemt, Eitles, das nichts nützt, und wird schließlich zur Nahrung des Feuers, zur Speise der Würmer, zu einem Haufen Fäulnis“, so ruft der Autor zu Beginn aus. Damit weist er programmatisch voraus auf die drei Teile seines Werkes und nennt zugleich schon jene Maßstäbe menschlichen Handelns, an die er sich auch später in entscheidenden Situationen halten wird: das Recht (*quae licent*), die Moral (*quae decent*) und den Nutzen (*quae expediunt*).[47]

[47] De miseria humane conditionis I 1,2, ed. Maccarrone 7f.; zu Herkunft, Bil-

Lebten die Menschen von der Geburt bis zum Tode dermaßen erbärmlich und sinnlos dahin, so hob sich von ihnen in den Augen Innozenz', der hier die Anschauungen Gregors VII. und der daran anknüpfenden Theologie und Kanonistik des 12. Jahrhunderts weiterentwickelte, die Priesterschaft und an ihrer Spitze der Papst um so strahlender ab. Innozenz formulierte seine Vorstellungen von der päpstlichen Würde und Vollmacht besonders glanzvoll, einprägsam und prägnant in einer Predigt, die er an seinem Weihetag oder später zum Gedächtnis an ihn hielt. Gott selbst – dies war der Ausgangspunkt seiner Rede – machte Petrus zum felsengleichen Fundament seiner Kirche und legte auf diese Weise die unverrückbare, unumstößliche Primatstellung des apostolischen Stuhles fest. Wie seinen päpstlichen Vorgängern gelten dementsprechend auch ihm selbst, Innozenz, alle Zusagen, die Christus einst Petrus gab. Aus dieser innigen und unmittelbaren Bindung an Christus erwachsen ihm jene außerordentliche Glaubensstärke und jene übergroße Klugheit, deren er in seinem hohen Amte bedarf, um der schweren Verantwortung für das Heil der Christenheit, über die er von Gott als dessen Sachwalter gesetzt ist, gerecht zu werden. Der Fülle, Wichtigkeit und Schwierigkeit seiner Pflichten entspricht die überragende Bedeutung seines Ranges und seiner Befugnisse. In ihm, dem elenden Knecht, wirkt Gottes wunderbare Kraft. Wie Petrus empfing er persönlich aus der Hand Christi die Schlüssel des Himmelreiches und damit die universale Binde- und Lösegewalt; wie Petrus berief Christus ihn allein zur umfassenden Fülle der Macht, zur *plenitudo potestatis*, während er den übrigen Gliedern der Kirche lediglich einen Anteil an den Lasten und Mühen, die *pars sollicitudinis*, zuteilte. Ihm gilt wie dem Propheten Jeremias (1,10) Gottes Wort: „Ich habe Dich über die Völker und Königreiche gesetzt, auf daß Du niederreißt und zerstörst, aufbaust und pflanzt." So erweist sich der Nachfolger Petri, der päpstliche Diener Gottes, dem dieser seine Kirche anvertraute, als *vicarius Jesu Christi*, als Christi Stellvertreter, als „der Gesalbte des Herrn, in die Mitte gestellt zwischen Gott und Mensch, unter Gott, aber über dem Menschen, kleiner als Gott, doch größer als der Mensch; der über alle urteilt, während über ihn niemand ein Urteil fällt".[48]

Den hier mit dem päpstlichen Amt verbundenen Anspruch suchte Innozenz während seines Pontifikats nach Kräften einzulösen. Noch bewußter und konsequenter als seine Vorgänger setzte er innerhalb der Kirche den

dungsgang, Papsterhebung: Gesta Innocentii, c. 1–7, PL 214, XVII–XXI, Innozenz III., Ep. I 1, ed. Hageneder 3–5; vgl. Tillmann, Innocenz 1–15, Imkamp, Kirchenbild 20–46 (zur neuerdings bezweifelten Lehrerschaft Huguccios 38–46), Maleczek, Papst 101–104.

[48] Innozenz III., Sermo II in consecratione pontificis, PL 217, 653–660, vgl. bes. 657C–658A, dazu Tillmann, Innocenz 15–17, Imkamp, Kirchenbild 273–289.

von Gott gewollten Primat des apostolischen Stuhls durch. Energisch korrigierend griff er in die Amtsführung der übrigen Kleriker ein, unnachgiebig beharrte er auf seiner ausschließlichen Zuständigkeit in schwerwiegenden Fällen, etwa bei Absetzungen oder Versetzungen von Bischöfen, mit Strenge kontrollierte er die kirchlichen Wahlen, bestrafte er Verstöße gegen das Kirchenrecht. Die umfassende Verfügungsgewalt über den kirchlichen Besitz übte er ebenso selbstverständlich aus wie das ihm zustehende höchste kirchliche Lehramt. Vor allem anderen jedoch wirkte er als Gesetzgeber der Kirche. Mit einer wahren Flut von Erlassen und Entscheidungen prägte er tief deren inneres Leben. So groß wurde schließlich die Zahl dieser päpstlichen Dekretalen, so schwierig der Überblick über ihren Inhalt aufgrund der immer zahlreicheren, aber keineswegs zuverlässigen privaten Kompilationen, daß Innozenz als erster Papst eine offizielle, bald unter dem Namen Compilatio tertia bekannte Dekretalensammlung anlegen ließ. Als er sie 1210 nach Bologna sandte, betonte er ausdrücklich ihren authentischen Charakter, indem er bestimmte, künftig sollten seine Dekretalen im Universitätsunterricht wie in der Rechtspraxis allein im hier vorliegenden Wortlaut benutzt werden. Auf einem neuen Feld war mit diesem Schritt die überragende päpstliche Zuständigkeit und Verantwortung für das Recht verdeutlicht.[49]

Neue Frömmigkeitsformen und Innozenz' Haltung ihnen gegenüber

Um die Autorität der Kirche, als deren Haupt Papst Innozenz so aktiv und umsichtig wirkte, stand es, als er sein Pontifikat antrat, vielerorts in der abendländischen Christenheit nicht zum besten. Neue religiöse Bewegungen hatten sich dort seit der zweiten Hälfte des 12. Jahrhunderts stark ausgebreitet, neue Formen der Frömmigkeit fanden wachsenden Zuspruch. Bei allen Unterschieden zwischen den einzelnen Gruppen zeichnete sie alle doch das gemeinsame Verlangen aus, sich wieder entschieden am Evangelium in seinem einfachen Wortsinne zu orientieren. Ihre Mitglieder sahen in der Lebensweise Jesu und seiner Jünger das verpflichtende Vorbild, dem sie selbst nacheiferten. Wie die Apostel wollten sie möglichst alle Bindungen an die Welt lösen und sich ganz an den Geboten Christi ausrichten. Dabei erhielt überall neben der Armut die Predigt eine große Bedeutung; die Menschen drängte es danach, sich wie Jesus selbst dem Nächsten zuzuwenden. Das Streben nach der allein Heil gewährenden evangelischen Vollkommenheit, nach der *perfectio evangelica* für die eigene Person umschloß den Ein-

[49] Tillmann, Innocenz 27–38, Le Bras, L'âge classique 227–232, Imkamp, Kirchenbild 43f.; vgl. Chodorow, Dekretalensammlungen 656–658.

satz für den Nächsten und seine Vollendung. Ganz offensichtlich trat hier eine weithin empfundene Sehnsucht nach unmittelbarer religiöser Aktivität zutage, die die Amtskirche nicht zu befriedigen vermochte; dieser erwuchs vielmehr in den armen Laienpredigern eine gefährliche Konkurrenz.

Im Unterschied zu den Päpsten vor ihm erkannte Innozenz III. rasch den Ernst und die Tiefe dieser religiösen Entwicklung, und er bemühte sich aufgeschlossen und verständnisvoll, die neuen Gemeinschaften in die Kirche zu integrieren, ihren Eifer und ihre Einsatzfreude für die Sache der Kirche zu gewinnen, wo immer sich dazu die Möglichkeit bot, ohne daß die orthodoxe Lehre und die hierarchische kirchliche Ordnung in Frage gestellt wurden. Das gelang wenigstens zu einem Teil im Falle der Waldenser, einer Gruppe, die sich seit 1176/77 um den reichen Kaufmann Waldes († um 1207) aus Lyon scharte. Ihre Mitglieder gaben ihren ganzen Besitz auf und zogen wandernd durch das Land, um Christi Weisung gemäß das Evangelium zu verkünden. Obwohl sie sich dabei nicht vom kirchlichen Dogma entfernten, sich bald sogar vorrangig der Ketzerbekehrung zuwandten, stieß die Predigttätigkeit von Laien auf den entschiedenen Widerstand der Kirche, die die Waldenser schließlich sogar exkommunizierte. Trotzdem wuchs die Gemeinschaft schnell an und entfaltete insbesondere in Südfrankreich und Oberitalien eine rege Tätigkeit. Erst Waldes' Tod verursachte dann eine gewisse Unsicherheit über den Fortgang der Bewegung, die lombardischen Waldenser entwickelten eigene Organisationsformen, und in dieser besonderen Situation gelang es Innozenz, eine Waldenser-Gruppe um den Spanier Durandus von Huesca in die Kirche zurückzuführen. Mit den Vorschriften, die künftig ihr Leben und Wirken ordnen sollten, anerkannten die „katholischen Armen", wie sie nun hießen, Dogma und Hierarchie der Amtskirche, sowie das priesterliche Monopol der Sakramentsverwaltung, während sie umgekehrt die päpstliche Billigung für ihre Grundanliegen erhielten, mit Erlaubnis des Papstes in Armut und auf Wanderschaft Buße predigen, zur Bekehrung rufen durften. Auf ähnlicher Basis hatte Innozenz schon etwas früher die Gemeinschaft der Humiliaten, die in Oberitalien in Wort und Tat für die Verwirklichung christlicher Normen eintrat, in die Kirche einbeziehen können.[50]

Die offene, zum Entgegenkommen bereite Haltung Innozenz' III. erleichterte es auch jenen Reformer-Gruppen, die sich erst während seines Pontifikats neu zusammenfanden, von Anfang an als Glieder und mit Unterstützung der Kirche zu arbeiten. Dies gilt etwa für die Männer um den nord-

[50] Vgl. dazu Selge, Waldenser 1, bes. 17–35, 227–320, Thouzellier, Catharisme 16–79, 169–181, 215–237, Grundmann, Religiöse Bewegungen 18–23, 70–127, Lambert, Ketzerei 108–149, vgl. Manselli, Grundzüge 15–17, 22–26, Maccarrone, Studi 278–300, Maisonneuve, Études 156–158, 173–186.

spanischen Chorherren Dominicus von Osma († 1221), der seit 1205 als einfacher Wanderprediger in Südfrankreich das Vorbild des armen Christus verkündete und 1216 für seinen zunächst noch kleinen Predigerbund, die künftigen Dominikaner, die päpstliche Bestätigung der Ordensregel erlangte. Es trifft in besonderem Maße auf Franz von Assisi (1181/82–1226) zu, den Sohn eines reichen Kaufmanns, der ähnlich wie Waldes auf die ihm sichere glanzvolle Stellung in seiner Vaterstadt verzichtete, um fortan in völliger Besitzlosigkeit seine umbrische Heimat zu durchziehen, Kranke zu pflegen und mit verzehrender, mitreißender Intensität seinen Mitmenschen und selbst den Geschöpfen der Natur die Vollkommenheit Gottes zu rühmen, sie zum Preis ihres Schöpfers anzuspornen, zu Buße und Umkehr zu mahnen. Früh, wohl 1209, wandte er sich mit seinen Gefährten nach Rom, suchte und fand er Verständnis, Billigung und Hilfe bei Innozenz III., unter der Bedingung freilich, daß er dem Papst Gehorsam leiste. Auf dem großen Laterankonzil von 1215 anerkannte dieser dann offiziell die Ordensgemeinschaft des Franziskus und ihre Regeln.[51]

Der Zahl nach das größte Gewicht unter den neuen Bewegungen hatte um 1200 die Sekte der Katharer gewonnen, der Reinen oder der Armen Christi, wie sie sich auch nannten. Erstmals um 1144 in Köln faßbar, waren sie nun besonders in der Lombardei und in Südfrankreich verbreitet, dort nach Albi, einem ihrer Hauptorte, häufig als Albigenser bezeichnet. Obwohl sie sich eifrig auf das Neue Testament beriefen, unterschied sich ihr dualistischer Glaube, vor allem in seiner in Frankreich überwiegenden radikalen Ausprägung, recht deutlich von der christlichen Orthodoxie. Nach ihrer Überzeugung stand dem guten Gott des Lichts und der Reinheit, der im Neuen Testament durch Christus redete, die teuflische Macht des Bösen entgegen, die alles Materielle geschaffen hatte und beherrschte. Von ihr kündete das Alte Testament, das die Katharer deshalb ablehnten. Für die Menschen kam es entscheidend darauf an, geleitet vom katharischen Vorbild aus der Fesselung an die diesseitige Welt und damit an den Teufel auszubrechen, sich in ein Leben strikter Askese einzuüben, um ihre Seele so aus ihrer körperlichen Gefangenschaft zu erlösen und in ihre eigentliche Heimat, zum Gott des Guten und des Geistes zurückzuführen. Deshalb bemühten sich die Bischöfe der Sekte, die es in Nachahmung der katholischen Kirche bald gab, und die *perfecti*, die Vollkommenen, die nach einer Probe-

[51] Vicaire, Geschichte; Manselli, Francesco; Esser, Anfänge; Goez, Gestalten 315–330; Grundmann, Religiöse Bewegungen 100–105, 127–169, Lambert, Ketzerei 149–151, Manselli, Grundzüge 28–30, 34f., Tillmann, Innocenz 180–185, Maccarrone, Studi 300–306. – Zu dem damals in Kalabrien für eine demütige und bußfertige Kirche wirkenden Abt Joachim von Fiore († 1202) siehe die oben Anm. 7 angeführte Literatur.

zeit in einer einfachen Zeremonie den Stand der Vollendung empfangen hatten, durch ihr Wort und ihr vorbildliches asketisches Leben die große Zahl der *credentes*, der mehr oder weniger offen mit ihnen Sympathisierenden, ebenfalls für den Eintritt in die Schar der Vollkommenen bereit zu machen. Der Kreis ihrer Anhänger, Helfer und Hörer stammte aus allen sozialen Schichten. Bauern und städtische Arbeiter vorwiegend aus den Textilbetrieben gehörten dazu, aber auch Geistliche und Adlige; eine hervorragende Rolle unter ihnen spielten die Frauen. Sie alle beeindruckte offenbar nicht so sehr die katharische Lehre als vielmehr die Lebensweise der *perfecti*, in der man allenthalben das positive Gegenbild zum Verhalten des verweltlichten Amtsklerus sah.[52]

Innozenz III. wandte sich, wie das seine Amtsauffassung nicht anders erwarten läßt, sofort tatkräftig dem bedrängenden Katharer-Problem zu. Schnell mußte allerdings auch er die Erfahrung seiner Vorgänger machen, daß nämlich der große Rückhalt der Ketzer in der Bevölkerung, daß die engen Kontakte, die insbesondere in Südfrankreich zwischen ihnen und Teilen des Klerus und des Adels bestanden, kirchliche Gegenaktionen ungeheuer erschwerten und immer wieder ins Leere laufen ließen. Die örtlichen Priester und Bischöfe reagierten, wenn überhaupt, nur zögernd, eingeschüchtert und unsicher. Deshalb entsandte Innozenz wie frühere Päpste besonders bevollmächtigte Legaten, mit Vorliebe Äbte und Mönche des Zisterzienserordens, in die von den Ketzern bedrohten Regionen. Sie sollten dort das Evangelium predigen, gegen hartnäckigen Widerstand mit Kirchenstrafen, Exkommunikation und Interdikt, vorgehen, Streitfälle innerhalb der Geistlichkeit und mit der weltlichen Gewalt schlichten oder entscheiden. Aber alle derartigen Bemühungen um die Bekämpfung der Ketzerei, die Wiederherstellung der kirchlichen Autorität scheiterten – zum Teil wegen der Ungeduld und Unfähigkeit der Legaten selbst, die häufig schon mit Spott und Haß empfangen wurden, wenn sie hoch zu Roß im vollen Glanz ihrer erhabenen Würde in den Dörfern und Städten erschienen, zum Teil wegen der mangelnden Unterstützung, ja oft Feindseligkeit der örtlichen Geistlichkeit wie besonders des Adels. Als im Jahre 1208 einer seiner Legaten in Südfrankreich ermordet wurde, griff Innozenz zum äußersten noch verbliebenen Mittel: Er rief zum Kreuzzug gegen die Albigenser und ihre adligen Beschützer auf, um mit Waffengewalt dem christlichen Glauben zum Sieg zu verhelfen. Zwar weigerte sich Philipp II., der französische König, standhaft, angesichts seiner Bedrohung durch König Johann von England an die Spitze des Unternehmens zu treten. Doch eine ganze Reihe nordfranzösischer Adliger folgte der päpstlichen Aufforderung; unter ihrem

[52] Lambert, Ketzerei 97–104, 165–189; Borst, Katharer; Manselli, L'eresia, ders., Grundzüge 17–20, 32f., Grundmann, Religiöse Bewegungen 23–38.

Führer Simon von Montfort († 1218) gelang es ihnen tatsächlich, den Süden Frankreichs zu erobern. Rasch stellte es sich freilich heraus, daß es ihnen dabei weniger um die Sache des orthodoxen Christentums ging als um den Erwerb von Besitz und Macht auf Kosten der Einheimischen, seien sie Ketzer oder nicht. Dennoch billigte Innozenz III. auf dem Vierten Laterankonzil im Jahre 1215 im wesentlichen die bis dahin von den Kreuzfahrern geschaffenen Tatsachen. Die Albigensergefahr indessen war damit nicht behoben, der Versuch, geistliche Ziele mit Hilfe des weltlichen Schwertes durchzusetzen, war im Grunde fehlgeschlagen.[53]

Innozenz' Stellung zur weltlichen Gewalt, sein Eingreifen in die praktische Politik

Dieses Ergebnis führt uns auf die Frage nach Innozenz' Stellung zur weltlichen Gewalt überhaupt. In seiner Weihepredigt hatte er beansprucht, von Gott wie Jeremias auch über die Königreiche gesetzt zu sein, und auf ähnliche Weise betonte er den Vorrang des *sacerdotium* vor dem *regnum*, des priesterlichen Amtes vor dem königlichen, immer wieder. Zwar stand ihm die Existenzberechtigung beider Gewalten in der Christenheit außer Zweifel, gründete sich die Ordnung des Gottesvolkes nach seiner Überzeugung auf beider helfendes Zusammenwirken, auf ihren gemeinsamen Kampf gegen das sonst übermächtige Böse. Dennoch kam der auf Gottes unmittelbare Anordnung hin entstandenen Geistlichkeit ohne Zweifel der Vorrang zu, blieb die nachträglich erst geschaffene, Gott von den Menschen geradezu abgetrotzte und allein für das Irdisch-Körperliche zuständige weltliche Gewalt der überlegenen geistlichen Würde unterworfen. Zur Verdeutlichung verglich Innozenz beide Gewalten mit Sonne und Mond: Diesen Gestirnen gleich leuchten beide nach Gottes Willen am Himmel der Kirche. Wie aber die Sonne, größer und wirkungsvoller als der Mond, jenem erst seinen Glanz verleiht, so empfängt das *regnum* seine Macht und Würde von der priesterlichen Autorität. Es erfüllt umgekehrt seine Aufgabe nur dann vollkommen, wenn es sich dem Papst als dem Stellvertreter Christi und Hirten aller Schafe gehorsam unterstellt.

Man vermag schwer abzuschätzen, welche Bedeutung diesen allgemeinen Grundpositionen im praktischen politischen Verhalten Innozenz' III. zufiel. Immerhin zeigen jene Dekretalen, die der Papst in die von ihm autorisierte Sammlung aufnehmen ließ, die also generelle Verbindlichkeit erhalten

[53] Roscher, Innocenz 214–241, Maisonneuve, Études 193–242, vgl. Thouzellier, Catharisme 183–212, 239–249, Lambert, Ketzerei 151 f., Tillmann, Innocenz 170–173, 186–212, Grundmann, Religiöse Bewegungen 135–140.

sollten, doch so viel, daß er die Befugnis beanspruchte, unter bestimmten Bedingungen, namentlich bei unklaren oder schwierigen Rechtsfällen, auch die weltliche Gerichtsbarkeit auszuüben. Insbesondere aber leitete er aus seinem Hirtenamt die Vollmacht, ja die Verpflichtung ab, alle Christen, also auch die Könige, im Falle der schweren Sünde nötigenfalls mit Zwang zur Umkehr zu bewegen. Er hielt sich deshalb konsequenterweise für berechtigt, in ihre weltlichen Angelegenheiten einzugreifen, wo es darum ging, über ihre Sünden zu urteilen. Innozenz begründete demnach mit der Sündhaftigkeit der Menschen und der Mangelhaftigkeit ihrer Rechtsordnung eine zwar nur unter gewissen Umständen sichtbare, letztlich jedoch umfassende und entscheidende Verantwortung und Kontrolle des Papstes auch im nicht-geistlichen Bereich.

Die gelehrten Kirchenrechtler der Zeit griffen die im Kern durchaus traditionellem Gedankengut verpflichteten Anschauungen des Papstes eifrig auf, diskutierten und präzisierten sie. Dabei stimmten sie mit ihm generell darin überein, daß der Papst als Ausfluß seiner höchsten geistlichen Gewalt *ratione peccati*, also um der Sünde willen, ein Aufsichtsrecht über den weltlichen Herrscher innehabe, das ihm, wo jener versage, sich in Sünden verstricke und etwa hartnäckig darin verharre, zum Einschreiten, schlimmstenfalls gar zu dessen Absetzung zwinge.[54] Natürlich verfehlten die päpstlichen Vorstellungen von der rechten Ordnung der Christenheit auf längere Sicht auch nicht ihren Eindruck auf das Mündel Innozenz', den künftigen König und Kaiser Friedrich, sie sollten vielmehr zur großen Herausforderung für ihn werden und ihn veranlassen, in Auseinandersetzung damit theoretisch wie praktisch seine eigene Haltung zu entwickeln, in Wort und Tat den selbständigen Wert der herrscherlichen Gewalt zu erweisen.

Innozenz III. brachte seinen Willen den Königen und Fürsten gegenüber, wo immer dies nach seiner Überzeugung nötig war, unbeirrt und mit größter Entschlossenheit zur Geltung. So bannte er Johann von England und verhängte das Interdikt über die Insel, als der englische König sich weigerte, den auf päpstlichen Rat 1206 zum Erzbischof von Canterbury gewählten Kardinal Stephan Langton († 1228) anzuerkennen. Schließlich drohte er dem Uneinsichtigen, er werde seine Untertanen von ihrem Treueid lösen, und förderte damit indirekt zugleich französische Angriffsabsichten. Jetzt erst, im Sommer 1213, gab Johann nach – nun sogar so vollständig, daß er sein Königreich vom Papst zu Lehen nahm. Weniger Erfolg hatte Innozenz allerdings in Frankreich: Wie wir schon sahen, konnte er weder den französischen König Philipp durch sein wiederholtes Drängen zur Teilnahme am

[54] Dazu Stürner, Peccatum 167–170, mit den Belegen und weiterer Literatur, vgl. bes. Kempf, Papsttum 253–325; zur Herkunft dieser Vorstellungen siehe oben S. 10–12.

Albigenserkreuzzug bewegen, noch verhindern, daß dieses Unternehmen selbst von den Teilnehmern vielfach zur Befriedigung sehr persönlicher Interessen mißbraucht wurde. Ähnliches war bereits zuvor in noch drastischerer Weise mit einer anderen Kreuzfahrt geschehen: Im Jahre 1203 nämlich glückte es Enrico Dandolo († 1205), dem Dogen von Venedig, die von Innozenz zur Befreiung des Heiligen Landes aufgerufenen Kreuzritter gegen Konstantinopel zu lenken, wo sie 1204 den byzantinischen Kaiser vertrieben und ein lateinisches Kaisertum einsetzten. Die Venezianer sicherten sich bei dieser Gelegenheit den dominierenden Einfluß in der Stadt wie im ganzen östlichen Mittelmeer. Der zunächst empörte und tief enttäuschte Papst sah auch hier schließlich über Betrug und Gewalttaten hinweg in der Erwartung, der mißliche Vorgang werde wenigstens zur Union der griechischen mit der lateinischen Kirche unter römischer Leitung führen – selbst dies eine vergebliche Hoffnung, wie sich nur zu rasch zeigen sollte.[55]

Besonders intensiv bemühte sich Innozenz darum, die Verhältnisse in Mitteleuropa in seinem Sinne umzugestalten, waren hier doch die päpstlichen Belange am unmittelbarsten berührt, ging es hier doch nach seiner Überzeugung um die konkreten Grundlagen, die wesentlichen Voraussetzungen für die Freiheit und universale Wirksamkeit des Papsttums: um den uneingeschränkten Besitz des Kirchenstaates, die Oberhoheit über das Königreich Sizilien und die Einsetzung eines der Kirche genehmen, zu ihrer Verteidigung bereiten Kaisers. Trotz unbestreitbarer Erfolge mußte Innozenz freilich auch auf diesem Felde empfindliche Niederlagen hinnehmen und folgenschwere Fehleinschätzungen erleben – die schmerzlichste wohl im Falle Kaiser Ottos IV. Daß er sich, um diesen zu bekämpfen, gegen Ende seines Pontifikats gezwungen sah, Heinrichs Sohn Friedrich bei der Rückgewinnung der vollen väterlichen Machtstellung entscheidende Hilfe zu leisten, das zeigt auf geradezu tragische Weise die Grenzen, ja letztlich das Scheitern seiner Italien- und Deutschlandpolitik an.

Für die Sicherheit und Ausdehnung der direkten Territorialherrschaft der römischen Kirche in Mittelitalien boten sich nach dem Tode Heinrichs VI. äußerst günstige Aussichten. Es gab niemanden, der die Machtstellung des Kaisers hätte übernehmen und wahren können. Sein Bruder Philipp, eben im Begriff, auf kaiserlichen Befehl den kleinen, unlängst zum deutschen König gewählten Friedrich aus Foligno zur Krönung nach Aachen zu geleiten, geriet mitten in den Aufruhr, der bei Bekanntwerden der Todesnachricht überall in Italien gegen die Repräsentanten der kaiserlichen Gewalt losbrach, und entschloß sich kurz vor seinem Ziel, wohl in Montefiascone,

[55] Siehe zu diesen Vorgängen Roscher, Innocenz 51–131, Tillmann, Innocenz 62–67, 186f., 212–223, vgl. Queller, Crusade, bes. 7f., 16–18, 54–57, 68f., 77–81, 85f., 116, Mayer, Kreuzzüge 170–182.

zur Umkehr. Nur mit Mühe konnte er sich durch die Toskana und die Lombardei nach Deutschland durchschlagen.[56]

Innozenz füllte das so entstandene Machtvakuum nach Kräften. Schnell stellte er die uneingeschränkte päpstliche Hoheit in Rom und im Patrimonium Petri, dem Gebiet des Kirchenstaates um Rom, wieder her. Planvoll suchte er darüber hinauszugreifen, leitete er, gestützt auf alte, zum Teil aus der Karolingerzeit stammende Kaiserprivilegien von fragwürdiger Beweiskraft, eine Politik der sogenannten Rekuperationen, der Rückerwerbung mittelitalienischer Länder ein. Es gelang ihm, das Herzogtum Spoleto und die Mark Ancona trotz des Widerstandes Markwards von Annweiler in päpstliche Verwaltung zu überführen und damit das Imperium vom Regnum Sicilie durch ein geschlossenes, von der tyrrhenischen zur adriatischen Küste reichendes Territorium in der Hand der römischen Kirche zu trennen. Weitergehende, auf die Toskana, die Mathildischen Güter und die Romagna zielende Vorhaben scheiterten allerdings, in erster Linie am Selbständigkeitsdrang der betroffenen Städte.[57]

Innozenz' Stellung im deutschen Thronstreit

Inzwischen drohte auch die innere Ordnung Deutschlands zusammenzubrechen. Wirren und Streitigkeiten häuften sich, es kam zu Übergriffen auf kaiserliche Güter. Trotzdem dachte Philipp zunächst nur daran, als Vormund seines Neffen Friedrich bis zu dessen Volljährigkeit die Regentschaft auszuüben. Er stieß damit jedoch offenbar auf Widerstand bei den Reichsfürsten, die sich aus den verschiedensten Gründen nicht mehr an die Wahl des unmündigen Kaisersohnes gebunden fühlten und überdies angesichts der unsicheren Lage im Imperium die uneingeschränkte Übernahme der Herrschaft durch einen erfahrenen Mann für erforderlich hielten. Eine Gruppe um Erzbischof Adolf von Köln, den alten Führer der antistaufischen Opposition, verhandelte zudem tatsächlich bereits mit mehreren Thronkandidaten. So folgte Philipp schließlich den Argumenten seines Anhangs: Am 6. März 1198 wählte ihn die in Thüringen versammelte Mehrheit der deutschen Fürsten zum König und Herrn des Imperiums; erst im September vollzog der Erzbi-

[56] Brief Philipps vom Juni 1206, RNI 136, ed. Kempf 316f., Burchard von Ursberg, MGH SS rer. Germ. 16, 75f., Otto von St. Blasien, c. 45, MGH SS rer. Germ. 47, 71f., Continuationes Weingartenses, MGH SS 21, 479, vgl. Annales Marbacenses, ad 1197–98, MGH SS rer. Germ. 9, 71, Innozenz III., Ep. I 27, ed. Hageneder 40.

[57] Gesta Innocentii, c. 9–17, PL 214, XXII–XXX; vgl. Laufs, Politik 5–18, Maccarrone, Studi 9–86, Waley, Papal State 30–56, sowie Tillmann, Innocenz 83–87, Kempf, Papsttum 1–12, Partner, Lands 229–240.

schof von Tarentaise (heute Moutiers im oberen Isère-Tal) in Mainz die Krönung – mit den echten Reichsinsignien, doch an unüblichem Ort und ohne selbst dafür eigentlich zuständig zu sein. Der nach Herkommen zur Krönung befugte Kölner Erzbischof und seine niederrheinischen Genossen hatten damals schon eine andere Entscheidung getroffen. Sie hatten im Juni nach manchen Schwierigkeiten schließlich Otto (1177–1218), den dritten Sohn Heinrichs des Löwen, gewählt – einen Monat später krönte ihn Adolf von Köln, wie es dem Brauch entsprach, in Aachen.

Otto, der den größten Teil seiner Kindheit am Hofe der Plantagenets, der Familie seiner Mutter, in England und Westfrankreich verbracht hatte und von seinem Onkel Richard Löwenherz besonders gefördert, sogar mit der Grafschaft Poitou belehnt worden war, besaß in Deutschland nur sein Erbteil am welfischen Hausgut. Er verdankte seine Erhebung dem niederrheinischen Interesse an guten Wirtschaftsbeziehungen zu England und vor allem dem Einsatz und den Zahlungen des englischen Königs, der sich von ihm Entlastung in seinem Kampf gegen Philipp von Frankreich erhoffte. Auf die diplomatische wie insbesondere finanzielle Hilfe Richards und seit 1199 seines Bruders und Nachfolgers Johann Ohneland blieb Otto dann auch während der erbitterten politischen und militärischen Auseinandersetzung mit seinem staufischen Konkurrenten angewiesen, die sofort begann und bis zu dessen Tod im Jahre 1208 fortdauerte. Die Niederlage Johanns in Frankreich schwächte deshalb seit 1204 zugleich sichtbar die welfische Sache in Deutschland, während umgekehrt Philipp, der noch im Juni 1198 das staufische Bündnis mit Frankreich erneuerte und über den von seinem Bruder angesammelten Kronschatz verfügen konnte, nun mehr und mehr die Oberhand gewann.[58]

Der Kampf um die Krone belastete das Leben in Deutschland schwer. Das Kriegsgeschehen selbst, dazu Doppelwahlen bei der Besetzung von Bistümern, der zum Teil mehrfache Parteiwechsel einzelner Fürsten, belohnt durch großzügige Gegenleistungen, Geld, Güter und Privilegien – das alles führte zu einer tiefen Verunsicherung auch des einfachen Mannes, zu gegenseitigem Mißtrauen, zum Überhandnehmen der Gewalttaten. Walther

[58] Vgl. den Brief Philipps vom Juni 1206, RNI 136, ed. Kempf 316–320, sowie RNI 3–5, 10–17, RNI 10, 23–26, RNI 14, 33–38, MGH Const. 2, 1f., Nr. 1; Annales Marbacenses, ad 1198, MGH SS rer. Germ. 9, 71–74, Otto von St. Blasien, c. 46, MGH SS rer. Germ. 47, 72–74, Burchard von Ursberg, MGH SS rer. Germ. 16, 76, 79f., 81f., Continuationes Weingartenses, MGH SS 21, 479f., Chronica regia Coloniensis, ad 1198, MGH SS rer. Germ. 18, 162–164, ad 1204, 173f., Arnold von Lübeck V 1f., MGH SS rer. Germ. 14, 217–220, Cronica Erfordensis, ad 1198, MGH SS rer. Germ. 42, 199f. Zu Otto IV.: Hucker, Kaiser Otto, zum Folgenden bes. 4–94, vgl. Schaller, Geistiges Leben 54–82.

von der Vogelweide († um 1230), vielleicht der größte deutsche Lyriker des Mittelalters und sicher der erste bedeutende politische Dichter deutscher Sprache, gab der weitverbreiteten Stimmung Ausdruck, als er in seinen sogenannten ›Reichssprüchen‹ leidenschaftlich das Elend jener Jahre, das Versagen von Herrschaft, Recht und richterlicher Gewalt, das Schwinden des Ansehens von König und Reich beklagte und verzweifelt ausrief: „Sô wê dir, tiuschiu zunge, wie stêt dîn ordenunge! daz nû diu mugge ir künec hât, und daz dîn êre alsô zergât. bekêrâ dich, bekêre."[59]

Da das unzureichend entwickelte deutsche Königswahlrecht eine eindeutige juristische Lösung des Thronstreites nicht erlaubte, suchten beide Könige von Anfang an, die Autorität des Papstes für ihre Sache zu gewinnen, sich von ihm die Zusage der Kaiserkrönung und damit einen wertvollen, unter Umständen entscheidenden Vorteil über ihren Gegner zu verschaffen. Innozenz aber zögerte eine Festlegung hinaus, ungewiß über die einzunehmende Haltung und doch wohl auch im Bewußtsein der Vorteile, die ihm die offene Situation in Deutschland für den Augenblick bot. Erst um die Jahreswende 1200/1201 erklärte er sich in einer Ansprache vor den Kardinälen unumwunden für Otto. Die Rede, in ihrem logischen Aufbau ein glänzendes Beispiel für Innozenz' scholastische Schulung und juristisch-rationale Schärfe, begründete zunächst das Recht des Papstes zur Stellungnahme in der umstrittenen Wahlfrage mit der besonderen päpstlichen Fürsorgepflicht für das Imperium, das der deutsche König als künftiger Kaiser beherrschen soll. Zu dieser Verpflichtung besteht doppelter Anlaß: Der apostolische Stuhl setzte einst zu seinem eigenen Schutz mit der Krönung Karls des Großen das westliche Kaisertum ein, und er verleiht seitdem durch seine Weihe letztlich die kaiserliche Macht. Angewandt auf den speziellen, in päpstlichen Augen besonders eindeutigen Fall des Kaisertums, allerdings auch mit unmittelbaren, einschneidenden Folgen für das deutsche Königtum, begegnet uns hier wieder die Grundauffassung Innozenz' von der übergeordneten Verantwortung der geistlichen für die weltliche Gewalt.

Ausführlich und mit strenger formaler Objektivität prüfte der Papst dann die Kandidaten, die als gewählte Könige für die Erhebung zum Kaiser in Frage standen, und bezog, formaljuristisch völlig korrekt, neben Otto und Philipp auch den Knaben Friedrich mit ein. Dabei richtete sich seine Analyse ihrer Ansprüche jeweils nach denselben Gesichtspunkten; es sind die

[59] Walther von der Vogelweide, L 9,8–12, vgl. L 8,4–9,39, dazu Müller, Untersuchungen 45–55, 342f., 363–365, vgl. Goez, Gestalten 331–350 (Literaturhinweise 404f.), De Boor, Höfische Literatur 277–279, 297–306, Burdach, Walther, bes. 27–89, 135–270; außerdem Otto von St. Blasien, c. 46, MGH SS rer. Germ. 47, 73f., Burchard von Ursberg, MGH SS rer. Germ. 16, 80, 82, Chronica regia Coloniensis, ad 1198, MGH SS rer. Germ. 18, 165f.

uns schon aus seiner Jugendschrift bekannten Maßstäbe des Rechts, der Moral und des politischen Nutzens. Nach sorgsamem Abwägen der Argumente schieden die beiden aus einem *genus persecutorum*, einer Dynastie von Kirchenverfolgern stammenden Staufer als Bewerber aus – Friedrich hauptsächlich wegen der hier erstmals ganz offen ausgesprochenen Gefahr, daß durch ihn „das Königreich Sizilien mit dem Kaiserreich vereint und infolge dieser Union die Kirche in Verwirrung gestürzt würde". Für Otto hingegen sprach einmal die Unterstützung durch die Mehrheit „derjenigen, denen in erster Linie die Wahl des Kaisers zusteht" – ein Hinweis, der wohl Anschauungen Adolfs von Köln aufnahm und ohne Zweifel die Herausbildung eines engeren Kreises von Hauptwählern bis hin zum späteren Wahlmonopol der sieben deutschen Kurfürsten förderte. Vor allem jedoch stand in Innozenz' Augen die höhere Würde und überragende persönliche Eignung des Welfen fest, klar erwiesen durch seine und seiner Familie Ergebenheit gegenüber der Kirche. Nachdem Otto diesen Vorzug noch einmal demonstriert, am 8. Juni 1201 in Neuss dem Papst Gehorsam geschworen und insbesondere seine Unterstützung der päpstlichen Bemühungen um die Rekuperationen und den Erhalt des sizilischen Königreiches eidlich versprochen hatte, anerkannte ihn Innozenz auch öffentlich als zum römischen Kaiser erwählten König und löste die Philipp geleisteten Treueide. Auf die Proteste der staufischen Partei antwortete er im März 1202 mit der Wiederholung und Präzisierung der schon 1200/1201 formulierten Grundsätze. Sein Schreiben, die Dekretale ›Venerabilem‹ nach der üblichen, das Anfangswort aufnehmenden Benennung, fand Eingang in Innozenz' Dekretalensammlung und beeinflußte daher das künftige Urteil des apostolischen Stuhles und der Kanonistik nachhaltig.[60]

Der unübersehbare Zerfall von Ottos Macht zwang dann allerdings selbst den Papst, Kontakt mit Philipp anzuknüpfen. Er weitete sich zu schwierigen Verhandlungen zwischen allen Beteiligten aus, die schließlich offenkundig zu einer Vereinbarung über den Thronverzicht Ottos und die päpstliche Anerkennung Philipps führten. Da wurde dieser am 21. Juni 1208 ermordet.[61]

[60] Deliberatio de tribus electis (1200/1201): RNI 29, ed. Kempf 74–91; Neusser Eid Ottos (8. 6. 1201): RNI 77, 207–211, Anerkennung Ottos (1. 3. 1201): RNI 32, 97–101, vgl. 33, 102–110; Protest von Halle (Januar 1202): RNI 61, 162–166, Dekretale ›Venerabilem‹ (26. 3. 1202): RNI 62, 166–175 (= Compilatio III 1, 6, 19 = X 1, 6, 34); vgl. daneben Burchard von Ursberg, MGH SS rer. Germ. 16, 77–79; siehe zum Ganzen und zur weiteren Entwicklung Tillmann, Innocenz 87–114, 120–126, 129, Kempf, Papsttum 12–180.

[61] Annales Marbacenses, ad 1201, MGH SS rer. Germ. 9, 76f., ad 1208, 78f., Burchard von Ursberg, MGH SS rer. Germ. 16, 88–91, Otto von St. Blasien, c. 48, MGH SS rer. Germ. 47, 79f., c. 50, 82f., Continuationes Weingartenses, MGH SS 21,

Völlig überraschend, doch ohne nennenswerte Hemmnisse begann der zweite Aufstieg Ottos IV.

Konstanzes Alleinherrschaft im Königreich Sizilien

Die Entwicklung im Königreich Sizilien hing selbstverständlich mit den geschilderten Entscheidungen, mit dem Geschehen im übrigen Italien und in Deutschland eng zusammen. So gut wir die Hauptereignisse im Regnum verfolgen können, so unklar bleiben freilich vielfach die Beweggründe der Handelnden. Das gilt leider gerade auch für die Kaiserin Konstanze, die dort nach dem Tod Heinrichs VI. die volle Regierungsgewalt innehatte und nach allem, was wir aus den Quellen erfahren, sehr tatkräftig handhabte. Zunächst bereitete sie die Bestattung ihres Gemahls vor. In einem eigens angefertigten Porphyrsarkophag sollte er im Dom zu Palermo beigesetzt werden. Wohl gleichzeitig aber traf sie eine Reihe wichtiger Entscheidungen, die offensichtlich alle dem Ziel dienen sollten, sich und ihrem Sohn fürs erste wenigstens das sizilische Reich als zuverlässige Machtgrundlage auf Dauer zu erhalten. Zu diesem Zwecke ließ sie Friedrich durch den Grafen Peter von Celano (südlich L'Aquila; † 1212) und seinen Vetter, Graf Berard von Loreto (westlich Pescara; † 1207), beide – dies nebenbei – Parteigänger Heinrichs VI. seit 1191, aus dem ohnehin schon nicht mehr allzu sicheren Herzogtum Spoleto nach Sizilien bringen. Im Oktober 1197 gedachte sie seiner in einem Privileg für die Johanniter, erhoffte sie sich Gottes Schutz für ihren damals vermutlich auf der Reise befindlichen Sohn, den *benedictus filius Fredericus*. Ihre Urkunden aus Messina vom Dezember nennen diesen dann erstmals in der abschließenden Datierungszeile neben ihr selbst als Mitregenten, gewiß ein Anhalt dafür, daß sie den gerade Dreijährigen, fast seit der Geburt von ihr Getrennten, eben jetzt wieder in ihre Obhut hatte nehmen können. Am 17. Mai 1198, dem Pfingstsonntag, fand in Palermo Friedrichs Krönung zum König von Sizilien statt.[62]

480, Chronica regia Coloniensis, ad 1207, MGH SS rer. Germ. 18, 182f., Annales S. Pantaleonis, ad 1207–1208, ebd. 224–226, Arnold von Lübeck VII 6, MGH SS rer. Germ. 14, 262f., VII 12, 281–284, Cronica Erfordensis, ad 1207–1208, MGH SS rer. Germ. 42, 204f.; RNI 152 (Juli 1208), ed. Kempf 347–349; Annales Placentini Codagnelli, ad 1207–1208, MGH SS rer. Germ. 23, 32f.

[62] Konstanze als Herrscherin, die Sorge um die *incolumitas benedicti filii nostri Frederici*: DKs. 42, ed. Kölzer 129–132, vgl. für Dezember 1197 DDKs. 43 und 44, 133–144; die Abholung und Krönung Friedrichs: Richard von S. Germano, ad 1197, ed. Garufi 19, Gesta Innocentii, c. 21, PL 214, XXXI B, Breve chronicon, ed. Huillard-Bréholles 892, vgl. Annales Siculi, ad 1198, ed. Pontieri 116, dazu Dep. Ks. 21,

Durch andere Maßnahmen aus den ersten Wochen nach Heinrichs Tod, mit denen sie die wichtigsten Vertrauten des Kaisers vom Hof entfernte, gedachte Konstanze offenbar von Anfang an, ihre Selbständigkeit als Herrscherin sicherzustellen. Vor allem enthob sie den sizilischen Kanzler Walter von Pagliara, den Bischof von Troia und Schwager Peters von Celano, seines Amtes – von tiefem Argwohn gegen ihn erfüllt, und dies nicht ohne Grund, wie selbst Innozenz III. eingestand. Offenbar hatte Walter die Möglichkeiten seiner Stellung zum Schaden der Krone mißbraucht. Nun verfiel er deswegen sogar der Kerkerhaft; erst auf den Wunsch des Papstes hin kam er kurz vor Konstanzes Tod wieder frei.[63]

Mit dem Kanzler verschwand damals auch Markward von Annweiler aus Konstanzes Umgebung. Wie Konrad von Spoleto verließ er das Königreich, um seine mittelitalienischen Lehnsbesitzungen gegen die päpstlichen Rekuperationsmaßnahmen zu verteidigen, wobei er wie jener bald scheitern sollte. Richard von San Germano (heute Cassino; † 1243/44), ein königlicher Notar, Beamter in Friedrichs Finanzverwaltung und zuverlässiger Berichterstatter des Zeitgeschehens insbesondere in seiner engeren Heimat im Norden des Königreiches, behauptet in diesem Zusammenhang, die Kaiserin habe Markward und mit ihm alle anderen Deutschen aus dem Regnum ausgeschlossen. Ein solch pauschales Vorgehen erscheint an sich durchaus denkbar angesichts der Haßausbrüche und Übergriffe, zu denen es in jenen Tagen von seiten der sizilischen Bevölkerung gegen die deutschen Begleiter des Kaisers und sogar gegen die aus dem Heiligen Land zurückkehrenden deutschen Kreuzfahrer kam. In dieser gespannten Lage mochte ein Ausweisungsbefehl Konstanzes an die Deutschen die Erregung ihrer Untertanen beruhigen und zugleich ihr eigenes Ansehen, ihre Autorität, aber gewiß auch ihre Handlungsfreiheit stärken. Andererseits freilich, und zumal sie gerade schon den Anhang Walters von Pagliara verprellt hatte, bestand die große Gefahr, daß ihre Anordnung auf Widerstand stieß und damit die Wirrnis im Lande eher noch vergrößerte, die Rückführung ihres Sohnes aus dem Herzogtum Konrads von Spoleto schwer gefährdete, ihre eigene Stellung empfindlich schwächte. So ist es vielleicht doch das Wahrscheinlichste, daß die Kaiserin die deutschen Ritter, sofern diese nicht schon ihrer eigenen Interessen wegen abzogen, durch den Hinweis auf die Not der staufischen Sache und auf Philipps Bedrängnis, wohl auch, wie eine Quelle

ed. Kölzer 230–232; die Bestattung Heinrichs VI.: Deér, Porphyry Tombs 83f., Kölzer, Urkunden 21f. mit Anm. 79, vgl. unten S. 83f. mit Anm. 68, zum Ganzen auch Kölzer, Costanza 353f.

63 Gesta Innocentii, c. 23, PL 214, XXXVIII AB, c. 33, XLI A (Brief Innozenz' vom 3. 7. 1201), vgl. Richard von S. Germano, ad 1220, ed. Garufi 91; dazu Kölzer, Urkunden 21f., 50–52, Kamp, Kirche 1, 511.

meldet, durch Zahlungen zum Verlassen ihres Reiches zu bewegen suchte, jedoch keinen Zwang anwandte. Immerhin kennen wir eine ganze Reihe Deutscher aus Heinrichs Gefolge, die im Königreich blieben. Zwar erzählt Richard von San Germano, einer von ihnen, Friedrich von Malvito († 1200), den Heinrich einst mit der Aufsicht über die Burgen Kalabriens betraute, sei im Auftrag Konstanzes belagert worden. Den Grund für diese Auseinandersetzung läßt er aber im Unklaren, und andere Große wie Wilhelm Capparone († 1208) in Sizilien oder Diepold von Acerra in Kampanien und Apulien konnten sich offenbar völlig unbehelligt halten.[64]

Manches spricht dafür, daß sogar Markward selbst vor seiner Abreise aus Palermo mit der Kaiserin eine Vereinbarung über die Sicherung seiner Rechte auf die im Regnum gelegene Grafschaft Molise (um Venafro und Isernia, östlich Cassino) erreichte. Er gelangte mit Brief und Geleit der Kaiserin versehen dorthin und ordnete, ehe er in die Mark Ancona weiterzog, die Verwaltung der Grafschaft in seinem Sinne, tatkräftig unterstützt von Peter von Celano. Möglicherweise leistete er in jenen Tagen dem neuen, in Peters Obhut zu seiner Mutter nach Süden ziehenden König Friedrich den Lehenseid für Molise, von dem Innozenz berichtet. Recht deutlich wird aus den Quellen allerdings, daß Markward als Preis für dieses Entgegenkommen hatte schwören müssen, das Königreich Sizilien künftig nicht ohne Erlaubnis Konstanzes wieder zu betreten. So sehr fürchtete die Kaiserin den Einfluß und die Macht gerade dieses erfahrenen und ehrgeizigen Mannes, daß sie ihn im Herbst 1198 auf die Nachricht hin, er plane nach dem Verlust von Ancona die Rückkehr in ihr Königreich, sofort als Reichsfeind ächtete.[65]

Zielten Konstanzes erste Regierungshandlungen derart auf das zunächst Erreichbare und Naheliegende, auf die Wahrung der Macht im Regnum Sicilie für sich und Friedrich und die Ausschaltung der in ihren Augen gefährlichsten Konkurrenten, so bedeuteten sie wohl doch nicht eine grundsätzliche und endgültige Abkehr und Ablehnung von Heinrichs Politik der Vereinigung des Regnum mit dem Imperium. Nach wie vor und bis zu ihrem Tode führte die sizilische Königin zugleich ihren Titel als *Romanorum impe-*

[64] Richard von S. Germano, ad 1197, ed. Garufi 19, vgl. zum Autor Garufi, Vorwort der Edition, bes. III–XXXIII; Gesta Innocentii, c. 20, PL 214, XXXI AB, vgl. c. 9, XXII–XXV, Breve chronicon, ed. Huillard-Bréholles 891f., Annales Casinenses, ad 1196, MGH SS 19, 318, zu den Übergriffen gegen die Deutschen Otto von St. Blasien, c. 45, MGH SS rer. Germ. 47, 72, vgl. Chronica regia Coloniensis, ad 1197, MGH SS rer. Germ. 18, 160, Albert von Stade, ad 1199, MGH SS 16, 353; vgl. Dep. Ks. 22, ed. Kölzer 233f., Kölzer, Urkunden 22, 30, Tillmann, Innocenz 296f.

[65] Richard von S. Germano, ad 1197, ed. Garufi 19; Lehnseid an Friedrich und Ächtung RNI 15, ed. Kempf 41, Gesta Innocentii, c. 23, PL 214, XXXVIII A, Dep. Ks. 45, ed. Kölzer 256; vgl. Van Cleve, Markward 81–84, der freilich weder auf Brief und Geleit Konstanzes noch auf den Lehnseid für Friedrich eingeht.

ratrix semper augusta, verwies sie auf die Verpflichtung ihrer hohen kaiserlichen Würde, gedachte sie des verstorbenen Kaisers und seiner Maßnahmen mit Worten tiefer Zuneigung und höchster Anerkennung, arbeitete sie mit einer Reihe seiner Anhänger zusammen. Insbesondere jedoch trug ihr Sohn Friedrich in ihren Urkunden vom Dezember 1197 an den doppelten Titel eines *Romanorum et Sicilie rex*. Konstanze hielt also den Anspruch, den Friedrich mit seiner Wahl zum deutschen König erworben hatte, zunächst durchaus aufrecht. Erst seit dessen Krönung in Palermo verzichtete sie auf die Nennung der deutschen Königswürde.[66] Möglicherweise hatte sie eben um diese Zeit von der Wahl Philipps erfahren, die sie nun anerkannte, um eine Spaltung des Stauferanhanges zu vermeiden, aber wohl vor allem, weil sie in der pessimistischen Beurteilung von Friedrichs damaligen Chancen in Deutschland mit Philipp übereinstimmte.

Friedrichs Verzicht auf die deutsche Königskrone entsprach wohl auch den Interessen Innozenz' III. Der Papst arbeitete von sich aus indessen vielleicht nicht einmal besonders auf diesen Schritt hin. Jedenfalls gibt es keinen Beleg dafür, daß er ihn etwa als Voraussetzung für seine Zustimmung zu Friedrichs Krönung in Palermo forderte. Im Gegenteil: Hätte er eine derartige Bedingung durchgesetzt, so schiene es doch einigermaßen befremdlich, daß Konstanze noch kaum zwei Wochen vor dem feststehenden Krönungstermin und in unmittelbarem Zusammenhang mit ihm mehrfach ausdrücklich den praktisch schon aufgegebenen Titel *rex Romanorum* für ihren Sohn verwandte, und Philipp hätte Innozenz' späteren Vorwurf, er habe seinem Neffen unter Bruch seines Eides das deutsche Königtum geraubt, leicht mit dem Hinweis auf das gleichgerichtete päpstliche Bemühen zu parieren vermocht.[67]

Kaum bezweifeln läßt sich freilich, daß die Kaiserin in der Tat sehr früh

[66] Zum Kaisertitel Konstanzes DDKs. 41ff., ed. Kölzer 127ff., zu Heinrich vgl. die dort im Index, 291f., unter Henricus genannten Stellen, dazu 146, Z. 17–23, zu Friedrich DDKs. 42–55, 129–173, vgl. DKs. 56, 173–177; vgl. Kölzer, Urkunden 22, 92–94, 100f.; das Fehlen Heinrichs in der Gedenkformel DKs. 47, 152, Z. 3–6, auf das Kölzer, Urkunden 20 Anm. 73, hinweist, dürfte keine große Bedeutung haben: Wenige Zeilen später (152, Z. 8–10) nennt die Kaiserin ihren *carissimus quondam vir* mit vollem Titel, und in einer ähnlichen Formel in DKs. 59, 186, Z. 37–39, erscheint Heinrich, dagegen fehlt Friedrich. Vgl. noch Cronica Reinhardsbrunnensis, ad 1198, MGH SS 30, 1, 559f., wonach Konstanze von den heimkehrenden deutschen Kreuzfahrern ein öffentliches Bekenntnis zu Friedrich als dem *universalis Romanorum rex* erzwingen wollte.

[67] Vgl. DDKs. 54–55 (30.4.1198), ed. Kölzer 171–173 (Friedrich als *Romanorum rex*); dazu Tillmann, Innocenz 87f. mit Anm. 17, vgl. 296, außerdem RNI 29, ed. Kempf 79, 82f., RNI 33, 106, RNI 136, 317f.; eine maßgebende Rolle des Papstes sieht Kölzer, Sizilien 20f.

schon Kontakt zum apostolischen Stuhl aufnahm. Noch zu Lebzeiten Coelestins erschien wohl Erzbischof Berard von Messina († um 1227), ein treuer Anhänger Heinrichs VI. und bis zu dessen Tod an seiner Seite bezeugt, in ihrem Auftrage in Rom. Über den Inhalt seiner Mission sind wir leider nur sehr unzuverlässig unterrichtet. Es mag – so kann man vermuten – ganz grundsätzlich und durchaus im Sinne von Heinrichs „Testament" um die päpstliche Unterstützung für Konstanze und ihren Sohn gegangen sein, in Verbindung damit konkreter unter Umständen bereits um die bislang in Rom verweigerte Anerkennung ihrer ererbten Rechte im Königreich Sizilien, insbesondere über dessen Kirche, um die Zukunft des Imperiums, gewiß auch um das Verhalten Markward und Konrad gegenüber. Die Verhandlungen kamen allem nach auch jetzt, nach Heinrichs Tod, nicht recht vom Fleck. Sie zogen sich in den Pontifikat Innozenz' III. hinein und dauerten noch an während Friedrichs Krönung im Mai 1198. Wenigstens gestattete Konstanze dem Berard, diesem festlichen Ereignis fernzubleiben, weil seine Anwesenheit an anderer Stelle in ihrem Interesse außerordentlich notwendig sei – genauer gibt sie allerdings seinen Aufenthalt nicht an.[68]

Wir dürfen danach vermuten, daß Konstanze, sosehr sie auf die Hilfe des Papstes Innozenz hoffen und angewiesen sein mochte, selbst ihm gegenüber ihren Standpunkt entschieden geltend machte und zäh verteidigte. Dieser Eindruck bestätigt sich später immer wieder. So erfüllte sie erst beim Herannahen ihres Todes die päpstliche Bitte um die Rehabilitierung Walters, des Bischofs von Troia. Die ihr bedenkliche Heimkehr der Familie und Anhängerschaft Tankreds, deren Befreiung Innozenz von Philipp erwirkt hatte, verzögerte sie so lange, bis Tankreds Witwe mit ihren Töchtern nach Frankreich auswich.[69] Vor allem aber bemühte sie sich nach dem Vorbild ihrer Vorfahren und ihres Gatten intensiv um eine Vereinbarung mit dem Papst, die ihre ererbte Herrscherwürde anerkannte und ihr zugleich die traditionellen Sonderrechte der sizilischen Könige gegenüber der Kirche ihres Reiches gewährte.

Gerade in dem für beide Seiten so zentralen zweiten Punkt gab Innozenz freilich nicht nach. Ohne Zögern nützte er vielmehr die einzigartige Gele-

[68] DDKs. 54–55, ed. Kölzer 171–173, vgl. DKs. 50, 159–161, DKs. 52, 164–168, sowie Roger von Howden, ad 1197, ed. Stubbs 4, 31, dessen Nachrichten im einzelnen allerdings wohl über die schon von Winkelmann, Philipp 39f., 488–492 geäußerten Bedenken hinaus Mißtrauen verdienen; zu Berard von Messina Kamp, Kirche 1, 1018–1024, zu seiner Gesandtschaft vgl. auch Kölzer, Urkunden 22, 29, 67, 100f.

[69] Gesta Innocentii, c. 23, PL 214, XXXVIII AB, c. 33, LXI A, c. 22, XXXVI f., vgl. Maccarrone, Papato 81–83; zur Besetzung des Erzbistums S. Severina (nordöstlich von Catanzaro) siehe Innozenz III., Epp. I 16–18, ed. Hageneder 27–29, Kamp, Kirche 1, 882f., sowie unten Anm. 70.

Abb. 6: Papst Innozenz III.

Mosaik aus der Apsis der alten Peterskirche in Rom, heute im Museo di Roma.

genheit, die ihm die Schwäche des Königtums im Regnum Sicilie bot, um seine Vorstellungen von der inneren Ordnung der Kirche nun auch dort so vollständig wie möglich durchzusetzen. Seiner apostolischen Würde wie der Freiheit der Kirche wegen, so antwortete er auf die dringenden Bitten der Kaiserin und ihrer Gesandten, könne er die seinen Vorgängern abgepreßten vier Kapitel über die Wahlen, Legationen, Appellationen und Konzilien in ihrem Königreich nicht bestätigen. Nicht einmal Geldgeschenke vermochten ihn umzustimmen, und Konstanze mußte schließlich in die völlige Aufhebung aller einschlägigen Abmachungen, selbst der von Gravina, und damit in die vollständige Beseitigung aller kirchlichen Vorrechte der sizilischen Könige einwilligen. Lediglich bezüglich der kirchlichen Wahlen verstand sich Innozenz zu einem gewissen, im Grunde nur äußerlichen Entgegenkommen: Sie sollten kanonisch vollzogen, ihr Ergebnis sofort veröffentlicht werden; vor der Weihe war dann zwar die königliche Zustimmung zum Gewählten einzuholen, der König durfte diese indessen nicht verweigern. Mit ihrem Nachgeben erlangte Konstanze – ein Trost immerhin, wenngleich ein schwacher – für sich und ihren Sohn die Anerkennung ihrer ererbten Herrscherwürde im territorial ungeschmälerten sizilischen Königreich durch ihren päpstlichen Lehnsherrn. Im November 1198 fertigte die päpstliche Kanzlei, dabei fast wörtlich die Eide der früheren Normannenkönige wiederholend, den Text des Lehnseids, den Konstanze leisten sollte. Doch dahin kam es nicht mehr: Wahrscheinlich am 27. 11. 1198 starb die 44jährige Kaiserin überraschend.[70] Kurz vor seinem vierten Geburtstag hatte ihr Sohn beide Eltern verloren.

Innozenz' erste Maßnahmen als Vormund Friedrichs und Regent des Königreiches; seine sizilischen Gegner

Der Tod seiner Mutter beendete jäh Friedrichs im ganzen doch ruhige und wohlbehütete frühe Kindheit. Für den verwaist in Palermo Heranwachsenden wie für sein ganzes Königreich begann ein Jahrzehnt der Unsicherheit und Gefährdung. In einem oft schwer durchschaubaren, immer wieder durch Phasen eines labilen Gleichgewichts unterbrochenen Kampf suchten sehr unterschiedliche Gruppen und Persönlichkeiten den maßgebenden

[70] Verlauf der Verhandlungen: Innozenz III., Ep. XI 208, PL 215, 1524f., ihr Ergebnis: Epp. I 410f., ed. Hageneder 613–618, vgl. Epp. I 412f., 618–622, Gesta Innocentii, c. 21, PL 214, XXXIf., der Lehnseid: DKs. 65, ed. Kölzer 203–205, vgl. Dep. Ks. 41,252f.; dazu und zum Todesdatum Kölzer, Urkunden 23–25, vgl. Deér, Papsttum 256f., 262–264, Tillmann, Innocenz 68–70, 88, Maccarrone, Papato 76–80, 85–103.

Einfluß auf den Thronerben und die Herrschaft über sein Land zu gewinnen. Mehr als einmal schien dabei Friedrichs Leben ernsthaft bedroht.

Konstanze hatte noch zwei Tage vor ihrem Tod ein Testament abgefaßt, ähnlich wie zuvor Heinrich VI. bemüht, durch eine derartige Verfügung künftiges Unheil von ihrem Erben so gut als möglich fernzuhalten. In dem Dokument, das nur zum geringen Teil im Wortlaut erhalten ist, bestimmte die Kaiserin die reich beschenkte Kathedrale von Palermo, die Begräbnisstätte ihres Gemahls und ihrer Vorfahren, auch zum Ort ihrer Beisetzung. Vor allem aber machte sie Papst Innozenz III. zum Vormund ihres Sohnes und zum Regenten ihres sizilischen Reiches und legte sogar die Summe fest, die ihm jährlich als Entschädigung für seine Inanspruchnahme zu bezahlen sei. Den Erzbischöfen von Palermo, Monreale, Capua und wohl auch Reggio di Calabria sowie dem eben erst begnadigten Kanzler Walter von Pagliara sollte als den Familiaren des Königs die Verantwortung für die laufenden Regierungs- und Verwaltungsaufgaben zufallen. Allein vom Rückhalt und Einsatz des Papstes, der eben jetzt energisch und erfolgreich seine Stellung in Mittelitalien ausbaute und als nördlicher Grenznachbar des Regnums wie als sein Lehnsherr gleicherweise unmittelbar an dessen innerer Entwicklung interessiert war, versprach sich demnach Konstanze angesichts der zu befürchtenden Streitigkeiten und Wirren die Rettung der Königsherrschaft für ihren unmündigen Sohn.[71]

Innozenz III. erfuhr schon Mitte Dezember 1198 vom Inhalt des Testaments, wenig später überbrachten ihm sizilische Boten dessen Text.[72] Er übernahm seine neue Aufgabe offenbar ohne jedes Zaudern, und das verwundert gewiß nicht, durfte er doch hoffen, seinen Einfluß in Süditalien nun über das zuletzt von Konstanze auf kirchenpolitischem Feld Erreichte hinaus sogar unmittelbar auf die praktische Politik ausdehnen und damit alle Anstrengungen und Sorgen seiner Vorgänger um das Regnum Sicilie mit einem überragenden Erfolg krönen zu können. Seine weitreichenden Vollmachten als Regent gründeten freilich auf der ererbten, von ihm anerkannten Königswürde seines Mündels Friedrich, und auch auf lange Sicht schien allein dessen Herrschaft die Gewähr dafür zu bieten, daß das Königreich Sizilien weder in inneren Wirren zerfiel, noch in die Hand einer auswärtigen Macht wie der des Imperiums geriet, sondern eine sichere Stütze der römischen Kirche blieb. So hing der Erfolg des Papstes wesentlich davon ab,

[71] Konstanzes Testament: Dep. Ks. 71, ed. Kölzer 279–281, vgl. Gesta Innocentii, c. 23, PL 214, XXXVIII f., sowie Richard von S. Germano, ad 1198, ed. Garufi 19; vgl. Schadek, Familiaren 217–219.

[72] Siehe Innozenz' Brief an Cremona vom 15. 12. 1198, Acta Imperii selecta 617, Nr. 906, sowie die Epp. I 570–572, ed. Hageneder 829–832, vgl. Epp. I 554, 802 f., I 555, 807, I 556, 810, I 558, 814, I 559, 816.

ob es ihm gelang, die Rechte des minderjährigen Königs wirkungsvoll zu verteidigen. Bald genug jedoch sollte Innozenz schmerzlich erfahren, daß dies angesichts der gegebenen Umstände allenfalls unter größten Opfern und Schwierigkeiten möglich sein würde.

Schon die Übernahme der Regentschaft gelang ihm nicht ganz nach Wunsch. Persönlich, so kündigte er an, wolle er in das Königreich kommen, um als Vormund Friedrichs und Reichsverweser dort Friede und Gerechtigkeit zu sichern und die Untertanen in ihrer Treue für ihren König zu bestärken.[73] Doch fand er dazu weder jetzt noch später so bald Gelegenheit; andere ebenso dringende Geschäfte erforderten seine Anwesenheit in Rom. Erst im Sommer 1208, kurz vor der Regierungsübernahme durch Friedrich, überschritt er endlich die Rom so nahe Grenze jenes Landes, für das er zehn Jahre lang die höchste Verantwortung trug – ohne nun freilich weiter als bis San Germano vorzustoßen.[74] Im übrigen jedoch blieb der abwesende päpstliche Regent auf die Wirksamkeit seiner Kardinallegaten angewiesen, die zwar gehört werden sollten, als rede er selbst, aber doch meist weder seine Autorität noch sein Geschick und seine Energie besaßen, dazu als oft nur kurz im Regnum verweilende Landfremde schwer Einblick und Einfluß gewannen.

Innozenz und seine Abgesandten konnten sich bei ihrem Vorgehen im Regnum einigermaßen sicher lediglich auf den hohen Klerus des Festlandes, in Sizilien auf einzelne Vertraute wie den Erzbischof Carus von Monreale († um 1230) stützen, während ihnen Adel, Städte und die Masse der Einwohner verhältnismäßig selten und unzuverlässig Hilfe boten. Natürlich begegnete die Bevölkerung auch den Truppen, die der Papst zur Durchsetzung seiner Absichten unter hohen Kosten ins Land schickte, und ihren Führern, seinen Verwandten oder Männern seines Vertrauens, wie allen auswärtigen Machthabern vor ihnen mit Zurückhaltung, Mißtrauen und Widerstand. Nicht selten entlud sich ihr Haß auf die Fremdherrschaft und ihre Belastungen sogar in Aufständen. Voller Erbitterung und fast verzweifelt meldete der Kardinaldiakon Gerhard von S. Adriano, apostolischer Legat seit April 1204 und im Sommer dieses Jahres in der Terra di Lavoro (um Capua) tätig, die Hinterlist und Heimtücke der Einheimischen mache alle seine Bemühungen um die päpstliche Sache zunichte, zumal nach seiner Erfahrung – und er führt Beispiele an – die Ungerechtigkeit der Geistlichen noch die ihrer Landsleute übertreffe. Aller Eifer, jede Sorge, so klagt er am Schluß, müsse umsonst sein in einem Land, dessen Bewohner, „der Trägheit ergeben und

[73] Innozenz III., Ep. I 558, ed. Hageneder 814, I 571, 831.

[74] Richard von S. Germano, ad 1208, ed. Garufi 26, Annales Casinenses, ad 1208, MGH SS 19, 319, Annales Ceccanenses, ad 1208, MGH SS 19, 297; RI V, Nr. 6019c–6035a.

bar aller Redlichkeit und Wahrheitsliebe, es vorziehen, in der Knechtschaft Ägyptens schändlich bei den Fleischtöpfen zu leben, anstatt sich unter gewissen Opfern ihres Vermögens die Freiheit zu bewahren".[75] Fast unlösbar mochte Innozenz, hielt er solche Berichte in Händen, die ihm gestellte Aufgabe scheinen.

War für den Papst wie für seinen Legaten Gerhard die Freiheit des sizilischen Königreichs allein durch dessen enge Anlehnung an die römische Kirche gewährleistet, so sahen viele Barone und Städte dieses Reiches, aber auch manche Geistliche, die Dinge doch etwas anders. Man gewinnt den Eindruck, daß es ihnen, einer langen, vor allem festländischen Tradition gemäß, in erster Linie darum ging, ihre Unabhängigkeit von jeder zentralen Gewalt, wer immer sie auch ausüben würde, wiederzuerlangen und möglichst auszubauen. Dabei spielten hohe Vorstellungen vom eigenen Recht und Rang, wirtschaftliche Beziehungen, Familien- und Lehnsbindungen, Versprechungen, Geldzahlungen, Verleihungen von Besitz, Recht und Ämtern ebenso eine Rolle wie alte Rivalitäten und Feindschaften zwischen den verschiedenen Adelshäusern, Städten und Bistümern, aber auch persönliche Sympathie und Abneigung. Hören wir dazu noch einmal den päpstlichen Legaten Gerhard: Allein deshalb, so berichtete er im Juni 1204 nach Rom, wende sich der Bischof Gentilis von Aversa gegen seinen päpstlichen Herrn, betreibe er mit allen Mitteln das Geschäft von dessen Gegnern, mißbrauche er das Gut seiner Kirche, weil Innozenz ihn gezwungen habe, dem Erzbischof des benachbarten Neapel einen Treueid zu schwören; damit habe er dem Gentilis nach dessen Überzeugung nämlich bitteres Unrecht zugefügt. Als sich Bischof Gentilis dann im Sommer 1208 doch noch mit dem Papst aussöhnte, nahm dies offenbar der mit ihm zerstrittene Abt Matthaeus des bedeutenden Klosters S. Lorenzo in Aversa zum Anlaß, nun seinerseits entgegen seiner bisherigen Haltung die Gegner Innozenz' zu unterstützen.[76]

Das Streben nach dem persönlichen Vorteil führte also vielfach durchaus wenigstens zeitweilig zum Anschluß an Männer und Gruppen, die übergreifende Ziele im Königreich verfolgten, wie der Papst oder die nach wie vor im Regnum agierenden, zunächst von Markward von Annweiler geführten ehemaligen Heereskommandanten Heinrichs VI., denen es, nicht zuletzt im eigenen Interesse, um die enge Verbindung mit dem Imperium, und das

[75] Hampe, Legatenbericht 52–54, zur Identifizierung des Textes 41–49; über die Legaten und den Anhang des Papstes siehe Neumann, Parteibildungen 124–167, vgl. zu Gerhard Maleczek, Papst 78f., zu Carus von Messina Kamp, Kirche 1, 1190–1195.

[76] Siehe dazu die Dokumente bei Hampe, Mitteilungen III 17–31, der Brief des Legaten Gerhard 17–20; über Bischof Gentilis ebd. 3–12, über Matthaeus Baethgen-Hampe, Mitteilungen IV 3–13, dazu Kamp, Kirche 1, 341–344, Neumann, Parteibildungen 68–71; zur Lage vgl. Breve chronicon, ed. Huillard-Bréholles 892.

hieß: mit dem deutschen König, ging. Dazu kamen als ein weiterer Machtfaktor die in Palermo regierenden Familiaren. Unter ihnen dominierte zweifellos, vor allem weil die Erzbischöfe von Palermo, Capua und Reggio di Calabria schon 1199 starben, der Kanzler Walter von Pagliara, Bischof von Troia und altbewährter Anhänger Heinrichs VI. Seine Absichten werden nicht immer völlig deutlich und waren gewiß nicht frei von Eigennutz. Im ganzen strebte er aber doch wohl danach, für Heinrichs Sohn Friedrich das Königtum in einem möglichst unabhängigen, im Innern die Rechte der Großen wahrenden sizilischen Reich zu sichern. So entsprachen seine Wünsche in zentralen Punkten denen des Papstes. Er arbeitete denn auch meist ohne besondere Störungen mit dem päpstlichen Regenten zusammen und genoß dessen Vertrauen, scheute andererseits den Bruch mit Innozenz keineswegs, wo dessen Politik seine eigene Stellung und die künftige Herrschaft des jungen Friedrich zu gefährden drohte.[77] Natürlich ähnelt solche Beweglichkeit der führenden Köpfe des Königreiches zuzeiten stark dem sonst begegnenden blanken Opportunismus, und es fällt bisweilen recht schwer, noch Kräfte zu erkennen, die sich aus Einsicht, geleitet von durchdachten Konzeptionen, für die Sicherung des Ganzen, für den Bestand und die Zukunft des Regnum einsetzten; ja überhaupt eine klare Linie der Entwicklung zu entdecken, wird oft fast unmöglich. Die Krisenzeiten der normannischen Königsherrschaft scheinen wiedergekehrt.

Markward von Annweiler und Walter von Pagliara: Machtkampf und Übereinkunft

Innozenz III. betrachtete von Anfang an Markward von Annweiler als seinen gefährlichsten Widersacher. Eindringlich warnte er schon im Dezember 1198 in seinen ersten Briefen als Regent Familiaren und Geistlichkeit Siziliens vor diesem „Feind Gottes und der Kirche, diesem Verfolger des Königreiches, der nicht schläft, sondern sich müht, das Königreich zu verwirren, mehr noch, es zusammen mit seinen ungerechten Helfershelfern in seine Hand zu bekommen". Fast beschwörend schärfte er seinen Adressaten ein, sich von dem Heimtückischen, der nur auf Rache und Usurpation der Macht für sich selbst sinne, fernzuhalten, Gregor dagegen, dem päpstlichen Legaten und Kardinaldiakon von S. Maria in Portico († 1202), in allem be-

[77] Zu Walter siehe bes. Kamp, Kirche 1, 509–514, 1122–1125, 1210–1215; von ersten Reibungen zwischen dem Kanzler und dem päpstlichen Legaten Gregor von S. Maria in Portico, die schon 1199 zu dessen resignierter Rückkehr nach Rom führten, berichten die Gesta Innocentii, c. 23, PL 214, XLf., vgl. Maleczek, Papst 93f., Schadek, Familiaren 220f.

reitwillig beizustehen. Auch später sparte der Papst nicht mit leidenschaftlichen Vorwürfen gegen den Tyrannen Markward, der als ein „zweiter Saladin" mit seinen Spießgesellen in Sizilien das Oberste zuunterst kehre, raube, foltere und plündere. In Wahrheit – dies bleibt Innozenz' Hauptvorwurf bis zum Schluß – gehe es Markward gar nicht um die Verwaltung des Reiches, wie er vorgebe, er ziele vielmehr auf die volle königliche Herrschaft und bestreite deshalb sogar die legitime Geburt Friedrichs.[78]

Wir begreifen den zornigen Eifer, den erbitterten Haß des Papstes rasch, wenn wir uns Markward näher zuwenden. Zwar stammt das wenige, das wir über seine Ziele erfahren, zumeist aus der Feder seiner Gegner. Trotzdem tritt doch immerhin dies einigermaßen klar zutage, daß er eng mit Philipp und der staufischen Partei in Deutschland zusammenarbeitete und wohl die von Heinrich VI. geschaffene Vereinigung von Imperium und Regnum auch für die Zukunft bewahren wollte. Er verfocht damit bezüglich Siziliens also eine Konzeption, die derjenigen des Papstes diametral entgegenstand und aus römischer Sicht die kirchliche Position im Kern bedrohte.

Markward war mit dem Papsttum bereits unmittelbar nach dem Tode Kaiser Heinrichs zusammengestoßen, als er in Übereinstimmung mit dessen letzten Verfügungen versuchte, die Mark Ancona für sich zu retten. Dies gelang ihm jedoch weder in Unterhandlungen, noch führten kriegerische Mittel zum Erfolg. Von Innozenz exkommuniziert, mußte er vielmehr sein Reichslehen verlassen und begab sich kurz nach Konstanzes Tod um die Jahreswende 1198/99 wieder in das sizilische Königreich. Schon während der von Ancona aus mit Rom zustande gekommenen Gespräche wies Markward anscheinend darauf hin, daß Heinrich ihn zum Vollstrecker seines letzten Willens bestimmt habe. Sein Eingreifen im Regnum Sicilie legitimierte er dann offenbar, indem er behauptete, der Kaiser habe ihn auf dem Totenbett zum Vormund des Königs und zum Regenten gemacht. Da wir den Text von Heinrichs letzten Anordnungen, seines sogenannten Testaments, nur auszugsweise kennen, läßt sich diese Aussage nicht überprüfen. Es mag indessen durchaus sein, daß Heinrich seinem Vertrauten die Aufgabe eines Beschützers von König und Reich an der Seite Konstanzes zuwies. Diese Aufgabe wäre zunächst angesichts der Selbständigkeit der Kaiserin und ihres Mißtrauens gegen Markward wie auch angesichts der Gefahren in der Mark völlig zurückgetreten. Nach dem Tode Konstanzes jedoch konnte sie Markward als Verpflichtung und Verlockung zugleich erscheinen.

Nun hatten die stauferfreundlichen deutschen Fürsten inzwischen allerdings Heinrichs Bruder Philipp zum König gewählt, und Philipp bean-

[78] Innozenz III., Epp. I 570f., ed. Hageneder 829–831; I 554, 803, II 212, 411f., RNI 15, ed. Kempf 41; Gesta Innocentii, c. 33 (Brief vom 3.7.1201), PL 214, LVII; dazu Baethgen, Regentschaft 132–134, Van Cleve, Markward 97, 104–106.

spruchte in der Nachfolge Heinrichs auch die Regentschaft im Königreich Sizilien – ob als Inhaber des Imperiums und künftiger Kaiser oder aber, wofür päpstliche Äußerungen sprechen, doch wohl eher als nächster Blutsverwandter seines Neffen Friedrich, als welchem ihm die Sorge für dessen Recht und Erbe oblag, das muß letztlich offen bleiben. Wichtig im Blick auf Markward ist vor allem, daß dieser Philipp als König anerkannte, wie umgekehrt Philipps fürstliche Parteigänger in Markward ausdrücklich den Sachwalter der staufischen Interessen in Sizilien sahen. „Wir mahnen und bitten Euch", so schrieben sie Ende Mai 1199 von Speyer aus an den empörten Innozenz, „daß Ihr unserem geliebten Freund Markward, dem ergebenen Gefolgsmann unseres Herrn, des Königs Philipp, dem Markgrafen von Ancona, Herzog von Ravenna, Verwalter des Königreichs Sizilien und Truchsessen des kaiserlichen Hofes, in den Angelegenheiten unseres Herrn Eure apostolische Gunst und Förderung gewährt". Wenn nicht mit der Autorität Heinrichs, so doch gewiß mit derjenigen Philipps durfte Markward demnach sein Vorgehen im Regnum Sicilie rechtfertigen; dieses Vorgehen selbst aber galt grundsätzlich der dauerhaften *unio regni ad imperium*.[79]

Die ersten Kämpfe in dem zehnjährigen Ringen um das Schicksal Siziliens entbrannten um die berühmte und mächtige, den Zugang von Rom her beherrschende Abtei Montecassino im Nordwesten des Königreiches. Markward war aus der Mark Ancona zunächst in die Grafschaft Molise, sein sizilisches Lehen, gezogen. Er fand dort Unterstützung bei den Einheimischen, vergrößerte sein Heer und forderte Roffred, den Abt des Klosters und Kardinalpresbiter von SS. Marcellino e Pietro († 1210), auf, seine Regentenstellung durch einen Treueid anzuerkennen. Dieser hatte jedoch schon dem Papst Treue gelobt und wandte sich nun an ihn um Hilfe. Innozenz reagierte rasch: Unter Führung zweier Kardinäle eilten Truppen aus der Campagna nach dem Süden und besetzten die Stadt San Germano zu Füßen des Klosterberges. Zwei andere päpstliche Gesandte begaben sich, reichlich mit Geld versehen, in die Abruzzen, um die Grafen Peter von Celano, Roger von Chieti und andere Adlige der nordöstlichen Reichsregion zum bewaffneten

[79] Zu Markward siehe: Gesta Innocentii, c. 9, PL 214, XXII–XXIV, c. 23, XXXIX, zu seinem Anspruch auf das *balium regis et regni* daneben: Richard von S. Germano, ad 1198, ed. Garufi 19, Breve chronicon, ed. Huillard-Bréholles 892f., vgl. Annales Ceccanenses, ad 1192, MGH SS 19, 291, v. 104–107, Sicardi Cronica, ad 1198, MGH SS 31, 175f., seine Anerkennung Philipps: RI V, Nr. 12167. Der Brief der Fürsten aus Speyer: RNI 14, ed. Kempf 36f., vgl. zur Haltung Philipps: Chronica regia Coloniensis, ad 1199, MGH SS rer. Germ. 18, 167, RNI 29, ed. Kempf 79, 81, 87, RNI 33, 106, RNI 92, 244, Innozenz III., Ep. II 212, ed. Hageneder 413, der Hinweis auf die Vormundschaft für den Neffen: RNI 47, 130f., RNI 64, 184, vgl. auch Ep. I 230, 326, I 236, 336. Dazu Baethgen, Regentschaft 2–5, 119–132, 134f., Neumann, Parteibildungen 40f., Van Cleve, Markward 84–95.

Eingreifen zu bewegen; freilich reagierten die derart Angesprochenen offenbar erst mit einem gewissen Zögern. Dringende päpstliche Ermahnungen zu Treue und aktiver Hilfe gingen außerdem an den Adel und die Geistlichkeit des gesamten Königreichs, und den Familiarenrat zu Palermo bat Innozenz inständig um Übersendung einer ansehnlichen Geldsumme zur Finanzierung der Reichsverteidigung. Besser sei es, so gab er zu bedenken, sich mit einem einzigen hohen Betrag alle Sorgen dauerhaft vom Halse zu schaffen, als viele kleine, aber im ganzen wirkungslose Zahlungen zu leisten. Es scheint indessen, als ob die Palermitaner Regierung nicht die rechten Schlüsse aus solcher Lebensweisheit gezogen hätte.

Trotz der vielfältigen Maßnahmen des Papstes gedachte Markward, sich mit Gewalt durchzusetzen, zumal ihm nun auch die im Lande gebliebenen deutschen Befehlshaber zuströmten, an ihrer Spitze Graf Diepold von Acerra, der die Gegend um Acerra und Salerno in seiner Hand hielt. Schon Anfang Januar 1199 gelang die Einnahme von San Germano, und die Belagerung des Klosters Montecassino begann. Diese allerdings blieb bald ohne echten Erfolg stecken. Zwar litten die Eingeschlossenen Hunger und Entbehrung, aber auch Markward geriet durch schwere Unwetter und die zeitweilige Gefangennahme Diepolds in Schwierigkeiten. So fand er sich schließlich zum Abzug bereit, als ihm Abt Roffred dreihundert Goldunzen als Preis dafür anbot. Recht planlos marschierte er dann durch das Land, stürmte mit wechselndem Geschick gegen Burgen und Städte.[80]

Eine Wendung schien sich im Sommer anzubahnen. Damals kam der Kardinal und Erzbischof Konrad von Mainz auf der Heimreise vom Kreuzzug durch Unteritalien, und Markward ließ durch ihn neue Versöhnungsvorschläge nach Rom übermitteln. Endlich legte er vor einer Kommission dreier einflußreicher Kardinäle sogar den Schwur ab, er wolle dem Papst in allem gehorchen, was seine Exkommunikation verursacht habe, insbesondere auf die Regentschaft im Königreich und dessen Beschwerung verzichten. Gerade dieses entscheidende Versprechen jedoch brach er sofort wieder: Er hängte in seinen Schreiben an Innozenz seinem Titel eines *imperii senescalcus* zunächst ein *et cetera* oder andere vieldeutige Wendungen an, um nach päpstlichen Vorhaltungen dann offen auf seinem Rang als *balius et*

[80] Richard von S. Germano, ad 1198–1199, ed. Garufi 19–21, Gesta Innocentii, c. 23, PL 214, XLI–XLIII, Annales Ceccanenses, ad 1198, MGH SS 19, 294f., Annales Casinenses, ad 1196, MGH SS 19, 318, Innozenz III., Ep. I 554, ed. Hageneder 802–806 (die Bitte um eine einmalige hohe Zahlung 804, vgl. dazu Ep. II 268, 521, Ep. III 23, PL 214, 902 B, Brief vom 3. 7. 1201, PL 214, LVIII AB, LIX AB), Epp. I 555–558, 806–813; Baethgen, Regentschaft 8–14, 19–21, Tillmann, Innocenz 114f., Van Cleve, Markward 98–107.

procurator regni Sycilie zu beharren. Eine Woche nach seiner Absolution verfiel er deshalb erneut dem Kirchenbann.[81]

Es fällt schwer, hinter den geschilderten Aktionen Markwards eine durchdachte Konzeption zu entdecken. Jedenfalls hatte er sich weder am Verhandlungstisch noch auf dem Schlachtfeld durchzusetzen vermocht, und Aussicht auf eine rasche Besserung dieser unbefriedigenden Situation bestand auf dem Festland kaum. Diese Einschätzung der Lage veranlaßte Markward offenbar, Unteritalien nun zu verlassen, um durch den Vorstoß auf die Insel Sizilien und in die Hauptstadt des Reiches eine Entscheidung zu seinen Gunsten zu erzwingen.

Ein Abkommen mit dem Genuesen Wilhelm Grasso, der schon Heinrich VI. als Admiral gedient hatte, ermöglichte Markward die Überfahrt von Salerno nach Sizilien. Im Oktober 1199 landete er in Trapani im äußersten Westen der Insel und wurde nach der Aussage einer Quelle bald „von der Mehrheit der Christen wie der Sarazenen aufgenommen".[82] Offenkundig schlugen sich die Unzufriedenen, die Gegner der Palermitaner Regierung, auf Markwards Seite, darunter wohl auch einzelne noch anwesende deutsche Söldnerführer, vor allem aber die im Innern Siziliens zahlreiche arabische Bevölkerung, die schon seit den sechziger Jahren unter der zunehmenden Zurücksetzung und Anfeindung durch die Christen zu leiden hatte und sich von Markward eher eine Besserung versprechen mochte als vom Papst oder den geistlichen Machthabern in der Hauptstadt.

Deren Situation verschlechterte sich rasch, und erneut war es an Innozenz, sich mit Energie und Tatkraft einzuschalten. Nachdrücklich rief er die Sizilianer zum Widerstand auf gegen den mehrfach gebannten Eindringling, der doch wahrhaft schon genügend Beweise seiner Grausamkeit und Heimtücke geliefert habe; wer gegen ihn kämpfe, verdiene sich den gleichen Sündenablaß wie ein Kreuzfahrer. Ein besonderes Schreiben ging an die Sarazenen des Landes, voller Warnungen vor dem gerade ihnen von dem Truchsessen drohenden Verderben. Das angekündigte Heer jedoch ließ auf sich warten: Erst im März 1200 traf eine kleine Truppe von zweihundert Soldrittern unter Führung eines päpstlichen Legaten und des Marschalls Jakob,

[81] Gesta Innocentii, c. 23f., PL 214, XLIII–XLVI, Innozenz III., Ep. II 158, ed. Hageneder 306–311, Ep. II 170, 331–333; Baethgen, Regentschaft 14–18, Van Cleve, Markward 115–123.

[82] Breve chronicon, ed. Huillard-Bréholles 892f.; vgl. zum Folgenden, bes. zur Haltung der Sarazenen, auch Innozenz III., Ep. II 196, ed. Hageneder 373–375, II 212, 411–414, II 217, 421–423, II 236, 451–456, II 268, 520–522, außerdem Gesta Innocentii, c. 24, PL 214, XLVI; Baethgen, Regentschaft 18, 22–25, Van Cleve, Markward 128–135, Abulafia, Frederick 96–100, über die Lage der Sarazenen vgl. Tramontana, Ceti 148–150, 152–156.

eines bald zum Grafen von Andria aufsteigenden Vetters des Papstes, in Messina ein. Trotzdem blieben Innozenz' Schwierigkeiten: Auf dem Festland wahrte Diepold von Acerra seinen Einfluß, begannen mächtige einheimische Adlige wie Peter von Celano eigene Wege einzuschlagen, und auf der Insel kamen zu den durch Markward verursachten Sorgen wachsende Spannungen mit dem Haupt der Familiaren.

Walter von Pagliara nämlich war, wohl ebenfalls im März 1200, eine wertvolle Stärkung seiner Position in Palermo geglückt: Das dortige Domkapitel wählte ihn damals zum Nachfolger des verstorbenen Erzbischofs. Sogleich eilte er daraufhin nach Messina und ließ sich von dem eben gelandeten päpstlichen Legaten in seiner neuen Würde bestätigen. Seine Freude sollte indessen nicht lange ungetrübt bleiben: Innozenz beharrte darauf, daß allein dem Papst das Recht zustehe, einen Bischof von einem Bistum zum anderen zu versetzen, daß der Legat zur Translation Walters also nicht befugt gewesen sei. Als Kompromiß schlug er immerhin vor, der Bischof von Troia solle bis auf weiteres die Palermitaner Kirche mitverwalten, und dieser nahm das Angebot an – mit der guten Aussicht, nach einer gewissen Übergangszeit doch noch zum Ziel zu gelangen.[83]

Kaum war diese Verstimmung zwischen Papst und Kanzler ausgeräumt, da mußte Walter von Pagliara im Mai oder Juni 1200 eine wesentlich herbere Enttäuschung erleben. Eine Tochter Tankreds, des Gegenkönigs Heinrichs VI., hatte in Frankreich den Grafen Walter von Brienne (östlich Troyes) geheiratet. Dieser forderte nun von Innozenz im Namen seiner Frau die Belehnung mit der Grafschaft Lecce und dem Fürstentum Tarent, mit jenen Herrschaften also, die Heinrich 1194 an Tankreds Angehörige vergeben hatte. Wahrlich eine heikle Angelegenheit! Gegen Walters Ansprüche ließen sich durchaus lehensrechtliche Bedenken vorbringen, und natürlich saßen auf den fraglichen Lehen inzwischen neue Inhaber. Vor allem aber bestand die Gefahr, daß die Familie Tankreds nach ihrer Rückkehr in das Königreich ihre Ansprüche auf das ganze Regnum ausdehnte und zum Kristallisationskern der gegen die Palermitaner Zentrale gerichteten Bestrebungen oder antistaufischer Ressentiments wurde, daß in ihr also dem Königtum Friedrichs eine nicht zu unterschätzende, bedrohliche Konkurrenz erwuchs. Wenn gerade der Papst durch seine Entscheidung diese Gefahr heraufbeschwor, so weckte er damit zudem gewiß vielerorts Zweifel an der Ernsthaftigkeit seiner oft bekundeten Sorge um sein königliches Mündel.

Innozenz sah alle diese Schwierigkeiten sehr wohl, er diskutierte sie ausführlich mit seinen Beratern. Schließlich ging er dennoch auf das Ansinnen

[83] Gesta Innocentii, c. 29, PL 214, LIII; Kamp, Kirche 1, 1122f., Baethgen, Regentschaft 33–36.

Walters von Brienne ein und belehnte ihn mit Tarent und Lecce. Den Ausschlag gab seine sichere Erwartung, daß sich sein neuer Lehnsmann aus eigenem Interesse energisch und mit allen ihm zu Gebote stehenden Mitteln, etwa auch mit französischer Hilfe, gegen den gemeinsamen Feind, die deutschen Heerführer, wenden werde. Daß er dazu entschlossen sei, mußte Walter ebenso beschwören wie er in einem feierlichen Eid versprach, sich den Weisungen des Papstes zu unterwerfen und nichts gegen Friedrich zu unternehmen, vielmehr dessen Königswürde und Reich gegen alle Feinde zu verteidigen. Danach begab er sich in seine französische Heimat zurück, um sein Eingreifen in Sizilien vorzubereiten.

Walter von Pagliara las die Schilderung der Zusammenhänge, die Innozenz samt einer eingehenden Begründung für seinen Entschluß umgehend den Familiaren übersandte, mit heller Empörung. In aller Öffentlichkeit, vor der Bevölkerung Messinas, äußerte er schärfste Kritik an der päpstlichen Maßnahme. Offenbar sah er als entschiedener Widersacher Tankreds und Anhänger Heinrichs VI. in Walter von Brienne sofort einen verhaßten persönlichen Gegner, dazu einen unerwünschten politischen Nebenbuhler und trotz aller Versprechungen den künftigen Bewerber um den sizilischen Thron. Als der Familiarenrat und das päpstliche Heer im Juli nach Palermo segelten, um die inzwischen von Markward eingeschlossene Stadt zu entsetzen, dachten deshalb er und seine Gesinnungsgenossen schon jetzt ernsthaft daran, mit dem Deutschen, mit dem zusammen er einst dem Kaiser gedient hatte, in Verhandlungen zu treten. Noch konnten die Anhänger des Papstes diesen Schritt verhindern, und es kam am 21. Juli 1200 bei Monreale, südlich von Palermo, zur Schlacht. Markward, dem damals übrigens auch ein Truppenkontingent aus Pisa beistand, unterlag hier wie in einem späteren Treffen bei Taormina, ohne daß dies freilich seine Stellung in Sizilien ernsthaft geschwächt hätte. Im Gegenteil: Geldmangel, fehlende Unterstützung durch die Bevölkerung und die Familiaren sowie Krankheit und Seuchen in seinem Heer zwangen den Marschall des Papstes im Herbst zum Rückzug nach Unteritalien.[84]

Um die gleiche Zeit arbeitete Walter von Pagliara auf den endgültigen Bruch mit Innozenz hin. Er verzichtete auf seine Kirchenämter, nahm seinen Bruder, den Grafen Gentilis von Manoppello (südwestlich Pescara;

[84] Zum Auftreten Walters von Brienne siehe: Gesta Innocentii, c. 25–28, PL 214, XLVI–LIII (das ausführliche päpstliche Begründungsschreiben an die Familiaren XLVII–XLIX, vgl. Innozenz' Brief vom 3. 7. 1201, c. 33, LIX C–LX A; die Schilderung der Schlacht von Monreale durch Erzbischof Anselm von Neapel XLIX–LII), Innozenz III., Ep. III 23, PL 214, 902 BC, Breve chronicon, ed. Huillard-Bréholles 893, Richard von S. Germano, ad 1199, ed. Garufi 22; Baethgen, Regentschaft 26–33, 36–41, Van Cleve, Markward 150–158, Böhm, Johann 16–19.

† nach 1212), in das Kollegium der Familiaren auf, begünstigte auch sonst seine Gesinnungsgenossen und suchte offenbar durch Verhandlungen über eine Ehe Friedrichs seine Stellung zusätzlich abzusichern. Trotz heftiger päpstlicher Mahnungen und Verbote traf er dann tatsächlich im November eine Übereinkunft mit Markward, die jenem die Mitgliedschaft im Familiarenrat und neben Walter den entscheidenden Anteil an der Macht im Königreich verschaffte, Palermo und den König jedoch in Walters Hand ließ. Da wir den genauen Inhalt des Abkommens nicht kennen, muß offen bleiben, ob bereits hier dem Kanzler das Festland als Aktionsschwerpunkt zugedacht war oder ob dieser sich erst später entschloß, dort persönlich den unmittelbar drohenden Entscheidungskampf gegen Walter von Brienne zu organisieren. Jedenfalls vertraute er um die Jahreswende den jungen König und die Hauptstadt seinem Bruder Gentilis an und begab sich über Messina nach Unteritalien, wo er sofort eifrig um Unterstützung für seine Sache warb.[85]

Der Fall Palermos und die Auslieferung Friedrichs an Markward

Der festländische Reichsteil, der nun wieder in das Zentrum des Geschehens rückte, stand seit dem Abzug Markwards unter der fast unumschränkten Herrschaft Diepolds von Acerra. Nur mit Mühe gelang es etwa Rainald († 1212/15), dem erwählten Erzbischof von Capua und treuen Anhänger des Papstes, seinen Vater, den mächtigen Grafen Peter von Celano, zu einem halbherzigen und prompt in einer Niederlage endenden Eingreifen gegen Diepold zu bewegen. Walter von Brienne schien also wenig Aussichten auf Erfolg zu haben, als er im Mai 1201 seine aus eigenen wie päpstlichen Mitteln bezahlte Truppe von Rom her ins Königreich führte. Indessen – schon bei seinem ersten Zusammenstoß mit Diepold im Juni erfocht er eben in der Gegend von Capua einen unerwarteten Sieg und konnte darangehen, seine Lehen in Südapulien zu erobern. Walter von Pagliara, dessen Pläne schmählich zu scheitern drohten, verband sich nun offen mit Diepold. Als Innozenz ihn daraufhin bannte und ihm offiziell seine Bistümer entzog, suchte er noch einmal den Ausgleich. Der päpstlichen Forderung, auf jeden Widerstand gegen Walter von Brienne zu verzichten, verweigerte er sich jedoch leidenschaftlich: Nicht einmal wenn der Apostel Petrus, von Christus selbst gesandt, ihm dergleichen vorgeschrieben hätte, würde er einem solchen Befehl Gehorsam leisten, auch wenn er wüßte, daß er deswegen mit der Hölle bestraft werden müsse – so soll er dem päpstlichen Legaten geant-

[85] Gesta Innocentii, c. 31f., PL 214, LIV–LVI, vgl. c. 29, LIII, Innozenz III., Epp. III 22–23, PL 214, 901–903; Kamp, Kirche 1, 1123, Baethgen, Regentschaft 41–54, 58, 60f., Van Cleve, Markward 159–164.

wortet haben. An der Seite Diepolds stellte er sich mit seinem Anhang, darunter nun sogar sein Schwager Peter von Celano, im Oktober bei Canne (östlich Barletta), wo Hannibal einst die Römer besiegt hatte, dem Grafen von Brienne. Doch ein zweites Mal behielt dieser die Oberhand, und mit ihm siegte Papst Innozenz. Der entscheidende Feldzug des päpstlichen Heeres gegen Markward schien unmittelbar bevorzustehen.[86]

Natürlich blieben die dramatischen Ereignisse auf dem Festland nicht ohne Folgen für die sizilischen Verhältnisse. Schon die ersten Erfolge Walters von Brienne gaben offenbar der propäpstlichen Stimmung unter den Familiaren neue Nahrung, und Innozenz nützte die Stunde, um ihnen in einem umfangreichen Schreiben ein weiteres Mal die klaren und uneigennützigen Grundlagen und Einzelschritte seiner Sizilienpolitik darzulegen, ihren Egoismus und Wankelmut heftig zu tadeln und sie vor dem zügellosen Machthunger Markwards zu warnen. Seine scharfen Anklagen und sein schroffes Vorgehen gegen die Gesinnungsgenossen Walters von Pagliara führten jedoch nur zu einer Vertiefung der Spannungen innerhalb des Familiarengremiums, das mehr und mehr gelähmt wurde. So sah Markward seine Stunde gekommen. Entschlossen, jetzt die ganze Insel und den König selbst in seine Gewalt zu bringen, belagerte er Palermo, das sich ihm Mitte Oktober ergab. Zwar hatte sich Graf Gentilis mit seinem Schützling Friedrich auf das Castello a Mare, die den Hafen der Stadt beherrschende Burg, zurückgezogen; sie fiel jedoch zwei Wochen später, am 1. November 1201, ebenfalls. Kurz vorher war Gentilis von Manoppello aus ihr geflohen, vielleicht bestochen, vielleicht, um einfach seine Haut zu retten, oder auch tatsächlich, um in Messina Proviant zu besorgen. Der Erbe der Krone aber und Sizilien bis auf Messina befanden sich nun in der Hand Markwards.[87] Verständlich, daß dieser erfolgreiche Handstreich die päpstliche Freude über den Durchbruch auf dem Festland empfindlich trübte.

Friedrich, dem unser besonderes Interesse gilt, blieb bisher völlig im Hin-

[86] Gesta Innocentii, c. 30, PL 214, LIIIf., c. 33, LVIf., c. 34, LXIf., RNI 56, ed. Kempf 152f., Richard von S. Germano, ad 1200–1202, ed. Garufi 22f., Annales Ceccanenses, ad 1192, MGH SS 19, 291, vv. 114–141, ad 1198–1199, 295, Annales Casinenses, ad 1198, 1201, MGH SS 19, 318, vgl. Hampe, Mitteilungen I 3–21, bes. 13–16: Bericht Rainalds von Capua über die Schlacht von Canne, 16–21: Hilferufe Rainalds an seinen Vater Peter von Celano, zu diesem auch Neumann, Parteibildungen 106–110, zum Ganzen Baethgen, Regentschaft 54–57, 60–67, Van Cleve, Markward 175–187.

[87] Gesta Innocentii, c. 33, PL 214, LVII–LXI (mit dem Schreiben Innozenz' vom 3. Juli 1201), c. 34f., LXII, Bericht Rainalds von Capua über die Eroberung Palermos: Hampe, Kindheit 592–595, vgl. Richard von S. Germano, ad 1199, ed. Garufi 21f.; dazu Baethgen, Regentschaft 59f., 67–69, Van Cleve, Markward 188–194, zur Topographie Palermos La Duca, Cartografia.

tergrund. Die Quellen meldeten nichts über ihn als ein lebendiges Individuum, nichts über seinen Alltag, seine nächste Umgebung, sein Denken, Handeln und Fühlen, obwohl doch fast jede der im Königreich agierenden Gruppen sich auf ihn berief, vorgab, letztlich für ihn zu kämpfen, seine künftige Herrscherstellung zu verteidigen, obwohl die königliche Kanzlei unermüdlich Schenkungsurkunden oder Mandate in seinem Namen abfaßte. Wenn Innozenz, der Vormund, sich bisweilen in persönlichen Schreiben unmittelbar an den ihm Anvertrauten wandte, so geschah dies meist, um unter dieser Adresse doch nur den eigentlich gemeinten Familiaren um so deutlicher seine Meinung zu sagen. Selbst sein Kondolenzbrief an den Vierjährigen nach dem Tod Konstanzes findet bei aller spürbaren Anteilnahme mit seinen gewählt-umständlichen Wendungen und Bildern doch keinen besonderen, dem kindlichen Leser angemessenen Ton. Schwer zu sagen, was der kleine Knabe bei der päpstlichen Mahnung empfand, er möge sich glücklich preisen, da er nach dem Verlust seiner leiblichen Eltern durch Gottes Erbarmen im Papst einen würdigeren, geistlichen Vater, in der römischen Kirche eine bessere Mutter erhalte. Immerhin mag Innozenz' Hinweis, wen Gott besonders züchtige, den liebe er besonders, Friedrichs schweres Leid zeige, daß Gott ihn schon jetzt gewissermaßen als seinen Sohn annehme, einigen Eindruck gemacht und Friedrichs früh erkennbares Bewußtsein von der hohen Würde seiner Stellung, von der besonderen Begnadung seiner Person mit geprägt haben.[88]

Erst bei der Eroberung des Castello a Mare zu Palermo tritt der nun fast siebenjährige künftige Herrscher schlagartig zum ersten Mal selbst, als ein aktiv Handelnder vor unsere Augen, und dieses überraschende Erscheinen hat eine besondere Faszination ausgeübt, seit der Bericht darüber bekannt wurde. Ein Augenzeuge der dramatischen Palermitaner Oktoberereignisse nämlich, der als *magister regis*, als Erzieher Friedrichs wirkende Wilhelm Francisius, Sproß einer bei Avellino (östlich Neapel) begüterten Adelsfamilie, informierte unverzüglich Rainald, den erwählten Erzbischof von Capua, und dieser gab die schlechten Nachrichten noch Anfang November an Papst Innozenz weiter. Sein Brief ist uns überliefert. Sichtlich bemüht, den Grafen Gentilis, seinen Onkel, auf Kosten des angeblich verräterischen Kastellans von jeder Schuld an dem unliebsamen Geschehen reinzuwaschen, schildert Rainald dort auch Einzelheiten der Auslieferung Friedrichs. Die Wachmannschaften, so erzählt er, hätten in ihrer Niedertracht dessen Versteck im Innersten der Feste preisgegeben. Als die Leute Markwards daraufhin zu ihm eindrangen, mußte der Knabe schnell erkennen, daß ihn nichts vor dem Zugriff der Barbaren retten könne, und er brach in Tränen

[88] Innozenz III., Ep. I 559, ed. Hageneder 815f.; vgl. den Brief vom 3.7.1201, PL 214, LVII–LXI.

aus. „Zugleich aber vermochte er – ein gutes Vorspiel künftigen Herrschertums – die Kraft seiner königlichen Gesinnung nicht zu verbergen, und wie der Berg Sinai nicht einmal von einem Tier berührt werden darf, so suchte er im Angesicht der Gefangenschaft, auf seinen Häscher losspringend, so gut er konnte, die Hand aufzuhalten, die den Gesalbten des Herrn schändete. Darauf öffnete er seinen Königsmantel, zerriß voller Schmerz seine Kleider und zerfetzte sein junges Fleisch mit seinen gleich Messern schneidenden Nägeln.“[89]

Gewiß verraten Rainalds Worte eine gewisse rhetorische Übertreibung. Es sieht so aus, als ob er Friedrichs Zorn gegen den barbarischen Markward und seine herrscherliche Haltung besonders habe herausstreichen wollen, um den Papst über das Widrige der Situation etwas hinwegzutrösten und ihm Hoffnung für die Zukunft zu machen. Dennoch darf man seiner Darstellung von Friedrichs Reaktion mit ihrer Mischung aus Angst und Tränen, Stolz, Wut und Verzweiflung im Kern wohl durchaus Glauben schenken. Sie läßt uns zum ersten Mal erahnen, mit welcher Wachheit und regen Empfindung das Kind die politische Entwicklung Siziliens schon miterlebte und ihre Krisen und Wendungen auch miterlitt. Mögen seine Vorstellungen von den gegeneinander ringenden Parteien und ihren Zielen noch unklar und einseitig gewesen sein – die Erfahrung des Betroffenseins, das Wissen darum, daß es dabei letztlich um sein eigenes Schicksal ging, und die Überzeugung von der einzigartigen Bedeutung seiner Person und der Hoheit seiner künftigen königlichen Würde waren bereits tief in den Siebenjährigen eingepflanzt worden und in ihm verwurzelt.

Wachsende Anarchie. Friedrich in der Hand des Wilhelm Capparone und dessen Verdrängung durch Walter von Pagliara

Ende 1201 war das Königreich Sizilien geteilt. Auf der Insel herrschte Markward, nicht ohne Kontakte nach Unteritalien zu spinnen; das Festland dagegen stand unter dem Einfluß des Papstes, der begann, hier Beamte zu ernennen und die Finanzverwaltung auf sich zuzuordnen. Vor allem aber trachtete er, Walter von Brienne zum Entscheidungsschlag gegen Sizilien zu

[89] Brief Rainalds von Capua an Innozenz III. vom November 1201: Hampe, Kindheit 592–595, das Zitat 594, vgl. dazu 579–584, Kantorowicz, Friedrich 30, Ergänzungsband 16, Van Cleve, Frederick 46f., 62, Willemsen, Kindheit 117f., eher beiläufig Abulafia, Frederick 100; Wilhelm Francisius wird im Januar 1209 noch einmal erwähnt, als er der Gefangenschaft Diepolds entkam, zu dessen Gegnern er damals offenbar gehörte, siehe Niese, Materialien 388, 399 (Nr. 2), Neumann, Parteibildungen 120f.

bewegen. Über Ankündigungen und Manifeste hinaus gedieh das Unternehmen indessen nicht. Das lag am Geldmangel, daran, daß Diepold von Acerra erneut die Terra di Lavoro unsicher machte, aber wahrscheinlich durchaus auch am Unwillen des Grafen Walter selbst, dem die Sicherung seiner festländischen Lehen zunächst vordringlich erscheinen mochte. Zudem bemühte sich Innozenz gerade damals noch auf einem anderen Wege, das Los des sizilischen Königs zu erleichtern: Er trat in Verhandlungen mit König Peter II. von Aragon (1196–1213), um die Verlobung von dessen Schwester Sancha mit Friedrich ins Werk zu setzen, und erhielt gegen Ende des Jahres 1202 tatsächlich die Zustimmung Peters sowie seine Zusage, bei der Befreiung seines künftigen Schwagers militärische Hilfe zu leisten. Dieses Projekt mußte dem Grafen Walter ganz klar vor Augen führen, daß der Papst am Königtum des Staufers festhielt und ihn selbst nicht allzu weit emporsteigen zu lassen gedachte – sicher eine Erkenntnis, die seine Begeisterung für den Sizilienfeldzug noch weiter schmälerte.

Die Entwicklung auf der Insel selbst machte dann eine rasche Entscheidung ohnehin unnötig. Markward, anscheinend auf den Ruf der Bürger Messinas hin im Begriff, auch diese letzte Stadt zu erobern, erkrankte im September 1202 in Patti und starb dort Mitte des Monats wohl an der Ruhr. Genau fünf Jahre waren vergangen, seitdem er in eben derselben Gegend Siziliens den Tod seines kaiserlichen Herrn miterlebt hatte. Dessen großes Vorhaben, die Verbindung von Imperium und Regnum auf Dauer zu sichern, schien nun endgültig gescheitert.[90]

Philipp dachte offenbar daran, Markwards Position in Sizilien zu retten, und sandte Konrad von Urslingen, den ehemaligen Herzog von Spoleto, auf die Insel. Dieser starb jedoch ebenfalls wohl noch im Jahre 1202, und nun riß Wilhelm Capparone, vermutlich ein deutscher Heerführer, der nach dem Tode Heinrichs VI. auf der Insel geblieben war und später dort Markward unterstützte, das Gesetz des Handelns an sich. Er eilte nach Palermo, bemächtigte sich Friedrichs und suchte als „Wächter des Königs und Großkapitän Siziliens“ die Herrschaft auszuüben, ohne freilich eine andere Legitimierung für sich geltend machen zu können als die mit den Waffen erzwungene Verfügungsgewalt über den unmündigen Thronfolger. Manche Genossen Markwards verweigerten ihm denn auch die Gefolgschaft. Des Truchsessen

[90] Breve chronicon, ed. Huillard-Bréholles 893, vgl. Innozenz III., Ep. V 89, PL 214, 1075 f., IX 195, PL 215, 1033 A, Gesta Innocentii, c. 35, PL 214, LXII, Richard von S. Germano, ad 1202, ed. Garufi 23, Brief Rainalds von Capua, ed. Hampe, Kindheit 596; zu den Umtrieben Diepolds von Acerra siehe auch die Briefe Rainalds bei Hampe, Mitteilungen II 30, 36, 39 f., zu den päpstlichen Aktivitäten Innozenz, Epp. V 38–39, PL 214, 993–998, V 51, 1018 f., V 76, 1060 f., V 84–87, 1070–1073, RNI 80, ed. Kempf 218 f.; Baethgen, Regentschaft 72–80, Van Cleve, Markward 195–202.

oberitalienische Helfer aus Pisa und Genua gedachten ohnehin, sich ihren Lohn auf eigene Faust zu holen: Beide Städte hatten es dabei vor allem auf Syrakus abgesehen, wo sich schließlich, trotz mancher Pisaner Gegenstöße, die Genuesen behaupteten. Messina wurde unter seinem Erzbischof Berard zum Zentrum der propäpstlichen Kräfte. Fast überall aber litten die Inselbewohner unter der wachsenden Anarchie.[91]

In dieser Situation brachte sich Walter von Pagliara wieder ins Spiel. Nachdem er mit seinen Absichten auf dem Festland ebenso wie Markward auf der Insel gescheitert war, sah er offenbar keine andere Möglichkeit mehr, als sich mit Innozenz auszusöhnen; vielleicht war er inzwischen zudem auch zu der Überzeugung gelangt, daß Walter von Brienne tatsächlich keine allzu schwere Bedrohung seiner eigenen Politik darstellte. So unterwarf er sich in allen Streitpunkten dem Papst, und Innozenz, anscheinend froh, ihn für seine Seite zurückgewinnen zu können, erteilte ihm im Mai 1203 die Absolution. In der Folgezeit wirkte Walter eifrig im Dienste der päpstlichen Sache, immer darauf bedacht, mit der Schwächung Capparones zugleich seinen eigenen Wiederaufstieg zu befördern.

Allerdings fehlte es Wilhelm Capparone keineswegs an Einsicht in die Unsicherheit seiner Position. Vielmehr hielt er es im Laufe des Jahres 1204 für angezeigt, seinerseits gleichfalls Verbindungen mit Rom anzuknüpfen. Auch er stieß dort auf die Bereitschaft zum Ausgleich, und nach erfolgversprechenden Vorverhandlungen kam im Oktober der uns schon bekannte päpstliche Legat Gerhard von S. Adriano, der sich im Sommer zunächst mit den unteritalienischen Konflikten herumgeschlagen hatte, auf die Insel. Er erreichte, daß Capparone, den er dafür vom Bann lossprach, eidlich die päpstliche Regentschaft anerkannte. Dann zog er feierlich in Palermo ein und übernahm als Vertreter des Papstes die Regierung. Sogar den nun fast zehnjährigen König Friedrich konnte er besuchen und offenbar frei und ungestört sprechen. Die persönliche Begegnung mit Friedrich sei geradezu der Hauptzweck seines Aufenthalts gewesen, so hören wir dazu von Innozenz' Biographen; Friedrich habe sich über die Anwesenheit des Legaten denn auch herzlich gefreut und aus seinen Worten Trost empfangen.

Nur kurze Zeit indessen dauerte das Einvernehmen Gerhards mit Capparone. Bald führte dessen Weigerung, die Kirche Siziliens zu entschädigen, zu Mißhelligkeiten; zudem gelang es nicht, eine Form des Zusammenwirkens zwischen ihm und Walter von Pagliara zu finden. Müde des Streits zog sich

[91] Gesta Innocentii, c. 36, PL 214, LXIIf.; RNI 80, ed. Kempf 218f. (zu Konrad von Spoleto), Innozenz III., Epp. VI 52–54, PL 215, 54f. (die Rolle Berards von Messina), Ep. VI 93, 97f., VI 159, 172f. (zur Situation auf der Insel), Annales Ianuae, ad 1204–05, MGH SS 18, 121–124, ad 1207, 126 (zu Genua und Pisa); dazu Baethgen, Regentschaft 80–82, 87–90.

Gerhard deshalb nach Messina zurück. Jede Hoffnung auf ein Ende der die Insel zermürbenden Kämpfe und Wirren schien vergeblich.[92]

Nicht besser standen die Dinge jenseits des Faro, der Meerenge von Messina. Dort entlud sich Ende 1203 auf die Nachricht von der schweren Erkrankung Innozenz' und auf das Gerücht von seinem Tod hin der offenbar tiefe Unmut des Adels und der Städte Apuliens über die bedrückende Fremdherrschaft Walters von Brienne in einem heftigen Aufstand. Nur mit Mühe gelang es, die Erhebung niederzuwerfen. Kaum jedoch hatte Walter wieder einigermaßen freie Hand gewonnen, um sich gegen seinen nach wie vor gefährlichsten Feind Diepold von Acerra zu wenden, da verließ ihn nach ersten Erfolgen das Kriegsglück aufs neue. Aus Leichtsinn und Unachtsamkeit geriet er im Juni 1205 in Diepolds Gefangenschaft und starb im gleichen Monat an seinen Verletzungen.[93]

Dieser Schlag drohte die päpstliche Sache im Kern zu treffen, denn gerade damals begann König Philipps Bemühen um größeren Einfluß in Italien Früchte zu tragen. Wohl um sich den Herzog von Brabant fester zu verpflichten, aber gewiß ebenso in der Absicht, die Verbindung Siziliens mit dem Imperium zu stärken, hatte der Staufer zum größten Ärger Innozenz' auf eine Verlobung seines Neffen Friedrich mit der Tochter des Herzogs hingewirkt. Gleichzeitig machte Lupold, der Bischof von Worms († 1217), als sein Vertreter seit Herbst 1204 auch in Mittelitalien energisch und erfolgreich die Reichsrechte geltend und drang Mitte 1205 sogar in das sizilische Königreich ein. Kurz danach freilich brach er seinen Feldzug ab. Wohl gegen Ende des Jahres kehrte er nach Deutschland zurück – ob einer Niederlage wegen oder weil ihn Philipp im Blick auf die sich damals von Ferne anbahnende Übereinkunft mit dem Papst abberief, das bleibt unklar.[94]

Lupolds Abzug und die Anzeichen für eine Verständigung zwischen Philipp und Innozenz gaben vermutlich den Ausschlag dafür, daß nun auch Diepold, bisher der zäheste Gegner des Papstes in Unteritalien, auf eine nachgiebigere Linie einschwenkte, um nicht in völlige Isolierung zu geraten. Er versprach die Unterwerfung unter Innozenz' Regentschaft und den Ver-

92 Gesta Innocentii, c. 36, PL 214, LXIII–LXVI, Innozenz III., Ep. VI 71, PL 215, 67f. (an Walter von Pagliara), VII 36, 317–319, VII 124, 409f., VII 129–131, 419f., VII 135, 425f.; Baethgen, Regentschaft 82–87.

93 Gesta Innocentii, c. 37f., PL 215, LXVI–LXVIII, Innozenz III., Epp. VI 191–192, PL 215, 209–213; vgl. Richard von S. Germano, ad 1204–1205, ed. Garufi 24, Annales Ceccanenses, ad 1192, MGH SS 19, 292, vv. 155–180, Annales Casinenses, ad 1204–1205, MGH SS 19, 318f.; Baethgen, Regentschaft 90–92.

94 RNI 111, ed. Kempf 276–278, vgl. RNI 128, 307; Innozenz III., Ep. VII 228, PL 215, 549, VIII 83–84, 651f., 653f., Brief Papst Honorius' III. (Mai 1226), MGH Epp. saec. XIII 1, 218, Nr. 296, RI V, Nr. 12286a, 12290, 12292d–e, Chronica regia Coloniensis, ad 1203, MGH SS rer. Germ. 18, 172f.; Hampe, Angriffe 473–479.

zicht auf jede Unterstützung von Projekten Philipps, die sich gegen das Königreich richteten. Dafür erlangten er und seine deutschen Genossen die Absolution und, so darf man annehmen, Garantien und Zusagen bezüglich ihrer künftigen Stellung. Diepolds Beziehungen zum Papst verbesserten sich nämlich bald noch weiter. Im Herbst 1206 begab er sich nach Rom und von da aus im November nach Palermo, offensichtlich um im päpstlichen Auftrag Friedrich zu befreien. Mit ihm fanden sich dort der päpstliche Legat Gerhard und Kanzler Walter von Pagliara ein. Die folgenden, dramatischen Ereignisse werfen trotz mancher offenen Fragen noch einmal ein grelles Licht auf die labilen Verhältnisse im sizilischen Reich und die in seiner Führungsschicht vorherrschende Neigung zu Mißtrauen, Eigennutz und Verrat.

Diepold bestimmte den ziemlich verunsicherten Capparone anscheinend ohne große Schwierigkeiten zur Übergabe Palermos mit dem königlichen Palast und dem jungen König selbst. Er führte Friedrich aus dem Palast in die Stadt, wo er den Erfolg seines Unternehmens mit dem Legaten und dem Kanzler bei einem Festmahl feierte. Schon hier brach dann der Kampf um die Macht zwischen ihm und seinem Konkurrenten offen aus. Sei es, daß er tatsächlich plante, bereits bei dieser Gelegenheit Walter von Pagliara gefangenzusetzen, sei es, daß der Kanzler selbst – wie offenbar sofort viele glaubten – dieses Gerücht nur ausstreute, um einen Vorwand für seinen eigenen Coup zu haben –, jedenfalls nahm Walter den Diepold wegen des von ihm angeblich beabsichtigten Verrats fest. Zwei Jahre lang, bis zu Friedrichs Volljährigkeit, stand der König nun wieder ganz unter seiner Obhut, blieb seine Stellung als Kanzler des Königreiches und maßgebender Familiar unangetastet.[95]

Sein Handlungsspielraum war freilich empfindlich eingeschränkt. Mühsam mußte er Palermo vor den Angriffen Capparones und der zeitweilig mit jenem verbündeten Pisaner verteidigen; die Sarazenen erhoben sich gegen ihn, und damit nicht genug: Diepold hatte aus seinem Kerker fliehen und nach Salerno entkommen können. In wilder Rachsucht griff er nun mit seinen Genossen erneut raubend und plündernd in die mannigfachen Streitereien auf dem Festland ein.

Um wenigstens der wachsenden Unruhen unmittelbar südlich der Grenze des Kirchenstaates Herr zu werden, entschloß sich Innozenz Anfang 1208 noch einmal zu einer energischen Anstrengung. Päpstliche Truppen räumten die nordwestliche Grenzregion des sizilischen Regnums, mit der der Papst seinen Bruder Richard Conti belehnte.[96] Dann endlich, im Juni 1208, kam

[95] Gesta Innocentii, c. 38, PL 214, LXVIII f., Innozenz III., Ep. IX 195, PL 215, 1033, IX 249, 1081, Richard von S. Germano, ad 1206–1207, ed. Garufi 24, Annales Casinenses, ad 1205–1206, MGH SS 19, 319; Baethgen, Regentschaft 93–96.

[96] Gesta Innocentii, c. 38–40, PL 214, LXIX–LXXIV, Innozenz III., Ep. X 141, PL

er zum ersten Mal persönlich ins Land. In San Germano legte er einer großen Versammlung von Adligen und Städtevertretern wohl vornehmlich aus dem nördlichen Gebiet des Königreiches seine Friedensordnung vor und verpflichtete die Anwesenden eidlich darauf. Ihr zufolge sollten im Nordteil des Regnums, in einem Territorium, das nach Süden bis zur Höhe von Salerno reichen würde, die Grafen Peter von Celano und Richard von Fondi als *magistri capitanei* oder Großkapitäne für die Wahrung des Friedens verantwortlich sein. Jedermann war gehalten, sich nicht selbst Recht zu schaffen, sondern seine Klage vor sie zu bringen und ihr gemäß den Gewohnheiten des Königreichs gefälltes Urteil anzunehmen. Auf Kosten der Städte und des Adels sollte den Großkapitänen eine Truppe von Soldaten zur Verfügung stehen, sollten außerdem zweihundert Ritter dem König zu Hilfe gesandt werden. An den päpstlichen Legaten Gregor von S. Teodoro erging Weisung, die gleichen Maßnahmen in Apulien durchzuführen. Innozenz selbst nämlich zog schon nach wenigen Tagen wieder ins Grenzgebiet im Norden zurück.[97]

Es verwundert angesichts der Verhältnisse im Regnum Sicilie sicher niemanden, daß die Verfügungen des Papstes offenbar kaum Beachtung fanden. Die von ihm zu Hütern des Friedens bestellten Großkapitäne, ohnehin seit je alles andere als verläßliche Stützen der römischen Politik, stritten sich, bezeichnend genug, schon im Herbst erbittert um die Herrschaft über die Stadt Capua. Um so größere Genugtuung empfand Innozenz gewiß darüber, daß es ihm kurz vor dem Ende seiner Regentschaft am 26. Dezember 1208 noch glückte, wenigstens seinen alten Plan einer Eheverbindung Friedrichs mit einer aragonesischen Prinzessin zu verwirklichen. Schon 1207 hatte er die Verhandlungen darüber mit Peter von Aragon wieder aufgenommen, wobei als Braut jetzt eine andere Schwester des Königs ausersehen war, die um 1183 geborene, in erster Ehe mit dem ungarischen König verheiratete und seit November 1204 verwitwete Konstanze. Im Sommer 1208 fuhr der Bischof von Mazara (im Südwesten Siziliens) in päpstlichem Auftrag nach Spanien, um die offenbar nicht ganz einfachen

215, 1235f., XI 66, 1382, Richard von S. Germano, ad 1207–1208, ed. Garufi 25f., Annales Casinenses, ad 1208, MGH 19, 319, Annales Ceccanenses, ad 1208, MGH SS 19, 296f., vgl. Maccarrone, Studi 181–199; zu Pisa: Annales Ianuae, ad 1207, MGH SS 18, 126, Innozenz III., Ep. X 117, PL 215, 1215f., vgl. XI, 80, 1396, zu Capparone: Hampe, Kindheit 596f. (Brief vom Frühjahr 1207).

[97] Gesta Innocentii, c. 40, PL 214, LXXIV–LXXX, Innozenz III., Epp. XI 130–133, PL 215, 1447–1449, Richard von S. Germano, ad 1208, ed. Garufi 26–28, Annales Casinenses, ad 1208, MGH SS 19, 319, Annales Ceccanenses, ad 1208, MGH SS 19, 297; Baethgen, Regentschaft 97–106, vgl. Abulafia, Frederick 104, zu Gregor: Maleczek, Papst 151–153.

Fragen der Ausstattung Konstanzes und der Innozenz so wichtigen militärischen Unterstützung Aragons für Friedrich zu klären. Spätestens im Oktober schloß der Gesandte in Vertretung Friedrichs die Ehe.[98]

Friedrichs Lebensweise, Erziehung und Entwicklung bis zu seiner Volljährigkeit

Inmitten fast zehnjähriger Kämpfe und Wirren wuchs derjenige heran, dessen Erbe im Ringen der unterschiedlichen Kräfte und Gruppen zerrissen zu werden und unterzugehen drohte: der künftige König Friedrich. Mehrfach erlebte er den leidenschaftlichen Streit der Menschen und Parteien um die Macht im Königreich am eigenen Leibe im strengsten Wortsinne, als gewaltsamen Zugriff auf die eigene Person. Wir haben schon gehört, wie tief das erste derartige Vorkommnis, der Handstreich Markwards von Annweiler am 1. November 1201, den Siebenjährigen erschütterte. Möglicherweise spielte sich die Machtübernahme durch Capparone ein knappes Jahr später ruhiger ab; dramatisch genug verlief dann aber wieder die Auslieferung an Diepold mit dem anschließenden Gewaltakt Walters von Pagliara im November 1206. Friedrich, dessen hohe Meinung vom eigenen Königtum schon der Bericht von 1201 bezeugt, mußte derartige Szenen, die ihn in besonders drastischer Weise zum bloßen Werkzeug fremder Interessen, oft des puren Eigennutzes einzelner machten, mit zunehmendem Alter und Bewußtsein immer schmerzlicher als entwürdigend und untragbar empfinden. Leicht läßt sich vorstellen, daß diese schlimmen Erfahrungen Zorn und Erbitterung gegen seine Umgebung, sogar Mißtrauen gegen die Menschen überhaupt in ihm weckten, daß sie zugleich durchaus sein Gefühl für den eigenen Wert stärkten und seinen Willen, sich als Herrscher um so unbedingter durchzusetzen. Immerhin bewiesen ja die Auseinandersetzungen um den unmündigen König neben allem Peinlichen und Demütigenden, das sie mit sich brachten, grundsätzlich doch auch ständig die zentrale Bedeutung des königlichen Amtes.

Was wissen wir über solche Vermutungen hinaus von der Lebensweise, der Erziehung und den Vorstellungen des Heranwachsenden? Man darf wohl mit einigem Recht die Zeit zwischen 1202 und 1206, während der Wilhelm Capparone das Regiment in Palermo führte, als jenen Abschnitt der Kindheit Friedrichs ansehen, in dem er die größte Unsicherheit über sein künftiges Los durchlebte und zugleich am wenigsten persönliche Zuwen-

[98] Innozenz III., Epp. XI 4–5, PL 215, 1342f., XI 134, 1449, RI V, Nr. 5550c, vgl. Nr. 5980, RNI 111, ed. Kempf 277 mit Anm. 3; Baethgen, Regentschaft 107, Kamp, Costanza 356f.

dung und Fürsorge empfing. Mehr, Konkreteres verraten uns unsere Quellen freilich nicht. Gewiß warten manche moderne Darstellungen mit farbigen Einzelheiten auf: Der heruntergewirtschaftete königliche Haushalt sei damals außerstande gewesen, Friedrich auch nur mit dem Lebensnotwendigen zu versorgen; Palermitaner Bürger hätten den „schönen Knaben" mit den „heiteren, strahlenden Augen" deshalb aus Mitleid abwechselnd in ihren Häusern ernährt; unbeaufsichtigt sei er durch die bunten, vielfältige Anregungen bietenden Gassen und Märkte der Hauptstadt, durch die Gartenanlagen rings um sie gestreift und habe sich in wacher Beobachtung und regem Gespräch auf eigene Art sein Wissen angeeignet, erzogen wesentlich vom Leben selbst.[99] Diese plastische Schilderung stützt sich offenbar vor allem auf das Breve chronicon de rebus Siculis. Dort heißt es indessen lediglich, der Mangel sei im Verlaufe der sizilischen Wirren so groß geworden, daß Friedrich kaum etwas zu essen hatte. Der unbekannte Autor des Chronicon schrieb zudem erst relativ spät, um 1272, und bietet für die Kindheitsjahre des Staufers wie für die davor liegende Zeit bloß einen knappen, manches Wesentliche auslassenden und keineswegs besonders zuverlässigen Überblick.[100]

Gegen die Vorstellung vom völlig auf sich selbst gestellten, ohne Begleitung und Kontrolle in Palermo umherschweifenden Königskind gibt es jedoch auch gewichtige sachliche Einwände. Die Autorität jeder Palermitaner Regierung hing entscheidend davon ab, daß ihre Befehle, Mandate und Privilegien im Namen des Königs ergingen, daß dieser sich also in ihrer Hand befand. Das gilt ganz besonders von Capparone, dessen Machtausübung sonst ja keinerlei rechtliche Grundlage hatte und der sich gewiß nicht zu-

[99] Kantorowicz, Friedrich 30–32, ähnlich Schaller, Friedrich 14, Horst, Friedrich 26; vorsichtig Koch, Friedrich 934.

[100] *Ad tantam devenit inopiam quod vix haberet quid comederet*, Breve chronicon nach Cod. Neapel, Bibl. Naz. VIII C 9 (saec. XIV ex.), fol. 102v (vgl. ed. Huillard-Bréholles 892); die zweite, wohl gleich alte Hs. der Chronik, Vat. Ottob. lat. 2940, fol. 43v (vgl. die Abschrift im Vat. lat. 7145, fol. 3r) setzt übrigens alle Verben in den Plural, so daß sich die Aussage dort auf die unmittelbar zuvor erwähnten rebellierenden Sarazenen bezieht. Im vorhergehenden Satz ein Zitat aus den von Salimbene, Cronica, MGH SS 32, 359f., überlieferten Dicta Merlini, dazu Holder-Egger, Prophetien I 149–151, 174–177. Das Breve chronicon erwähnt Wilhelm Capparone überhaupt nicht, ebensowenig die Eroberung Palermos durch Markward; Friedrichs Notlage fiele danach also in die Zeit der Regierung Walters von Pagliara, dessen Sorge für den Knaben aber ausdrücklich als *prudenter et feliciter* gerühmt wird. Zu der Aussage des Breve chronicon über Konstanzes Nonnenstand und zu seiner Abfassungszeit siehe oben S. 42 mit Anm. 4. Die Erzählung von der abwechselnden Hilfe der Palermitaner bringt inmitten anderer unzutreffender Nachrichten das aus dem 14. Jahrhundert stammende Chronicon Siciliae, c. 22–24, ed. Muratori 10, 816.

fällig ausdrücklich *custos regis* nannte. Wir sahen denn auch wie Gentilis von Manoppello im Oktober 1201 nach dem Fall Palermos mit Friedrich, den offenbar eine Art Leibwache umgab, ins Meereskastell flüchtete, ohne den König damit freilich vor Markwards Ansturm zu retten. Ganz entsprechend fand sich Capparone drei Jahre später erst nach der empfindlichen Schwächung seiner Position und nach langen Verhandlungen bereit, dem päpstlichen Legaten Gerhard die Anwesenheit in Palermo und den Kontakt mit Friedrich zu gestatten, und Gerhard, dem doch anscheinend gerade an diesem Umgang besonders lag, konnte seinerseits offenkundig nicht daran denken, den Knaben bei seiner Abreise einfach mit sich nach Messina zu nehmen. Als sich Capparone schließlich zu Friedrichs Auslieferung bereit fand, scheute Walter von Pagliara allem nach weder Betrug noch Gewalt, um den Grafen Diepold auszuschalten und die alleinige Verfügungsgewalt über den König zu erringen. Der Bericht über die Vorgänge vom Herbst 1206 spricht im übrigen dafür, daß sich Friedrich auch zur Zeit Capparones gewöhnlich wohl im königlichen Palast am Westrand der Stadt aufhielt.[101]

Papst Innozenz III. verglich das Schicksal Friedrichs unter dem Regiment Markwards und Capparones mit dem eines Lammes, das seiner Mutter von einer Wölfin entrissen wurde. Er betrachtete ihn eindeutig als einen Gefangenen und setzte es sich seit 1202 zum wieder und wieder verkündeten Ziel, ihn seiner mißlichen Lage und Bedrängnis zu entreißen und gegen künftige Übergriffe zu schützen. Voller Freude und Erleichterung beglückwünschte er ihn im Februar 1207 zu seiner endlich gelungenen Befreiung aus der unwürdigen Haft der Gewalttäter.[102] Gewiß war das Urteil des Papstes wesentlich geprägt vom Haß auf seine politischen Gegner, von der Furcht, mit der Obhut über den König auch den Einfluß auf das Königreich zu verlieren, und von der Überzeugung, der Anschlag auf Friedrich zerstöre die gottgewollte Ordnung und erweise sich schon deshalb als Tat tyrannischen Zwangs. Trotz solcher Voreingenommenheit zeigen Innozenz' Worte indessen klar, daß die Palermitaner Machthaber seine Verbindung zu seinem Schützling abgeschnitten hatten, also doch wohl dessen Umgang beaufsichtigten, seine Bewegungsfreiheit begrenzten.

Bemerkenswert erscheint andererseits, daß der Papst weder von Mißständen bei der äußeren Versorgung Friedrichs redet, noch etwa Mängel und Unregelmäßigkeiten seiner Erziehung beklagt. Ganz im Gegenteil. Als im Herbst 1204 die Verhandlungsdelegation Wilhelm Capparones in Rom ein-

[101] Gesta Innocentii, c. 38, PL 214, LXIX A; vgl. dazu und zum Folgenden Van Cleve, Frederick 61–63, Willemsen, Kindheit 123.

[102] Innozenz III., Ep. IX 249, PL 215, 1081 f., der Vergleich vom Lamm unter Wölfen auch bei Nicolaus de Jamsilla, ed. del Re 105, sowie in der Stilübung HB 1, 78; vgl. Ep. V 38, PL 214, 995 A, V 51, 1018 C, X 141, PL 215, 1235 B.

traf, gehörte zu ihr auf ausdrücklichen päpstlichen Wunsch auch der von der Kurie hochgeschätzte Großhofjustitiar Thomas von Gaeta († nach 1226), der Innozenz über die Verhältnisse am Palermitaner Hof gewiß aus eigener Anschauung aufs beste unterrichtete. Gestützt auf diese Information, so muß man annehmen, äußerte der Papst daraufhin in einem an Friedrich abgehenden Brief eigens seine Freude darüber, daß der König wie an Alter so an Weisheit und Tüchtigkeit ständig zunehme. Der päpstliche Legat Gerhard, der kurz darauf in Palermo anlangte und Friedrich mehrfach sprach, fand an seiner Ausbildung offenbar gleichfalls nichts auszusetzen, wenigstens hören wir nichts von einer diesbezüglichen Kritik.

Ganz ähnlich standen die Dinge zwei Jahre später. Vermutlich reiste damals Thomas von Gaeta, etwa im Zusammenhang mit Diepolds bevorstehendem Sizilienzug, erneut nach Rom und brachte von dort jenen Brief vom September 1206 mit, in dem sich Innozenz wieder direkt an Friedrich wandte. Tief beglückt, so schrieb er darin, habe er vernommen, daß der König, dessen Weg er von der frühesten Kindheit an mit so vielen Sorgen bewacht und begleitet habe, sich nun schon dem Pubertätsalter nähere, glänzend gedeihe und durch Tugenden und Klugheit weit über sein Alter hinaus vor Gott und den Menschen hervorrage. In einem gleichzeitigen Schreiben rühmte er den Sarazenen Siziliens voller Optimismus die bereits erkennbaren Qualitäten ihres künftigen Herrschers. Daß sich wie bei den Cäsaren so bei Friedrich die Tugend und Begabung vor der Zeit einstelle, das verkündete der Papst Anfang 1208 schließlich auch dem mit einer Ehevereinbarung für seine Schwester noch immer zögernden König Peter von Aragon.[103]

Innozenz gewann demnach aus den Schilderungen seiner Informanten den Eindruck, daß Friedrichs Entwicklung und Bildung im ganzen durchaus erfreulich und zügig, jedenfalls ohne allzu auffällige oder gar in seinen Augen besorgniserregende Ungereimtheiten vorangehe. Mehr verraten seine knappen und etwas pauschalen Bemerkungen indessen nicht. Um so willkommener sind uns deshalb zwei andere Dokumente, die das in der päpstlichen Korrespondenz entworfene Bild bestätigen und durch wertvolle Details ergänzen. Es handelt sich um zwei vermutlich 1207 entstandene Schreiben wohl desselben unbekannten, aber offensichtlich am Hof in Palermo, in der Umgebung Walters von Pagliara und Friedrichs lebenden Verfassers an einen ebenfalls unbekannten, einflußreichen Freund Walters.[104]

[103] Innozenz III., Ep. VII 129, PL 215, 419 B, IX 157 (=Kehr, Briefbuch 42f., Nr. 2), IX 158, PL 215, 985 B (= Kehr, Briefbuch 69, Nr. 19), Ep. XI 4, 1343 A, vgl. zur Mission Gerhards Ep. VII 130, 420 B, Gesta Innocentii, c. 36, PL 214, LXV A; zu Thomas von Gaeta siehe Neumann, Parteibildungen 168f., 178–180, Enzensberger, Beiträge 70f., Kehr, Briefbuch, bes. 34–38, vgl. Kantorowicz, Ergänzungsband 122f.

[104] Hampe, Kindheit 596–598 (Nr. III und bes. Nr. IV), vgl. dazu 589–592 sowie

Abb. 7: Normannischer Königspalast in Palermo, Hauptaufenthaltsort Friedrichs während seiner sizilischen Kindheit und Jugend; die sog. Torre Pisana wurde von König Roger II. wohl 1130–40 errichtet.

Das erste hebt in Übereinstimmung mit dem Papst und ebenso lapidar wie jener Friedrichs Wissen und Tatkraft, seine *sciencia* und *virtus* hervor, worin er bereits einem erwachsenen Mann gleichkomme, daneben seinen scharfen Blick für Gut und Böse und seine untrügliche Menschenkenntnis. Ausführlicher beschäftigt sich der zweite, oft behandelte Bericht mit der Person und Lebensweise des künftigen Königs. Dieser sei von mittlerer, seinem Alter gemäßen Größe, so lesen wir da zunächst in der frühesten Beschreibung seines Äußeren, die wir besitzen. Von Natur gesund und robust, widme er sich mit Geschick und Ausdauer vielfältiger körperlicher Betätigung, suche er insbesondere durch unermüdliche tägliche Übung seine Kraft und Gewandtheit im Umgang mit den Waffen zu steigern. Mit Hingabe, ja Leidenschaft schule er sich in dem ihm bestens vertrauten Kampf mit dem Schwert, fleißig betreibe er das Bogenschießen, begeistert und mit vollendeter Kunstbeherrschung reite er auf schnellen Pferden. Nach einem Tag solch rastlosen Trainings vertiefe er sich am Abend noch in Werke der Kriegsgeschichte – vorwiegend römischer Herkunft, wie wir annehmen müssen. Unser Gewährsmann preist dann Friedrichs anziehende, sofort für ihn einnehmende Erscheinung, die Schönheit und Anmut seiner Gesichtszüge, seinen fröhlichen, munteren Blick und seine heitere Stirn, hinter der ein wacher, scharfer Verstand, reiche Anlagen und eine rasche Auffassungsgabe wohnten. So verfüge er in Miene und gebieterischer Haltung schon jetzt vollkommen über die königliche Würde des Herrschers, wie er ebenso – hier kehren Formulierungen des ersten Briefes wieder – weit vor der Zeit die gewöhnlich erst dem Mann zu Gebote stehende *virtus*, *sciencia* und *sapientia* erworben habe.

Eine wahrhaft glänzende Gestalt steht da vor uns, ein früh gereifter Jüngling von gewinnendem Äußeren, körperlich durchtrainiert, meisterhaft ausgebildet im Waffenhandwerk, wie es sich für einen Hochadligen und zumal den künftigen Regenten eines Königreichs gehörte, dazu außerordentlich intelligent, wissensdurstig und gelehrig, im Besitze vielfältiger Kenntnisse und Fähigkeiten, voller Unruhe und Tatendrang, dem Alter nach ein Knabe, nach seinen Eigenschaften jedoch bereits ein König! Mißtrauisch möchte man angesichts solcher Makellosigkeit die Glaubwürdigkeit der Darstellung bezweifeln, und eine gewisse Idealisierung mag bei ihrer Niederschrift durchaus im Spiel gewesen sein. Andererseits verbietet sich allzu große Skepsis ihr gegenüber, wie man mit Recht einwandte, schon deshalb, weil kritische Töne in ihr keineswegs fehlen. Friedrich, so hören wir nämlich, lege zuweilen ein recht befremdliches, unpassendes Verhalten an den Tag. Das sei die Folge rauher Umgangsformen, fügt der Briefschreiber erklärend

Kantorowicz, Friedrich 32–34, Van Cleve, Frederick 63f., Willemsen, Kindheit 120–123, Neumann, Parteibildungen 169–172, Abulafia, Frederick 106–108.

hinzu und spielt damit wohl auf die Jahre an, während derer Capparone und seine Söldner im Palermitaner Königspalast das Sagen hatten. Zwar dürfe man angesichts der natürlichen Veranlagung des Königs grundsätzlich auf Besserung hoffen. Doch neige Friedrich leider dazu, taub für jede Ermahnung allein seinem Willen zu folgen und jedes lenkende Wort eines Betreuers als kränkende Schmälerung seiner königlichen Ehre anzusehen. Frei setze er sich sogar in der Öffentlichkeit über das einem König geziemende Betragen hinweg und mindere damit die Ehrfurcht vor seiner Majestät.

Deutlich fiel den Zeitgenossen demnach Friedrichs hohe Begabung auf, die glückliche Vereinigung der reichen geistigen wie körperlichen Anlagen seiner mütterlichen und väterlichen Vorfahren in seiner Person. Ebenso klar jedoch zeigte sich offenkundig die Prägung durch sein persönliches Lebensschicksal, durch die besonderen Umstände, unter denen der jung Verwaiste aufwuchs, durch die Gefährdungen, denen er immer wieder ausgesetzt war. Sie schärften sein Urteil über Menschen und Verhältnisse, machten ihn mißtrauisch gegen fremden Rat, weckten in ihm früh ein starkes Bewußtsein seiner eigenen Fähigkeiten und seiner überlegenen Stellung.

Trotz dieses in den letzten Jahren der Unmündigkeit zuweilen anscheinend sehr schroff hervortretenden Sinns für den eigenen Wert gab es indessen gewiß Menschen, die Einfluß auf Friedrich ausübten, die seine vielfältigen Gaben auszubilden suchten, ihm halfen, die ebenso anregende wie verwirrende Buntheit des Lebens am Palermitaner Hof sinnvoll für die eigene Entwicklung zu nutzen. Wie seine täglichen Waffenübungen eigentlich nicht ohne kundige Anleitung denkbar sind, so bedurfte erst recht die Aneignung jener Wissensfülle, die einhellig an ihm gerühmt wird, der sachverständigen Unterweisung. Das gilt zumal von der Einführung in die politische Praxis. Die Zielstrebigkeit, mit der Friedrich von der Regierungsübernahme an sein königliches Amt verwaltete, setzt eine eingehende Unterrichtung über die Rechtsgewohnheiten, die Verwaltungsorgane, die außenpolitischen Beziehungen seines Reiches ebenso voraus wie die Belehrung über seine ererbten Ansprüche, über seine Aufgaben, Möglichkeiten und Grenzen als Herrscher.

Nun können wir in der Tat davon ausgehen, daß eine planmäßige Erziehung des Thronfolgers am sizilischen Hofe durchaus üblich war. Wir wissen etwa, daß König Wilhelm II. von Walter, damals Archidiakon in Cefalù und wohl Mitglied der Palermitaner Hofkapelle, später Erzbischof von Palermo, in die Anfänge der Dichtkunst und Grammatik eingeführt wurde und dann von dem gelehrten französischen Geistlichen Petrus von Blois († nach 1204) eine vertiefte, wohl gleichfalls vorwiegend literarische Bildung erhielt.[105] Unter Friedrichs Mentoren kennen wir mit Namen zwar nur jenen Wilhelm Francisius, der die Auslieferung des Siebenjährigen an Markward von Ann-

[105] Petrus von Blois, Ep. 66, PL 207, 198 BC, vgl. dazu Kamp, Kirche 1, 1114f.

weiler als *magister regis* miterlebte. Der uns so anschaulich geschilderte Widerstand des Dreizehnjährigen gegen das *regimen tutoris* bezeugt aber doch immerhin, daß es am Hof auch damals Männer gab, die sich um die Erziehung Friedrichs bemühten, und solche Tutoren haben vermutlich ihre Tätigkeit, von Unterbrechungen in Krisensituationen einmal abgesehen, selbst zu Zeiten Markwards und Capparones einigermaßen regelmäßig ausgeübt. Die Hofkapelle zu Palermo jedenfalls, deren Personal wegen seiner traditionell engen Bindung an das Königshaus für diese Betreuungsaufgabe besonders in Frage kam, versah während der fraglichen Jahre durchaus ihren Dienst. Einige ihrer Mitglieder lassen sich namhaft machen, manche scheinen sogar tatsächlich in naher Beziehung zu Friedrich gestanden zu haben. Zu ihnen gehört Bartholomaeus († wohl 1227), der seit 1200 als Kantor den höchsten Rang innerhalb der Cappella Palatina innehatte, 1215 Bischof von Syrakus wurde und in den zwanziger Jahren offenbar zu Friedrichs angesehensten Beratern zählte. Ganz ähnlich erwarb der 1211 zum Erzbischof von Palermo gewählte Parisius († wohl 1237), den der König ungefähr gleichzeitig zu seinem Familiaren ernannte und großzügig privilegierte, das Vertrauen Friedrichs wohl bereits als Hofkaplan während der Regentschaft.[106]

Kaum anders als mit der Hofkapelle verhielt es sich mit der königlichen Kanzlei, die damals trotz aller Störungen im ganzen gedeihlich weiterarbeitete und, aufbauend auf dem normannischen Erbe, eben jetzt die Grundlagen für die sprachliche Meisterschaft ihrer späteren Erzeugnisse entwikkelte.[107] Die beiden Großhofjustitiare schließlich, die wir 1209 in Friedrichs Umgebung treffen, der Richter Andreas aus Bari und Wilhelm von Partinico, gelangten schon in den Jahren 1202 bzw. 1200 in ihr Amt, und zumindest der letztere übte seine Funktion offenbar während der gesamten Vormundschaftszeit aus.[108] Vor allem aber müssen wir in diesem Zusammenhang an ihren Kollegen, den uns bereits bekannten Thomas von Gaeta denken. Wie Wilhelm adliger Herkunft, hatte er sich in wichtigen Missionen der Kaiserin Konstanze bewährt und wirkte 1199 und 1200 als Notar in der Palermitaner Kanzlei, um 1202 zum Großhofjustitiar aufzusteigen. Als Gegner Mark-

106 Siehe dazu grundsätzlich Schaller, Hofkapelle 469–471, 483–495, 502; zu Bartholomaeus Kamp, Kirche 1, 1238–1240, zu Parisius ebd. 1127–1129 sowie HB 1, 182f., Friedrichs Hinweis auf die seit frühester Kindheit erwiesenen Dienste, vgl. Neumann, Parteibildungen 173–176; zu Wilhelm Francisius siehe oben S. 98f. mit Anm. 89.

107 Dazu Schaller, Kanzlei 1, 209–214, 2, 296–301 (298f. der Hinweis auf die interessante Urkunde vom Juli 1205, die Friedrich ungewöhnlich offen die Gottesunmittelbarkeit seiner Herrscherstellung betonen läßt, RI V 4, 14f., Nr. 89, Text: Baethgen, Regentschaft 151f.); vgl. Kölzer, Kanzlei 537–539, 556.

108 Girgensohn-Kamp, Urkunden Patti 57–67, 123–128 (Nr. 3f.), zu Andreas von Bari vgl. Niese, Gesetzgebung 133–135.

wards zog er sich zwar zeitweilig nach Gaeta zurück, nahm dann jedoch seit 1204 wieder aktiv am politischen Geschehen in der Hauptstadt teil, ein literarisch gebildeter, frommer Mann, hoch angesehen beim Papst, allem nach dennoch akzeptiert auch im Kreis um Capparone und vermutlich so gut als möglich um das Wohl des Reiches und seines künftigen Königs bedacht. Zwischen 1212 und 1215 betrauten Friedrich und seine Gattin Konstanze den nun zum königlichen Familiaren Gewordenen mehrmals mit diplomatischen Aufgaben, und Thomas seinerseits wandte sich noch Mitte der zwanziger Jahre in hohem Alter aus Liebe und besorgter Treue für seinen kaiserlichen Herrn, wie er schreibt, wiederholt mit Mahnung und Rat an Friedrich. Mochten seine mit Zitaten aus der Bibel, antiker und mittelalterlicher Dichtung und Philosophie gespickten, durch Verweise auf das Beispiel der königlichen Vorfahren untermauerten Appelle damals auch kaum mehr irgendeinen Einfluß auf seinen Adressaten gehabt haben, so fassen wir in ihnen vielleicht doch einen Nachklang jener Bemühungen, die Männer wie er oder die von ihnen beauftragten Erzieher einst dem unmündigen König angedeihen ließen, gehörten biblische Weisheit, philosophische Lehren und historische Exempla tatsächlich zu ihrem pädagogischen Rüstzeug.[109]

Es kann gewiß nicht darum gehen, das Gemälde vom allein auf sich gestellten, abenteuerlich-unabhängig sich selbst bildenden staufisch-normannischen Königssohn durch die ebenso unrichtige Vorstellung von einer idyllisch-behüteten oder doch wenigstens geordnet-normalen Kindheit

[109] Zu Thomas von Gaeta siehe oben Anm. 103, die letzten Briefe an Friedrich bei Kehr, Briefbuch 53–56 (Nr. 10f.), 61–63 (Nr. 15), die Bezeichnung als *regius familiaris* ebd. 64 (Nr. 15) und 44 (Nr. 4); vgl. außerdem Girgensohn-Kamp, Urkunden Patti 66f., Schaller, Kanzlei 1, 212, 283f.; zur Echtheit der von Thomas geschriebenen Urkunde RI V, Nr. 532 (Januar 1199) siehe RI V 4, 143. – Daß zu Friedrichs Lehrern an führender Stelle ein Muslim gehörte, ist angesichts der positiven Einschätzung von Friedrichs Erziehung durch Innozenz III. äußerst unwahrscheinlich. Dagegen spricht ebenso die stark geschwundene Bedeutung des Arabertums in den Städten Siziliens, besonders auch in Palermo und am Hofe, nach dem fast vollständigen Rückzug der arabischen Bevölkerung in das westsizilische Bergland des Val di Mazara zwischen 1189 und 1198, vgl. Kölzer, Kanzlei 559f., allgemein Amari, Storia 3, 582–595, Gabrieli, Friedrich 76–81. Nicht ausschließen läßt sich natürlich, daß Friedrich etwa Grundkenntnisse der arabischen Sprache und Kultur durch einen Muslim vermittelt erhielt, der dann bei dem Chronisten Ibn Said (1214–1286), dem Verfasser einer kurzen, „reichlich anekdotenhaften Vita al-Kāmils" (Gottschalk, Al-Kāmil 12), zum „Kadi der Muselmanen" wurde, der Friedrich erzog, siehe Gabrieli 77f. und 92 (zu Friedrichs Kenntnis wohl vorwiegend des gesprochenen Arabischen); zu bedenken bleibt allerdings, daß 1202 der adlige Großhofjustitiar Wilhelm von Partinico den Titel eines *archadius Sarracenorum*, also eines Kadi oder Richters der Sarazenen trug, Girgensohn-Kamp, Urkunden Patti 63f., siehe zu Wilhelm außerdem oben mit Anm. 108; vgl. noch Niese, Geschichte 497.

Friedrichs zu ersetzen. Diese Kindheit war geprägt von dem frühen Verlust beider Eltern, von kriegerischen Unruhen und ernsten Bedrohungen, von zeitweisen Einschränkungen der Bewegungsfreiheit, vom vielfachen Wechsel der Bezugspersonen, die sich wohl selten um Wärme und Herzlichkeit bemühten, meist einen eher nüchternen, sachlichen Umgang pflegen mochten, zuweilen sogar einen groben Ton anschlugen. Die Folgen solcher äußeren Umstände lassen sich freilich nicht eindeutig bestimmen. Immerhin führten Friedrichs harte Kindheitserfahrungen vermutlich dazu, daß sich Züge wie sein außerordentlich großes Selbstbewußtsein und Selbstvertrauen oder sein kritisch-eigenständiges Urteil, aber auch ein schnell erwachendes Mißtrauen den Absichten anderer Menschen gegenüber, besonders zeitig und prägnant ausformten. Desgleichen begünstigten die Wirren jener Jahre sicher nicht gerade die planmäßige Erarbeitung eines umfassenden Erziehungsprogrammes für den künftigen König, zu schweigen von dessen langfristiger und ruhig-konsequenter Umsetzung. Dennoch rühmten diejenigen, die den Heranwachsenden kennenlernten, einhellig seine erstaunliche, vielfältige Begabung, seine große körperliche Gewandtheit wie seine überraschenden Kenntnisse, seine überragenden geistigen Fähigkeiten, und gute Gründe sprechen dafür, daß zumindest einzelne Mitglieder des Palermitaner Hofes auch unter widrigen Verhältnissen immer wieder bereit und imstande waren, sich um die Schulung Friedrichs, um seine Vorbereitung auf sein Herrscheramt zu kümmern. Gerade ihr wohl eher seltenes Beispiel mochte dem künftigen Regenten die Augen öffnen für den unersetzlichen Wert zuverlässiger Helfer und vertrauenswürdiger Gefolgsleute.

3. ERSTE HERRSCHERERFAHRUNGEN. DER KAMPF UM DIE SIZILISCHEN KRONRECHTE UND DER ERWERB DER DEUTSCHEN KÖNIGSWÜRDE (1208–1215)

Friedrichs schwierige Anfänge im sizilischen Königreich

Als Friedrich am 26. Dezember 1208 mit der Vollendung seines 14. Lebensjahres der Lehnsvormundschaft des Papstes Innozenz entwuchs[1] und selbständig als König in seinem sizilischen Reich zu herrschen begann, stand er vor einer schwierigen Aufgabe. Gewiß arbeiteten nach wie vor die von seinen normannischen Vorgängern in Palermo geschaffenen zentralen Institutionen und Verwaltungsbehörden, Familiarenrat und Hofkapelle, Kanzlei, Großhofgericht und Doana, amteten auf dem Festland die *capitanei et magistri iustitiarii Apulie et Terre Laboris*, gab es als ausführende Organe in den Provinzen und Städten Justitiare und Kämmerer, *baiuli* und *iudices*.[2] Doch konnte der neue Herrscher der vorbehaltlosen Unterstützung durch dieses Personal, das zwar in seinem Namen, aber nicht von ihm selbst, sondern von recht unterschiedlichen Mächten und Parteien eingesetzt worden war, allenfalls bei einer Minderheit von vornherein sicher sein. Bei den meisten Beamten mußte er vielmehr damit rechnen, daß ihre Bereitschaft zur loyalen Kooperation davon abhing, inwieweit seine Politik ihren eigenen Interessen und Vorstellungen bzw. den Absichten derjenigen entsprach, die hinter ihnen standen. Abgesehen davon vermochten sie selbst ihre Autorität bei den örtlichen Gewalten, bei Adel und Städten, Bischöfen und Äbten, natürlich meist keineswegs selbstverständlich durchzusetzen. Teile des Landes befanden sich noch immer in den Händen der Genuesen, der Sarazenen oder von Leuten wie Diepold von Acerra oder Wilhelm Capparone, der allerdings

[1] Das Ende der Lehnsvormundschaft *pubertate superveniente* nach Konst. III 30, ed. Conrad 286, Eintritt der Pubertät mit 14 Jahren nach Inst. 1,22 pr, vgl. Dilcher, Gesetzgebung 645f., sowie RI V, Nr. 598a; zur gewöhnlichen Volljährigkeit mit 18 Jahren Konst. II 42, 234, in diesem Alter trat König Wilhelm II. sein Amt an, siehe oben S. 32.

[2] Zu den Zentralbehörden siehe oben S. 111f. mit Anm. 106–109, zur Kanzlei vgl. Zinsmaier, Beiträge 125–136; eine Liste der *capitanei et magistri iustitiarii* des Festlandes bei Baethgen, Regentschaft 136–139, vgl. ebd. 42,71f., mit Verweis auf Gesta Innocentii, c. 31 und 33, PL 214, LIVf., LVIIIf., sowie Innozenz III., Epp. V 21f., PL 214, 973f., V 76, 1060f., V 87, 1073, dazu auch Kamp, Kämmerer 54f.

offenbar schon Anfang 1209 starb.[3] Überall zeigten sich zudem die unseligen Folgen der Wirren und Kämpfe des letzten Jahrzehnts, Zerstörungen, wachsendes gegenseitiges Mißtrauen, ein schwindender Glaube an das Recht und die Wirksamkeit der staatlichen Organe.

Fast schwerer noch als der Zerfall der auf die Zentrale hingeordneten Verwaltung traf den neuen König die während der Regentschaft eingetretene, besorgniserregende Schmälerung seines Domänenbesitzes und seiner Einkünfte. Nicht wenig davon hatten sich die Großen des Landes widerrechtlich angeeignet. Vor allem jedoch waren Markward und Capparone, aber ebenso auch der Kanzler Walter von Pagliara und der Familiarenkreis um ihn eifrig bemüht gewesen, Anhänger zu gewinnen und zu halten durch Verleihung königlicher Burgen und Güter, durch die Vergabe staatlicher Einnahmen und Hoheitsrechte, durch den Verzicht auf Abgaben und Leistungen. Das mochte vielfach durchaus in der ernsthaften Absicht geschehen sein, die bedrohte Sache des Königs zu befördern, diente aber gewiß nicht selten auch vorrangig dem persönlichen Interesse der derart Freigebigen. Innozenz jedenfalls tadelte schon im Herbst 1199 sehr heftig die skandalöse Verschleuderung des königlichen Domänegutes durch die Palermitaner Familiaren und wiederholte diesen Vorwurf später noch des öfteren – offenbar ohne viel Erfolg.[4]

Dem Papst selbst scheint es nur zeitweise geglückt zu sein, sich aus den festländischen Einkünften des Königreiches wenigstens eine gewisse Entschädigung für die Kosten zu verschaffen, die ihm bei dessen Verwaltung und Verteidigung anfielen. Ständig beklagte er die Höhe seiner finanziellen Aufwendungen, erreichte aber erst mit Friedrich eine Vereinbarung über deren Rückerstattung. Dagegen gelang es ihm wohl, die Unabhängigkeit der sizilischen Kirche weiter auszubauen, indem er den Anspruch der Geistlichkeit auf Exemtion vom weltlichen Gericht und Befreiung von öffentlichen Abgaben und Diensten durchsetzte. Desgleichen erhöhte die Belehnung des Papstbruders Richard Conti mit der neugeschaffenen Grafschaft Sora, der wichtigen nordwestlichen Grenzregion des Königreiches einschließlich ihrer Burgen, die Sicherheit an der Südgrenze des Kirchenstaates ganz erheblich und öffnete dem Papst zugleich einen bequemen Zugang ins Regnum.[5]

[3] Vgl. Neumann, Parteibildungen 49f.

[4] Siehe etwa Innozenz III., Ep. II 178, ed. Hageneder 342f., V 21, PL 214, 973f., VII 124, PL 215, 409f., dazu Gesta Innocentii, c. 32, PL 214, LVI, Richard von S. Germano, ad 1209, ed. Garufi 30 (Brief Friedrichs vom 14. 1. 1209), Brief Honorius' III., MGH Epp. saec. XIII 1, 219, Nr. 296; zum Ganzen Baethgen, Regentschaft 110–115.

[5] Klagen Innozenz': Ep. VII 129, PL 215, 419, IX 249, 1081 CD, Brief vom September 1206, Kehr, Briefbuch 42 (Nr. 2); zur kirchlichen Unabhängigkeit: Ep. II

Diese Einzelzüge verdeutlichen noch einmal die Maxime, die der päpstlichen Regentschaftspolitik im ganzen zugrunde lag. Innozenz verteidigte und förderte die Position Friedrichs in Sizilien gewiß, so gut er konnte, aber nicht um ihrer selbst willen, sondern in der Überzeugung, daß eine solche Politik am besten dem Wohl der römischen Kirche diene. Nur sie konnte nach seiner Überzeugung die Verbindung von Regnum und Imperium dauerhaft verhindern und würde zugleich den sizilischen König der Kirche verpflichten und zu ihrem treuen Verbündeten machen.[6]

Doch in beidem sollte er sich schwer irren. Friedrich sah die Dinge, sicherlich beeinflußt und bestärkt von Erziehern und Beratern in seiner Umgebung, offenbar von Anfang an anders. Er maß die Einschränkungen seiner Gegenwart am Ideal der glanzvollen Herrschaft seines Großvaters Roger und dessen Nachfolger und strebte danach, die ihm als ihr Erbe rechtmäßig zukommende Machtfülle möglichst im ganzen Umfang zurückzugewinnen. Einen wesentlichen Anteil an der Schwächung der königlichen Gewalt aber schrieb er der römischen Kirche und seinem päpstlichen Vormund zu. Die Kirche habe schon in seiner Jugend stets ihren eigenen Vorteil verfolgt und sogar seine Feinde unterstützt, so beklagte er sich später einmal bei Innozenz' Nachfolger Honorius III. Doch alles spricht dafür, daß diese Einschätzung bereits bei der Übernahme der Herrschaft für ihn feststand. Jedenfalls richtete sich gleich seine erste Maßnahme als selbständiger Monarch ausgerechnet gegen Innozenz und die in dessen Augen wohl bedeutsamste Errungenschaft seiner Sizilienpolitik, gegen den 1198 mit Konstanze ausgehandelten völligen Verzicht auf alle königlichen Vorrechte der sizilischen Kirche gegenüber. Mochte der Papst die frühere Geltung dieser Vorrechte als erzwungen betrachten und grundsätzlich bestreiten, so konnte Friedrich seinerseits gewiß mit nicht weniger Recht die Meinung vertreten, jener Verzicht seiner Mutter sei gleichfalls das Ergebnis äußeren Drucks und deshalb nichtig, er sei im übrigen seiner Form wegen für ihn selbst ohnedies nicht verbindlich.[7] In dem Augenblick, in dem das sizilische Königtum wieder einen selbstbewußten Vertreter seiner Ansprüche besaß, brachen zwischen ihm und dem römischen Papsttum also sofort auch wieder die alten Gegensätze auf, zurückzuführen letztlich noch immer auf ihre völlig unterschiedliche Ansicht über die Rechtsstellung des Regnum Sicilie.

Konkret ging es um die Besetzung des erzbischöflichen Stuhls von Palermo,

153f., ed. Hageneder 302–304, XI 208, PL 215, 1524; dazu Baethgen, Regentschaft 70–72, 115–118.

[6] Vgl. dazu Baethgen Regentschaft 117f., Maccarrone, Papato 106–108.

[7] Deér, Papsttum 264; die Beschwerde an Honorius (RI V, Nr. 14 696, nur teilweise bei Richard von S. Germano, ad 1226, ed. Garufi 141–145) rekonstruierbar aus dessen Antwort vom Mai 1226: MGH Epp. saec. XIII 1, 217f., Nr. 296 (RI V, Nr. 6630).

der im Dezember 1208 wohl schon einige Zeit vakant war. Als Friedrich auf die mehrfach vorgetragenen Bitten der Kathedralkanoniker hin die Wahl eines neuen Erzbischofs gestattete, verband er damit vermutlich den Hinweis auf einen ihm genehmen Kandidaten. Gegen diese Einmischung wandten sich jedoch drei Palermitaner Domherren. Sie appellierten an den Papst und blockierten damit das Verfahren. Darüber heftig erzürnt, griff der König um so energischer ein und verbannte die Übeltäter aus seinem Reich; nur seine Verehrung für den Papst, so äußerte er dazu, habe ihn von schärferen Schritten abstehen lassen. Friedrich war es, wie sich ohne weiteres versteht, darum zu tun, den 1198 verlorengegangenen königlichen Einfluß auf die Kirche des Reiches wiederzuerlangen, und nahm dabei augenscheinlich den Vertrag zur Richtschnur, den Wilhelm I. 1156 in Benevent mit dem Papst abgeschlossen hatte.

Natürlich erkannte Innozenz dies sofort. In einem langen Brief bekundete er seine tiefe Verwunderung über die königliche Rechtsauffassung und belehrte Friedrich dann ausführlich über die Unhaltbarkeit jener erpreßten früheren Vereinbarung sowie über das Zustandekommen und den Inhalt der jetzt allein maßgebenden Abmachung zwischen ihm und der Kaiserin Konstanze. Streng ermahnte er den Herrscher, sich künftig nicht mehr länger die Verwaltung von Spiritualia anzumaßen, wozu nach seiner großzügigen Definition auch jedes Urteil über Geistliche gehörte; nebenbei, aber unüberhörbar, erinnerte er seinen Adressaten zudem daran, daß er auch seine weltliche Macht ihm, dem Papst, verdanke. Hart in der Sache, schlug der Papst einen geduldigen, väterlich ratenden Ton an und wies die Hauptschuld an dem unliebsamen Zwischenfall den üblen Beratern des Königs zu. Ob er diesen damit freilich zum Einlenken bewegte, ob sich dessen Standpunkt deswegen nicht eher noch verhärtete, das muß offenbleiben, weil wir über den weiteren Verlauf der Kontroverse nichts wissen.[8]

Friedrichs größte Sorge galt denn auch bald einem noch zentraleren Problem, nämlich der Rückgewinnung des während der Regentschaft drastisch zusammengeschmolzenen Domanialgutes, der seit je wichtigsten Basis der königlichen Gewalt im sizilischen Reich. Ohne daß sich ganz sicher sagen ließe, ob ein förmliches Revokationsedikt erging, begann er doch offenbar schon im Frühjahr 1209 zunächst in Sizilien und Kalabrien damit, planmäßig Privilegien zu überprüfen und königlichen Besitz aus den Händen seiner neuen Besitzer zurückzufordern.[9] Dabei konnte er sich auf Adlige und

[8] Innozenz III., Ep. XI 208, PL 215, 1523–1525 (9. 1. 1209; *Temporalibus enim debueras esse contentus, quae tamen habes a nobis*, 1524 A); vgl. Kamp, Kirche 1, 1127, zur Wahl des Parisius im Jahre 1211 ebd. 1127–1129, vgl. dazu oben S. 111 mit Anm. 106, zu Innozenz' Vorstellung von Kirchenfreiheit oben S. 115 mit Anm. 5.

[9] Brief vom 14. 1. 1210 an Abt Roffred von Montecassino, Richard von S. Ger-

Geistliche stützen, die sein Vertrauen in den letzten Vormundschaftsjahren gewonnen hatten oder nun ihre Zusammenarbeit anboten. Zu ihnen gehörte etwa Paganus de Parisio, der Sproß einer um Messina begüterten Familie, damals Graf von Butera im Süden Siziliens und Herr von Paternò westlich von Catania. Da er während der Vormundschaftsregierung zum Feind Walters von Pagliara geworden war, signalisiert seine Aufnahme in den Familiarenkreis im März 1209 zugleich besonders deutlich die beginnende Entmachtung des Mitte 1208 zum Bischof von Catania erhobenen Kanzlers, gegen dessen Maßnahmen sich Friedrichs Revokationspolitik im Grunde ja vor allem richtete.[10] Daneben standen dem König auf der Insel anscheinend noch einzelne Bischöfe nahe wie Anselm von Patti oder Johannes von Cefalù aus der kampanischen Adelsfamilie der Cicala, die ihren Aufstieg Heinrich VI. verdankte. Auch manche sizilischen Städte wie Nicosia (südöstlich Cefalù) bewährten sich in königlichem Dienst.[11]

Auf dem Festland begegnet uns im Januar 1209 überraschenderweise neben dem Grafen Richard von Fondi der Graf Diepold von Acerra als Kapitän und Großjustitiar Apuliens und der Terra di Lavoro „von Gottes und des Königs Gnaden". Friedrich scheint also zunächst daran gedacht zu haben, diesen bewährten Mitarbeiter seines Vaters für sich zu gewinnen, trennte sich jedoch, ohne daß wir seine Gründe wüßten, bald wieder von ihm: Spätestens Anfang August 1209 amtete der Graf Matthaeus Gentilis von Lesina (im nordöstlichen Apulien; † 1223) vermutlich an seiner Stelle. Manches spricht dafür, daß der einflußreiche Abt Matthaeus des Klosters S. Lorenzo in Aversa zu Beginn des Jahres im königlichen Auftrag nach Aragon reiste, um die künftige Königin nach Sizilien zu holen.[12] Vor allem jedoch taucht bereits jetzt jener Mann unter den Helfern Friedrichs auf, der den Staufer bis zum Tod als einer seiner engsten Vertrauten, als verläßlicher Freund und Berater auch in schwierigsten Zeiten begleiten sollte: Berard, der künftige Erzbischof von Palermo. Aus abruzzischem Adel stammend und vielleicht studierter Jurist, hatte er seine Laufbahn in der Umgebung

mano, ad 1209, ed. Garufi 30f., vgl. Holtzmann, Papsturkunden 10–12 (mit Nr. 2), 17f. (mit Nr. 3); dazu Neumann, Parteibildungen 230, 234, 284f., zu ähnlichen Maßnahmen Rogers II. und Heinrichs VI. siehe oben S. 24 und S. 63f.

[10] HB 1, 145, Acta Imperii 1,89f. (Nr. 102); dazu Neumann, Parteibildungen 52–54, 221f., Kamp, Kirche 1,1211f., Niese, Catania 51–53.

[11] Patti: Acta Imperii 1,90 (Nr. 103), Kamp, Kirche 1,1082f.; Cefalù: Innozenz III., Ep. XII 85, PL 216,90, Kamp, Kirche 1, 1049–1054; Nicosia: RI V 4,17 (Nr. 107), Neumann, Parteibildungen 231.

[12] Diepold und Matthaeus Gentilis: Niese, Materialien 387f., 399–401 (bes. Nr. 2 und 5), Kamp, Kirche 1,271, 724, vgl. Baethgen, Regentschaft 138f., Neumann, Parteibildungen 113f., 222, 235f.; Matthaeus von S. Lorenzo: Hampe, Beiträge 165f., 170f. (Nr. 2), Neumann 68–70, 222f., vgl. oben S. 88.

Walters von Pagliara begonnen; mit jenem kam er wohl an den Hof nach Palermo, und Walters Empfehlung, so dürfen wir annehmen, erleichterte auch seine Erhebung zum Erzbischof von Bari im Jahre 1207. Im Juli 1209 privilegierte ihn der König seiner wertvollen Dienste wegen, bald darauf machte er ihn zu seinem Familiaren und ein Jahr später erneuerte er, sicherlich im Blick auf die Revokationen, seine Verleihung vom Vorjahr wiederum unter ausdrücklicher Hervorhebung der Treue und Ergebenheit des Erzbischofs.[13]

Ohne Zweifel trat Friedrich den in seinem Königreich maßgebenden Gruppen und Persönlichkeiten in den ersten Monaten seiner Regierung nicht ohne eine gewisse Voreingenommenheit gegenüber, das zeigt der Fall Walters von Pagliara recht klar. Andererseits kennzeichnet sein Vorgehen, soweit wir das aus den angeführten Beispielen erkennen können, doch auch eine grundsätzliche Offenheit, der Wille zum Neubeginn. Ein entscheidendes Kriterium für seine Beurteilung der Großen seines Königreiches war offensichtlich deren Bereitschaft, mit ihm zusammenzuwirken, und das hieß letztlich allerdings: sich ihm unterzuordnen und ihr eigenes Machtpotential zu seiner Verfügung zu stellen. Von dieser Bereitschaft sollte, wie er ganz offen schrieb, gerade auch die Schärfe abhängen, mit der er ihnen gegenüber seine Revokationen betrieb.[14]

Nun erfüllte natürlich keineswegs alle diejenigen, die Einfluß im sizilischen Regnum besaßen, die loyale Gesinnung eines Berard von Bari. Vielmehr überwog unter ihnen, überwog vor allem im Adel offenbar das Mißtrauen gegen den neuen Herrscher, die Furcht, das im zurückliegenden Jahrzehnt durchaus nicht immer rechtmäßig Errungene nun wieder an ihn zu verlieren. Einzelne trieb ihre Entschlossenheit, sich unter allen Umständen gegen königliche Eingriffe zu wehren, sogar zur gewaltsamen Erhebung. Schon im Mai brach im Nordosten Siziliens ein Aufstand aus, an dem sich nach Friedrichs eigenem Hinweis die zwischen Cefalù und Nicosia begüterten Grafen Paul von Cicala, der Bruder des Bischofs von Cefalù, und Roger von Geraci beteiligten. Der König scheint dieser ersten Rebellion jedoch, über Nicosia nach Catania ziehend, ohne viele Mühe Herr geworden zu sein. Die genannten Barone unterwarfen sich ihrem Herrscher und ver-

[13] Kamp, Kirche 1,576–581, 1129–1137.

[14] *Nec quicquid ab eis nisi demanium nostrum exegimus, et ipsum non totum, sicut apparet in hiis quibus reddidimus gratiam nostram, qui cognoscentes in se misericordiam nostram in servitiis nostris fideliter se exercent*, Brief vom 14. 1. 1210, Richard von S. Germano, ad 1209, ed. Garufi 31, vgl. das dort Folgende. – Zu starr von der Zugehörigkeit der Handelnden zu festgefügten „Parteien“ her, mit zu wenig Rücksicht auf die Vielfalt und den Wechsel ihrer individuellen Motive sieht die Dinge hier wie allgemein Neumann, Parteibildungen.

dienten sich kurz darauf noch dessen besondere Gunst, indem sie ihn vor einem neuen Komplott ihrer Standesgenossen warnten. Von Gott sichtbar begünstigt, habe er seine Macht in Sizilien glanzvoll erwiesen und seine Feinde zu demütiger Unterwerfung gezwungen; Friede und Sicherheit seien dort nun allenthalben eingekehrt, so verkündete Friedrich im August von Messina aus voller Optimismus seinen Untertanen auf dem Festland.[15]

Der damals geplante Zug nach Unteritalien hinüber[16] kam freilich nicht zustande. In Messina erfuhr der König nämlich, daß seine Gemahlin Konstanze von Aragon, die er bereits im März erwartet hatte, endlich am 15. August in Palermo angelangt war, begleitet von ihrem Bruder, dem Grafen Alfons von Provence, und von der vereinbarten stattlichen Streitmacht. Eilends kehrte Friedrich in die Hauptstadt zurück und feierte noch im August seine Hochzeit. Fehlt es auch nicht an späteren Zeugnissen dafür, daß er für seine wenigstens zehn Jahre ältere, schon verwitwete erste Frau Zuneigung und Achtung empfand, daß sie einen gewissen Einfluß auf ihn auszuüben vermochte, so scheint ihm zunächst vor allem daran gelegen zu haben, mit ihrem spanischen Heer möglichst rasch und um so wirkungsvoller den aufgeschobenen Marsch auf das Festland durchzuführen. Das Unternehmen scheiterte freilich wie so viele ähnliche zuvor an der klimatischen Ungunst des Südens: In der Sommerhitze brach eine Seuche aus, der Graf Alfons und ein großer Teil seiner Truppen in Palermo selbst oder in dessen Umgebung zum Opfer fielen.[17]

Schnell verdüsterte sich Friedrichs Lage weiter. Ein Teil der Großen, die sich der Hochzeit wegen am Hofe aufhielten und dort das Hinscheiden der aragonischen Ritter unmittelbar miterlebten, sah nun nämlich offenbar die kaum mehr erwartete Gelegenheit gekommen, das schon so bedrohliche Erstarken der königlichen Gewalt doch noch zu verhindern, und traf geheime Abreden zu diesem Zweck. Allerdings zeigte sich bald, daß die Verschwörer die Situation falsch einschätzten. Friedrich, ohnehin argwöhnisch, erhielt Warnungen von Mitwissern und durchschaute die Zusammenhänge, wie er selbst berichtete, vollends, als der Führer der Unzufriedenen, Amfusus de

[15] Hampe, Beiträge 171f. (Nr.3, Brief Friedrichs; nach 18.8.1209), vgl. ebd. 167f., Richard von S. Germano, ad 1209, ed. Garufi 29 (Brief Friedrichs vom 14.1.1210), zum Itinerar RI V 4,17 (Nr. 107–111), zu den erwähnten Grafen Kamp, Kirche 1,361, 1051, vgl. ders., Cicala 318–320, Neumann, Parteibildungen 24f.

[16] Vgl. neben Hampe, Beiträge 169, 172 (Nr.3), noch HB 1,144 (18.3.1209).

[17] Hampe, Beiträge 163–172 mit den Dokumenten Nr. 1–3, Richard von S. Germano, ad 1209, ed. Garufi 28–30, Breve chronicon, ed. Huillard-Bréholles 893, Annales Siculi, ad 1209, ed. Pontieri 116, Chronique d'Ernoul, c. 34, ed. Mas Latrie 398f., L'estoire de Eracles XXX 2f., Recueil 2, 298f.; vgl. Kamp, Costanza 356f., Baethgen, Regentschaft 109f., Neumann, Parteibildungen 25f., Willemsen, Kindheit 124–126.

Roto († 1216), der Graf von Tropea (an der kalabrischen Südwestküste), vor ihm erschien, damals der mächtigste Mann Kalabriens und seiner Übergriffe wegen auch bei der Kirche gefürchtet. Stolz und selbstbewußt, als ob er sagen wolle: „Ich gedenke, meinen Sitz in Kalabrien aufzurichten, und werde dem König gleich sein“, habe er seine Forderung nach dem Admiralsamt und weiteren Burgen vorgebracht und auf ihre Ablehnung mit heftigen Drohungen reagiert, einhellig unterstützt von seinen Genossen. Er, Friedrich, habe sich daraufhin für berechtigt gehalten, gegen die offensichtlich Treubrüchigen vorzugehen und sie zu verhaften, ehe sie ihrerseits losschlugen. Sein entschlossener Zugriff brachte ihm bis zum Jahresende einen erheblichen Gewinn an Krongütern in Sizilien und Kalabrien, weckte andererseits gerade bei den diesmal noch verschonten Baronen des Festlands auch erhebliche Besorgnisse und Irritationen. Das ausführliche Rechtfertigungsschreiben, das er um die Jahreswende zu ihrer Information und Beruhigung an sie versandte – unsere einzige, angesichts ihrer Herkunft gewiß nicht über jeden Zweifel erhabene Quelle zu den Vorgängen –, vermochte ihre Bedenken, wenn überhaupt, schwerlich ganz zu zerstreuen.[18]

Gerade die Haltung des festländischen Adels indessen gewann damals ausschlaggebende Bedeutung, erwuchs dem sich festigenden sizilischen Königtum doch eben jetzt ein neuer gefährlicher Gegner von außen: das Imperium. Von dem Augenblick an, in dem dessen Führer unverblümt das alte, von Innozenz gefürchtete und erbittert bekämpfte Vorhaben der Vereinigung von Imperium und Regnum wieder aufnahm, drohte nicht nur dem in diesem Punkt bisher so erfolgreichen päpstlichen Bemühen die entscheidende Niederlage, drohte vielmehr auch der königlichen Stellung Friedrichs ein frühes Ende. Eine Zeitlang schien es in der Tat, als ob die Verwirklichung des zentralen politischen Gedankens Heinrichs VI. durch einen Dritten, den Welfen Otto, zugleich die Vernichtung von Heinrichs eigenem Sohn mit sich bringen würde. Näher als je vorher führte die gemeinsame Gefährdung den Papst und den König zusammen.

[18] Friedrichs Schreiben an Abt Roffred von Montecassino (14. 1. 1210): Richard von S. Germano, ad 1209, ed. Garufi 29–31, zu seiner im ganzen wohl glaubwürdigen Schilderung vgl. Innozenz III., Ep. X 112, PL 215, 1207f., zu Amfusus auch Kamp, Kirche 1, 818f., 838, 996, außerdem Neumann, Parteibildungen 93f., 231f., Tillmann, Innocenz 137 mit Anm. 230.

Der Aufstieg Ottos IV. zum Kaisertum; seine Wendung gegen Sizilien

Die Ermordung des unmittelbar vor dem endgültigen Durchbruch in Deutschland stehenden Staufers Philipp im Juni 1208 hatte seine Anhänger zunächst wie ein Schock getroffen, während Papst Innozenz in dem Ereignis zurückhaltend, aber spürbar erleichtert das gerechte, seine eigene Haltung bestätigende Gericht Gottes erkannte. Energisch ergriff er sofort die Möglichkeiten, die sich nun, da fast alles Hoffen bereits aufgegeben war, seinem Kandidaten Otto so unvermutet boten. In geradezu hektischer Aktivität verfaßte seine Kanzlei Schreiben um Schreiben, in denen er die Fürsten Deutschlands, die geistlichen wie die weltlichen, einzeln und insgesamt unter Hinweis auf seine apostolische Würde und Androhung von Kirchenstrafen dringlich ermahnte, jede Neuwahl zu verhindern und dem von Gott so eindrucksvoll bestätigten Welfen um des Friedens willen ihre volle Unterstützung zu gewähren. Den englischen König Johann forderte er auf, seinen Neffen großzügig zu unterstützen, das Ansinnen Philipps von Frankreich dagegen, von Otto abzulassen, wies er empört zurück. Mit Warnungen und Ratschlägen suchte er schließlich Otto selbst auf die ihm zufallende hohe Verantwortung vorzubereiten – angesichts dessen schroffen, unausgeglichenen Charakters eine durchaus sinnvolle Maßnahme.[19]

Der Papst mühte sich nicht vergeblich, vor allem weil unter den deutschen Fürsten, unter denen der staufischen Seite zumal, der Wunsch nach Eintracht und innerer Ruhe des Reiches überwog. Otto gewann nach einer Vereinbarung mit Albrecht, dem Magdeburger Erzbischof († 1232), im September die sächsischen Großen und wurde dann am 11. November 1208 in Frankfurt einmütig zum König gewählt. Während in Sizilien Friedrich selbständig zu regieren begann, wirkte in Deutschland ebenfalls wieder unangefochten ein einziger Herrscher, kein Staufer freilich, sondern zum ersten Mal ein Welfe. Die am Sonntag nach Pfingsten 1209 feierlich vollzogene Verlobung Ottos mit Philipps Tochter Beatrix sollte die Versöhnung der Parteien besiegeln. Sie erleichterte zweifellos vielen Reichsministerialen und Gesinnungsgenossen Philipps den Übertritt zu seinem früheren Rivalen und verschaffte diesem zugleich einen Anspruch auf das staufische Erbe, das er offenbar ohne langes Zögern oder irgendwelche Rücksicht in Beschlag nahm. Mancher Betroffene störte sich dabei an seinem harten, hochmütigen Wesen, an seiner Vorliebe für Mitarbeiter aus Sachsen oder gar England.[20]

[19] RNI 154–158, ed. Kempf 352–358, RNI 163f., 365f.; RNI 159, 359, RNI 165, bes. 369–371; RNI 153, 350–352, RNI 161f., 363f., vgl. RNI 180, 388f. Dazu und zum Folgenden Hucker, Kaiser Otto 95–110.

[20] Annales Marbacenses, ad 1208, MGH SS rer. Germ. 9,80, Otto von St. Blasien, c. 50f., MGH SS rer. Germ. 47, 83–86, Burchard von Ursberg, MGH SS rer. Germ.

Nach seiner Anerkennung in Deutschland lag dem König daran, möglichst umgehend die Kaiserwürde zu erlangen und, die Nachfolge der Staufer vollendend, seine Herrschaft über Italien aufzurichten. Schon Anfang Januar 1209 erschienen bei Innozenz, dem er nach wie vor geradezu überschwenglich seine Dankbarkeit und Ehrerbietung bekundete, zwei königliche Boten, um über die Kaiserkrönung zu verhandeln. Voraussetzung dafür, so informierte sie der Papst, sei lediglich, daß Otto noch einmal die Aufrichtigkeit seines Willens zum Frieden zwischen Ecclesia und Imperium beweise, indem er bestimmte kirchliche Grundforderungen akzeptiere. Zwei Legaten erläuterten dem König die fraglichen Punkte im einzelnen, und dieser erklärte im März 1209 in Speyer in einer feierlichen Urkunde, ohne allerdings fürstliche Zeugen hinzuzuziehen, sein Einverständnis. Wie acht Jahre zuvor in Neuss anerkannte er die päpstlichen Rekuperationen einschließlich des Exarchats Ravenna und der Mathildischen Güter, versprach er der Kirche seine Hilfe bei der Behauptung des Königreiches Sizilien und ihrer sonstigen Rechte, verzichtete er auf die Spolien und Regalien, räumte er den Geistlichen freie Appellation nach Rom ein; außerdem sicherte er die freie und kanonische Wahl der Bischöfe zu.[21] Bereits im August stand er dann mit einem großen Heer in Oberitalien und kündigte dem Papst die Ankunft einer hochrangigen Gesandtschaft an. Im September traf er den Papst selbst in Viterbo, und am 4. Oktober 1209 empfing er in der Peterskirche zu Rom die Kaiserkrone.[22]

Der Glanz der Krönungsfeier, die ohnehin in einem verlustreichen Gemetzel mit den Römern endete,[23] verdeckte freilich nur notdürftig die seit längerem vorhandenen, sich nun dramatisch weiter zuspitzenden Spannungen zwischen dem Papst und dem neuen Kaiser. Schon im Januar 1209 hatte Otto den Patriarchen Wolfger von Aquileia zu seinem Legaten für Italien bestimmt. Wolfger sollte dort die Reichsrechte wieder zur Geltung

16, 96f., Conradus de Fabaria, c. 13f., 168–175, Continuationes Weingartenses, ad 1208, MGH SS 21, 480, Arnold von Lübeck VII 13–17, MGH SS rer. Germ. 14, 284–291, Cronica Erfordensis, ad 1208, MGH SS rer. Germ. 42, 205f., RNI 160, ed. Kempf 359–363, vgl. MGH Const. 2, 30–32, Nr. 26; über den wegen zu naher Verwandtschaft nötigen päpstlichen Ehedispens: RNI 169f., 375f., RNI 177, 382–385, RNI 181f., 390–392; vgl. Tillmann, Innocenz 129–131.

21 RNI 189, ed. Kempf 399–403, vgl. RNI 177, 382f., RNI 179, bes. 387.

22 RNI 190–192, ed. Kempf 403–406; Arnold von Lübeck VII 18f., MGH SS rer. Germ. 14, 291–294, Otto von St. Blasien, c. 52, MGH SS rer. Germ. 47, 86–88, Annales Ceccanenses, ad 1209, MGH SS 19, 298.

23 Burchard von Ursberg, MGH SS rer. Germ. 16, 98, Reineri Annales, ad 1209, MGH SS 16, 662, Annales Casinenses, ad 1209, MGH SS 19, 319, Richard von S. Germano, ad 1209, ed. Garufi 29 bzw. 31.

bringen, wobei als Bereich seiner Zuständigkeit ausdrücklich auch die Mark Ancona und das Herzogtum Spoleto aufgeführt waren, jene Gebiete also, deren Rekuperation durch den Papst der Welfe kurz darauf erneut anerkannte. Innozenz, der im Februar auf Wolfgers Wunsch Empfehlungsschreiben an die tuskischen und lombardischen Städte hinausgehen ließ, wußte wohl nichts von diesem Umfang des königlichen Auftrags. Er erfuhr von Wolfger aber immerhin, daß der König die Mathildischen Güter beanspruchte, und schärfte dem Patriarchen deshalb ein, er könne auf der Terra Mathildis Rechte nur im Namen und zugunsten der Kirche einfordern, da Otto auf sie verzichtet habe; den entsprechenden Auszug aus dem Neusser Eid legte er seinem Brief bei. Dennoch bildete die Behandlung dieser Güter durch Wolfger offenbar bald einen Streitpunkt mit dem König. Anderes trug zu weiterer Verstimmung bei, etwa die Gefangennahme heimkehrender französischer Kreuzfahrer bei Cremona auf Wolfgers Befehl oder die päpstliche Kritik an Wolfgers Behandlung der Stadt Florenz. Vor allem jedoch machte Otto selbst während der unmittelbar vor der Kaiserkrönung über die Territorialfragen geführten Gespräche dem Papst mit schonungsloser Offenheit klar, daß er sich nicht mehr an seine früheren Versprechen gebunden fühle und sie zum gegenwärtigen Zeitpunkt auch nicht zu wiederholen gedenke. Zu Recht baute er wohl darauf, daß sein päpstlicher Gönner ihn nun, vor den Toren Roms, nicht mehr zurückweisen könne. Nach der Krönung aber verschob Innozenz neue Verhandlungen, bis sich Aussichten auf eine Annäherung bieten würden.[24]

Nur allzu rasch sollte sich die Vergeblichkeit solcher Hoffnungen herausstellen. Zwar entließ der Kaiser die meisten der ihn begleitenden Fürsten und zog selbst über Siena, San Miniato und Lucca zurück nach Pisa, in zahlreichen Privilegien und Schutzbriefen an die Maßnahmen Friedrichs I. und Heinrichs VI. anknüpfend. Dann jedoch, zu Beginn des Dezembers, bog er plötzlich nach Florenz ab und wandte sich erneut nach Süden, um bis Mitte Januar in Foligno und Terni im Herzogtum Spoleto zu bleiben. Am

[24] MGH Const. 2, 33, Nr. 28, RNI 185f., ed. Kempf 394–396; Innozenz III., Epp. XII 75–78, PL 216, 80–83, Chronica regia Coloniensis, ad 1209, MGH SS rer. Germ. 18, 185, Annales S. Pantaleonis, ad 1209, ebd. 229f., Annales Placentini Codagnelli, ad 1209, MGH SS rer. Germ. 23, 37, RI V, Nr. 12340; die Gespräche vor der Krönung und ihr Ausgang: Brief Innozenz' an Philipp von Frankreich (1. 2. 1210), Acta Imperii selecta 629f., Nr. 920, Braunschweigische Reimchronik, vv. 6625–6670, MGH Dt. Chroniken 2, 542, RNI 193f., 406–408, vgl. Reineri Annales, ad 1209, MGH SS 16, 662f., Cronica Reinhardsbrunnensis, ad 1209, MGH SS 30, 1, 576f. (= Cronica Erfordensis, ad 1209, MGH SS rer. Germ. 42, 208), wo vermutlich Ottos Sicherheitseid (RNI 192, 405f.) mit dem Speyrer Versprechen (RNI 189, 399f.) vermischt wird; dazu Tillmann, Innocenz 131–136, Laufs, Politik 180–205, vgl. Hoffmann, Unveräußerlichkeit 409–411.

20. 1. 1210 verlieh er dem in Ferrara residierenden Markgrafen Azzo VI. von Este (zwischen Padua und Ferrara; † November 1212) die Mark Ancona und wohl gleichzeitig dem Grafen Diepold von Acerra das Herzogtum Spoleto.[25] Damit bekräftigte er nicht nur unmißverständlich seine Herrschaftsansprüche auf die vom Papst rekuperierten Gebiete. In jenen Wochen entschloß er sich, fasziniert von dem *antiquum ius imperii* auf Unteritalien, ganz offenkundig auch zur Eroberung des Königreichs Sizilien. Mit ihr sollte ihm die Machtstellung Heinrichs VI. endgültig und in ihrem vollen Umfang zufallen, durch sie hoffte er gewiß zugleich auch die Gefahr zu bannen, die für ihn noch immer von Heinrichs Sohn Friedrich, von dessen Anrecht auf das Stauferererbe und der Anziehungskraft seines staufischen Namens ausging.

Dennoch überrascht die unvermittelte Schwenkung Ottos, hatte doch sogar der Papst zunächst seinen friedlichen Rückmarschabsichten getraut. Innozenz erfuhr dann freilich sehr schnell von dem sich anbahnenden, ihn zutiefst bestürzenden Kurswechsel der kaiserlichen Politik und seinen Hintergründen. Schon Ende Dezember berichtete er einem Vertrauten am Palermitaner Hof, vielleicht dem Kanzler Walter von Pagliara selbst, Verräter hätten den Kaiser in Pisa aufgesucht, wo er um den 20. November verweilte, und von ihren Einflüsterungen verführt, bereite dieser nun mit allen Mitteln eine Aktion gegen das sizilische Reich und seinen König vor. Er, Innozenz, habe schon vielfältige Maßnahmen zur Unterstützung des Königs getroffen, bitte diesen jedoch dringend, auch seinerseits alles zu tun, um seine Untertanen zum Kampf gegen die feindlichen Eindringlinge möglichst vollzählig um sich zu scharen. Demnach suchten jene Großen Apuliens, die sich durch Friedrichs erste energische Regierungshandlung bedroht fühlten, unmittelbar nach der Krönung des neuen Kaisers den Kontakt zu ihm. Es gelang ihren Boten offenbar leicht, sein Interesse an einem Unternehmen gegen das sizilische Reich zu wecken, zumal die Pisaner ein solches Projekt wohl in der Erwartung begünstigten, dadurch den an die Genuesen verlorenen Einfluß auf der Insel zurückzugewinnen.

Nach den Vorgesprächen in Pisa kam es um die Jahreswende auf dem Boden des Herzogtums Spoleto, also an der Grenze zum Königreich, zu direkten Verhandlungen des Kaisers mit Diepold von Acerra, Peter von Celano, dessen Sohn Thomas von Molise und ihren Anhängern. Diese schworen Otto Treue, huldigten ihm als ihren Lehnsherrn und forderten ihn zum Einmarsch nach Apulien und zur Unterwerfung des Regnums auf. Niemand, so bezeugten sie unter Eid, dürfe dort herrschen, der nicht seine Krone vom römischen Kaiser empfangen habe. Sie anerkannten also den

[25] RI V, Nr. 304–348, zur Erhebung Diepolds RI V, Nr. 350a, vgl. aber RI V, Nr. 14633, sowie Hampe, Beiträge 174–176, außerdem Hilpert, Briefe, bes. 123–126, 137–140, Hucker, Kaiser Otto 194–196.

alten Anspruch des Imperiums auf das Regnum und bestätigten damit Otto die Legalität seines Vorgehens. Schon der mittelalterliche Chronist der Szene bezweifelt allerdings die Aufrichtigkeit ihrer reichstreuen Gesinnung, und man darf sich seinen Bedenken gewiß anschließen. Den meisten apulischen Überläufern wird es vor allem darum gegangen sein, den Kaiser gegen ihren König auszuspielen, ihre mühsam errungene, durch Friedrich gefährdete Selbständigkeit mit der Hilfe Ottos zu retten und sich diesem zugleich als unentbehrliche Ratgeber und Stützen seiner sizilischen Herrschaft zu empfehlen. Selbst den Deutschen Diepold, der sich seit März 1210 zu seinen anderen Würden auch *capitaneus magister totius Apulie et Terre Laboris* von Gottes und des Kaisers Gnaden nannte, mag in erster Linie dieses Motiv bestimmt haben.

Fest entschlossen zum Kriegszug gegen Sizilien, sammelte Otto in Reichsitalien Truppen, warb er bei den Städten der Lombardei um Hilfe, sicherte er sich vertraglich die Unterstützung durch eine Pisaner Flotte. Bald begannen erste Kämpfe in Unteritalien, und im November 1210 überschritt der römische Kaiser mit seinem Hauptheer die Grenze des Königreichs Sizilien bei Rieti, seinem Vorgänger Heinrich VI. nachstrebend, freilich gegen einen unbestreitbar rechtmäßigen und zudem staufischen König gewandt.[26]

Die Exkommunikation Ottos und Friedrichs deutsche Kaiserwahl

Der Papst hatte Otto nach seinen eigenen Worten früh, vielleicht schon während der ernüchternden Verhandlungen in Viterbo, vor Übergriffen auf die von der römischen Kirche beanspruchten Gebiete und auf das sizilische Reich gewarnt, ihn wieder und wieder ermahnt und ihm die unausweichlichen Folgen seiner Politik der Undankbarkeit und des Verrats vor Augen geführt. Als der Kaiser dennoch immer deutlicher auf die Bahn seiner stau-

[26] Brief des Papstes vom Dezember 1209: Hampe, Beiträge 193f., vgl. ebd. 176–185; die Verhandlungen im Herzogtum Spoleto: Chronica regia Coloniensis, ad 1210, MGH SS rer. Germ. 18, 186; vgl. zum Ganzen Annales S. Pantaleonis, ad 1210, ebd. 230, Burchard von Ursberg, MGH SS rer. Germ. 16, 98, Annales Marbacenses, ad 1210, MGH SS rer. Germ. 9, 81, Richard von S. Germano, ad 1210, ed. Garufi 32, Annales Ceccanenses, ad 1210, MGH SS 19, 300, vgl. ad 1209, 298, Annales Casinenses, ad 1209, MGH SS 19, 319, Annales Placentini Codagnelli, ad 1210, MGH SS rer. Germ. 23, 38; RI V, Nr. 12362 (Titel Diepolds), RI V, Nr. 411 (Vertrag mit Pisa); vgl. Tabacco, Impero 42–48, sowie Hucker, Kaiser Otto 142–155, für den Ottos „Eroberungsplan schon längere Zeit gereift" (S. 145) war und unter anderem auch im Zusammenhang mit kaiserlichen Kreuzzugsabsichten stand, der aber auf Ottos dem doch widersprechendes Verhalten nach der Kaiserkrönung (Abzug nach Norden, dann erneute Südschwenkung im Dezember) nicht eingeht.

fischen Vorgänger einlenkte und dadurch vom willigen Gefolgsmann rasch zum Hauptgegner Roms wurde, wandte sich Innozenz in der Tat sofort energisch gegen ihn, suchte nach Mitteln, um ihn aufzuhalten, nach Verbündeten, um ihn zu bekämpfen. Am 1. Februar 1210 unterrichtete er Philipp von Frankreich, den alten Widersacher Ottos, ausführlich von seiner eigenen tiefen Enttäuschung und Erbitterung über den Welfen, gab ihm Kenntnis von Äußerungen des Kaisers, die dessen Herrschaftsanspruch über alle Könige der Erde und seine nach wie vor bestehende Feindseligkeit und Kriegsbereitschaft gegen Philipp verrieten, und steigerte so geschickt die Entschlossenheit des französischen Königs zum Kampf gegen Otto.

Wenige Tage vorher ging aus der päpstlichen Kanzlei vermutlich an alle deutschen Bischöfe ein umfangreiches Schreiben, in dem Innozenz seinen Schmerz über die von Otto erlittenen Kränkungen nicht weniger offen bekundete. Das Schwert, das er geschaffen habe, verwunde nun ihn selbst, so klagte er, um dann in aller Breite zu berichten, wie der undankbare Kaiser plötzlich, alle früheren Versprechungen vergessend, mit der Verfolgung der Kirche begann. Er strecke seine Hand sogar nach dem Königreich Sizilien aus, wolle dem verwaisten König Friedrich nach dem väterlichen also auch das mütterliche Erbe rauben. Angesichts solchen Betrugs und Verrats scheine es mehr als fraglich, ob er seine (von Innozenz wörtlich aus der Speyrer Urkunde vom März 1209 zitierten) Zusagen bezüglich der kirchlichen Wahlen und überhaupt der Freiheit der Kirche einhalte. Für den Fall aber, daß er fortfahre, die Kirche zu peinigen und zu berauben, habe er ihm bereits unmißverständlich den Kirchenbann und die daraus folgende Lösung seiner Untertanen von ihren Treueiden angekündigt. Recht offen bereitete der Papst die deutsche Geistlichkeit damit schon jetzt auf den drohenden völligen Bruch des apostolischen Stuhls mit dem Kaiser vor, machte er klar, welche Haltung er in der bevorstehenden Auseinandersetzung von ihr erwarte.[27]

Innozenz' weitere Maßnahmen lassen sich leider trotz sehr scharfsinniger neuer Analysen der spärlichen Quellen nicht mit völliger Klarheit erkennen. Allem nach war es ihm einerseits darum zu tun, bei Otto jeden Zweifel über die Entschiedenheit seines Widerstandes zu beseitigen und mögliche Bundesgenossen von dem Welfen fernzuhalten. Andererseits hoffte er offenkundig noch lange auf ein Einlenken des Kaisers und suchte ihm deshalb den Weg zur Umkehr nicht ganz zu verstellen. Begreiflich, daß diese aus seiner Sicht klug abgewogene Vorgehensweise selbst bei ihm Wohlgesinnten

[27] Brief an Philipp (1. 2. 1210): Acta Imperii selecta 629 f., Nr. 920; Brief an Bischof Konrad von Regensburg (18. 1. 1210): Acta Imperii 2, 676–678, Nr. 1009, vgl. Ep. XIII 210, PL 216, 375 f.

durchaus nicht immer Verständnis fand, sondern im Gegenteil Mißtrauen und Unsicherheit über seine wahren Intentionen hervorrief.[28]

Wohl noch im Frühjahr 1210, spätestens beim Einmarsch einer Vorhut der kaiserlichen Truppen in das sizilische Königreich, mußte der Papst erkennen, daß Otto aufgrund seiner andauernden Übergriffe auf das Territorium der römischen Kirche und insbesondere wegen seiner aggressiv gegen das Regnum Sicilie gerichteten Politik dem angedrohten Bann verfallen war. Er setzte den Kaiser davon durch Brief und Boten ausdrücklich in Kenntnis und warnte gleichzeitig die deutschen Fürsten bei Strafe der Exkommunikation vor einer Zusammenarbeit mit ihm. Im Juli befahl er offenbar darüber hinaus den Bischöfen Oberitaliens, wo Otto sein Sizilienheer hauptsächlich anwarb, dessen Exkommunikation und ihre Konsequenzen, die Lösung der Treueide und die Bannung aller Förderer der kaiserlichen Untaten, den Gläubigen feierlich zu verkünden.[29]

Den letzten Schritt, die offizielle Publikation von Bann und Eidlösung in der ganzen Kirche, schob Innozenz indessen weiter auf, freilich ohne dadurch bei Otto irgend etwas zu erreichen. Vielmehr sah er sich im September 1210 gezwungen, König Philipp von Frankreich um Hilfe gegen den mit seinem Heer in das Patrimonium Petri einrückenden Kaiser zu bitten und ihn gleichzeitig aufzufordern, er möge die deutschen Fürsten ebenfalls zu Rüstungen veranlassen, um so indirekt Otto zum Rückzug aus Italien zu nötigen. Philipp aber antwortete ihm kühl, solange sich die Kirche nicht völlig vorbehaltlos gegen Otto festgelegt habe, sehe er sich nicht zum Angriff auf das Imperium imstande. In Deutschland habe er schon längst nach Kräften den Widerstand gegen den Kaiser geschürt. Doch auch die Reichsfürsten seien erst dann zur offenen Empörung bereit, wenn Papst und Kardinäle in feierlichen, zur Veröffentlichung bestimmten Briefen jede künftige Verständigung mit Otto ausschlössen, die Lösung der dem Kaiser geleisteten Treueide bekanntmachten und den Fürsten die Wahl eines neuen Herrschers gestatteten.

Als zudem kurz darauf Otto die Grenzen des Regnum Sicilie überschritt, gab Innozenz seine Zurückhaltung endlich auf. Unmittelbar nach dem kai-

[28] Zum Folgenden siehe die insgesamt überzeugenden Ergebnisse von Haidacher, Zeitpunkt 132–185, ders., Exkommunikation 26–36, vgl. ders., Zeitpunkt. Replik 206–209, sowie Tillmann, Datierungsfragen 34–85, bes. zu Einzelproblemen wie der Bedeutung der sizilischen Frage für Innozenz (48–51) oder der Datierung einzelner Dokumente (vgl. dazu unten Anm. 32); dazu wie vor allem zum Inhalt der päpstlichen Schreiben auch Laufs, Politik 206–288, der freilich Innozenz' Zögern Otto gegenüber nicht erklärt.

[29] Acta Imperii selecta 631–633, Nr. 922, Tarlazzi, Appendice 92 f.; die Warnung an die deutschen Fürsten: Reineri Annales, ad 1209, MGH SS 16, 663.

serlichen Einmarsch in Friedrichs Königreich, am 18. November 1210, verkündete er öffentlich die Exkommunikation Ottos und seines Anhangs sowie die Eidlösung und befahl die Publizierung seines Urteils in der ganzen Kirche. In dem wohl aus diesem Anlaß an die Fürsten Deutschlands abgesandten Schreiben beklagte er sich bitter über den Undank und die Frieden und Recht verwirrenden Übeltaten des „sogenannten Kaisers". Um die Stimmung gegen Otto weiter anzuheizen, prophezeite er, das schon vorhandene Mißtrauen geschickt nutzend, dieser werde, habe er sich erst gegen Rom und Sizilien erfolgreich durchgesetzt, alles tun, um auch die Reichsfürsten so fest seiner Gewalt zu unterwerfen, wie dies den englischen Königen, seinen Verwandten, Erziehern und Vorbildern, mit ihren Baronen gelungen sei. Schließlich verwies er vielsagend auf das Beispiel Sauls: „Ihn ließ Gott zum König erheben. Dann aber verwarf er ihn seiner Schuld wegen und setzte an seine Stelle einen gottesfürchtigen Jüngling, der die Königsherrschaft erwarb und behielt. Der Vorgang spiegelt die gegenwärtige Lage wider ... Bei der Vergebung der Sünden fordern wir euch deshalb auf, euch zu beeilen, um diesbezüglich Vorsorge zu treffen, solange ihr dazu noch Zeit und Gelegenheit habt!"[30]

Selbst jetzt zauderte Innozenz indessen, alle Brücken zum Kaiser abzubrechen, gab er den Glauben an einen Ausgleich mit ihm nicht ganz auf. Mehrfach eilte in jenem Winter sein Botschafter zwischen Rom und Capua, wo sich Otto damals häufig aufhielt, hin und her, um nach Wegen zu einer friedlichen Übereinkunft zu suchen. Näheres will der Propst Burchard von Ursberg (zwischen Ulm und Augsburg; † 1231) erfahren haben, der in jenen Monaten gerade Rom besuchte: Unter der Bedingung, daß Otto von seinem Angriff auf Sizilien und von der Bedrohung Philipps von Frankreich abstehe, sei Innozenz sogar zum Verzicht auf die vom Kaiser besetzten Gebiete der Kirche bereit gewesen. Doch Otto, seines Erfolges bereits vollkommen sicher, dachte nicht mehr an irgendein Nachgeben und wies alle Angebote zurück. Schweren Herzens verschärfte der Papst daraufhin seinen Kampf. Am 31. März 1211 bekräftigte er die Exkommunikation des Welfen und exkommunizierte außerdem die Kanoniker Capuas, weil sie es gewagt hatten, in Anwesenheit des gebannten Herrschers die Messe zu feiern.[31]

[30] Acta Imperii selecta 630f., Nr. 921, vgl. Ep. XIII 193, PL 216, 361, sowie Richard von S. Germano, ad 1210, ed. Garufi 33, Annales Ceccanenses, ad 1210, MGH SS 19, 300, Annales Casinenses, ad 1210, MGH SS 19, 320, Chronica regia Coloniensis, ad 1210, MGH SS rer. Germ. 18, 186; Brief König Philipps an Innozenz: Delisle, Catalogue 517f., Nr. 1251 (= RI V, Nr. 10722), vgl. ebd. 287f. (Nr. 1251), dazu Cartellieri, Philipp 4, 286–298.

[31] Burchard von Ursberg, ad 1211, MGH SS rer. Germ. 18, 100f., zum Autor: Wulz, Burchard, bes. 14–26, 176–180; Richard von S. Germano, ad 1211, ed. Garufi

Das vorsichtige päpstliche Agieren ermutigte jene antiwelfische deutsche Fürstengruppe, von deren Existenz der französische König schon im Herbst 1210 berichtet hatte, verständlicherweise nicht eben dazu, sich ihrerseits rasch und energisch gegen Otto und seine mächtige Anhängerschaft zu wenden. Zwar trafen sich die zum Widerstand Entschlossenen, an ihrer Spitze die Erzbischöfe Siegfried von Mainz und Albrecht von Magdeburg, König Ottokar von Böhmen und Landgraf Hermann von Thüringen, in der ersten Hälfte des Jahres 1211 mehrmals insgeheim, unter anderem in Bamberg, um ihr weiteres Vorgehen zu diskutieren. Noch aber gab es Meinungsverschiedenheiten zu überwinden, blieben unter ihnen offenbar erhebliche Bedenken vor allem hinsichtlich der Haltung des Papstes bestehen. Wohl auf ihre Nachfrage hin äußerte sich Innozenz schließlich allgemein zur Wahl und Krönung des Kaiser und erteilte dabei, wie schon im Vorjahr gewünscht, den deutschen Fürsten ausdrücklich „die Erlaubnis, schon vor der Absetzung Kaiser Ottos einen anderen Kaiser zu wählen". Jetzt erst wagten sich die Verschwörer an die Öffentlichkeit: In Nürnberg sagten sie sich, wahrscheinlich im September, von Otto als einem Ketzer los und wählten den von König Philipp von Frankreich seit langem favorisierten, ihnen inzwischen vermutlich auch vom Papst als Kandidaten nahegelegten Friedrich von Sizilien, den Ende 1196 bereits einmal zum König erhobenen Sohn Heinrichs VI., zum Kaiser – mit dem Innozenz' Formulierung aufnehmenden ungewöhnlichen Titel suchten sie wohl von vornherein klarzustellen, daß der Staufer den Welfen vollkommen und in jeder Hinsicht ersetzen sollte. Die vier bereits genannten Wortführer, dazu Bischof Ekbert von Bamberg († 1237) und Herzog Otto I. von Meranien († 1234), die Brüder aus dem Andechser Fürstenhaus, zeigten die Wahl eigens in Rom an, worauf sie Innozenz eindringlich ermahnte, das begonnene Unternehmen, dessen gefährlichster Abschnitt erst bevorstehe, mit Klugheit und Energie voranzutreiben im Vertrauen auf Gott, „der den Satan unter euren Füßen zermalmen und euch den Triumph über jenen Tyrannen schenken wird, der euch und andere in die tiefste Knechtschaft zu zwingen trachtete".[32]

33f., Annales Casinenses, ad 1211, MGH SS 19,320, vgl. Innozenz III., Ep. XIV 74, PL 216, 437f., Ep. XIV 78f., 439f.

[32] Bretholz, Schreiben 293; für dessen Datierung auf 30. 10. 1211 überlegenswerte Gründe bei Tillmann, Datierungsfragen 83–85; für sie spricht außerdem, daß Innozenz die ihm im Herbst 1210 vom französischen König übermittelten präzisen Forderungen der deutschen Fürsten (siehe oben S. 128f. mit Anm. 30) Ende Oktober 1210, also unmittelbar vor der öffentlichen Bannung Ottos, wohl kaum vollkommen übergangen hätte; überdies scheint Bischof Ekbert erst auf dem Bamberger Fürstentreffen im Frühjahr 1211 vom Verdacht der Beteiligung am Königsmord von 1208 losgesprochen worden und zum Kreis der Opponenten gestoßen zu sein, Annales S. Pantaleonis, ad 1211, MGH SS rer. Germ. 18, 232. Päpstliche Wahlerlaubnis und

Die Wahl vom September 1211 leitete den eigentlichen Aufstieg Friedrichs II. ein und beeinflußte damit die politische Entwicklung in Mitteleuropa grundlegend. Ihre Wirkung ließ sich zunächst jedoch nur schwer abschätzen. Für die Beteiligten barg sie mancherlei Risiken, und ihre zögernde Vorsicht erscheint durchaus verständlich. Die deutschen Wähler mochten sich der künftigen Absichten des Papstes auch jetzt noch nicht ganz sicher sein, hatte dieser Otto doch schon einmal nach Jahren der Anerkennung und Unterstützung seine Gunst entzogen, um dann um so beharrlicher an ihm festzuhalten; vielleicht gedachte er nun lediglich unter Hinweis auf ihren Abfall noch größeren Druck auf ihn auszuüben. Zudem mußten sie mit dem entschlossenen Widerstand des Welfenanhangs rechnen, und schließlich könnte es manchem von ihnen durchaus Unbehagen bereitet haben, daß sie mit ihrem Tun, gewann es seine Rechtfertigung doch allein aus der Exkommunikation Ottos, zugleich den päpstlichen Anspruch auf eine nicht klar definierte kontrollierende Überordnung über das Kaisertum und die sich daraus ergebenden Folgen für die deutsche Königswahl akzeptierten.

Dem Papst seinerseits drohte zwar wie zuvor durch den Staufer Philipp, so jetzt von dem allezeit begünstigten Otto das Scheitern seiner zum Heil der Kirche auf die Trennung von Imperium und Regnum und die Beherrschung des Regnums angelegten Politik, und dies um so vollständiger, als ein in ganz Mitteleuropa siegreicher Welfenkaiser, verwandt und verbündet mit dem englischen König wohl auch das französische Königtum als letzte Gegenkraft und Stütze des Papsttums überwinden und damit die Freiheit der Kirche im Kern treffen konnte. Doch die einzige Alternative, die sich Innozenz bot und die er endlich ergriff, brachte kaum geringere Gefahr: Indem er Friedrich den Weg zum deutschen Königtum ebnete, setzte er nun alles auf einen Sproß des so gefürchteten Geschlechts der Kirchenverfolger und schaffte diesem geradezu die Voraussetzung, auch in Deutschland sein Erbe einzufordern und die von der Kirche immer als existentielle Gefährdung

fürstliche Wahlanzeige: Auszüge Nr. CCLXXVIII und CCXCIII aus dem verlorenen Thronregister, Haidacher, Beiträge 61, vgl. 55–58, 62, die frühe Datierung der Stücke ist allerdings nicht zwingend, die Annahme eines ersten Wahlaktes vor Nürnberg keineswegs einleuchtend. Zur Wahl: Cronica Reinhardsbrunnensis, ad 1211, MGH SS 30,1, 578f. (vgl. Cronica Erfordensis, ad 1211, MGH SS rer. Germ. 42, 208f.), Annales S. Pantaleonis, ad 1211, MGH SS rer. Germ. 18,232, Magdeburger Schöppenchronik, ad 1211, ed. Janicke 135f., Burchard von Ursberg, ad 1210, MGH SS rer. Germ. 16,99; vgl. Hampe, Beiträge 185–193, Tillmann, Innocenz 136–143, Mitteis, Königswahl 145f. Zum Haus Andechs siehe Bosl, Europäischer Adel 35–52; vgl. Hucker, Kaiser Otto 291–303, der sich insgesamt Haidacher anschließt, im übrigen die Rolle der „Meranierbrüder“ (S. 292) wohl etwas zu sehr betont: Konnten sie der Gnade Friedrichs, des Neffen des ermordeten Philipp also, tatsächlich vorweg so sicher sein? Immerhin waren beide im Frühjahr 1212 wieder auf Ottos Seite.

empfundene väterliche Politik der Vereinigung Mitteleuropas wiederaufzunehmen. Das fast tragisch zu nennende Dilemma, vor dem Innozenz stand, macht deutlich, auf welch starke Widerstände seine Politik der Überordnung und Kontrolle bei den auf ihre Selbständigkeit bedachten, ihre Stellung und ihr besonderes Recht wie er von Gott ableitenden weltlichen Herrschern stieß. Es zeigt insbesondere, welch große Anziehungskraft in jener Zeit das von ihm stets bekämpfte Ziel der Zusammenfassung von Imperium und Regnum in einer Hand ausübte: Deren Vereinigung galt offenbar gleichermaßen Heinrich VI. wie seinen Nachfolgern als die naheliegende und erstrebenswerte politische Ordnung für Mittel- und Südeuropa, und ihre Verwirklichung schien nach Heinrich nun auch Otto ohne allzu große Mühe zu gelingen.

Der Kampf um das Regnum Sicilie: Drohendes Scheitern und unerwartete Rettung Friedrichs

Nicht nur seiner Befürchtungen für die Zukunft wegen fiel es Innozenz freilich schwer, die deutsche Thronkandidatur Friedrichs von Sizilien zu betreiben. Auch seine bisherigen Erfahrungen mit dem König veranlaßten ihn vermutlich zur Zurückhaltung. Wir wissen bereits von den Mißhelligkeiten bei der Besetzung des Erzbistums Palermo. Neuer Konfliktstoff braute sich um die Person des Kanzlers Walter von Pagliara zusammen. Friedrich stand ihm als dem führenden Repräsentanten der dem Königtum schädlichen Vormundschaftsregierung offensichtlich von Anfang an mit großen Vorbehalten gegenüber. Daran änderte sich auch nichts, als der Graf Paganus von Parisio, den er gegen Walter favorisierte, in Überschätzung seiner Stellung seine Angriffe auf die Kirche von Catania, Walters Bischofssitz also, verstärkte, sich nach königlichem Einspruch sogar zum bewaffneten Widerstand gegen den Herrscher selbst hinreißen ließ und daraufhin von Friedrich gestürzt wurde. Trotz dieser enttäuschenden Erfahrung trennte sich der König vielmehr kurz darauf, wohl im Februar 1210, auch von seinem Kanzler; er entfernte ihn aus dem Kreis seiner Familiaren und verwies ihn vom Hofe. Sein Drang, die Regierungsgeschäfte vollkommen selbständig zu führen, mag ihn vor anderem zu dieser Entscheidung bestimmt haben. Vielleicht kam dazu nun noch sein Argwohn gegen einen Mann, dessen Freunde und nahe Verwandte wie sein Schwager Peter von Celano sich soeben mit dem Kaiser zur Vernichtung von Friedrichs sizilischem Königtum verbanden.[33]

[33] Zum Vorgehen gegen Paganus: HB 1, 253f. (Urkunde Konstanzes für Walter von Pagliara vom März 1213; bessere Editionen nennt RI V 4,242, Nr. 3838); zum Sturz Walters: Breve chronicon, ed. Huillard-Bréholles 893; vgl. Kamp, Kirche 1,

Ob die Entlassung Walters von Pagliara angesichts der angespannten Verhältnisse auf dem Festland tatsächlich geeignet war, die Position Friedrichs zu stärken, ob sie nicht doch allzu jugendlich-optimistischem Vertrauen in das eigene Vermögen entsprang und eher nachteilig wirkte, das bleibe dahingestellt. Der Papst jedenfalls, ein erfahrener Politiker mit freilich sehr eigenen Ansichten über die wahren Interessen des sizilischen Königreichs, tadelte Friedrichs Verhalten gegenüber dem Kanzler, Bischof und bewährten Vertrauensmann der römischen Kurie sofort aufs heftigste. Es entspringe nicht nur grobem Undank, da sich Walter stets und oft unter großen Opfern als zuverlässiger Helfer von König und Königreich erwiesen habe; es verrate auch erhebliches politisches Ungeschick, denn es werde andere, ähnlich verdiente Adlige enttäuschen und zum Abfall vom König veranlassen, und dies in einer Zeit höchster Gefahr, die ganz und gar nicht für kindische Spielereien tauge, in der vielmehr alles darauf ankomme, die ganze Stärke Siziliens hinter seinem König zu sammeln.[34] Trotz solch scharfer Worte folgte Friedrich der päpstlichen Aufforderung, seinen Kanzler zurückzurufen und auf seinen bewährten Rat zu hören, nicht.

Die weitere Entwicklung bestätigte indessen sehr rasch Innozenz' düstere Gesamtbeurteilung der Lage. Die Bereitschaft des Kaisers zum Einmarsch in das Regnum Sicilie trat immer deutlicher zutage, seine Rüstungen kamen zügig voran, und als er schließlich im November 1210 seinen Angriff tatsächlich begann, fielen ihm dank der Unterstützung seiner einheimischen Verbündeten sofort eine Reihe wichtiger Plätze zu, so Capua, das zunächst eine Art kaiserliches Hauptquartier wurde, und Salerno. Erfolgreichen Widerstand leisteten überhaupt nur Richard Conti, der sich in Sora verschanzende Bruder des Papstes, die dem König treu gebliebenen Herren von Aquino, die sich gegen die Truppen Diepolds zu behaupten wußten, sowie Graf Richard von Fondi in Sessa und Teano. Noch bedeutungsvoller war vielleicht, daß sich zwar Neapel Otto unterwarf, um einen Vorteil über die verhaßte Nachbarstadt Aversa zu erlangen, daß Aversa selbst jedoch um so standhafter der Belagerung durch den Kaiser trotzte – von Innozenz hoch gelobt für seine Treue zum König und zu weiterem Widerstand angespornt. Die Zeit, die der Papst so für seinen diplomatischen Kampf gewann, verlor Otto. Wohl erst im Mai 1211 konnte er die Übergabebedingungen mit Aversa aushandeln und nach Apulien weiterziehen. Dort allerdings stieß er offenbar kaum noch auf Schwierigkeiten: Teils aus Furcht vor seiner Macht, teils frei-

1212f., Schaller, Kanzlei 1,214f., Niese, Catania 54f., Neumann, Parteibildungen 29f., 224f., 237–239 (gegen seine Datierung von Walters Sturz vor dem des Paganus spricht, daß nach Konstanzes Worten Walter selbst Friedrich um das von Paganus konfiszierte Kastell Calatabiano bat).

[34] Innozenz III., Ep. XII 83, PL 216, 280f.

willig und aus Sympathie schlossen sich ihm überall Städte und Adel an. Über Melfi und Barletta erreichte er Anfang August Bari, danach Tarent. Von hier aus der Golfküste entlang nach Südwesten marschierend, plante er wohl, sich von einer Hafenstadt an der kalabrischen Westküste aus durch die pisanische Flotte nach Sizilien übersetzen zu lassen. Auch dort standen die Dinge günstig: Schon forderten ihn die Sarazenen, die noch beachtliche Teile des bergigen Hinterlandes der Insel beherrschten, aber wohl auch einzelne Adlige zum Eingreifen auf.[35]

In dieser aufs äußerste zugespitzten Situation, als dem Kaiser der vollständige Sieg, der päpstlichen Italienpolitik dagegen und mit ihr dem eben erst als Herrscher angetretenen König Friedrich das totale, endgültige Scheitern bereits sicher schien, da führte in der letzten Minute gewissermaßen der von der päpstlichen Diplomatie geförderte Gang der Ereignisse in Deutschland doch noch einen kaum mehr erwarteten, aber grundlegenden und, wie sich zeigen sollte, alles entscheidenden Umschwung auch im sizilischen Königreich herbei. Während Otto nämlich nach Kalabrien vordrang, meldeten ihm Mitte Oktober Boten seiner Brüder sowie seiner deutschen und oberitalienischen Anhänger die Königswahl Friedrichs durch die oppositionellen Fürsten und baten ihn dringend, in seine Heimat zurückzukehren. Tatsächlich brach der Welfe sein so aussichtsreiches Sizilienunternehmen sofort ab. Noch einmal scharte er seine apulischen und kampanischen Gefolgsleute um sich und versicherte sich ihrer Freundschaft und Treue. Dann verließ er im November eilends das Königreich.[36]

Mochte der schmerzlich enttäuschte Kaiser damals vielleicht wirklich hoffen, Friedrich auf seinem Weg nach Deutschland durch einen Hinterhalt abzufangen, wie ein Chronist behauptet[37] – grundsätzlich stand für ihn offensichtlich von Anfang an fest, daß seine unangefochtene Position in Deutschland und im Imperium die unverzichtbare Voraussetzung für jedes weitere Ausgreifen bilde, daß es deshalb vordringlich darum gehe, diese

[35] Richard von S. Germano, ad 1210, ed. Garufi 32f., Annales Ceccanenses, ad 1210–1211, MGH SS 19, 300, Annales Casinenses, ad 1210–1211, MGH SS 19, 320, Chronicon Suessanum, ad 1210–1212, ed. Pelliccia 52, Annales Placentini Codagnelli, ad 1210f., MGH SS rer. Germ. 23,38, Annales Ianuae, ad 1210–1211, MGH SS 18,129f., Sicardi Cronica, ad 1210–1211, MGH SS 31, 180; zu Bari: Acta Imperii 1,60f., Nr. 63, vgl. RI V, Nr. 445k, 446; zu Aversa: Hampe, Angriffe 479–482, 485 (Nr. 2); die Lage auf der Insel: Annales S. Pantaleonis, ad 1211, MGH SS rer. Germ. 18,231, vgl. Thomas von Pavia, MGH SS 22,509, über die Aktivitäten des Grafen Rainer von Manente, dazu Neumann, Parteibildungen 50–52, 223.

[36] Annales Ceccanenses, ad 1211, MGH SS 19,300, Richard von S. Germano, ad 1211, ed. Garufi 34, Annales Placentini Codagnelli, ad 1211, MGH SS rer. Germ. 23, 38f.

[37] Annales Ceccanenses, ad 1211, MGH SS 19, 300.

Basis seiner Macht vollständig wiederherzustellen und zu sichern. Diesem Ziel galten wohl die mehrwöchigen Verhandlungen, die er noch während des Novembers in Montefiascone mit Gesandten des Papstes führte, ohne allerdings zu einer Vereinbarung zu kommen. Zeit nahm er sich auch, um seine Parteigänger in Mittelitalien und in der Lombardei durch Privilegien enger an sich zu binden, seine Gegner auszuschalten. Im Februar 1212 endlich war er wieder in Deutschland. Am Palmsonntag traf er sich in Frankfurt mit den zu ihm stehenden Fürsten, darunter seiner Exkommunikation wegen kaum geistliche, zu einer ersten Beratung.[38]

Friedrich hatte zu seiner glücklichen Rettung wenig beigetragen und konnte wohl auch wenig dazu beisteuern angesichts der Schwäche des von ihm ererbten Königtums, die zu beheben er gerade erst sich anschickte. Immerhin scheint es um die Jahreswende 1209/1210 Kontakte zwischen ihm und Otto gegeben zu haben. Selbst wenn er dem Kaiser dabei, wie wir aus einer freilich schwer zu beurteilenden Notiz erfahren, den Verzicht auf sein deutsches Erbe und eine stattliche Geldsumme als Preis für dessen uneingeschränkte Anerkennung seines sizilischen Königtums anbot, so war der Welfe seiner Sache doch viel zu gewiß, um darauf einzugehen.[39]

Trotzdem entwickelte sich Friedrichs Verhältnis zu Papst Innozenz, seinem engsten auswärtigen Verbündeten, auch weiterhin durchaus nicht ungetrübt. Zwar zeigte der König nun Verständnis für das päpstliche Verlangen nach Erstattung der während der Regentschaft entstandenen Kosten. Er verpfändete dem apostolischen Stuhl im Dezember 1210 in Erweiterung einer bereits im Juni getroffenen Vereinbarung bis zur Zahlung der keineswegs hoch auf 12800 Goldunzen festgelegten Gesamtschuld den Landbesitz des Klosters Montecassino, des Grafen Richard von Sora, der Herren von Aquino und des Wilhelm Paganus samt allem ihm daraus zustehenden Recht und Nutzen; die betroffenen Lehnsleute wurden verpflichtet, dem Papst wie dem König Treue zu schwören und Friedrich nur auf päpstlichen Befehl

[38] Annales Placentini Codagnelli, ad 1211, MGH SS rer. Germ. 23,39 (gegen die Vermutung von Tillmann, Innocenz 143 Anm. 250, die Initiative zu Gesprächen sei vom Papst ausgegangen, spricht doch, wie schon der Herausgeber vermerkte, daß Codagnello in dem ganzen fraglichen Satz wie überhaupt im Kontext Otto als den Handelnden schildert), vgl. RI V, Nr. 448–454, 456–469, zu der Schwächung von Ottos Stellung in Unteritalien und seiner Betroffenheit durch den Tod Peters von Celano siehe Hampe, Angriffe 482f., 487 (Nr. 4), vgl. Kamp 1,116, zum Zeitpunkt des Todes nach August 1212 ebd. 1272; Chronica regia Coloniensis, ad 1212, MGH SS rer. Germ. 18, 188, Reineri Annales, ad 1212, MGH SS 16,664, Annales S. Pantaleonis, ad 1211, MGH SS rer. Germ. 23,232, Annales Marbacenses, ad 1212, MGH SS rer. Germ. 9,81.

[39] Innozenz' Brief vom 18. 1. 1210, Acta Imperii 2,676, Nr. 1009; Continuatio Admuntensis, ad 1210, MGH SS 9,591 f., dazu Wattenbach-Schmale 1, 224–226, 228f.

Kriegshilfe zu leisten. Der neue Pfandbesitz im umkämpften Nordwesten des Königreiches brachte dem Papst zunächst indessen wohl mehr Sorgen als Annehmlichkeiten, und in anderen Fragen von gemeinsamem Interesse blieb der König unnachgiebig. So verharrte er in seiner Ablehnung Walters von Pagliara und setzte seine Versuche fort, Einfluß auf die Bischofserhebungen zu nehmen. Er nötigte etwa die Kanoniker der Küstenstadt Policastro im äußersten Süden Kampaniens, von ihrem einstimmig gewählten Kandidaten abzulassen und seinen Leibarzt Jakob zum Bischof zu wählen; der damals in Messina weilende päpstliche Legat Gregor von S. Teodoro befahl sogar Jakobs Weihe. Es bedurfte des energischen Eingreifens des Papstes selbst, um diese offenkundige Verletzung des Konkordats von 1198 rückgängig zu machen. Innozenz hob die unfreie Wahl auf und setzte Jakob ab, anerkannte ihn aber vielleicht später auf Drängen Friedrichs doch noch als Bischof.[40]

Das zähe Festhalten Friedrichs am Ideal des Kirchenregiments seiner normannischen Vorfahren, ungeachtet der dadurch hervorgerufenen Spannungen mit Innozenz und gerade auch während der Bedrängnis durch Otto, wird verständlicher, wenn man sich vor Augen hält, daß der König damals, sogar auf der Insel Sizilien zeitweise empfindlich eingeschränkt, sein Vertrauen allem nach vorwiegend auf einige wenige geistliche Große setzen konnte. Seine Privilegien galten Berard, dem Erzbischof von Bari, der allerdings bald genug gezwungen war, aus seiner Otto zufallenden Residenz an den Königshof zu fliehen. Weiter förderte er die Palermitaner Kirche, der in jenen Monaten Parisius, vermutlich ein Mitglied seiner Hofkapelle, als erwählter Erzbischof vorstand, ohne sich freilich auf Dauer halten zu können. Außerdem suchte Friedrich, Carus von Monreale gegen die aufrührerischen Sarazenen zu stärken und erfuhr offenbar besondere persönliche und sachliche Unterstützung durch Berard von Messina.[41] Daneben durfte er sich, weil Otto mit Pisa zusammenarbeitete, wohl noch auf die Syrakus beherrschenden Genuesen verlassen. Jedenfalls bezeichnete sich deren Führer Alamannus de Costa, der Graf von Syrakus, im Juni 1210 als Familiar des Königs, und der Rückhalt, den er am Hofe genoß, ermutigte ihn anscheinend zu seinen Vorstößen gegen seinen nördlichen Nachbarn, den in Ungnade gefallenen Bischof Walter von Pagliara in Catania.[42]

[40] MGH Const. 2,541, Nr. 410, vgl. 540f., Nr. 409; Innozenz III., Ep. XIV 81, PL 216, 440–443, dazu Kamp, Kirche 1,470f., 1302.

[41] Bari: HB 1,173–176, vgl. Kamp, Kirche 1,580; Palermo: HB 1,180–184, 186f., 191–195, vgl. RI V, Nr. 648f., Kamp 1,1128; Monreale: Acta Imperii 1,93–95, Nr. 107f., vgl. HB 1,204f., Kamp 1,1194; Messina: HB 1,185, vgl. Kamp 1,1021.

[42] HB 1,172f. (RI V, Nr. 12370, vgl. Nr. 12372 und RI V 4,19, Nr. 121); Niese, Catania 55f., Neumann, Parteibildungen 238,240.

Friedrich selbst hielt sich 1210 wie 1211 längere Zeit über in Messina auf. Wir erfahren, daß er die Befestigungsanlagen dieser Stadt intensiv ausbauen ließ und etwa die dortigen Templer deswegen mit ungewohnten Abgaben belastete. Offenbar rechnete er hier mit der Landung Ottos und beabsichtigte durchaus, sich dessen Angriff zu stellen. Angesichts der Gesamtsituation blieb ihm, den seine Feinde schon als einen *regulus*, als machtloses „Königlein" zu verspotten begannen, freilich trotzdem wenig Aussicht, sich gegen seinen Rivalen zu behaupten. So mag durchaus zutreffen, was eine ihm allerdings feindlich gesonnene Denkschrift später vermerkte, daß nämlich für den Fall seiner Niederlage bereits ein Schiff zur Flucht, vielleicht in das Königreich Aragon an den Hof seines Schwagers, bereitstand.[43]

Die überraschende, nach dem Stand der Dinge keineswegs unbedingt naheliegende Umkehr Ottos befreite Friedrich fast von einem Augenblick zum anderen aus seiner verzweifelten Lage. Er nutzte die so unvermutet zurückgewonnene Handlungsfreiheit, um die wenigen ihm treu Gebliebenen zu belohnen, sie für den Kampf gegen die noch allenthalben herrschenden Anhänger Ottos zu stärken und weiterhin an sich zu binden. Zu den derart Privilegierten gehörten die Erzbischöfe Siziliens, aber auch einige Adlige des Festlandes wie Simon Gentilis († 1213), der 1212 die Grafschaft Nardò (südwestlich Lecce) erhielt, seine Söhne Berard und der zum *magister comestabulus* erhobene Walter, oder der aus der Gegend von Saulgau stammende, mit Heinrich VI. ins Regnum gekommene Deutsche Hermann von Striberg, der sich in einer Urkunde vom März 1212 kaiserlicher Hofkämmerer und Graf von Gesualdo (südöstlich Benevent) nennt.[44]

Die Annahme des Rufes nach Deutschland

Schien damit fürs erste alles auf eine geduldige Politik der Konsolidierung der sizilischen Königsmacht, auf eine Anknüpfung an die vor Ottos Eindringen in das Regnum begonnenen und geplanten Maßnahmen hinauszulaufen, so sah sich Friedrich sehr rasch – Stribergs Titel zeigt die Wendung bereits an – vor eine neue, ungleich größere Herausforderung gestellt, mit der

[43] Messina: Acta Imperii 1,473, Nr. 586; *regulus:* Thomas von Pavia, MGH SS 22,509; Flucht: Albert Behaim (von Beham), ed. Höfler 74, Nr. 5, vgl. XXII, dazu Neumann, Parteibildungen 32 mit Anm. 42, zum Autor († 1260): Herde, Albert Behaim 288.

[44] Familie Gentilis: Holtzmann, Nardò 58–65, vgl. 35–44, 69 f., sowie HB 1,211 f., HB 1,233 (= Cod. dipl. Barese 1,159 unten); Hermann von Striberg: Acta Imperii 1,473 f., Nr. 587, vgl. ebd. 95, Nr. 109; dazu Neumann, Parteibildungen 211, 228, 263: zu den Erzbischöfen siehe oben Anm. 41.

verlockenden Möglichkeit konfrontiert, seine herrscherliche Aktivität auf den umfassenden Bereich des Imperiums auszuweiten. Die deutschen Fürsten, die sich in Nürnberg zu ihm als dem künftigen Kaiser bekannt hatten, wünschten nämlich ganz offensichtlich, daß ihr Schritt sofort zu greifbaren Veränderungen führte. Sie beauftragten deshalb zwei Gesandte, die schwäbischen Adligen Heinrich von Neuffen (nordöstlich Reutlingen) und Anselm von Justingen (westlich Ulm), die Nachricht von ihrer Wahl nach Rom sowie zu König Friedrich zu bringen und diesen nach Deutschland zu geleiten. Während Heinrich in der Lombardei blieb, um die dortigen Städte und insbesondere Verona zu gewinnen, gelangte Anselm unter erheblichen Schwierigkeiten zunächst nach Rom, wo er Innozenz' Bestätigung von Friedrichs Wahl empfing und dank päpstlicher Intervention sogar eine zustimmende Erklärung der Bürgerschaft erreichte. Um die Jahreswende traf er dann, wohl in Messina, den sizilischen König und bat ihn im Namen seiner fürstlichen Auftraggeber, seine Wahl anzunehmen und nach Deutschland zu kommen.[45]

Angesichts der gegebenen Umstände konnte eine positive Antwort auf das deutsche Angebot gewiß nicht leicht fallen. Eine längere Abwesenheit des ohnehin außerordentlich geschwächten Königs drohte sein sizilisches Reich erneut in chaotische innere Wirren zu stürzen, während derer die politische Macht endgültig an die dominierenden Adelsfamilien und einige große Städte fallen mußte. Andererseits ließen sich die Erfolgsaussichten Friedrichs in Deutschland, die Wirkung seines Auftretens, die Entschlossenheit und Verläßlichkeit seiner Anhänger, aber auch die Widerstandsbereitschaft und Stärke Ottos und seiner Partei vorweg, zumal von Sizilien aus, kaum auch nur einigermaßen sicher abschätzen – ganz zu schweigen von der Entwicklung in Oberitalien. Friedrichs Umgebung riet ihm denn auch unter Hinweis auf die Tücke der Deutschen dringend von dem riskanten Unternehmen ab, allen voran die Königin Konstanze selbst. Sie hatte wahrscheinlich in der ersten Hälfte des Jahres 1211 Friedrichs ältesten Sohn Heinrich geboren und mochte nun eine Wiederholung der schmerzlichen Ereignisse nach dem Tod ihres ersten Mannes, des ungarischen Königs Emerich († 1204), fürchten, als sie gezwungen gewesen war, mit ihrem kleinen Sohn Ladislaus, der kurz darauf (1205) starb, vor ihrem Schwager, König Andreas II. (1205–1235), aus dem Lande zu fliehen. Trotz all dieser berechtigten Bedenken und düsteren Warnungen aber entschied sich Friedrich schließlich doch dafür, das deutsche Abenteuer zu wagen.[46]

[45] Burchard von Ursberg, ad 1210, MGH SS rer. Germ. 16,99; der Hof war mindestens seit Januar 1212 in Messina: RI V 4,19, Nr. 121, vgl. RI V, Nr. 652–657; zu Anselm von Justingen: Schaller, Justingen 709f.

[46] Burchard von Ursberg, ad 1210, MGH SS rer. Germ. 16,99f., zur Geburt Hein-

Zu seiner folgenschweren Zusage mag ihn die Überzeugung geführt haben, daß Otto, sollte es ihm gelingen, die Widerstände in Deutschland zu brechen, zweifellos genau wie einst Heinrich VI. zurückkehren und ein zweites Mal die Eroberung des Königreichs Sizilien versuchen würde – aufgrund seiner früheren Erfahrungen und alten Verbindungen im Regnum und nach seinem Erfolg im Imperium nun erst recht ein fast unüberwindbarer Gegner; der Verzicht auf das aktive Eingreifen nördlich der Alpen hätte dem sizilischen Reich demnach allenfalls eine knapp bemessene Frist der trügerischen Ruhe und Sicherheit verschafft. Dazu kam, daß Friedrich während seiner ersten Regierungsjahre zwar, im Staat seiner normannischen Vorfahren wirkend, vor allem deren herrscherlichem Vorbild nacheiferte, dabei indessen offenbar das staufische Erbe, auf das er als Sohn Heinrichs VI. insbesondere nach Philipps Tod einen klaren Rechtsanspruch besaß, und die hohe kaiserliche Würde und Geltung seines Vaters nie ganz aus den Augen verlor. Er gedachte nicht nur regelmäßig in seinen Privilegien des Seelenheils seiner erhabenen und verehrungswürdigen kaiserlichen Eltern, der „göttlichen, glückseligen Augusti", des *dominus imperator* und der *domina imperatrix*.[47] Vielmehr scheint er sofort nach der Ermordung seines Onkels in Bamberg auch ganz konkrete Schritte getan zu haben, um seine Erbrechte geltend zu machen.

Dabei wandte er sich möglicherweise zunächst an den noch als seinen Vormund wirkenden Papst. Jedenfalls warnte Innozenz den Welfen Otto Anfang August 1208, bei ungeschicktem Verhalten erwachse ihm leicht ein neuer Gegner, da „der Neffe jenes Philipp sich dir schon feindselig entgegenstellt". Im Februar des darauffolgenden Jahres beklagte sich Otto dann seinerseits beim Papst über Friedrich, der, wie er sicher erfahren habe, Übles gegen ihn plane und durch Bitten und Versprechungen dazu aufhetze, die Ruhe des Reiches zu stören; Innozenz möge diesen Umtrieben seine Unterstützung verweigern, er selbst sei gerne bereit, nach päpstlichem Rat mit dem Knaben, dessen Königstitel er im ganzen Brief vermeidet, über eine Vereinbarung zu verhandeln.[48] Wie sich Friedrichs Verbindungen zu Deutschland in den folgenden Monaten im einzelnen weiterentwickelten, ob es dem Staufer dabei tatsächlich bereits um mehr als sein Erbe im engeren Sinne ging, das muß offenbleiben. Fest steht nur, daß es Kontakte über die Alpen hinweg etwa mit Anhängern im Herzogtum Schwaben gab. So bestätigte

richs auch Breve chronicon, ed. Huillard-Bréholles 893, 895, vgl. RI V, Nr. 3835b; Konstanzes Flucht aus Ungarn: Continuatio Admuntensis, ad 1204–1205, MGH SS 9,590f., vgl. Bogyay, Grundzüge 54f., Kamp, Costanza 356.

[47] HB 1,129, 130, 154, 157, 162–164, 166f., 176–178, 181, 187, Acta Imperii 1,86, Nr. 97f., 91, Nr. 104, 93, Nr. 106.

[48] RNI 153, ed. Kempf 350f., RNI 187, 397f., vgl. RNI 188, 398f.

Friedrich im Januar 1210 auf Wunsch des eigens nach Sizilien gereisten Salemer Mönches Konrad in drei Urkunden Privilegien der Zisterzienserabteien Salem (östlich Überlingen) und Tennenbach (bei Emmendingen), wobei er sich zum Teil stark an Vorurkunden seines Onkels Philipp anlehnte[49] – zweifellos ein Indiz für Herrschaftsansprüche wie für deren Anerkennung.

Demnach war dem König die Vorstellung, an seine staufischen Väter anknüpfend Einfluß und politische Wirksamkeit über die Grenzen seines sizilischen Regnums hinaus in den weiteren, bedeutsameren Raum des Imperiums auszudehnen, durchaus nicht fremd, als die Botschaft der deutschen Fürsten nun die konkrete Gelegenheit zu ihrer Verwirklichung bot. Überraschen mußten ihn vielmehr allein Zeitpunkt, Schnelligkeit und Vollständigkeit des Umschlages, der den eben noch mit dem Rücken zur Wand Kämpfenden, fast Verlorenen zum künftigen Kaiser der Römer erhob. Gerade das Ungewöhnliche, alle menschliche Erwartung Sprengende des Vorganges indes gab für Friedrich wohl den Ausschlag. Es bewies ihm – und Zeitgenossen empfanden offenbar ähnlich –, daß Gott selbst ihm hier seinen Weg und Auftrag zeige, ihn in besonderer Weise auswähle und berufe. Noch lange später deutete er das Geschehen derart: „Kein anderer fand sich nämlich, der die angebotene Würde des Reiches gegen uns und unseren gerechten Anspruch empfangen wollte. Als die Fürsten, durch deren Wahl uns die Krone des Reiches gebührte, uns riefen, da war es folglich der im Boot schlafende, von den Schreien seiner Jünger aufgeweckte Herr selbst, der durch uns, den Verlassenen, den er wunderbar gegen alles menschliche Erwarten aufgespart hatte, indem er den Stolzen niederwarf und den Demütigen erhöhte, gewissermaßen den Winden Ruhe befahl und das Schifflein nicht nur aus den Wogen befreite, sondern auch wunderbar an einem sichereren und erhabeneren Ort anlegen ließ."[50] *Mirabiliter*, einem Wunder gleich durch die alles menschliche Planen umstürzende, gnädige göttliche Vorsehung geleitet zu werden und vor anderen zu Außerordentlichem bestimmt zu sein, dieser Glaube sollte Friedrich fortan weit tiefer noch als bisher erfüllen, wieder und wieder durch neue Erfahrung bestätigt, der Grund selbstgewisser Tatkraft und Entschlossenheit ebenso wie gefährlicher Fehleinschätzung und Überhebung.

[49] HB 1,160–164, vgl. RI V 4,147, Nr. 622–624; dazu Neumann, Parteibildungen 225, 282f., Tillmann, Innocenz 129 mit Anm. 190, Hampe, Beiträge 2,185.

[50] Rundschreiben vom 6.12.1227, MGH Const. 2, 150, Nr. 116, vgl. den Kontext 149f., sowie: *Fredericus ... sola misericordia Dei vocatus in Alamanniam*, Annales Ceccanienses, ad 1212, MGH SS 19,300; Willemsen, Kindheit 127f., Kantorowicz, Friedrich 52.

Aufbruch nach Norden; die Begegnung mit Innozenz III.

Zum ersten Mal, seit seine Mutter den noch nicht Dreijährigen von Foligno nach Palermo geholt hatte, verließ Friedrich im März 1212 die Insel Sizilien, um erst nach fast neun Jahren Ende 1220 in sein Königreich zurückzukehren. Die Länge seiner Abwesenheit zeigt eindrücklich, welche Bedeutung sein Schritt für seine eigene Entwicklung wie für die seines Königreiches gewann. Sie beweist den Ernst, mit dem er daran ging, sozusagen in staufischen Bahnen, auf dem Weg über das deutsche Königtum und das römische Kaisertum schließlich auch das Regnum Sicilie ganz an sich zu binden, sie offenbart zugleich jedoch die Schwierigkeiten dieses Unterfangens.

Natürlich galten die Wochen vor Friedrichs Abreise der wenigstens notdürftigen Sicherung der königlichen Macht. Wie einst die Kaiserin Konstanze suchte nun ihr Sohn, Stabilität für das sizilische Königtum durch die Anlehnung an den päpstlichen Lehnsherrn und die Anerkennung von dessen Rechtsauffassung bezüglich Siziliens zu erlangen. Im Februar leistete er in Messina dem päpstlichen Legaten Gregor als dem Vertreter Innozenz' den Treueid, wörtlich so wie einst Wilhelm II. und wie für Konstanze vorgesehen. Dazu stellte er dem Papst zwei Urkunden aus. In der einen bestätigte er für sich und seine Erben, daß er sein Königreich vom Papst zu Lehen erhalten habe, und versprach, den üblichen Lehenszins zu zahlen. In der anderen akzeptierte er jene Regelung der Bischofswahlen, mit der sich 1198 schon seine Mutter hatte abfinden müssen und die den König verpflichtete, dem vom Kapitel frei gewählten Kandidaten seine Zustimmung zu geben, ohne die dieser allerdings – wie Friedrich betonte – nicht inthronisiert werden durfte.[51]

Kurz darauf, wohl Anfang März, ließ Friedrich seinen damals kaum einjährigen Sohn Heinrich zum König krönen. Damit entsprach er gleichfalls einem Verlangen des Papstes, der in dieser Maßnahme gewiß einen ersten Schritt zur Wahrung der von ihm so dringend gewünschten Unabhängigkeit des Regnum vom Imperium auch in der Zukunft sah. Heinrich erschien fortan in den königlichen Urkunden als *rex Sicilie* neben der Regentin, seiner Mutter Konstanze von Aragon, während sein Vater damals begann, seinen sizilischen Königstitel durch die Bezeichnung „zum Kaiser der Römer Erwählter" zu ergänzen. Schließlich zog Friedrich den Kanzler Walter von Pagliara, dessen Ausschaltung dem Papst so viel Verdruß bereitet hatte, nun offenbar wieder zur Beratung seiner in Sizilien zurückbleibenden Gattin an den Hof, und Walter nahm während der folgenden Jahre in der Tat einigen Anteil an den Regierungsgeschäften.[52]

[51] Texte: MGH Const. 2,540–544, Nr. 411–413, vgl. RI V 4,147f., Nr. 651–653; dazu Deér, Papsttum 265.

[52] Krönung Heinrichs: MGH Const. 2, 72, Nr. 58, zum Datum Fried, Königs-

Recht klein war die Schar derer, die ihren König begleiteten, als er Mitte März von Messina aus zu seiner Fahrt ins Ungewisse aufbrach. An seiner Seite treffen wir den vielleicht mit der Würde eines päpstlichen Legaten betrauten Erzbischof Berard von Bari, den erwählten, aber umstrittenen Erzbischof Parisius von Palermo, die Grafen Roger von Chieti (südlich Pescara) und Robertus de Say von Loritello, dessen Lehen in Südkalabrien lagen, dazu den *magister comestabulus* Walter Gentilis sowie den im August 1212 erstmals genannten *camarlengus* oder *camerarius* Richard, den Nachfolger des damals vielleicht schon verstorbenen Hofkämmerers Hermann von Striberg also, einen bei Catanzaro begüterten Adligen, einflußreich besonders durch seine Einheirat in die mächtige südkalabrische Familie Altavilla und angesehen auch am päpstlichen Hofe. Außerdem zog Andreas mit seinem Herrscher nach Norden, ein vielleicht aus Salerno stammender königlicher Notar, der seit Ende 1212 den klangvollen Titel eines Logotheten trug, somit das von den normannischen Königen aus Byzanz übernommene Amt des öffentlichen königlichen Sprechers innehatte und, ähnlich wie der Kämmerer Richard, bis zu seinem Tode eine wichtige Rolle im Königreich spielen sollte. Schließlich kennen wir aus der Reisebegleitung Friedrichs mit Namen noch wenigstens vier Notare seiner Kanzlei, unter ihnen den wohl mit Thomas von Gaeta verwandten Bonushomo von Gaeta, später Dekan von Messina und am Ende seines Lebens vielleicht Bischof von Capaccio (südlich Salerno), oder Philipp von Matera, seit 1219 *regni Sicilie scriniarius* und noch in den vierziger Jahren als Leiter des königlichen Archives tätig. Natürlich kehrte auch Anselm von Justingen, der Bote der deutschen Fürsten, jetzt in seine Heimat zurück.[53]

urkunde 571, vgl. RI V, Nr. 3835c, erste Urkunde: Acta Imperii 1, 371, Nr. 438; Friedrich als *rex Sicilie … et in Romanorum imperatorem electus* erstmals HB 1,204; zu Pagliara: Schaller, Kanzlei 1,219–222, Kamp, Kirche 1,1212–1214, vgl. Niese, Catania 57–59.

[53] Siehe die Zeugenlisten Acta Imperii selecta 772, Nr. 1074 (25. 8. 1212) sowie HB 1,233 (Dez. 1212 = Cod. dipl. Barese 1, 159 unten); daneben zu Berard: Kamp, Kirche 1, 580 (Berards Legatenwürde bezeugt allerdings nur Conradus de Fabaria, c. 14, ed. Meyer von Knonau 177, vgl. immerhin noch Annales Placentini Codagnelli, ad 1212, MGH SS rer. Germ. 23,40); zu Parisius: Kamp 1128f. sowie HB 1,210f. (Brief Innozenz' vom 10. 5. 1212, der nahelegt, daß Parisius mit Friedrich nach Rom kam und mit ihm weiterzog, ohne, wie es der Papst wünschte, das Ende des gegen seine Wahl eingeleiteten Verfahrens abzuwarten), vgl. HB 1,228f. (Brief des *Parisius, Panormitanus electus*, aus Worms, 3. 12. 1212); zu Roger: Neumann, Parteibildungen 204f. mit Anm. 908; zu Robert: Kamp 266, 816, Neumann 189f.; zu Walter siehe oben S. 137 mit Anm. 44; zu Richard: Heupel, Großhof 45–47, 111f., Schaller, Kanzlei 1,225f., 231, vgl. dazu Neumann 160 Anm. 693, Kamp 984, 988–991, Kehr, Briefbuch 44f. (Nr. 5, Papst Honorius III. an Richard, Ende 1216); zu Andreas: Schaller 259f.

Zu Schiff gelangte Friedrich mit seinem bescheidenen Gefolge zunächst nach Gaeta, wo er verhältnismäßig lange verweilte. Offensichtlich benutzte er die Zeit, um sich mit seinen bewährten Mitstreitern in jener Gegend, vor allem mit dem Grafen Richard von Fondi, dessen Sohn gerade damals zu Otto abfiel, sowie mit den Herren von Aquino über deren künftige Stellung zwischen der sizilischen Krone und der römischen Kirche zu verständigen. Wiederum auf dem Seeweg erreichte er dann im April Rom, wo ihn der Papst und die Kardinäle, Senat und Volk feierlich empfingen. Weder von ihm selbst noch von Innozenz, seinem Lehnsherrn und einstigen Vormund, kennen wir eine Äußerung darüber, was ihnen diese erste Begegnung bedeutete, die ja zugleich ihre einzige bleiben sollte. Als Friedrich Jahrzehnte später, unter gänzlich veränderten politischen Umständen seines ersten Romaufenthaltes gedachte, rückte er die Stadt und ihre Bewohner ganz in den Mittelpunkt seiner Erinnerung: Rom, so schrieb er, habe ihn, den um sein zweifelhaftes Schicksal Bangenden, damals einer Mutter gleich, die ihren Sohn aus ihren Armen entläßt, nach Deutschland gesandt, damit er dort die hohe Würde des Kaisertums erlange.[54]

In jenen Apriltagen des Jahres 1212 hing freilich alles von Innozenz III. und seiner Unterstützung ab. In seine Hände leistete Friedrich, wie es der normannischen Tradition entsprach und wie er im Februar gelobt hatte, das *ligium hominium*, den die Lehensbindung besonders klar verdeutlichenden Mannschaftseid. Ihm verpfändete er bis zur Rückzahlung der während der Regentschaft entstandenen Unkosten zusätzlich zu dem schon Ende 1210 übergebenen, aber nicht ausreichenden Besitz die Grafschaft Fondi und das ganze Gebiet nördlich des Garigliano (bei Minturno) mit allen Rechten und Einkünften; ihm gestattete er zudem, über dieses neu verpfändete Land nach dem Tode Richards von Fondi frei zu verfügen. Dafür bestärkte ihn der Papst in seinem gegen Kaiser Otto gerichteten Unternehmen durch Wort und Tat. Nicht nur, daß er in Rom selbst für alle Ausgaben des Königs aufkam, er gab ihm auch Empfehlungsschreiben und Geld für seine weitere Reise mit und besorgte ihm Schiffe zur Fahrt nach Genua. Das hinderte ihn indessen nicht, gleichzeitig streng gegen einen Begleiter und Vertrauten Friedrichs vorzugehen, gegen Parisius nämlich, den erwählten Erzbischof

(Nr. 4), Girgensohn-Kamp, Urkunden Tarent 158f., Kamp, Kämmerer 60f.; zu Bonushomo: Schaller 215, 227f., 260f. (Nr. 8), Kamp, Kirche 1, 457f., Neumann 182; zu Philipp: Schaller 278f. (Nr. 65), Kamp 864f., Neumann 280f., vgl. Heupel 116. Zu Almannus de Pancaldo, Bürger von Messina, siehe RI V 4,19, Nr. 125, die Urkunde setzt doch wohl eine schon beendete Reise des Almannus nach Deutschland voraus; zu dem Genuesen Guilielmus de Marino vgl. die Bedenken RI V 4,149, Nr. 684.

[54] Richard von S. Germano, ad 1211, ed. Garufi 34f., Annales Ceccanenses, ad 1212, MGH SS 19,300; HB 5,162 (RI V, Nr. 2311, wohl Anfang 1238).

von Palermo. Innozenz nutzte des Parisius Anwesenheit in Rom, um die gegen ihn von Palermitaner Kanonikern erhobenen Vorwürfe prüfen zu lassen, und als Parisius Ende April mit seinem königlichen Herrn, gegen den päpstlichen Befehl und ohne das Ende des Verfahrens abzuwarten, nach Norden weiterzog, setzte er ihn kurzerhand ab. Darin sah nun allerdings umgekehrt Friedrich wenigstens fürs erste keinen Grund, den Parisius nicht dennoch weiterhin in seinem hohen geistlichen Amt anzuerkennen.[55] Die Verfügung über die sizilischen Bistümer blieb also selbst jetzt, in einer Phase engster päpstlich-königlicher Interessengleichheit und Zusammenarbeit ein gefährlicher Streitpunkt.

Noch in Rom traf eine Gruppe oberitalienischer Adliger, an ihrer Spitze der wegen seines Abfalls von Otto im Januar mit der Acht belegte Markgraf Azzo VI. von Este und Graf Petrus Traversarius von Rimini, mit Friedrich zusammen, um ihr eigenes Vorgehen mit ihm und dem Papst abzustimmen. Dann endlich brach der König selbst nach Norden auf. Am 1. Mai landete er in Genua, auch hier von Adel und Volk glanzvoll aufgenommen.[56] Die mit den Genuesen schon in Sizilien geknüpften regen Kontakte trugen offenkundig erneut wertvolle Früchte. Bis in den Juli hinein blieb Friedrich in der Stadt, um den gefährlichsten Teil seines Zuges nach Deutschland, den Marsch durch die Lombardei, vorzubereiten.

Die Situation in Oberitalien. Gefahren der Reise

Zum ersten Mal kam der Staufer nun also unmittelbar in Berührung mit den Menschen und Verhältnissen, mit den besonderen wirtschaftlichen und gesellschaftlichen Bedingungen, mit der Dynamik und den spannungsreichen Gegensätzen jener Landschaft, um die seine Vorfahren so erbittert gekämpft, der sie so zentrale Bedeutung für ihre Politik zugemessen hatten. Die Situation Oberitaliens zu Beginn des 13. Jahrhunderts läßt sich nur schwer mit wenigen Strichen einigermaßen zutreffend kennzeichnen.[57] Zu

[55] Hominium: MGH Epp. saec. XIII 2, 90, Nr. 124 (= HB 6,322; Absetzungsurteil, 17. 7. 1245), vgl. MGH Const. 2,543, Nr. 412 (3); Fondi: MGH Const. 2,544–546, Nr. 414 f., vgl. aber den Treueid Graf Rogers von Fondi für König Friedrich im August 1215, Richard von S. Germano, ad 1215, ed. Garufi 59, daneben Maccarrone, Studi 199–204; päpstliche Hilfe: Annales Ceccanenses, ad 1212, MGH SS 19,300, vgl. Breve chronicon, ed. Huillard-Bréholles 894; zu Parisius siehe oben Anm. 53.

[56] Annales Placentini Codagnelli, ad 1211–1212, MGH SS rer. Germ. 23,39, Sicardi Cronica, ad 1211–1212, SS 31,180, Annales Ianuae, ad 1212, MGH SS 18,131, RI V 4,8 f., Nr. 52; zu Azzo VI. bzw. Petrus Traversarius: Salzer, Signorie 31–38, Chiappini, Estensi 28–35, vgl. Haverkamp, Herrschaftsformen 2, 541 f.

[57] Zum folgenden Abschnitt siehe Waley, Stadtstaaten, bes. 24–221, Pini, Città

rasch änderten sich die Machtverhältnisse in den einzelnen Städten, zu stürmisch wechselten infolge solch innerer Umwälzungen wie äußerer, ökonomischer, politischer oder sozialer Wandlungen die Bündnisse der Kommunen mit anderen Gemeinden, Städtegruppen oder mächtigen adligen Herren, zu vielfältig waren die Anlässe, die immer neue Streitigkeiten und Kämpfe unter ihnen hervorriefen.

Dennoch fehlt es an gemeinsamen Grundlinien der städtischen Entwicklung keineswegs ganz. Immerhin stand an der Spitze der Städte jetzt meist ein von auswärts berufener, oft adliger Podestà mit einjähriger oder noch kürzerer Amtszeit. Von seinem überparteilichen Regiment erhoffte man ganz offenbar eine mäßigende und ausgleichende Wirkung auf die zahlreichen, heftigen Konflikte, die das Leben in den Stadtgemeinden so tief beeinträchtigten. Vor allem unter den mächtigen Adelsfamilien, deren innerstädtische Führungsrolle auf Grundbesitz im Umland, überlegener militärischer Erfahrung, hohen Ämtern, gesellschaftlichem Einfluß, aber durchaus auch auf wirtschaftlicher Tätigkeit basierte, brachen ständig neue Rivalitäten, Feindseligkeiten und blutige Fehden aus. Sie störten nicht nur sehr empfindlich den inneren Frieden der Kommunen, sie gefährdeten auf Dauer natürlich auch die Vorrangstellung dieser Magnatenschicht. Mit wachsender Intensität drängte damals nämlich eine andere soziale Gruppe nach Mitsprache und Teilhabe an der Lenkung der städtischen Angelegenheiten: die vermögende, sich von der Masse der Stadtbewohner deutlich abhebende Oberschicht des *popolo*, zu der etwa reiche Bankiers und Geldwechsler, Großkaufleute, Tuchverleger und Reeder, aber auch Notare oder Ärzte gehörten. Sie organisierte sich, nicht selten unter adliger Führung, in eigenen, vielfach *artes*, also Zünfte oder Gilden genannten Verbänden, trug ihren Anspruch auf politische Macht, insbesondere auf Vertretung im zentralen Kollegium der Konsuln, immer entschiedener vor und setzte ihre Forderung schließlich oft genug tatsächlich durch, gestützt etwa auf unzufriedene Handwerker und Gewerbetreibende. Diese ahmten ihrerseits das erfolgreiche Vorgehen ihrer vornehmen bürgerlichen Vorbilder bald nach. Auch sie schlossen sich zu Zünften zusammen, erhoben den Ruf nach politischer Mitsprache und suchten Schwächen und Gegensätze unter den herrschenden Gruppen zum eigenen Vorteil zu nützen. Ein dauerhafter Durchbruch blieb ihnen allerdings in der Regel versagt.

Die Bischöfe, bis ins 11. Jahrhundert die eigentlichen Stadtherrn, hielten zu Beginn des 13. Jahrhunderts höchstens noch einen kümmerlichen Rest ihrer alten Verfügungsgewalt in Händen. Sie vollzogen bisweilen etwa die formale Bestätigung städtischer Beamter, klärten gewisse Rechtsfragen

18–55, 81–95, 140–218, vgl. Fasoli, Federico II 41–43, Dilcher, Stadtkommune 128–177, Bordone, Società 26–42, 78–98, 140–154, 188–215.

oder repräsentierten ihre Stadt bei Festen, Empfängen und Vertragsabschlüssen. Dagegen trachteten ihre Rechtsnachfolger, die adligen und großbürgerlichen Führungsschichten der Kommunen, folgerichtig danach, ihrem Einfluß auch die ländliche Umgebung der Städte, also den Bereich der Diözese, des meist als *contado* bezeichneten bischöflichen Amtsbezirks, zu unterwerfen. Diese Politik bescherte den Siegern erhebliche und rigoros genutzte militärische, finanzielle und wirtschaftliche Vorteile. Sie beendete andererseits gewaltsam die Selbständigkeit der unterlegenen kleineren Gemeinden, vergrößerte die Abhängigkeit der bäuerlichen Landbevölkerung von den übermächtigen Kommunen und führte oft genug zu heftigen Auseinandersetzungen zwischen konkurrierenden Nachbarstädten.

Mochte die politische Bedeutung der Bischöfe in den oberitalienischen Städten weithin geschwunden sein, so sorgten doch zahlreiche Streitpunkte nach wie vor auch für Konflikte zwischen Kommune und Kirche. Das Streben der Städte nach Ausdehnung und Vervollkommnung ihrer Zuständigkeiten und Befugnisse machte vor den Privilegien, dem Besitz und Recht der innerhalb ihrer Mauern wie im *contado* gelegenen Stifte und Klöster keineswegs halt, und selbst scharfen päpstlichen Mahnungen und Verboten gelang es nicht, ihre auf kirchliche Einrichtungen zielende Begehrlichkeit dauerhaft einzudämmen. Umgekehrt richtete sich wachsender städtischer Unmut gegen das Ansinnen des Klerus, nicht nur vom Waffendienst, sondern auch von der Steuerzahlung für die Kommune befreit und allein dem geistlichen Gericht unterworfen zu sein. Diese Sonderstellung wurde vor allem dann zum Ärgernis, wenn sich geistliche Institute wirtschaftlich betätigten oder wenn Kaufleute die niederen Weihen offenkundig allein in der Absicht empfingen, sich dadurch einen Vorteil im Konkurrenzkampf mit ihren laikalen Berufsgenossen zu verschaffen. Neben den sozialen Spannungen und den gewaltigen ökonomischen Gegensätzen unter den Stadtbewohnern trug sicherlich der solcherart genährte Antiklerikalismus mit dazu bei, daß die in jener Zeit weitverbreiteten, neue Formen der Frömmigkeit praktizierenden, aber vielfach auch häretische Glaubensvorstellungen propagierenden Bewegungen der Waldenser, Humiliaten oder Katharer, die die Kirche als Ketzer verdammte, gerade in den lombardischen Städten besonderen Zustrom und Rückhalt fanden.

Zweifellos zeichnet sich die Entwicklung Oberitaliens in den ersten Jahrzehnten des 13. Jahrhunderts wesentlich durch die erstaunliche Lebendigkeit und Dynamik aus, die alle Bereiche des gesellschaftlichen Lebens erfaßte und ständig veränderte, oft so rasch und auf im einzelnen so verwirrende Weise, daß sich der Eindruck des Chaotischen aufdrängt. Näheres Zusehen läßt aber doch auch hinsichtlich der politischen Gesamtsituation jenes Gebiets einige prägende Tendenzen und feste Größen erkennen.[58] So verstanden es im Westen der Poebene adlige Machthaber wie die Markgrafen von Montferrat (um Asti, westlich Alessandria) oder die Grafen von Savoyen (um Aosta und Susa, westlich Turin), erheblichen Einfluß zu bewahren und auf manche Kommune auszudehnen. Ezzelino II. da Romano (nordöstlich von Vicenza; † 1235) übte zwischen Verona und Treviso eine deutliche Vorherrschaft aus, die Grundlage für die zeitweise über Padua und Trient hinausreichende, die Städte der Region einbeziehende und mit eiserner Gewalt verteidigte Stellung seines gleichnamigen Sohnes (1194–1259). Im Osten dominierte der uns als früher Überläufer zu Friedrich schon bekannte Markgraf Azzo VI. von Este, danach sein Sohn Azzo VII. († 1264). Begütert vor allem im südlichen Venezien, hatten die Este schon früh Ferrara zum Zentrum ihrer politischen Aktivitäten gewählt; Azzo VII. brauchte dann aber doch die Hilfe Venedigs, um sich dort 1240 endgültig gegen die erbitterte Rivalin seines Hauses, die Familie Salinguerra, durchzusetzen.

Die Führung unter den Städten fiel seit dem Anfang des 13. Jahrhunderts recht deutlich einer relativ kleinen Gruppe zu. Ihre Mitglieder verdankten diesen Vorrang ihrer günstigen Lage an der Küste, an den großen Handelswegen oder am Ausgang der wichtigen Alpenpässe, ihrer daraus resultierenden wirtschaftlichen Überlegenheit, aber natürlich auch dem Geschick und Durchsetzungsvermögen der in ihnen maßgebenden Kreise. Als bestimmende Zentren brachten sie ihre weniger bedeutenden Nachbarn in eine gewisse Abhängigkeit oder banden sie fest an sich. Unter ihnen selbst gab es jahrzehntelange Zusammenarbeit ebenso wie traditionelle Gegnerschaft oder den Hang zur Neutralität. Venedig etwa vermied, wo immer es ging, eine dauerhafte Festlegung, während in der Toskana Florenz sowohl Siena wie Pisa als Konkurrenten bekämpfte und Pisa seinerseits alle Mittel daransetzte, von Genua als Hafenstadt und Flottenmacht nicht überrundet und ausgeschaltet zu werden. Die Lombardei hingegen spaltete der alte Gegensatz zwischen Mailand und Cremona in zwei Lager. Hielten sich Piacenza, Brescia und Bologna gewöhnlich zu Mailand, so standen Pavia und die entlang der römischen Via Emilia am Fuße des Apennin aufgereihten Städte Parma, Reggio und Modena in der Regel Cremona bei.

Wie alle wichtigen Entscheidungen dieser Kommunen hing auch ihre Stellung zu Kaiser und Papst ganz wesentlich davon ab, welche Haltung die Gruppierung, der sie zuneigten, beziehungsweise ihre Gegner einnahmen.

[58] Zum Folgenden siehe auch Voltmer, Formen 104–107, Simeoni, Note 282–293, sowie Haverkamp, Zentralitätsgefüge 48–72; zu Ezzelino III.: Fasoli, Ezzelino III. 196f., Manselli, Ezzelino 35–79; zu Azzo VII. von Este: Chiappini, Estensi 35–41, vgl. Bocchi, Este(d') 27f.; zu Graf Thomas I. von Savoyen (um 1178–1233): Cox, Eagles 7–32.

So veranlaßte die Annäherung Heinrichs VI. an Cremona Mailand zur Erneuerung des Lombardenbundes im Juli 1195. Nach dem Tod des Kaisers organisierte Mailand ein zusätzliches Bündnis zum Schutz der beteiligten Städte und der gemeinsamen Wahrung ihrer Rechte dem Reich gegenüber, und im Erstarken König Philipps darf man wohl den Anlaß für die abermalige Bekräftigung des Lombardenbundes im Juni 1208 sehen, auf die Cremona sofort mit der Bildung einer Koalition unter seiner Leitung reagierte. Bürger aus Mailand und Piacenza gehörten dann nicht zufällig zu jenen Gesandten, die Otto IV. die Nachricht von der Wahl Friedrichs II. zum künftigen Kaiser überbrachten und seine Rückkehr aus Kalabrien erbaten; unter die Genossen Friedrichs zählten sie dabei neben Azzo von Este auch schon Cremona. In der Tat arbeiteten Cremona, Pavia, Verona und Azzo im Einvernehmen mit Innozenz III. offenbar bald intensiv gegen Otto zusammen.[59]

Ein schon traditionelles Beziehungsgefüge, lange eingespielte Bindungen und generationenalte Feindschaften erneuerten und verfestigten sich demnach mit dem Auftreten Friedrichs in Oberitalien. Der welfisch-staufische Gegensatz an der Reichsspitze belebte und verschärfte nur jene Gegensätze, die längst zwischen den Mächten des Regnum Italicum und insbesondere zwischen den führenden Städten und den in ihnen herrschenden Gruppen bestanden, er machte sie gewissermaßen auf einem neuen Felde sichtbar. Das zeigte sich etwa, als während einer Fehde zweier Florentiner Adelsfamilien im Jahre 1216 die mit den Streitenden verbündeten Geschlechter erstmals „Partei des Guelfen“ bzw. „Partei des Ghibellinen“ (nach dem staufischen Besitz Waiblingen) genannt, also als Anhänger Ottos bzw. Friedrichs charakterisiert wurden. Diese Bezeichnungen deuteten die ganz anders gerichteten Absichten der Kontrahenten als Einsatz für eine große und gerechte Sache und verdeckten so geradezu deren eigentliche, recht egoistische, teilweise sogar verbrecherische Motive. Fast ebenso wie beim ersten Auftauchen der Namen „Guelfen“ und „Ghibellinen“ verhielt es sich bei ihrer späteren Verwendung, auch als sie sich seit der Jahrhundertmitte über Florenz hinaus verbreiteten. Sie und alle ähnlichen Zuordnungen zum Kreis der Staufer-Sympathisanten und damit zum Kreis derer, die sich für Recht und Stärke von Kaiser und Reich einsetzten, oder aber zur pro-welfischen beziehungsweise pro-päpstlichen Partei, zu jener Richtung also, die die Stellung der Kirche verteidigte und sich an das Papsttum anlehnte, erfassen in der Regel allenfalls ein einzelnes Element aus dem komplexen, schwer überschaubaren Bündel von Zielen und Interessen, das die Entscheidungen der politisch handelnden Individuen und Gruppen tatsächlich zu beeinflussen

[59] Annales Placentini Codagnelli, ad 1211, MGH SS rer. Germ. 23,38f., Sicardi Cronica, ad 1211, MGH SS 31,180, Annales Cremonenses, ad 1211, MGH SS 31,12.

pflegte – und oft genug galt diesen gerade der solcherart betonte Aspekt nicht einmal als besonders wichtig.[60]

Wie die Dinge lagen, durfte Friedrich von vornherein höchstens mit begrenzten Erfolgen rechnen, als er von Genua aus direkte Beziehungen zu den Mächten der Lombardei anknüpfte, um ihre Unterstützung zu gewinnen. Immerhin konnte er der Hilfe Azzos und jener Städte um Cremona, die sich schon bisher klar gegen Otto gestellt hatten, auch künftig sicher sein. Daneben gelang ihm jetzt wohl eine Verständigung mit Wilhelm († 1225), dem wichtigen Markgrafen von Montferrat, und mit Graf Richard von S. Bonifacio (östlich Verona). Großzügig schenkten ihm die Genuesen bei seinem Aufbruch die Kosten seines zweieinhalbmonatigen Aufenthaltes, für die sie 2400 Pfund anschlugen. Die Kommune, vertreten durch ihre Konsuln, ließ sich dafür allerdings urkundlich versprechen, daß er ihr innerhalb von 15 Tagen nach seiner Kaiserkrönung alle von seinen kaiserlichen Vorgängern für sie ausgestellten Privilegien bestätigen, verschiedene Kastelle übereignen und genau aufgelistete Zahlungen leisten wolle.[61]

Begleitet von Bürgern Genuas, Abgesandten aus Cremona und Pavia sowie Markgraf Wilhelm und Graf Richard zog Friedrich mit seinen sizilischen Getreuen dann, den Einflußbereich der ihm feindlich gesonnenen Städte westlich umgehend, durch das Gebiet des Markgrafen über Asti nach Pavia. Dort entfalteten Klerus, Adel und Bürgerschaft ihm zu Ehren das prächtige Zeremoniell, das eigentlich nur dem Kaiser gebührte, und bekräftigten in aller Öffentlichkeit ihre feste Absicht, ihn im Zusammenwirken mit den Cremonesen und dem Markgrafen von Este über Cremona nach Verona zu führen, was immer die Anhänger Ottos dagegen versuchen mochten. Sichtbar spornte sie ihre grundsätzliche Gegnerschaft gegen die bei dem Welfen verharrenden Kommunen zu besonderem Eifer für Friedrich an. Die provozierte und erwartete Reaktion der verhaßten Nachbarn Mailand und Piacenza ließ denn auch nicht auf sich warten. Tief in ihrem Stolz verletzt und zugleich von dem Bewußtsein erfüllt, für die kaiserliche Würde zu streiten, zogen sie mit ihrer ganzen Heeresmacht, eingeschlossen sogar der *carroccio*, der ehrwürdige Fahnenwagen, aus, um den Durchgang von Pavia nach Cremona zu Land wie auf dem Po zu sperren und den vermessenen

60 Herde, Guelfen, bes. 11–25, vgl. Voltmer, Formen 110f.

61 HB 1,212–214; siehe dazu und zum Folgenden: Annales Ianuae, ad 1212, MGH SS 18,131, und bes. Annales Placentini Codagnelli, ad 1212, MGH SS rer. Germ. 23,40f., daneben Sicardi Cronica, ad 1212, MGH SS 31,180, Annales Placentini Gibellini, MGH SS 18,468, Guillelmus Armoricus, ad 1211, ed. Delaborde 238f. (c. 158), Breve chronicon, ed. Huillard-Bréholles 894; zum päpstlichen Vorgehen gegen Otto vgl. Innozenz III., Epp. XV 20, PL 216,559, XV 31,566, XV 36,570, XV 84f., 603, XV 122,635, XV 138,650, XV 189,710–715.

Herausforderer Ottos, den „Knaben", wie man Friedrich bei ihnen doch wohl eher abschätzig nannte,[62] unter allen Umständen gefangenzunehmen. Doch dies sollte nicht gelingen.

Insgeheim nämlich hatte Friedrich, gedeckt von der Reiterei Pavias, am späten Abend des 28. Juli in höchster Eile die Stadt verlassen. Der Trupp blieb die ganze Nacht zu Pferde und erreichte am frühen Morgen den Fluß Lambro etwa halbwegs zwischen Pavia und Cremona. Wie zuvor verabredet, warteten dort bereits Markgraf Azzo von Este und die Cremonesen, um den Schutz des Königs zu übernehmen und ihn weiter in ihre Heimatstadt zu geleiten. Offenbar waren sie kaum nach Osten entschwunden, als die Mailänder heransprengten und bitter enttäuscht erkennen mußten, daß ihnen der „Zaunkönig" entwischt war. Wutentbrannt wandten sie sich daraufhin gegen die Schar aus Pavia, zwangen sie nach heftigem Kampf zur Flucht und nahmen eine ganze Anzahl vornehmer Bürger Pavias gefangen; Ende Oktober forderte Papst Innozenz dringend die Freilassung der noch immer Festgehaltenen. Wohl in dramatisierender Zuspitzung des Sachverhalts und um vom Fehlschlag des eigenen Unternehmens etwas abzulenken, spottete man damals in Mailand, Friedrich habe „seine Hose im Lambro gebadet", und Thomas von Pavia schmückte das Geschehen später noch weiter aus: Der König entkam nach seinen Worten den Mailändern, indem er im allerletzten Moment auf ein ungesatteltes Pferd sprang und mit ihm den Lambro überquerte.[63]

Am 30. Juli traf Friedrich jedenfalls wohlbehalten in Cremona ein. Augenscheinlich ohne weitere ähnlich bedrohliche Zwischenfälle führte ihn sein Weg dann über Mantua und Verona nach Trient.[64] Gerade vier Monate hatte

[62] De Stefano, Fridericus 23–30, weist sicher zutreffend darauf hin, daß das Mittelalter, mit Altersbezeichnungen großzügig, auch noch einen fast Dreißigjährigen als *puer* bezeichnen konnte und daß dieser Begriff im Falle Friedrichs meist positiv dessen Frühreife, die Übernatürlichkeit seines Erfolgs hervorheben sollte. Andererseits scheint Codagnello Person und Vorhaben Friedrichs doch eher schmälern zu wollen, wenn er ständig vom *dictus puer de Scicilia* redet (siehe Anm. 61), zumal er fast im gleichen Atemzug Nikolaus, den Führer des Kinderkreuzzugs, ebenfalls als *quidam puer Theotonicus* einführt (42), und eine ähnliche Absicht darf man wohl auch bei Otto IV. vermuten (siehe oben S. 139 mit Anm. 48). Zur Sperrung des Po: Acta Imperii selecta 828, Nr. 1142.

[63] Zum Treffen am Lambro siehe Anm. 61, daneben Annales Cremonenses, ad 1212, MGH SS 31,13, Notae S. Georgii Mediolanenses, ad 1212, MGH SS 18, 388 (der „Zaunkönig"), Memoriae Mediolanenses, ad 1212, MGH SS 18,401, Annales Mediolanenses Minores, ad 1212, MGH SS 18,398 (das Bad im Lambro), Thomas von Pavia, MGH SS 22,511, bes. jedoch Innozenz III., Ep. XV 189, PL 216,712 CD, auf dessen Bedeutung Neumann, Parteibildungen 278–280, wohl zu Recht hinweist.

[64] Privilegienbestätigung für Cremona, ausgestellt in Mantua, 22. 8. 1212, ausge-

seine erste Begegnung mit der vielschichtigen und verwirrenden, so sehr vom überlegenen Gewicht der großen Städte und dem Stolz ihrer reichen Oberschicht geprägten Welt Oberitaliens gedauert. Sein Auftreten veränderte dort kaum etwas Wesentliches, gab höchstens hie und da dem gewohnten Bild schärfere Konturen. Andererseits war der Aufenthalt sicher lange, bedeutsam und intensiv genug, um Friedrich selbst eine Fülle von Einblicken und Erkenntnissen zu vermitteln, in ihm über den Tag hinaus wirksame Urteile und Grundsätze reifen zu lassen. Möglicherweise ist also tatsächlich etwas Wahres an des Thomas von Pavia Behauptung, der Versuch der Mailänder, den Staufer am Lambro zu fassen, habe dessen lebenslangen Haß gegen die Stadt zur Folge gehabt.[65]

Glückliche Ankunft und rascher Durchbruch in Süddeutschland

Zunächst freilich forderten neue, andersartige Verhältnisse und Schwierigkeiten Friedrichs ganze Aufmerksamkeit. Kaum nämlich schickte er sich an, das deutsche Königreich zu betreten, als ihm auch hier Widerstand begegnete. Er kam nun aus dem Kreis der in Deutschland seit geraumer Zeit neben dem König maßgebenden Reichsfürsten, deren Selbstbewußtsein und Macht in den Jahren des Streites zwischen Philipp und Otto auf Kosten des Reiches weiter gewachsen war. Zwei von ihnen, die zwar bald in das staufische Lager überwechseln sollten, sich im September 1212 aber auf der Seite des Welfen hielten, versperrten den bequemsten Zugang nach Norden: die Herzöge Ludwig I. von Bayern († 1231) und der Andechser Otto I. von Meranien, der den Herzogstitel seinem Besitz um Rijeka (Fiume) im Norden Kroatiens verdankte, dessen Familie daneben jedoch unter anderem auch die Brennerstraße kontrollierte.[66] Einmal mehr galt es also, einen mühsamen Umweg einzuschlagen. Nach Westen abbiegend, sei der König durch wild-abweisende, kaum bewohnte Alpengegenden, über hoch aufragende Bergjoche schließlich nach Chur gelangt, so erzählt Buchard von Ursberg, und wir können nur vermuten, daß Friedrich durch das Tal der Etsch und

händigt in Verona, 25.8.: Acta Imperii selecta 772, Nr. 1074; vgl. Annales Placentini Codagnelli, ad 1212, MGH SS rer. Germ. 23,41, Sicardi Cronica, ad 1212, MGH SS 31,180, Annales Parisii, ad 1213, MGH SS 19,6.

[65] Thomas von Pavia, MGH SS 22,511.

[66] Ludwigs Vertrag mit Otto (20.3.1212): MGH Const. 2,49f., Nr. 40, vgl. RI V, Nr. 471, 479, bei Friedrich: HB 1,233 (Dez. 1212 = Cod. dipl. Barese 1,159 unten); zu Otto I.: RI V, Nr. 487, 488 (5.9.1212), HB 1,252 (24.2.1213), vgl. dazu RI V 4,150, Nr. 694; über die Herzöge siehe Spindler-Kraus, Handbuch 2,19–36, zum Haus Andechs auch oben S. 130 mit Anm. 32.

über den Reschenpaß ins Engadin, von da über einen weiteren Paß, den Septimer etwa, ins Rheintal durchstieß. Auf deutschem Boden stellten sich ihm unter dem Eindruck der entschlossen anti-welfischen Haltung des Papstes zunächst vorwiegend geistliche Fürsten als Helfer zur Verfügung – angesichts der großen politischen Bedeutung dieser Gruppe in Deutschland zweifellos außerordentlich wertvolle Verbündete. Der Bischof von Trient führte den Staufer wohl auf der beschwerlichen Route durchs Gebirge, Bischof Arnold von Chur und Ulrich von Sax, der Abt der ehrwürdigen Reichsabtei St. Gallen, nahmen ihn auf und gaben ihm Geleit bis vor die Tore der Stadt Konstanz.[67] Dort aber spitzten sich die Dinge noch einmal dramatisch zu, stand Friedrichs Schicksal noch einmal auf des Messers Schneide.

Schon im Herbst 1211 hatte der Bruder Kaiser Ottos, der rheinische Pfalzgraf Heinrich († 1227), zusammen mit dem gleichnamigen Herzog von Brabant († 1235) und anderen lothringischen Adligen den Kampf gegen die vom Welfenherrscher abgefallenen Reichsfürsten begonnen. Raubend und brandschatzend zogen ihre Truppen durch das Gebiet des Erzbischofs von Mainz; dem Brabanter glückte Anfang Mai 1212 nach der Vertreibung des Bischofs von Lüttich sogar die Einnahme dieser Stadt, die eine mehrtägige Plünderung über sich ergehen lassen mußte. Unterdessen suchten Ottos Gefolgsleute in Sachsen offenbar nicht ohne Erfolg, seine dortige Stellung zu sichern, gegnerische Plätze einzuäschern und thüringische Adlige durch Geldzahlungen von ihrem Herrn, dem Landgrafen, abzuziehen.

Der Kaiser selbst berief nach dem Frankfurter Treffen einen zweiten Hoftag zu Pfingsten nach Nürnberg, um die anwesenden Fürsten von seinem Recht im Kampf gegen den Papst und dessen Kandidaten zu überzeugen. Bündnisverträge sollten ihm einzelne von ihnen wie den Herzog von Bayern oder den Markgrafen von Meißen besonders eng verpflichten, seine Kontakte zu König Johann von England, seinem Onkel, intensivierten sich. Im Juli wandte er sich dann mit einem stattlichen Heer gegen Landgraf Hermann von Thüringen, von dem er wohl die unmittelbarste Gefahr für sein sächsisches Machtzentrum fürchtete. Bald konnte er stolz von der Zerstörung landgräflicher Burgen, von der Verwüstung des Thüringer Landes berichten – wie üblich stürzte das Kriegsgeschehen vor allem die Masse der einfachen Leute in Not und Unheil. Nach seinen eigenen Worten hoffte Otto, sein energisches Vorgehen werde seine Feinde zu schneller Unterwerfung bewegen. Zugleich feierte er in Nordhausen mit großem Prunk den Vollzug seiner 1209 geschlossenen Ehe mit Beatrix, der nun vierzehnjährigen

[67] Burchard von Ursberg, ad 1212, MGH SS rer. Germ. 16,108f., Conradus de Fabaria, c. 14, ed. Meyer von Knonau 175f.; vgl. die Zeugenliste MGH Const. 2,55, Nr. 43 (26. 9. 1212).

Tochter König Philipps, in der festen Erwartung, dieses glanzvolle Ereignis sichere ihm auch künftig die Treue seiner staufischen Parteigänger.

Die nächsten Wochen brachten dem Welfen indessen eine Fülle herber Rückschläge und Enttäuschungen. Schon am 11. August starb seine junge Frau. Daraufhin und vermutlich bestärkt durch das Gerücht vom Herannahen Friedrichs, verließen ihn viele seiner bayerischen und schwäbischen Mitstreiter. Allzu großes Ansehen hatte er unter ihnen ohnehin nie genossen; dem stand von Anfang an die schroff-gewalttätige Art entgegen, mit der er von Beatrix' staufischem Erbe Besitz ergriff. Die allgemeine Stimmung kehrte sich noch heftiger gegen ihn, als der eben damals von ihm abgefallene Reichskanzler Konrad, Bischof von Speyer und nun auch von Metz († 1224), öffentlich von Plänen Ottos berichtete, eine neuartige, regelmäßige Grundsteuer zu erheben oder den kirchlichen Besitz zu seinen Gunsten zu beschneiden. Ende August schließlich brach der Kaiser die so optimistisch begonnene, zuletzt aber mit den zusammengeschmolzenen Truppen kaum noch aufrechtgehaltene Belagerung der thüringischen Feste Weißensee (am Unstrutbogen südöstlich Nordhausen) ab und zog rasch nach Süden.[68]

Zu seiner Eile trieb ihn die Nachricht, daß die Ankunft Friedrichs in Süddeutschland unmittelbar bevorstehe. Mit allen Mitteln trachtete Otto nun, dem Staufer den Zutritt in das Herzogtum Schwaben, in das Stammland seiner Familie also, zu verwehren, ihn von vornherein am Gewinn einer Basis für irgendwelche weiteren Operationen im deutschen Reich zu hindern. Von Überlingen aus verhandelte er deshalb mit Bischof Konrad von Konstanz über seine Aufnahme in dessen Stadt, durch die er seinem Gegner möglichst früh den Weg zu sperren gedachte. Nach einem gewissen Zögern erklärte sich Konrad offenbar tatsächlich bereit, dem Wunsch des Kaisers nachzugeben. Schon hätten die Diener und Köche des Welfen die Vorbereitungen für den standesgemäßen Empfang ihres Herrn in der Bischofsstadt getroffen, da sei Friedrich mit seiner Begleitung vor deren Mauern erschienen, so meldet ein Chronist jener Tage. Mag ihm dabei auch die Lust am phantasievollen Ausschmücken der Szene die Feder geführt haben, deren Dramatik und Bedeutung erkannte er doch richtig. Ein paar Stunden

[68] Annales S. Pantaleonis, ad 1211–1212, MGH SS rer. Germ. 18,232–234, Chronica regia Coloniensis, ad 1211–1212, ebd. 188f., Cronica Reinhardsbrunnensis, ad 1211–1212, MGH SS 30,1,579–581, ad 1214, 583f. (vgl. Cronica Erfordensis, ad 1211–1212, MGH SS rer. Germ. 42,209–211), Annales Marbacenses, MGH SS rer. Germ. 9,82f., Reineri Annales, ad 1212, MGH SS 16,664; Acta Imperii selecta 231f., Nr. 257, Cronica ducum de Brunswick 15, MGH Dt. Chroniken 2,583; MGH Const. 2,48–51, Nr. 39–41, RI V, Nr. 10730, 10735–10738, 10744; zu Konrad von Speyer: Schaller, Kanzlei 1, 216f.

später wäre Konstanz fest in Ottos Hand und Friedrich damit, wie schon Zeitgenossen vermuteten, der Möglichkeit mindestens fürs erste fast vollkommen beraubt gewesen, sich von Süddeutschland aus einen nennenswerten Einfluß im Reich zu verschaffen. Jetzt aber bestand noch Aussicht, den Bischof auf die staufische Seite herüberzuziehen, und das gelang; vielleicht wirkte das Beispiel seiner geistlichen Kollegen ermutigend auf Konrad. Er ließ die Rheinbrücke gegen Otto befestigen und gestattete dem Erzbischof Berard von Bari, in Konstanz öffentlich die Exkommunikation des Kaisers durch Papst Innozenz zu verkünden. Während Otto vor einer sofortigen Auseinandersetzung zurückschreckte, sich vielmehr, auf bessere Bedingungen hoffend, nach Breisach wandte, stand Friedrich die Route entlang des Rheins nach Westen offen.[69]

Die Konsequenzen der wohl auf Mitte September anzusetzenden Ereignisse in Konstanz zeigten sich rasch. Auch weltliche Große des deutschen Südwestens wie Graf Ulrich von Kyburg (südlich Winterthur) stießen nun zu dem Staufer. Bei seinem feierlichen Einzug in Basel empfing ihn neben dem Bischof der Stadt der Bischof Heinrich von Straßburg, der angeblich die stattliche Streitmacht von 500 Rittern mit sich führte, Graf Rudolf von Habsburg (an der Aare, westlich Baden; † 1232), Landgraf im Elsaß und Großvater des gleichnamigen späteren Königs, sowie eine ganze Reihe weiterer adliger Herren der Region. So verwundert es nicht mehr, daß Kaiser Otto seinen Nebenbuhler von Breisach aus ebensowenig wie zuvor in Konstanz aufzuhalten vermochte. Im Gegenteil: Er geriet in einen Aufstand der Breisacher Bürger, die sich über das zügellose Benehmen seiner Soldaten empörten und ihre ganze Hoffnung auf den nahenden Friedrich setzten. Auf recht klägliche Weise, durch eine kleine Seitenpforte der Burg, mußte der Kaiser fliehen und eilte daraufhin ohne weiteren Halt nach Norden, um sich seiner niederrheinischen Anhänger zu versichern.

Friedrich hingegen traf kaum mehr auf nennenswerte Gegnerschaft, als er seinen Weg rheinabwärts fortsetzte. Lediglich die Pfalz Hagenau im Zentrum des unteren Elsaß wurde von einigen Getreuen Ottos ernsthaft verteidigt; auch sie fiel jedoch bald in die Hände des Staufers. Am 5. Dezember versammelte sich eine große Zahl von Fürsten in Frankfurt, um ihn in Anwesenheit französischer und päpstlicher Gesandter noch einmal in eindeutiger Form zum König zu wählen. Am Sonntag darauf (dem 9. 12.) krönte ihn Erz-

[69] Guillelmus Armoricus, ad 1211, ed. Delaborde 239f. (c. 158), Conradus de Fabaria, c. 14, ed. Meyer von Knonau 176–179, vgl. Burchard von Ursberg, ad 1212, MGH SS rer. Germ. 16,109. Die weitverbreitete, durch die Erzählung des Conradus jedoch nicht gedeckte Behauptung, der Hinweis des päpstlichen Legaten Berard auf Ottos Exkommunikation habe den Konstanzer Bischof zum Umschwenken auf Friedrichs Seite veranlaßt, wieder bei Abulafia, Frederick 117.

Abb. 8: Dom zu Mainz, Stätte der ersten Königskrönung Friedrichs II. in Deutschland am 9. Dezember 1212; der Westchor entstand zwischen 1200 und 1239, das gotische Glockengeschoß des westlichen Vierungsturms zwischen 1480 und 1490, seine Bekrönung wie die der beiden kleinen Türmchen zwischen 1769 und 1774.

bischof Siegfried, von Anfang an das Haupt der anti-welfischen Opposition, in Mainz. „Friedrich, durch Gottes Gnade König der Römer, allzeit erhaben, zugleich König Siziliens", so lautete fortan sein offizieller, den Anspruch auf das Kaisertum wie die Herrschaft über sein unteritalienisches Reich einschließender Titel.[70]

Die königliche Freigebigkeit. Belohnung der Förderer und Anhänger

Zweifellos hing Friedrichs erstaunlich schneller Erfolg damit zusammen, daß Otto seines harten, gewaltsamen Regiments wegen gerade in den bis dahin unter unmittelbarer staufischer Herrschaft stehenden Gebieten nie sonderlich beliebt gewesen war. Vor allem die Reichsministerialen anerkannten deswegen offenbar sehr bereitwillig den Stauferenben als ihren rechtmäßigen Herren.[71] Entscheidendes Gewicht kam indessen wohl der aktiven Förderung zu, die dieser vom Papst erhielt, denn sie führte einen großen Teil der geistlichen Fürsten Deutschlands in sein Lager, vorderhand die wichtigste Stütze der staufischen Sache. Friedrich selbst schätzte ähnlich hoch offenbar die Bedeutung der französischen Hilfe ein. Bereits Mitte November, noch vor seiner Frankfurter Wahl also, hatte er sich von Hagenau aus nach Toul (bei Nancy) begeben, unweit westlich in dem Grenzort Vaucouleurs (an der Maas) den französischen Thronfolger Ludwig (VIII.; † 1226) getroffen und bei dieser Gelegenheit mit König Philipp von Frankreich ein Freundschaftsabkommen gegen „den vormals Kaiser genannten Otto" und gegen König Johann von England geschlossen.[72] Er mag im Zusammengehen mit Philipp, für das er sich im übrigen ausdrücklich auf das Beispiel seiner kaiserlichen Vorfahren berief, die willkommene Möglichkeit gesehen haben, seine allzu einseitige Abhängigkeit von Rom wenigstens

[70] Burchard von Ursberg, ad 1212, MGH SS rer. Germ. 16,109, Annales Marbacenses, MGH SS rer. Germ. 9,83f., Reineri Annales, ad 1212, MGH SS 16,665, Richer Senoniensis III 13, MGH SS 25,293, Chronicon Ebersheimense, c.36, MGH SS 23,450, Chronica regia Coloniensis, ad 1212, MGH SS rer. Germ. 18,189, Annales S. Pantaleonis, ad 1212, ebd. 234; MGH Const. 2,621f., Nr. 451 (Brief des Kanzlers Konrad über Friedrichs Wahl, Dez. 1212); vgl. HB 1,217f. (Zeugenliste zu Basel, 26. 9. 1212), zum Titel: HB 1,231, vgl. schon Acta Imperii 1,98, Nr. 114 (21. 11. 1212).

[71] Burchard von Ursberg, MGH SS rer. Germ. 16,97, vgl. Annales Marbacenses, MGH SS rer. Germ. 9,83 (über die *tenacitas* Ottos), Conradus de Fabaria, c. 13f., ed. Meyer von Knonau 168–175, Cronica Reinhardsbrunnensis, ad 1212, MGH SS 30,1,580.

[72] MGH Const. 2,55, Nr. 44 (19. 11. 1212); Guillelmus Armoricus, ad 1211, ed. Delaborde 240 (c. 159), Reineri Annales, ad 1212, MGH SS 16,665; vgl. Cartellieri, Philipp 4, 330–336.

etwas zu verringern. Darüber hinaus beruhte sein Einvernehmen mit dem Kapetinger natürlich auf der weitreichenden Gemeinsamkeit der politischen Interessen: Es drohten keinerlei ernsthafte, Grundpositionen betreffende staufisch-kapetingische Konflikte, vielmehr einte die beiden Könige die für sie beide gleich fundamentale Gegnerschaft zu den nah miteinander verwandten Bundesgenossen Otto und Johann.

Die enge Anlehnung an Philipp brachte Friedrich denn auch, und darin lag für ihn zunächst gewiß ihr größter Wert, rasche und konkrete Unterstützung in seinem Ringen um die Gunst der deutschen Fürsten. Während er versprach, er werde weder mit Otto, Johann und ihren Helfern ohne den französischen König Frieden schließen, noch einen von Philipps Feinden bei sich aufnehmen, übersandte ihm dieser eine stattliche Geldsumme, angeblich 20000 Mark Silber. Friedrich zögerte keinen Augenblick, seinen neuen Reichtum so effektvoll als möglich zu seinem Vorteil einzusetzen. Die Silberstücke nicht lange aufzubewahren, soll er seinem Kanzler befohlen haben, sie vielmehr sofort unter die Großen des Reiches zu verteilen, zur Entschädigung für ihre früheren Ausgaben im Dienste des Reiches wie als Anreiz, die staufische Sache auch fernerhin zu fördern.[73]

Damit setzte er nur auf besonders spektakuläre Weise jene Politik fort, die sein Auftreten in Deutschland von Anfang an kennzeichnete. Sehr schnell hatte er sich nämlich auf die deutschen Verhältnisse eingestellt und in großzügigem Entgegenkommen das wirksamste, ihm freilich auch allein zu Gebote stehende Mittel erkannt, die Fürsten zu gewinnen. Schon in Basel begann er, seinen Wählern und Parteigängern seinen Dank in Form von Schenkungen und Privilegien abzustatten, allen voran Ottokar I. von Böhmen. Ihm und seinen Nachfolgern bestätigte er die bereits von König Philipp vollzogene Erhebung zum König. Er begrenzte die Pflicht der böhmischen Herrscher zum Besuch der Reichstage, legte fest, in welcher Weise sie sich künftig an der Romfahrt des deutschen Königs zur Kaiserkrönung beteiligen sollten, und beschenkte Ottokar zudem mit Gütern und Burgen aus staufischem Besitz – in der ausdrücklichen Hoffnung, durch dieses Beispiel andere ebenfalls zu sich herüberziehen zu können. Kurz darauf sicherte er Erzbischof Siegfried von Mainz und Bischof Lupold von Worms die ungehinderte Ausübung ihrer Rechte insbesondere in ihren Bischofsstädten zu und verzichtete auf die Lehen, die seine Vorgänger von deren Kirchen empfangen hatten. Auch hier scheute er sich nicht, in seinen Urkunden eigens auf seine Großzügigkeit, seine *regia munificentia* vornehmlich der Geistlichkeit gegenüber hinzuweisen und an das im krassen Gegensatz dazu stehende Verhalten seines Widersachers Otto zu erinnern, der sich damit

[73] Cronica Reinhardsbrunnensis, ad 1213, MGH SS 30,1,581f., Cronica Erfordensis, ad 1212–1213, MGH SS rer. Germ. 42,212.

freilich Gott und die Menschen zu Feinden gemacht habe. Schließlich versprach er dem eben zu ihm übergetretenen Herzog Friedrich III. von Oberlothringen († Oktober 1213) als Ersatz für die zu erwartenden Kriegskosten über 3000 Mark Silber, für die er Bürgen stellte und Rosheim im Elsaß verpfändete. Ähnliche Zusagen und Geschenke erleichterten vermutlich anderen wie etwa den Herzögen Ludwig von Bayern, Leopold VI. von Österreich († 1230) oder Berthold V. von Zähringen († 1218) den Schritt auf die staufische Seite.[74]

Ganz offenkundig fand die uneigennützige Haltung des Königs rasch auch über den Kreis der Fürsten hinaus Aufmerksamkeit und Beifall. Walther von der Vogelweide etwa, der wohl eben um 1213 oder 1214 von Otto zu Friedrich wechselte, warf dem Welfen vor allem seine fehlende *milte*, also Freigebigkeit, vor: „Waer er sô milt als lanc, er hete tugende vil besezzen"; tatsächlich aber sei er mit dem Maß der *milte* gemessen ein Zwerg. Anders hingegen der Stauferkönig: „Dô ich dem künege brâhte dez mez, wie er ûf schôz!... nu seht waz er noch wahse: erst ieze übr in wol risen gnôz." Die königliche Tugend bewährte sich schließlich sogar am Dichter selbst. Noch während seines ersten Deutschlandaufenthaltes erfüllte Friedrich Walthers langen, dringenden Wunsch: Er übergab ihm ein Gut und sicherte ihm damit wenigstens eine gewisse wirtschaftliche Unabhängigkeit. Die von Walther dankbar gefeierte Tat weist im übrigen zum ersten Mal auf das Verständnis, auf die persönliche Aufgeschlossenheit des Herrschers für das künstlerische Schaffen seiner Zeit, auf jene intellektuelle Offenheit und Vielfalt der Interessen also, die ihn später so deutlich und weit stärker noch als seine Vorfahren auszeichnen sollte.[75]

Wie Walther rühmte man bald allenthalben in Deutschland die *innata liberalitas* Friedrichs, die ihm angeborene Freigebigkeit, eine Eigenschaft, die seinen sizilischen Baronen gewiß weithin verborgen geblieben war. Jetzt jedoch vermochte sie, gebührend herausgestrichen und ins rechte Licht gerückt, die anziehende, oft geradezu faszinierende Wirkung noch deutlich zu erhöhen, die zweifellos ohnehin von der jugendlichen Gewandtheit und rasch auffassenden Intelligenz seiner Person, vom Glanz seiner Herkunft und von dem glückhaften Fortgang seines wagemutigen Unterneh-

[74] MGH Const. 2,54f., Nr. 43, HB 1,218–220, vgl. HB 1,220f.; HB 1,223–226; HB 1,222f., vgl. Richer Senoniensis III 19–21, MGH SS 25,298; vgl. HB 1,233, RI V, Nr. 688–692.

[75] Walther von der Vogelweide, L 26,23–27,6 (Zitate: 26,35; 27,4.6), L 28,31–29,3 (Dank an Friedrich), vgl. L 28,1–10, L 27,7–16; zur Kunstförderung der Staufer: Schweikle, Stauferhof 246–250, ders., Staufer 122–125, Bumke, Mäzene 148–154, 248–252, ders., Höfische Kultur 642–654, vgl. oben S. 78, Anm. 59, zu Roger II. oben S. 28f.

mens ausging, der vielen nur mit Gottes unmittelbarer Hilfe erklärbar schien.[76]

Indessen konnte die königliche Gebefreudigkeit natürlich auch Bedenken erwecken. Zwar waren die Reichsfürsten seit je darauf bedacht gewesen, vom Herrscher für ihre Dienste belohnt zu werden, und umgekehrt hatte schon Friedrich I. aus Einsicht in die Macht und Bedeutung der Fürsten deren Recht und Stellung im Reich anerkannt und gewahrt. Sein Enkel knüpfte also bis zu einem gewissen Grade an traditionelle staufische Politik an. Es stellte sich aber doch die Frage, ob ihm die Fürsten, seit fünfzehn Jahren an ähnlich großzügige Herrschergaben gewohnt, tatsächlich dankbare, zuverlässige Helfer in seinem Kampf mit dem Welfen und dauerhafte Stützen seiner Königsgewalt sein würden, ob ihm selbst nach den alten und neuen Verlusten ausreichende herrscherliche Befugnisse und genügend Territorialbesitz blieben, um eine solche Gewalt aufzurichten. Welche Bedeutung er diesem Ziel zumaß, welche längerfristigen und grundsätzlichen Vorstellungen er überhaupt mit seiner Herrschaft in Deutschland verband, das mußte sich freilich erst noch zeigen. Zunächst richteten sich seine Gedanken ganz auf die Erfordernisse der Gegenwart, und hier gab es angesichts der Schwäche seiner Ausgangsposition wohl keine Alternative zu seinem Vorgehen.

Süddeutschland mit den traditionellen Zentren staufischer Macht blieb in der ersten Hälfte des Jahres 1213 der Wirkungsbereich Friedrichs. Wir hören von Aufenthalten des Königs in Hagenau und Konstanz, in Nürnberg, Augsburg und Worms. Seine Urkunden bestätigten Bischöfen und vor allem Klöstern aus jener Region ihre Privilegien und Besitztümer und gewährten ihnen seinen Schutz. Meist knüpfte er dabei an Verfügungen seiner Vorfahren an. Er betonte also – bis hin zur äußeren Form des nun benutzten Siegels – die Kontinuität der staufischen Herrschaft und fand weiterhin Zustimmung und wachsendes Vertrauen.[77] Zur Festigung seiner Position über die Reichskirche hinaus trug vor allem der im Februar zu Regensburg begangene Hoftag bei. Dort erschien der böhmische König und leistete ihm zusammen mit anderen Fürsten den Treueid. Außerdem versprachen ihm die Anwesenden für den kommenden Sommer offenbar so ansehnliche Waffen-

[76] Chronica regia Coloniensis, ad 1212, MGH SS rer. Germ. 18,189, vgl. Annales S. Pantaleonis, ad 1212, ebd. 234, Reineri Annales, ad 1212–1213, MGH SS 16,665 f., Annales Marbacenses, ad 1212, MGH SS rer. Germ. 9,84, Conradus de Fabaria, c. 14, ed. Meyer von Knonau 175 sowie Anm. 73.

[77] RI V, Nr. 686–688, 690 f., 694–704, 708–712 (vgl. HB 1, 235–240, 243–249, 251 f., 255–265, 268, 274–277, 915–917; Acta Imperii 1,99 f., Nr. 116–118, Acta Imperii selecta 233, Nr. 259); zu den Siegeln: Zeit der Staufer 3, Abb. 14–17 (nach S. 32), dazu ebd. 1,29–32, Nr. 43, 45–47 (R. Kahsnitz).

hilfe, daß Friedrich daran dachte, einen Teil der zu erwartenden Truppen den Cremonesen zu Hilfe zu senden, denen er damals als Lohn für ihre Treue auch seine früheren Zusagen verbriefte. Die Leitung des Italienkontingents sollte dem Reichsmarschall Heinrich von Kalden und Friedrich, dem Bischof von Trient († 1218), zufallen, der in Regensburg zum Generallegaten des Königs in Oberitalien einschließlich der Toskana sowie zu dessen *vicarius*, zu seinem Stellvertreter im Vorsitz des dortigen Hofgerichts also, ernannt wurde und sich im Frühjahr tatsächlich, allerdings wohl allein, nach Cremona begab.[78]

Trotz der für ihn insgesamt günstigen Entwicklung hing König Friedrich in dem bevorstehenden, durchaus noch offenen Entscheidungskampf mit Otto natürlich ganz wesentlich vom Beistand der Kirche, und das hieß: von der Unterstützung Papst Innozenz' III. ab. So führte kein Weg an der Notwendigkeit vorbei, schließlich auch seinem ersten und nach wie vor wichtigsten Förderer den schuldigen Dank zu erweisen. Dabei lag Innozenz augenscheinlich daran, die Zugeständnisse, die ihm Otto eingeräumt hatte, nun auch von Friedrich zu erlangen, sich darüber hinaus jedoch nach den üblen Erfahrungen mit dem Welfen möglichst gegen alle denkbaren Ausflüchte, Umdeutungen und Umgehungen zu wappnen. Die umfangreiche Urkunde, die Friedrich am 12. Juli in Eger ausstellte (wegen ihrer Besiegelung mit einer heute verlorenen Goldbulle vielfach „Goldbulle von Eger" genannt), und der Eid, den er am gleichen Tage schwor, liegen in drei bzw. zwei unterschiedlichen Versionen vor, deren Abweichungen das Ringen der päpstlichen Unterhändler um Klarheit bis ins letzte Detail sehr eindrücklich widerspiegeln.

In seinem Privileg rühmte der König zunächst „die ungeheuren und zahllosen Wohltaten" Innozenz', seines „Beschützers und Wohltäters", „durch dessen Gunst, Mühe und Schutz wir gleicherweise aufgezogen, beschirmt und gefördert wurden". Er wiederholte dann wörtlich das Versprechen, das Otto IV. im März 1209 dem Papst gegeben hatte. Wie jener gestand er die freie Wahl der Bischöfe durch das Domkapitel, die ungehinderte Appellation an den Apostolischen Stuhl in kirchlichen Angelegenheiten, den Verzicht auf das Spolien- und Regalienrecht sowie Hilfe im Kampf gegen das Ketzerunwesen zu und anerkannte den Besitz der römischen Kirche einschließlich der Rekuperationen, also des Herzogtums Spoleto und der Mark Ancona, aber ebenso der Pentapolis (des Küstengebiets von Ancona bis Rimini), des Exarchats Ravenna und der Mathildischen Güter; lediglich

[78] Sicardi Cronica, ad 1212, MGH SS 31,180, Annales Rudberti, ad 1213, MGH SS 9,780; Acta Imperii selecta 772f., Nr. 1075, 635–637, Nr. 925f., MGH Const. 2,56f., Nr. 45; vgl. RI V 4, 20f., Nr. 133; zum Hofvikariat: Ficker, Forschungen 1,327–348, bes. 338–340, vgl. unten S. 243 mit Anm. 76.

beim Romzug zur Kaiserkrönung und bei Unternehmungen im Auftrag des Papstes sollte ihm aus diesen Gebieten das Fodrum gemäß päpstlichem Befehl zustehen. Wie Otto im Jahre 1201 gelobte Friedrich außerdem eidlich, der Kirche beim Gewinn wie bei der Wahrung der genannten Territorien und ebenso bei der Verteidigung der Oberherrschaft über das Regnum Sicilie beizustehen. Anders als bei Otto wurde nun allerdings die rechtliche Geltung der königlichen Handlung durch die Mitwirkung der Reichsfürsten unbezweifelbar sichergestellt: Die letzte Fassung des Urkundentextes erwähnt ausdrücklich die fürstliche Zustimmung zum Gesamtinhalt; darüber hinaus zählen Urkunde wie Eid die Namen der fürstlichen Zeugen auf. Daneben achtete die päpstliche Seite mit peinlicher Sorgfalt auf die Trennung von Regnum und Imperium, weshalb sie die Sizilianer Berard von Bari und Walter Gentilis wieder aus der Zeugenliste streichen ließ, und ebenso auf die genaue und umfassende Bestimmung des vom König garantierten kirchlichen Territorialbesitzes, in den sie jetzt auch Sardinien und Korsika einreihte.[79]

Angesichts seines uneingeschränkten diplomatischen Erfolges mochte Innozenz glauben, am Ende doch die territoriale Selbständigkeit des Apostolischen Stuhls in Mittelitalien, für ihn die Voraussetzung der kirchlichen Freiheit, durchgesetzt und damit zugleich eine breite, kaum überwindliche Barriere zwischen Regnum und Imperium aufgerichtet zu haben. Freilich konnte er bei weitem nicht in allen beanspruchten Gebieten an tatsächliche Herrschaftsausübung denken. Noch hielt sich Diepold von Acerra in Spoleto; der Markgraf Aldobrandin von Este zögerte anderer Bedrängnisse wegen zunächst, in die ihm verliehene Mark Ancona einzumarschieren, und stieß dort dann auf erheblichen Widerstand; in Oberitalien schließlich galt es, die vielfältigen Wünsche und Interessen verbündeter Adliger und Städte, so etwa Cremonas, zu berücksichtigen.[80]

Wie Friedrich damals seine Zugeständnisse beurteilte, ob er sich mit dem Unvermeidlichen des Vorgangs, mit dem im Augenblick ohnehin fragwürdigen Wert der dem Reich verlorenen Gebiete tröstete oder etwa mit der Hoffnung auf eine künftige Gelegenheit zur Revision, wissen wir leider nicht. Ganz im Vordergrund stand jedoch zweifellos die ihn unmittelbar be-

[79] MGH Const. 2,57–63, Nr. 46–51, vgl. 84–86, Nr. 72, zu den entsprechenden Leistungen Ottos siehe oben S. 79 und 123, zum päpstlichen Vorgehen gegen Ottos Anhänger Innozenz III., Epp. XVI 50, PL 216, 853f., XVI 70f., 871–873; vgl. Tillmann, Innocenz 146f., Laufs, Politik 289–310.

[80] Vgl. dazu Innozenz III., Epp. XVI 102, PL 216,900, XVI 117,913f., Suppl. 188f., PL 217,228f., Suppl. 192f., 232f., Suppl. 196,235f., Rolandinus Patavinus I 12, MGH SS 19,45, Annales Patavini, ad 1213, MGH SS 19,150f., sowie RI V, Nr. 6137, 6166, 12444; Acta Imperii selecta 638, Nr. 928; außerdem Waley, Papal State 62–67, Leonhard, Ancona 114–118, vgl. 93–114, Krabbo, Bischöfe 279f.

drängende Sorge um seine nächste Zukunft und die Befriedigung darüber, auch in den kommenden Auseinandersetzungen mit seinem welfischen Gegner der Rückendeckung und tatkräftigen Hilfe Roms gewiß sein zu können.

Stillstand

Otto hielt sich bis in das Frühjahr 1213 hinein am Niederrhein, im Raum um Aachen und Köln auf, um von hier aus den Aufstieg Friedrichs zu hindern. Als diese Bemühungen fehlschlugen, wandte er sich nach Sachsen, sammelte in Braunschweig ein Heer und zog im Juni zunächst gegen seinen gefährlichsten sächsischen Widersacher, den Magdeburger Erzbischof Albrecht. Er schlug die erzbischöflichen Truppen und verwüstete die Gegend um Magdeburg, vermochte Albrecht selbst jedoch nicht in seine Hand zu bekommen. Danach führte er seine Scharen an den wohlbefestigten Städten Halle, Zeitz und Naumburg vorbei in das Gebiet des Landgrafen von Thüringen. Überall ließ er Dörfer anzünden und Burgen zerstören, suchte er seinen Feinden – und das hieß, wie gewohnt, vor allem: deren Untertanen – so großen Schaden, wie irgend möglich zuzufügen. Als er im Oktober nach Braunschweig zurückkehrte, war ihm freilich kein wesentlicher Durchbruch gelungen. Eine Zeitlang schien es vielmehr sogar, als solle er selbst in ernste Bedrängnis geraten.

Friedrich nämlich glaubte sich gerade damals stark genug, um mit böhmischer und thüringischer Unterstützung gegen das Zentrum der welfischen Macht vorzustoßen. Er berief im September einen Hoftag nach Merseburg und beabsichtigte offenbar, von dort aus unmittelbar Braunschweig, den Hauptsitz seines Rivalen, anzugreifen. Sein Unternehmen kam indes schon auf halbem Wege ins Stocken. Otto hatte kurz zuvor die Quedlinburger Stiftsdamen, deren adlige Verwandte angeblich den Staufer begünstigten, aus ihrem Stift vertrieben, die Anlage befestigt und mit einer starken Besatzung versehen. Dieses Hindernis trotzte nun der Belagerung Friedrichs. Seine Truppen fielen dem schwer heimgesuchten Land bald ebenso zur Last wie vorher die des Welfen; Hunger verbreitete sich unter ihnen, und der anbrechende Winter zwang sie schließlich zum Rückzug.[81]

So stand die Auseinandersetzung um die deutsche Krone und die Herr-

[81] Reineri Annales, ad 1212–1213, MGH SS 16, 665f., Chronica regia Coloniensis, ad 1213, MGH SS rer. Germ. 18,189f., Magdeburger Schöppenchronik, ad 1213–1214, ed. Janicke 137–140, Sächsische Weltchronik, c. 350, 352, MGH Dt. Chroniken 2,239f., Cronica Reinhardsbrunnensis, ad 1214, MGH SS 30,1, 584 (Cronica Erfordensis, ad 1214, MGH SS rer. Germ. 42,212f.), Annales Rudberti, ad 1213, MGH SS 9, 780; Annales Marbacenses, ad 1213, MGH SS rer. Germ. 9, 84f., Albert von Stade, ad 1213, MGH SS 16, 355.

schaft im Imperium an der Jahreswende von 1213 auf 1214 unentschieden, der fruchtlose und lähmende, letztlich auf dem Rücken der Bevölkerung ausgetragene Streit zwischen Philipp und Otto drohte seine unselige Fortsetzung zu finden. Allerdings hatte Friedrich in kurzer Zeit Erstaunliches erreicht. Innerhalb eines Jahres war er gewissermaßen aus dem Nichts zum ebenbürtigen, in der Südhälfte des Reiches weithin anerkannten Gegner Ottos aufgestiegen, geschickt die Reichsfürsten für sich gewinnend und, anders als sein Onkel, der Hilfe von Papst und Kirche von Anfang an gewiß. Mit seinem ersten Auftreten in Deutschland hatte er die Initiative des Handelns ergriffen, während Otto zunehmend in die Rolle des eher passiv und bisweilen planlos Reagierenden geriet. Vieles sprach demnach doch dafür, daß sich der Staufer am Ende völlig würde durchsetzen können.

Friedrich suchte seine Sache auch während der winterlichen Kampfespause nach Kräften zu fördern. In diesem Bestreben ließ er den Leichnam König Philipps von Bamberg nach Speyer überführen und dort an Weihnachten 1213 feierlich beisetzen. Er folgte damit sicherlich einem Wunsch und Ratschlag seines Kanzlers, des Bischofs Konrad von Speyer, für dessen Dienste er sich außerdem noch dadurch erkenntlich zeigte, daß er der Speyrer Kirche am gleichen Tag die ihm kraft Erbrechts gehörende Kirche in Eßlingen samt allem Zubehör übertrug.

Der Akt von Speyer bedeutete jedoch mehr als nur die Abstattung einer Dankesschuld: Durch ihn bekannte sich Friedrich unzweideutig zum Königtum seines Onkels; er betonte mit ihm ausdrücklich die Kontinuität der staufischen Herrschaft, die zu sichern er sich anschickte, und wies zugleich auf ihren engen Zusammenhang mit der Herrschaft der salischen Kaiser, die in Speyer begraben lagen. Dabei mag ihn in erster Linie die Absicht geleitet haben, das Vertrauen seines staufischen Anhangs zu stärken und darüber hinaus die Verhältnisse in Deutschland noch wirkungsvoller in seinem Sinne zu beeinflussen. Dennoch entsprach sein Handeln zweifellos zugleich seiner echten Überzeugung; es bekundet, wie vollkommen er sich schon staufische Anschauung und Tradition zu eigen gemacht hatte. Persönliches Mitgefühl, aufrichtige Betroffenheit und Sorge meint man denn auch zu spüren, wenn er in seiner Speyrer Schenkungsurkunde von der dringenden und heilsamen Pflicht der Christen redet, eine etwa verbliebene Schuld ihrer Toten um des Seelenheils willen durch Gebet und Almosen tilgen zu helfen, und die Domherren zu Speyer auffordert, deswegen künftig den Todestag Philipps, „unseres allerliebsten Onkels, des ruhmreichen und erhabenen Königs der Römer", sowie denjenigen „unseres geliebten Vaters Heinrich, des berühmten und erhabenen Kaisers der Römer und Königs von Sizilien", mit besonderer Hingabe zu begehen.[82]

[82] HB 1,283–285; Reineri Annales, ad 1214, MGH SS 16,670, Burchard von

Entscheidung im Westen: Ottos Niederlage bei Bouvines

Über alles Erwarten rasch gelang Friedrich in den folgenden Monaten dank außerordentlich glücklicher Umstände der endgültige Durchbruch in Deutschland. Dabei kam erneut jene Verflechtung der deutschen Verhältnisse mit dem Geschehen in Westeuropa ins Spiel, die schon zu Zeiten Friedrich Barbarossas spürbar und im Thronstreit zwischen Philipp und Otto von maßgebender Bedeutung gewesen war. König Johann von England, der Onkel Ottos IV., hatte 1206 nach seiner Niederlage gegen den französischen König Philipp II. in den Verlust seiner französischen Lehen nördlich der Loire einwilligen, also die Normandie, die Bretagne, Anjou und Maine sowie die Touraine abtreten müssen. Während er die Rückgewinnung dieser Gebiete vorbereitete, geriet er bald in einen erbitterten Streit mit Papst Innozenz III. um die Besetzung des Erzbistums Canterbury. Da er den vom Papst unterstützten Kandidaten, den englischen Kardinal Stephan Langton († 1228), nicht ins Land ließ, verhängte Innozenz 1208 das Interdikt über England, 1209 den Bann über den englischen König. Dennoch verharrte dieser bei seiner Weigerung und ging gewaltsam gegen die zu Rom haltende englische Kirche vor. So drohte Innozenz schließlich ultimativ, die Untertanen Johanns von ihrem Treueid zu entbinden. Johanns Lage verdüsterte sich noch weiter, als der französische König Philipp in der festen Absicht, die Schwäche seines Gegners zum entscheidenden Vernichtungsschlag zu nützen, auf einem Hoftag zu Soissons im April 1213 seine Barone für das Projekt einer Invasion Englands gewann.

Wohl unter dem Eindruck dieser dramatischen Zuspitzung lenkte Johann dem Papst gegenüber vollständig ein. Im Mai gab er ihm in allen strittigen Punkten nach und nahm sein Reich von ihm zu Lehen. Dafür löste ihn der Erzbischof Langton vom Bann. Zugleich raubte sein Schachzug Philipp von Frankreich den Vorwand für sein England-Unternehmen. Philipp wandte sich statt dessen mit der schon versammelten Streitmacht nach Norden gegen seinen Vasallen Ferrand, den Grafen von Flandern (1212–1233). Auf seine Unabhängigkeit bedacht und mit Rücksicht auf die engen flandrisch-englischen Bindungen und Wirtschaftsbeziehungen hatte Ferrand nämlich die Beteiligung an dem Angriff auf England verweigert. Zur Strafe überzog der König nun sein Land mit Krieg. Er erreichte trotz einiger militärischer Erfolge freilich nur, daß der Graf, bestärkt von seinen Untertanen, offen auf Johanns Seite trat, ihm im Januar 1214 sogar den Lehenseid leistete. Johann konnte in jener Region damals außerdem auf die Hilfe der Grafen von Bou-

Ursberg, MGH SS rer. Germ. 16, 91, Annales Marbacenses, ad 1208, MGH SS rer. Germ. 9, 78.

logne und Holland rechnen und sah offenbar die Stunde des Gegenstoßes gegen das französische Königtum gekommen. Im Februar begab er sich nach Südfrankreich. Von hier aus gedachte er, in die kapetingische Krondomäne vorzudringen, während gleichzeitig seine Verbündeten von Norden her in die Ile de France einfallen sollten.[83] Das Gelingen des Unternehmens schien gewiß, als Kaiser Otto die Leitung der Nordarmee übernahm.

Otto hatte sich im Frühjahr 1213, genau zur Zeit der höchsten Bedrängnis seines Onkels also, merkwürdigerweise aus Nordwestdeutschland wegbegeben und es vorgezogen, seine sächsischen Gegner zu bekriegen, anstatt jenem oder doch dem von England unterstützten Grafen Ferrand beizustehen. Jetzt, eben im Februar 1214, kehrte er an den Niederrhein zurück. Die dringende Aufforderung Johanns und seiner festländischen Genossen, begleitet wohl von des Königs Hinweisen auf seine reichlichen bisherigen Zahlungen wie von neuen Geldsendungen und Versprechungen, mochte den Kaiser ebenso zum Eingreifen in die sich anbahnende Auseinandersetzung bewegen wie die Zuversicht, angesichts der großen Zahl der Verbündeten und ihrer wohlabgestimmten, das französische Machtzentrum gewissermaßen in die Zange nehmenden Taktik werde der Kapetinger unweigerlich eine vernichtende Niederlage erleiden. Ein Sieg der welfisch-angevinischen Sache in Westeuropa aber mußte ihm, dem Welfen, auch in Deutschland wieder die Oberhand verschaffen.

Allzu eilig hatte es Otto im übrigen nicht, aktiv die Kriegsvorbereitungen im Westen voranzutreiben. Erst nach Vorstößen gegen den Bischof von Münster und den Grafen von Geldern überschritt er, mißtrauisch vom Lütticher Bischof Hugo beobachtet, die Maas. Westlich von Maastricht traf er mit seinen Bundesgenossen zusammen, um die Einzelheiten des gemeinsamen Feldzuges zu klären. Dabei fand sich neben den Grafen von Flandern, Holland und Boulogne auch Herzog Heinrich von Brabant ein. Gerade ein Jahr zuvor hatte er zur Bekräftigung seines dem König Philipp von Frankreich damals gegebenen Beistandsversprechens dessen Tochter geheiratet. Eine schwere Niederlage gegen den Bischof von Lüttich im darauffolgenden Oktober und der Druck des Grafen Ferrand veranlaßten ihn nun wohl zu seinem neuerlichen Frontwechsel. Obwohl er selbst demnach geradezu als lebender Beleg dafür gelten konnte, wie wenig gleichzeitige Eheabsprachen

[83] Innozenz III., Ep. XV 234, PL 216, 772f.; RI V, Nr. 10762, Roger de Wendover, ad 1212–1213, ed. Hewlett 2, 63–80, ad 1214, 99, Guillelmus Armoricus, ad 1212–1213, ed. Delaborde 242–247 (c. 162–166), 249–255 (c. 169–172), Genealogiae com. Flandriae, c. 16–20, MGH SS 9, 331f., Reineri Annales, ad 1213, MGH SS 16, 666, ad 1214, 671, Chronica regia Coloniensis, ad 1213, MGH SS rer. Germ. 18, 190; Cheney, Pope Innocent 147–154, 298–343, Tillmann, Innocenz 63–68, Kienast, Deutschland 565–569, de Hemptinne, Ferrand 384.

die Dauer von politischen Bündnissen zu gewährleisten vermochten, sollte auch diesmal eine Heirat die Ernsthaftigkeit seines Schrittes bekunden: Am Pfingstmontag feierte Kaiser Otto in Aachen die Hochzeit mit Heinrichs Tochter Maria.[84]

Während sich Ottos Heer, einschließlich eines englischen Kontingentes unter Graf Wilhelm von Salisbury, einem Halbbruder König Johanns, endlich im Juli 1214 bei Valenciennes an der Grenze zwischen Hennegau und Flandern, zwischen dem Imperium also und dem französischen Königreich, versammelte, während die beteiligten Fürsten die fest erwartete Beute im voraus unter sich aufteilten, wobei Ferrand von Flandern für sich vielleicht an Paris und die Königswürde dachte, war im Süden schon die Vorentscheidung gegen sie gefallen. Dort hatte Johann zwar zunächst die Stadt Angers besetzt und befestigt, dann jedoch Anfang Juli vor dem mit einem Entsatzheer heraneilenden Thronfolger Ludwig die Flucht ergriffen, um sich fortan nicht mehr ernsthaft in das Geschehen einzuschalten. Sein Versagen durchkreuzte den Plan der Angreifer natürlich an einem wesentlichen Punkt: König Philipp besaß nun Rückenfreiheit für seine Aktion im Norden. Er rückte denn auch unverzüglich nach Flandern ein und brachte die Stadt Tournai in seine Hand. Kurz darauf näherte sich indessen von Valenciennes her die Streitmacht Ottos und drohte seine Verbindung nach dem Süden abzuschneiden. So entschloß er sich zum Rückzug in eine günstigere Stellung. Am 27. Juli 1214, einem Sonntag, begann das Absetzmanöver seiner Truppen. Doch eben als sie sich auf ihren Weg westwärts in Richtung Lille an der Marquebrücke bei Bouvines stauten, überraschte sie der Angriff der an Zahl wohl stärkeren gegnerischen Armee. Sofort entbrannte ein heftiger Kampf, in dessen Verlauf Philipp, vom Pferd gerissen, nur mit knapper Not dem Tode entging. Dennoch behaupteten sich die Franzosen, und Otto hielt seine Sache offenbar schließlich für verloren. Nachdem sein Pferd tödlich verwundet unter ihm zusammengebrochen war, ließ er sein Heer samt dem stolz auf einem Wagen mitgeführten vergoldeten Reichsadler im Stich und wandte sich eilends zur Flucht.

Philipp aber fiel ein glänzender Sieg von weitreichender Bedeutung zu.

[84] Guillelmus Armoricus, ad 1214, ed. Delaborde 266 (c. 181), (vgl. RI V, Nr. 10750–10753), Richer Senoniensis III 14, MGH SS 25, 293, Genealogiae com. Flandriae, c. 20, MGH SS 9, 332, Chronica regia Coloniensis, ad 1214, MGH SS rer. Germ. 18, 191 f., Annales S. Pantaleonis, ad 1213–1214, ebd. 235, Reineri Annales, ad 1213, MGH SS 16, 667–670 (Niederlage Heinrichs von Brabant gegen Lüttich), ad 1214, 671, vgl. HB 1, 266 f., Vita Odiliae III 9–14, MGH SS 25, 181–187. Hucker, Kaiser Otto 215, 217, geht nur kurz auf Ottos Verhalten gegenüber Johann und Philipp zwischen 1212 und 1214 ein, dessen Zögern, seine Unentschlossenheit sieht er nicht.

Im Triumph kehrte er nach Paris zurück, die Grafen von Flandern, Boulogne und Salisbury als Gefangene mit sich führend, von der Bevölkerung überall jubelnd gefeiert. Glorreich hatte er die Feinde Frankreichs verjagt und sein Ansehen als Schützer des Königreichs gefestigt, vor allem jedoch mit der Sicherung seiner Eroberungen, mit der Vergrößerung der Krondomäne um das Vierfache, den Grundstein gelegt für die dominierende Rolle der Monarchie in Frankreich und ihre künftige Bedeutung in Europa. Johann hingegen sah sich 1215 gezwungen, die in der Magna Carta Libertatum zusammengefaßten Bestimmungen über die Freiheit der englischen Kirche, über die Rechte seiner Vasallen sowie den Schutz aller freien Leute seines Königreichs zu bewilligen.[85]

Natürlich beeinflußte die Niederlage Kaiser Ottos und seiner Verbündeten bei Bouvines nachhaltig auch die Situation in Deutschland. Einmal mehr und deutlicher vielleicht als je zuvor zeigte sich, wie sehr der Aufstieg Englands und Frankreichs seit dem Ende des 12. Jahrhunderts die Verhältnisse in Europa verändert und kompliziert hatte, wie eng, vielfältig und gewichtig die wechselseitigen Beziehungen zwischen dem Imperium und jenen Königreichen geworden waren. Tradition, Verwandtschaft und Interessengleichheit wiesen beiden, Otto wie Friedrich, unterschiedliche westeuropäische Bündnispartner zu, mit denen sie sich von Anfang an fast selbstverständlich um ihres Vorteils, um der Stärkung ihrer eigenen Position willen verbanden. Dabei verzettelte Otto, wie es scheint, die englischen Subsidien lange Zeit allzu kurzsichtig in regionalen Auseinandersetzungen mit seinen niederrheinischen und sächsischen Gegnern, ohne sich planvoll und zielbewußt um die Zusammenfassung und Stärkung des Widerstands gegen Philipp zu bemühen. Offenbar mehr von außen gedrängt als aus eigenem Willen warf er 1214 dann das Steuer herum, setzte nun gewissermaßen alles auf die westeuropäische Karte und hoffte, im direkten Einsatz für die Sache seines Onkels, durch einen Sieg über den französischen König zugleich die entscheidende Wende zu seinen Gunsten in Deutschland herbeizuzwingen. Das schmähliche Scheitern dieses Unternehmens aber mußte fast zwangsläufig auch zum endgültigen Zusammenbruch seiner ohnedies wankenden

[85] Guillelmus Armoricus, ad 1213–1214, ed. Delaborde 255 (c. 173), 260–299 (c. 178–204), Genealogiae com. Flandriae, c. 20–23, MGH SS 9, 332f., Vita Odiliae III 15, MGH SS 25, 187f., Roger de Wendover, ad 1214, ed. Hewlett 2, 104–111, Richer Senoniensis III 14–16, MGH SS 25, 293–296, Chronica regia Coloniensis, ad 1214, MGH SS rer. Germ. 18, 192, Annales Marbacenses, ad 1214, MGH SS rer. Germ. 9, 85, Burchard von Ursberg, ad 1214, MGH SS rer. Germ. 16, 110f.; siehe Duby, Bouvines, bes. 24–36, 128–161, Hucker, Kaiser Otto 303–319, Baldwin, Government 207–219, Schnith, Bouvines 522f., Ehlers, Geschichte Frankreichs 132–135, Kluxen, Englische Verfassungsgeschichte 47–63, Cheney, Pope Innocent 357–382, Kienast, Deutschland 569–584, Cartellieri, Philipp 4, 341–500.

Stellung im Reich führen. In der Tat trat diese Konsequenz sehr schnell ein, und die meisten zeitgenössischen Beobachter übergehen denn auch Ottos letzte Lebensjahre mit Stillschweigen, vermerken allenfalls noch kurz seinen Tod.

Lange, wohl bis über Ostern 1215 hinaus, hielt sich der Kaiser in Köln auf, der deutschen Öffentlichkeit fast verborgen und wie gelähmt durch seinen raschen Fall. Wir hören in all den Monaten nichts von Versuchen des Welfen, seine restlichen Getreuen zu sammeln oder zu ermutigen, dagegen einiges über seine wachsenden finanziellen Sorgen, zu denen die Spielleidenschaft seiner Brabanter Gemahlin anscheinend nicht wenig beitrug. Als sich Friedrich näherte, beschlossen die Kölner, auf das ihrem kaiserlichen Gast geliehene Geld zu verzichten, und dieser verließ daraufhin ihre Stadt – vermutlich nicht gerade verkleidet und als Flüchtender, wie man da und dort behauptete, aber doch heimlich und ohne viel Aufhebens.[86] Ottos Wirkungskreis blieb von da an hauptsächlich auf den welfischen Besitz um Braunschweig beschränkt. Nur selten noch griff er darüber hinaus – am bedeutsamsten wohl mit dem vielbeachteten, aber fehlgeschlagenen Versuch, auf dem Vierten Laterankonzil im November 1215 seine Absolution zu erlangen.

Verlor Otto auf dem Schlachtfeld von Bouvines zugleich jede Aussicht auf die dauerhafte Wahrung seiner Position in Deutschland, so zog umgekehrt selbstverständlich Friedrich den größten Vorteil aus der Tatsache, daß die westeuropäische Bündnispolitik seines Rivalen, lange Zeit mit zu wenig Klarheit und Entschiedenheit betrieben, dann plötzlich ins Zentrum aller Hoffnungen gerückt, in einem militärischen Desaster endete. Die deutsche Königswürde war dem Staufer jetzt kaum mehr zu entreißen. Besorgt, ihm diese hocherfreuliche Wendung der Dinge unverzüglich zur Kenntnis zu bringen, ließ König Philipp denn auch Ottos zerschlagenen Reichsadler sofort nach der Schlacht reparieren und seinem deutschen Verbündeten zusenden. Mochte er damit noch einmal ohne viele Worte, aber eindrücklich auf seinen Anteil am Aufstieg Friedrichs hinweisen, so stellt sein Hofkaplan und Vertrauter, der Bretone Wilhem († nach 1225), doch einen anderen Aspekt der königlichen Geste in den Vordergrund: Friedrich sollte, so berichtet er, auf diese Weise erfahren, daß nach der Vertreibung Ottos die Insignien der Herrschaft nun ihm *divino munere*, als ein Geschenk Gottes,

[86] Reineri Annales, ad 1214–1215, MGH SS 16, 672f., Guillelmus Armoricus, ad 1215 bzw. 1218, ed. Delaborde 300f. (c. 207), 316 (c. 228), Cronica Reinhardsbrunnensis, ad 1214, MGH SS 30, 1, 584 (vgl. Cronica Erfordensis, ad 1214, MGH SS rer. Germ. 42, 213), vgl. außerdem Annales S. Pantaleonis, ad 1215, MGH SS rer. Germ. 18, 236, ad 1218, 246, Chronica regia Coloniensis, ad 1218, ebd. 195, Vita Odiliae III 17, MGH SS 25, 190, Richer Senoniensis III 16, MGH SS 25, 296.

übertragen seien. Ein Gottesgericht, ein weiteres unbegreifliches und wunderbares Zeichen dafür, daß Gott ihn unmittelbar leite und zum Erfolg führe, sah wohl auch Friedrich selbst in dem Geschehen zu Bouvines.[87]

Friedrich auf dem Weg zur Krönung in Aachen

Friedrich hielt sich in den ersten Monaten des Jahres 1214 in Süddeutschland auf, darum bemüht, die geistlichen und weltlichen Repräsentanten dieser Region durch die Entscheidung von Rechtsstreitigkeiten, die Ausstellung von Schutzurkunden und Besitzbestätigungen noch enger an sich zu binden. Gleichzeitig intensivierten sich wohl seine Kontakte zu Philipp von Frankreich: Die Heerfahrt nach Aachen, zu der er die im März in Koblenz versammelten Fürsten verpflichtete, sollte gewiß nicht nur den Lieblingssitz Karls des Großen, die traditionelle Stätte der deutschen Königskrönung in seine Hand bringen, sondern ganz allgemein die staufische Stellung am Niederrhein stärken und damit zugleich den französischen König in den sich anbahnenden Auseinandersetzungen entlasten. Wahrscheinlich dienten der Vorbereitung dieses Unternehmens, das nach einer etwas unbestimmten Quellenaussage zunächst vielleicht für die Zeit „nach Pfingsten", also ab Ende Mai geplant war, auch noch spätere Hoftage, wie sie etwa im Juni in Eger und Ulm stattfanden.[88] Jedenfalls überschritt das staufische Heer erst Mitte August, drei Wochen nach Bouvines also, die Mosel, und so mochte die Kunde von den Ereignissen in Flandern mindestens ebensosehr wie die Furcht vor Friedrichs offenbar recht stattlicher Streitmacht dazu beitragen, daß sich die Grafen der Gegend bis hinunter nach Jülich und Berg alsbald zum Friedensschluß bei ihm einfanden. Freilich brachen einige von ihnen dann ebenso rasch wieder ihr Versprechen – mit einem reinen Triumphzug

[87] Guillelmus Armoricus, Philippidos XII 41–50, ed. Delaborde 350, vgl. XI 20–31, 318f., zum Werk Duby, Bouvines 161–169; vgl. Reineri Annales, ad 1214, MGH SS 16, 672, die das nach Bouvines mögliche Eingreifen Friedrichs am Niederrhein unmittelbar auf Gottes Willen zurückführen, sowie Vita Odiliae III 16, MGH SS 25, 189, wo die Niederlage Ottos und Friedrichs anschließender Erfolg wie überhaupt sein Aufstieg *non virtute propria, sed pii prece martyris* (sc. *S. Lamberti Leodinensis*) begründet werden. – Die oft zitierte Aussage des Chronisten von Stift Lauterberg (Mons Serenus, Petersberg nördlich Halle), seit Bouvines hätten die Gallier begonnen, die Deutschen gering zu achten, ad 1214, MGH SS 23, 186, scheint isoliert und doch etwas übertrieben zu sein, vgl. zum Echo, das Bouvines in den Quellen fand, Duby 153–161.

[88] Chronica regia Coloniensis, ad 1214, MGH SS rer. Germ. 18, 191, vgl. Cronica Reinhardsbrunnensis, ad 1214, MGH SS 30, 1, 584 (*Rex augustus et rex Francie ... provincialibus Reni et fautoribus Ottonis inminent*); RI V, Nr. 715–743.

durfte Friedrich demnach trotz der so günstigen Voraussetzungen nicht rechnen. Dies zeigte sich gleich darauf auch vor Aachen, das ihm seine Tore versperrte.

Über die Maas rückten die königlichen Truppen weiter nach Westen vor, überall Getreide und Vieh raubend, Häuser zerstörend und das Land ausplündernd, wie der Friedrich an sich sehr wohlgesonnene Lütticher Propst Reiner als selbst betroffener Augenzeuge ihres Durchmarsches vermerken muß. Schon wenig später fiel ihnen dann, sogar kampflos, ein wichtiger Erfolg zu. Als sie sich Brabant näherten, entschlossen sich der dortige Herzog, der ewig wankelmütige Heinrich, und sein gleichnamiger Standesgenosse von Limburg (südwestlich Aachen), beide eben noch Ottos Kampfgefährten in Bouvines und immerhin Herren bedeutender Territorien des Nordwestens, nun aber offenbar tief beeindruckt von Friedrichs Stärke und Schnelligkeit, zum Einlenken. Sie unterwarfen sich dem König und schworen ihm Treue. Der Brabanter stellte überdies noch seinen Sohn als Geisel – eine in seinem Fall gewiß besonders angebrachte Sicherheitsmaßnahme. Friedrich seinerseits lag an der dauerhaften Gefolgschaft Heinrichs doch so viel, daß er ihm Maastricht, das er selbst erst wieder einlösen mußte, zu Lehen gab. Nicht die Überlegenheit der militärischen Macht allein sollte diesen Fürsten demnach an seine Seite zwingen, auch ihn hoffte er anscheinend darüber hinaus durch seine königliche Freigebigkeit auf unmittelbare und persönliche Weise zu verpflichten.

Mit der Gewinnung Heinrichs von Brabant war das Hauptziel des Feldzuges offenbar erreicht, Friedrich kehrte um. Unterstützt von den Kontingenten des Bischofs von Lüttich, die nun erst zu ihm stießen, bestürmte er noch einzelne Widerstandsnester, namentlich Jülich, dessen Graf sich ihm, neben dem Grafen von Kleve und anderen, zum zweitenmal beugte. Dann zog er nach Süden ab. Aachen und die ihm gleichfalls verschlossene, seinen Gegner Otto beherbergende Stadt Köln ließ er ungeschoren, sei es aus Scheu vor den Risiken einer Belagerung oder im optimistischen Vertrauen darauf, daß die ihn begünstigende Entwicklung Gewalt ohnehin bald entbehrlich mache.[89]

Friedrichs wichtigstes Mittel, die unangefochtene Königsherrschaft rasch vollends zu verwirklichen, blieb weiterhin die großzügige Belohnung seiner Getreuen und Bundesgenossen. So vermochte er, ohne Schaden für das Reich, seine Stellung am Rhein zu stärken, indem er Anfang Oktober die Pfalzgrafschaft nach dem kinderlosen Tod des Pfalzgrafen Heinrich, des Neffen Kaiser Ottos, dem Bayernherzog Ludwig verlieh. Ludwig trat dabei

[89] Chronica regia Coloniensis, ad 1214, MGH SS rer. Germ. 18, 192, Annales S. Pantaleonis, ad 1214, ebd. 235, Reineri Annales, ad 1214, MGH SS 16, 672; HB 1, 311–313.

wohl als Vormund für seinen Sohn Otto auf, der Agnes, die Schwester Heinrichs, heiratete.[90] Die Belehnung des Wittelsbachers erwies sich im übrigen als eine Entscheidung von seltener Tragweite, denn wie in Bayern sollten dessen Nachfahren auch im pfälzischen Gebiet links des Rheins bis zum Jahre 1918 regieren.

Weit weniger unproblematisch lagen die Dinge im Falle des tatkräftigen, im skandinavischen Raum damals dominierenden Königs Waldemar II. (1202–1241). Zwar gab es seit 1208 erhebliche Spannungen zwischen ihm und dem bis dahin unterstützten Welfen. Trotzdem mußte Friedrich, zumal der staufischen Sache im Norden des Reiches der Rückhalt noch fast ganz fehlte, eine neuerliche welfisch-dänische Zusammenarbeit fürchten, und er tat deshalb alles, um die Gunst Waldemars zu gewinnen. So wertvoll schien sie ihm, daß er die Hauptforderung des Dänen erfüllte und das von jenem besetzte Reichsgebiet jenseits von Elbe und Elde Ende 1214 förmlich an Dänemark abtrat. Wie den Egerer Abtretungen an den Papst stimmten auch diesem Verzicht die Fürsten des Reiches zu; wie in Eger konnte Friedrich auch hier der Auffassung sein, für im Augenblick ohnehin Verlorenes unentbehrliche Unterstützung eingehandelt und sich so dem ihm von Gott bestimmten Ziel auf friedliche Weise ein gutes Stück weiter genähert zu haben.[91] Das muß freilich nicht heißen, daß ihn diese Verluste des Reiches völlig ungerührt ließen. Sein späterer Versuch, sie rückgängig zu machen, weist doch wohl eher auf das Gegenteil. Von Anfang an mochte er seine Einwilligung dazu als durch die Umstände erzwungen und deshalb nicht endgültig empfunden haben.

Der Sorge für das Reich im weiteren Sinne, vor allem für das zum Imperium gehörende Königreich Arelat, galt denn offenbar auch ein zu eben jener Zeit, im November 1214, in Basel stattfindender Hoftag. Dabei knüpfte Friedrich, soweit die erhaltenen Urkunden eine Linie erkennen lassen, bewußt an die Politik seiner staufischen Vorgänger an und wiederholte vielfach wörtlich deren Privilegien, insbesondere solche seines Großvaters Friedrich Barbarossa. Wie jener arbeitete er vornehmlich mit der hohen burgundischen Geistlichkeit zusammen, die ihn anerkannte, aber natürlich auch seine Förderung erwartete, allen voran die Erzbischöfe von Vienne und Arles, deren Stellung als Primas der burgundischen Kirche, als „Führer unseres Rates, Erzkanzler im Königreich Burgund und Erster am Königshof“ bzw. als Inhaber der Hauptkirche der Provence und „des vornehmsten Sitzes des Imperiums und des Herrn Kaisers“ neben vielen anderen, unmittelbarer einträglichen Vorrechten ausdrücklich Bestätigung

[90] Ludwigs erste Nennung als *comes palatinus Reni et dux Bavarie*: MGH Const. 2, 63, Nr. 51 (6. 10. 1214), vgl. HB 1, 318f.; RI V, Nr. 10779a.

[91] MGH Const. 2, 64f., Nr. 53, vgl. RI V, Nr. 773; Lammers, Verzicht 303–337.

fand. Etwas überraschend belehnte Friedrich kurz darauf den Wilhelm von Baux († 1219), einen mächtigen Adligen der Provence, mit dem Königreich Arelat. Vermutlich wollte er auf diese Weise ein gewisses Gegengewicht gegen die aus dem Hause Barcelona, dem aragonesischen Königshaus, stammenden Grafen von der Provence schaffen. Er ließ seine Absicht dann jedoch offenbar rasch wieder fallen, wohl angesichts des Widerstandes der burgundischen Großen und Wilhelms Mißerfolg.[92]

Die tiefe Überzeugung, von Gott auserwählt und geführt zu sein, mit seiner Hilfe alle Gegner, unabhängig fast von ihrer militärischen Stärke, ihrer wirtschaftlichen oder politischen Bedeutung, am Ende zu überwinden, erfüllte und bestimmte Friedrich auch in den folgenden Monaten. „Obgleich alle Könige dem König der Könige dienen sollen, geziemt dies doch uns um so viel mehr, je mehr wir aus der Fülle seiner Gnade empfangen haben; denn in uns richtete er die Wunder seiner Macht auf, als er, die Absichten der Fürsten und die Gedanken der Völker verwerfend, den Mächtigen stürzte und uns erhob", so demütig und selbstsicher-überlegen zugleich leitete er im April 1215 ein Privileg für Erzbischof Berard, seinen altbewährten sizilischen Begleiter und verdienten Ratgeber ein, und die dem eng vertrauten Manne zugedachten Worte offenbaren zweifellos einen wesentlichen Zug seiner damaligen Gesinnung. Die Dankbarkeit des von Gott reich Beschenkten, zum höchsten Herrscheramt Berufenen veranlasse ihn, so fuhr er fort, aus der erlangten Fülle nun seinerseits vor allem die Kirche und in ihr Gott selbst freigebig zu beschenken. In den Genuß seiner Förderung und Zuwendung kamen dabei zumal jene Geistlichen, die früh seine gottgewollte Sendung erkannt und ihre Person wie ihre Mittel in seine Verfügung gestellt hatten, denn „nichts strahlt heller im Fürsten, nichts vergrößert den Ruhm des Herrschenden mehr, als wenn er die Dienste seiner Getreuen durch den gebührenden Dank anerkennt". Derart Gott wohlgefällig und wirkungsvoll unter den Menschen konnte seine *liberalitas* – ferne, seiner Sache zu schaden – ihm und seinem Reich auf Dauer nur Nutzen und Erfolg bringen.[93]

Friedrichs Zuversicht fand im Frühjahr 1215 durch den Übertritt weiterer, vermutlich meist sächsischer Großer neue Bestätigung. Zwar widersetzten sich im Nordwesten noch immer Aachen und Köln. Doch beschloß eine Fürstenversammlung Anfang Mai zu Andernach (nordwestlich Koblenz), im

[92] HB 1, 325–344 (die Zitate 325 und 335), Acta Imperii 103f., Nr. 122, dazu RI V 4, 154f., BF. 755–766; MGH Const. 2, 65f., Nr. 54, dazu RI V, Nr. 776, 14653, RI V 4, 21, Nr. 139, Scheffer-Boichorst, Erhebung 1235–1254, Baethgen, Burgund 47, vgl. Kienast, Deutschland 581f. mit Anm. 1664.

[93] Zitate: HB 1, 365 (2.4.1215, für Erzbischof Berard von Palermo), HB 1, 378f. (3.5.1215, für Erzbischof Albrecht von Magdeburg), vgl. etwa HB 1, 361, 363, 371.

Sommer militärisch gegen die beiden Städte vorzugehen – und selbst dies erwies sich dann als unnötig. Es formierte sich nämlich in Aachen neben der bislang dominierenden stauferfeindlichen Partei eine Gruppe, die die Fortführung des Widerstandes für sinnlos, ja schädlich hielt und, eingedenk der guten Aachener Erfahrungen mit früheren Stauferherrschern, Friedrich zuneigte. Möglicherweise stand dieser mit ihr in Verbindung oder wußte wenigstens von ihren Aktivitäten und wurde dadurch in seinem geduldigen Zuwarten bestärkt. Jedenfalls gelang es der pro-staufischen Opposition, die Führer des Welfenanhangs auszuschalten. Sie bemächtigte sich der Stadt und rief Friedrich auf, dort friedlich die Herrschaft zu übernehmen.

Der Staufer nützte sofort die Gunst der Stunde. Ohne einen Schwertstreich zog er, begleitet von zahlreichen Großen des Reiches, feierlich in Aachen ein. Einen Tag später, am 25. Juli, ließ er sich vom Mainzer Erzbischof am rechten, durch eine lange Tradition bestimmten Ort, in der Marienkirche, der Pfalzkirche Karls des Großen, krönen und weihen und zu Karls ehrwürdigem Thronsitz geleiten. Endgültig und in aller Form hatte er durch diese glanzvolle Zeremonie die deutsche Königswürde erlangt. „Nachdem er dort (in Aachen nämlich) einmal die Krone trug, fehlt nur noch, daß er in Rom vom Papst zum Kaiser gekrönt wird“, so unterrichtete der Bretone Wilhelm, der Biograph des französischen Königs, seine Leser; die entscheidende Rolle gerade Aachens aber gründe sich auf „die Ehrfurcht vor der Hoheit Karls des Großen, dessen Körper eben dort ruht“.[94]

Friedrich selbst, der damals eigens einen neuen, die Majestät seiner Herrschaft künstlerisch meisterhaft zur Darstellung bringenden Siegelstempel anfertigen ließ,[95] empfand Sinn und Tragweite des Geschehens besonders tief. Nach mehr als drei Jahren war sein waghalsiges Unternehmen glücklich ans Ziel geführt, sein unerschütterlicher Glaube an die ihm von Gott zugewiesene hohe Bestimmung entgegen aller Skepsis bei Freund und Feind wunderbar gerechtfertigt. So bestand Grund genug zu aufrichtiger Dankbarkeit gegen Gott wie zu Freude und Stolz über den neugewonnenen Rang, der den Erben der Staufermacht zugleich in die Nachfolge und besondere Nähe Karls des Großen, des Neubegründers des Kaisertums und erhabenen Vorbildes jedes christlichen Herrschers, stellte. Beides, echte Frömmigkeit und das sichere Bewußtsein seiner überlegenen Würde und Berufung,

[94] Guillelmus Armoricus, ad 1215, ed. Delaborde 301 f. (c. 208 f.); zu den hier und im Folgenden geschilderten Vorgängen in Aachen siehe Reineri Annales, ad 1215, MGH SS 16, 672 f., daneben Chronica regia Coloniensis, ad 1215, MGH SS rer. Germ. 18, 193, Annales S. Pantaleonis, ad 1215, ebd. 235 f., Annales Marbacenses, ad 1213, MGH SS rer. Germ. 9, 84; vgl. zu Karl d. Gr.: Petersohn, Saint-Denis 420–454, bes. 452.

[95] Siehe die Umschlagabbildung nach: Zeit der Staufer 3, Abb. 19 (nach S. 32), dazu ebd. 1, 32 f., Nr. 48, vgl. Posse, Siegel I 28,1.

prägten dann auch die Handlungen und Entscheidungen, zu denen Friedrich das Außerordentliche von Ort und Stunde drängte. Trotz allem Sinn für öffentlich wirksame Inszenierung ohne Zweifel vollkommen ernsthaft gemeint, erweisen sie einmal mehr seine Bindung an die Werte und Vorstellungen seiner Zeit.

Das Aachener Kreuzzugsgelöbnis

Das demütig-ehrerbietige Bekenntnis zur staufisch-karolingischen Vergangenheit und den Anspruch auf die künftige Wahrung ihrer Größe verband der König in einem eindrücklichen Akt zwei Tage nach seiner Krönung. Sein Großvater Barbarossa hatte 1165 Karl den Großen heilig sprechen lassen und bei diesem Anlaß die Gebeine des Herrschers wohl eigenhändig aus ihrem Grab erhoben. Nun befahl Friedrich, die kostbaren Reliquien in einen 1165 auf kaiserlichen Wunsch begonnenen, teilweise vielleicht erst im Auftrag Ottos IV. gefertigten und reich mit Goldschmiedearbeiten geschmückten Schrein aufs neue zur Ruhe zu betten, den Lebenden damaliger Sitte gemäß zur ständig sichtbaren Erinnerung. „Nach der feierlichen Messe“, so erzählt der uns bekannte, wohlunterrichtete Reiner von Lüttich weiter, „ergriff der König selbst einen Hammer, legte seinen Mantel ab, bestieg mit einem Handwerker das Gerüst und nagelte mit dem Meister zusammen vor aller Augen das Behältnis fest zu. Der Rest des Tages verging über der Predigt.“[96]

[96] Reineri Annales, ad 1215, MGH SS 16, 673. Zum Karlsschrein zuletzt Hucker, Kaiser Otto 570–575, der ihn (mit Ausnahme der auf Barbarossa zurückgehenden, Karl den Großen darstellenden Giebelseite) der Zeit nach 1209 und Otto IV. zuschreiben will. Da Otto nach Hucker (bes. 115–179) sich die Ziele seiner staufischen Vorgänger grundsätzlich völlig zu eigen machte, paßt freilich das Programm der Dachreliefs des Schreins auch dann zu der von Otto geplanten Politik, wenn diese Reliefs schon in staufischem Auftrag entstanden. Auch die Reihe der an den Längsseiten des Schreins dargestellten Herrscher weist nicht unbedingt auf Otto. Neben drei der Aachener Kirche offenbar besonders nahestehenden karolingischen Herrschern sehen wir dort in lückenloser Reihenfolge die deutschen Könige und Kaiser von Heinrich I. bis Lothar III., sofern man die namenlose Figur, die Hucker nicht erwähnt, als Konrad II. deutet. Schließlich begegnen uns Heinrich VI. und Otto IV. sowie Friedrich II. Hucker (574) erwägt, ob nicht König Philipps Figur im Juli 1215 einfach den Namen Friedrichs erhielt. Das ist denkbar. Waren Umbenennungen freilich so einfach, hätte Friedrich sie auch an anderen Stellen befehlen können, wenn die „Kaiserreihe“, die er vorfand, tatsächlich „so, wie Otto IV. sie sich wünschte“ (Hucker 573), und daher unvereinbar mit staufischen Vorstellungen gewesen wäre. Allem nach fehlten in ihr jedoch nur Konrad III. und Friedrich I. Letzterer galt indessen wohl als in der Gestalt Karls des Großen mit präsent, und beide finden sich, entgegen Huckers

Sehr viel schwerer wog ihrer bedeutenden praktischen Folgen wegen gewiß eine andere Tat des Staufers: sein wohl impulsiv unter dem Eindruck der großen Ereignisse gefaßter und schon am Krönungstage verwirklichter Entschluß, das Kreuz zu nehmen, also seine persönliche Teilnahme am Kreuzzug zu geloben. Auch damit trat er in die Bahnen seiner staufischen Vorfahren, starb doch sein Vater bei der Vorbereitung eines Kreuzzugs, sein Großvater auf diesem selbst, und das Beispiel Karls des Großen, des unermütlichen Streiters gegen die Ungläubigen, mochte ihn in seinem Vorsatz bestärken.[97] Zugleich jedoch bekannte er sich zu einer Aufgabe, die die westliche Christenheit nach wie vor anging und beschäftigte, trotz des fehlgeleiteten, mit der Eroberung von Konstantinopel endenden Unternehmens von 1204 und gerade auch nach dem ruhmreichen Sieg der spanischen Könige über die islamischen Almohaden bei Las Navas de Tolosa (nordöstlich Córdoba) im Juli 1212.

Schon im Frühling desselben Jahres waren in Nordfrankreich und insbesondere in Lothringen und am Rhein ohne erkennbaren Anlaß, ohne einen Aufruf Geistlicher etwa, unzählige Kinder und Jugendliche, aber auch etliche Erwachsene, von Acker und Weide weggelaufen und hatten sich in der festen Überzeugung zusammengefunden, ihnen, den Armen und Unschuldigen, werde das gelingen, was den Königen und Mächtigen bisher versagt blieb: die Wiedergewinnung von Christi Grab. Ihren Eltern und Verwandten, die sie verzweifelt von einem derart aussichtslosen und törichten Vorhaben abzuhalten suchten, antworteten sie, sie gehorchten einem göttlichen Befehl und seien bereit, alles zu erdulden, was Gott beschließe. Ein

Behauptung, auf dem 1165 entstandenen Armreliquiar Karls, das also durchaus im Zusammenhang mit der Schreins-Reihe gesehen worden sein mochte. Gewiß bleibt mancherlei Unsicherheit. Nichts jedoch spricht gegen die Annahme, daß Friedrich den Karlsschrein als ein programmatisches Vermächtnis seiner staufischen Vorfahren auffaßte und sich mit dessen Vollendung zu deren Leistungen und Zielen bekennen wollte. Vgl. Grimme, Karl 234–255 (mit Abb. 7–14), zum Armreliquiar auch Zeit der Staufer 1,398f., Nr. 538 (D. Kötzsche).

[97] Hucker, Kaiser Otto 575, sieht in Friedrichs Kreuzzugsversprechen vor allem den Versuch, der Öffentlichkeit nachzuweisen, „daß er in die volle Nachfolge des Kaisers (sc. Ottos) eingetreten sei“. Ottos Kreuzzugsgelübde war jedoch nur dem Bischof von Cambrai bekannt, seine Kreuzzugsvorbereitungen der Öffentlichkeit, sofern sie sich ihr überhaupt je als so zielgerichtet und umfassend darstellten, wie Hucker 115–187 sie schildert, im Jahre 1215 wohl kaum als seine wesentliche Leistung im Bewußtsein. Friedrich war deshalb schwerlich genötigt, im Blick auf Ottos Bemühungen auf diesem Felde – wenn er denn von ihnen erfuhr – öffentlich aktiv zu werden. Wie bei der Schließung des Karlsschreins berührte sich sein Handeln auch hier mit dem des Welfen, weil sich beide gleicherweise an ihren staufischen Vorgängern ausrichteten.

ähnlich leidenschaftlicher Wille, sich Gott zu unterwerfen, sich unter Aufgabe jeder irdischen Bindung ganz für Gottes Sache einzusetzen, begegnete uns als ein wesentliches Merkmal der neuen religiösen Bewegungen jener Zeit überhaupt, und im Zusammenhang mit ihnen wird man den Kinderkreuzzug in der Tat sehen müssen.

Während man die nach St. Denis gekommenen Kinder offenbar doch noch zur Aufgabe bewegen konnte, zogen die deutschen Scharen, von der Bevölkerung mit dem Nötigsten versorgt und vielfach in ihrem Glauben ernstgenommen und bewundert, über die Alpen nach Oberitalien – in eben den Sommertagen, als sich dort ihr Altersgenosse Friedrich mühsam nach Norden durchschlug, von seiner gottgewollten Sendung überzeugt auch er. Die Spuren der jugendlichen Kreuzfahrer verlieren sich dann freilich. Einige scheinen tatsächlich wenigstens auf Schiffe gelangt zu sein; die meisten jedoch mußten sich als Knechte und Mägde verdingen oder erlitten ein noch schlimmeres Schicksal, wenige kehrten enttäuscht und verspottet zurück. Neugierige Aufmerksamkeit und heftige Diskussion aber löste ihr Marsch allenthalben aus. Viele Chronisten berichten recht ausführlich über ihn, oft zusammen mit Nachrichten über die gleichzeitigen Erfolge der ritterlichen Kreuzfahrer in Südfrankreich und Spanien. Sie gestehen zuweilen ihre Ratlosigkeit dem unerhörten Phänomen gegenüber ein; häufiger allerdings verurteilen sie den Zug der Kinder, der unüberlegt, ja auf teuflische Einflüsterung begonnen, übel habe enden müssen.[98]

Inzwischen hatte Papst Innozenz III., dessen wichtigstes Anliegen nach seinen eigenen Worten neben der Reform der Kirche von je die Rückeroberung des Heiligen Landes gewesen war, seine Kreuzzugspläne keineswegs aufgegeben. Vielmehr ging er unmittelbar nach der Stabilisierung der Lage in Spanien an die Vorbereitung eines neuen Projekts, für das er im Frühjahr 1213 mit einem langen, eindringlichen Aufruf an die gesamte Christenheit zu werben begann. Jeder Gläubige, so schrieb er, sei um seines Heiles willen zur Mitwirkung verpflichtet. Wer sie verweigere, der lade schwere Schuld auf sich, dem drohe das gerechte Verdammnisurteil des Jüngsten Gerichts.

[98] Chronica regia Coloniensis, ad 1213, MGH SS rer. Germ. 18, 190f., Annales S. Pantaleonis, ad 1212, ebd. 234, Annales Marbacenses, ad 1212, MGH SS rer. Germ. 9, 82f., Gesta Treverorum cont., MGH SS 24,398f., Chronicon Ebersheimense, c. 36, MGH SS 23, 450, Reineri Annales, ad 1212, MGH SS 16, 665, Sicardi Cronica, ad 1212, MGH SS 31, 180f., Annales Placentini Codagnelli, ad 1212, MGH SS rer. Germ. 23, 42, vgl. Continuatio Admuntensis, ad 1212, MGH SS 9, 592, Annales Rudberti, ad 1212, ebd. 780, Richer Senoniensis IV 3, MGH SS 25, 301, Albert von Stade, ad 1212, MGH SS 16, 355; Miccoli, Crociata 407–443, Raedts, Children's Crusade 279–323, siehe dazu und zum Folgenden auch Mayer, Kreuzzüge 188–194, 170–178, Tillmann, Innocenz 220–233.

Aufgrund seiner Binde- und Lösegewalt verspreche er allen, die selbst und auf eigene Kosten auszögen, die volle Verzeihung der in aufrichtiger Buße bereuten Sünden, ebenso – eine wichtige Neuerung – denjenigen, die ihrem Vermögen gemäß geeignete Männer für den Zug ausstatteten, und den auf fremde Kosten Aufbrechenden. Doch auch die Gebrechlichen und völlig Mittellosen schloß Innozenz keineswegs vom großen Werk aus: Ihnen befahl er, Gott in monatlichen Prozessionen um die Befreiung der heiligen Stätten zu bitten. Das gleichzeitig für den November 1215 angekündigte allgemeine Konzil sollte als einen Hauptpunkt die weitere Förderung des Kreuzzugs behandeln; schon jetzt würden sich indessen päpstliche Beauftragte um seine Organisation kümmern.[99]

In der Tat traten päpstliche Kreuzzugsprediger bald in den meisten Diözesen des Reiches auf. Am Niederrhein und in Friesland wirkte offenbar mit besonderem Erfolg der Kölner Domscholaster Oliver († 1227), der später, in den Jahren 1217 bis 1222, die Kreuzfahrer aus seinem Zuständigkeitsbereich auch persönlich nach Akkon und Damietta (im Nildelta) führte, eine Geschichte dieses Kreuzzuges abfaßte und nach seiner Rückkehr Bischof von Paderborn und Kardinal wurde. Reiner von Lüttich, der Oliver und sechs von ihm berufene Prediger drei Tage lang bei ihrer Tätigkeit in seiner Heimatstadt beobachtete, erzählt von dem dabei herrschenden unglaublichen Gedränge und von der Bereitschaft des in Massen herbeieilenden Volkes zur Kreuzesnahme, allerdings auch davon, daß Oliver die leichtfertigen, allzu maßlosen Ablaßversprechungen seiner Helfer zu beanstanden hatte. Nicht nur von ihm, auch von dem in der gleichen Gegend aktiven Magister Johannes von Xanten, damals Kanoniker und später Dekan an der Aachener Marienkirche, ging die Kunde, ein über ihm am Himmel erscheinendes Kreuz habe zuweilen die Aufmerksamkeit der Menge plötzlich und sehr ausschließlich vom Markttrubel weg auf seine Rede hingelenkt.[100]

Derartige Berichte veranschaulichen die Intensität und die Methoden der päpstlichen Kreuzzugspropaganda ebenso gut, wie die besondere, aus Sensationslust, religiöser Aufgewühltheit, Bußfertigkeit und kämpferischem Tatendrang gemischte Stimmung, die sie unter den Menschen hervorrief.

[99] Innozenz III., Epp. XVI 28–30, PL 216, 817–825, vgl. Burchard von Ursberg, ad 1212, MGH SS rer. Germ. 16, 101–107, Richard von S. Germano, ad 1212–1213, ed. Garufi 43–55; zum 5. Kreuzzug siehe auch Roscher, Innocenz 140–169, Powell, Anatomy 15–120, Maccarrone, Studi 86–122.

[100] Reineri Annales, ad 1215, MGH SS 16, 672 f., Chronica regia Coloniensis, ad 1214, MGH SS rer. Germ. 18, 192 f.; zu Oliver: Wattenbach-Schmale 1, 367–369, zu Johannes: Meuthen, Urkunden 268, 281 f., Crusius, Konrad 463 f., vgl. Pixton, Anwerbung 169 f., 174, 177 f., 182–185; Kritik an der päpstlichen Kreuzzugsfinanzierung: Walther von der Vogelweide, L 34,4–23, vgl. L 33,1–34,3 und L 34,24–33, dazu Siberry, Criticism, bes. 10, 66 f., 128 f.

Ganz offenbar machten die Kreuzzugswerbung und die offene Aufnahme ihrer Botschaft bei der Bevölkerung, aber auch bei manchen Fürsten wie Herzog Ludwig von Bayern, einen starken Eindruck auf Friedrich, zumal sich einzelne Prediger, Abt Eberhard von Salem etwa oder Bischof Konrad von Regensburg, als hohe Geistliche des Reiches relativ häufig an seinem Hof einfanden. So darf man annehmen, daß er, im Innersten durchdrungen von dem Glauben, Gott selbst habe ihn auf den Aachener Karlsthron erhoben, im Ruf der Kreuzzugsprediger die unmittelbar ihm selbst geltende Aufforderung Gottes erkannte und sich entschloß, Gott den ihm gebührenden Dank in Form seiner für die ganze Christenheit beispielgebenden Verpflichtung zum Kreuzzug abzustatten. Mit feierlich-eindringlichen Worten gedachte er noch zwölf Jahre später des Vorgangs: „Voller Demut sannen wir darüber nach, was wir dem Herrn für die uns erwiesenen unendlichen Wohltaten darbringen sollten. Als wir dann sofort nach Empfang der Krone des Reiches zu Aachen unsere Schultern mit dem Kreuzeszeichen schmückten, boten wir damit, obschon es keine gleichwertige Gegenleistung des Geschöpfes an seinen Schöpfer gibt, unsere Person und unsere Macht demütig und reinen, aufrichtigen Herzens dem Herrn dar, nicht als ein gewöhnliches Opfer, sondern als ein *holocaustum*, als echte, vollständige Hinopferung."[101] Gewiß verleitete die hochdramatische Gegenwart des Dezembers 1227 den Zurückblickenden zu mancher rhetorischen Zuspitzung und Übersteigerung; seine fromme Ergriffenheit stellte er grundsätzlich wohl dennoch zu Recht als das ihn seinerzeit Bestimmende heraus.

Dieselbe Gesinnung veranlaßte ihn damals, an dem auf seine Krönung folgenden Tag, einem Sonntag, bis in den Spätnachmittag hinein in der Marienkirche den Kreuzzugspredigten zu lauschen. Sie bewegte ihn vor allem – mit gutem Grund hat man auf diesen Zusammenhang immer wieder hingewiesen –, vier Wochen später die sich alljährlich im September zum Generalkapitel versammelnden Zisterzienseräbte um die Aufnahme in ihre Gebetsgemeinschaft zu bitten. Überzeugt, daß ihr Flehen vor Gott Gehör finde und den gerechten göttlichen Zorn vom Sünder abzuwenden vermöge, rief er sie geradezu inständig an, ihm durch ihre fromme Fürsprache bei Gott die einem christlichen Herrscher nötige, friedenstiftende Urteilskraft und Wahrheitsliebe zu erwirken. Daneben aber sollte ihr Gebet seinem am Krönungstag gelobten Einsatz für die Befreiung der heiligen Stätten gelten. Dafür versprach er ihrem Orden seinen Schutz und seine besondere Fürsorge. Die Verehrung und hohe Wertschätzung des Königs für die Zister-

[101] Manifest nach der Exkommunikation durch Gregor IX., MGH Const. 2, 150, Nr. 116(5) (6. 12. 1227); Kreuzesnahme Ludwigs von Bayern auf dem Hoftag zu Andernach, 1. 5. 1215: Annales S. Pantaleonis, ad 1215, MGH SS rer. Germ. 18, 235 f., vgl. Pixton, Anwerbung 179 f.

zienser, die in dem sehr persönlich gehaltenen, im übrigen bald positiv beantworteten Dokument sichtbar wird, beruhte wohl auf deren eigentümlicher Lebensform, die strenge Einfachheit und Askese mit Handarbeit, vor allem handwerklich-technischer Betätigung verband. Sie spornte die Mitglieder dieser im 12. Jahrhundert geradezu stürmisch wachsenden Mönchsgemeinschaft in vielen praktischen Bereichen, etwa in der Landwirtschaft, im Bergbau, in der Baukunst oder der Verwaltung, zu vorbildlichen Leistungen an und bescherte ihr rasch größtes Ansehen und reiche Wirkungsmöglichkeiten überall in Europa. [102] Friedrich blieb ihr bis zu seinem Tode eng verbunden, während er zu den in seiner Zeit neu entstehenden, also eigentlich modernen Bettelorden bezeichnenderweise in keine vergleichbare Beziehung trat.

Wie beim Schließen des Karls-Schreines verwob sich bei Friedrichs Kreuzesnahme ernst gefühlte Religiosität untrennbar mit dem Sinn für die Hoheit der ihm zugefallenen Stellung, begründete doch eben sie die Größe seiner Dankesschuld. Überlegene herrscherliche Würde erwies sich in beispielhaftem Verhalten, und ein solch bestimmendes Zeichen seiner Führerschaft wollte Friedrich seinen Untertanen mit seiner Kreuzesnahme zweifellos geben. In der Tat bewirkten sein Vorbild und Zureden, seine mehrtägige, geradezu demonstrative Anwesenheit bei den Predigten und nach seiner eigenen Aussage wohl auch seine Versprechungen und Schenkungen, daß sich eine große Zahl geistlicher und weltlicher Fürsten, hoher Adliger und einfacher Ritter entschloß, es ihm nachzutun und ebenfalls die Kreuzfahrt zu geloben.

Gewiß traf Friedrich seine Entscheidung sehr kurzfristig, so daß nur wenige schon vorher um sie wußten. Sie fiel aber vermutlich nicht erst am Krönungstage selbst. Der König machte sie ja gleich nach der Krönungsmesse bekannt, also offenbar noch vor dem Einsatz der Kreuzzugsprediger und nicht unter ihrem unmittelbaren Einfluß. Außerdem trat in Aachen neben Johannes von Xanten und anderen, wie jener wohl ohnehin für die Region zuständigen Kreuzzugspredigern anscheinend auch der Speyrer Domdekan Konrad auf, der spätere päpstliche Pönitentiar und Bischof von Hildesheim († 1248), ein hochgebildeter Mann, der während seiner Studienjahre in Frankreich schon Erfahrungen bei der Bekämpfung der Albigenser gewonnen hatte. Papst Innozenz hatte ihm jetzt als Aktionsfeld für die Kreuzzugswerbung die Erzdiözese Mainz zugewiesen. Sein Erscheinen in Aachen

[102] Statuta Ordinis Cisterciensis 1215, ed. Canivez 431–434, vgl. Acta Imperii 1, 110f., Nr. 131, sowie ebd. 109, Nr. 129, 126, Nr. 149, HB 1, 412, 471; vgl. Schaller, Kanzlei 1, 250–255, allgemein Lekai-Schneider, Geschichte 21–89, 232–242, sowie Elm, Zisterzienser, bes. 31–242, zum Verhältnis Staufer – Zisterzienser: Rösener, Zisterzienserklöster 29–35, 41f., 45–47, 50–52, Schulz, Zisterzienser 165–193.

könnte also, wenn ihn nicht etwa der ihm bekannte Johannes zu seiner Unterstützung herbeirief, auf die Aufforderung seines Bischofs, des Reichskanzlers Konrad von Speyer, und indirekt des Königs selbst zurückzuführen sein. Es wäre dann ebenfalls ein gewisses Indiz dafür, daß Friedrich, seitdem sich der friedliche Gewinn Aachens abzeichnete, im Zusammenhang mit seiner dortigen Krönung eine Kreuzzugsinitiative plante.[103]

Kaum glaubhaft erscheint indessen, daß Friedrich mit seiner Tat nicht nur Dankbarkeit gegen Gott abzustatten und seinen Getreuen als vorbildlicher Herrscher voranzugehen dachte, sondern durch einen „genialen diplomatischen Zug" zugleich „sich selbst an die Spitze der Kreuzzugsbewegung (stellen)" und „dadurch dem päpstlichen Imperator die Führung und Leitung der Kreuzfahrt unversehens aus den Händen (nehmen)" wollte, so daß Papst Innozenz „peinlich berührt" gewesen wäre.[104] Noch mußte der Staufer mit der Macht und dem Einfluß Kaiser Ottos im Norden Deutschlands rechnen, wohin sich dieser damals gerade zurückzog; noch stand die endgültige Entscheidung der Kirche zugunsten von Friedrichs künftigem Kaisertum aus; noch immer stützte sich Friedrich vor allem auf die hohe Geistlichkeit seines Reiches und den wohlwollenden Rückhalt des Papstes. Tatsächlich unternahm der König denn auch weder sofort noch in den folgenden Jahren allzuviel, um das Papsttum als überragender und bestimmender Vorkämpfer des Kreuzzugsprojektes auszustechen. Ganz im Gegenteil: Gerade sein geringer Ehrgeiz, sein halbherziges Engagement in dieser Sache sollte in Rom wachsende Ungeduld und Verärgerung hervorrufen.

Über die Reaktion von Papst Innozenz auf Friedrichs Kreuznahme wissen wir gar nichts – vielleicht sind Briefe mit einschlägigen Bemerkungen wie so viele Schreiben aus seinen letzten Jahren verlorengegangen. Gewiß zielten Innozenz' Kreuzzugsaufrufe vor allem auf die Gefolgschaft breiter Volksmassen. Überzeugt von der Dringlichkeit eines neuen Unternehmens blieb ihm freilich auch kaum eine andere Möglichkeit nach seinen schlechten Erfahrungen mit den gekrönten Häuptern Europas, denen wie fünfzehn Jahre früher so auch jetzt wieder der Kampf um ihre eigenen Länder weit näher lag als die Sorge um das Heilige Land. Trotz dieser Enttäuschungen lehnte er

[103] Siehe Friedrichs eigene Schilderung, MGH Const. 2, 150, Nr. 116(5) (*quam cito imperii diadema recepimus ..., personam ... obtulimus Domino*), vgl. Reineri Annales, ad 1215, MGH SS 16, 673 (*nec mora, post missam idem rex ex insperato signum ... crucis accepit*); außerdem Annales S. Pantaleonis, ad 1215, MGH SS rer. Germ. 18, 236, Annales Marbacenses, ad 1213, MGH SS rer. Germ. 9, 84, dazu Crusius, Konrad 434–444, bes. 441, und 463f., Meuthen, Urkunden 268.

[104] Kantorowicz, Friedrich 71; ähnlich Van Cleve, Frederick 96f., ders., Crusade 430f., Mayer, Kreuzzüge 194, vgl. Abulafia, Frederick 120–122; siehe dagegen schon Tillmann, Innocenz 232 mit Anm. 57.

ihre Teilnahme indes keineswegs grundsätzlich ab. Eher resigniert klingt vielmehr seine Aufforderung vom April 1213, „die Könige und Fürsten, die Grafen, Barone und andere Magnaten, die vielleicht nicht in eigener Person in den Dienst des Gekreuzigten eintreten", sollten wenigstens eine angemessene Zahl von Bewaffneten ausrüsten. An der Hoffnung auf eine unmittelbare königliche Mitwirkung hielt er jedoch fest: Wenn es sinnvoll scheine, so erklärte er im November 1215 vor dem Laterankonzil, werde er sich selbst „zu den Königen und Fürsten, den Nationen und Völkern" begeben und sie aufrufen, „daß sie sich erheben, um den Kampf des Herrn zu kämpfen, das am Gekreuzigten begangene Unrecht zu rächen".[105]

Damals hatte neben dem ungarischen bereits ein zweiter abendländischer König das Kreuz genommen: Johann von England. Sofern er, wofür vieles spricht, diesen Schritt vornehmlich tat, um sich des päpstlichen Schutzes gegen seine innenpolitischen Widersacher noch wirksamer als seither zu versichern, dann ging seine Rechnung voll auf. Mehr als einmal erinnerte Innozenz die englischen Barone eindringlich daran, daß ihr König als Kreuzfahrer seine, des Papstes, besondere Protektion genieße, weil er von ihm wertvolle Hilfe für das Heilige Land erwarte. Ihre Feindschaft gegen Johann aber drohte nach seiner Meinung den Kreuzzug zu vereiteln, sie waren in seinen Augen deshalb schlimmer als die Sarazenen und verfielen schließlich der Exkommunikation.[106] Nichts hindert die Annahme, daß der Papst das Kreuzzugsgelübde Friedrichs mit ähnlicher Zuversicht begrüßte wie das Johanns, ohne auf der Höhe seines Ansehens und Einflusses von dem jungen, vielfach auf ihn angewiesenen Herrscher eine Konkurrenz zu fürchten.[107]

[105] Innozenz III., Ep. XVI 28, PL 216, 819 C, vgl. 817 (April 1213), vgl. ders., Expeditio pro recuperanda terra sancta, Conciliorum decreta 244 (14. 12. 1215, ähnlich Roger de Wendover, ad 1215, ed. Hewlett 2, 156f.; zu Entstehung und Zusammenhang der beiden Texte: Kuttner-García, Eyewitness 133f., 156, 174–177); ders., Sermo in concilio generali Lateranensi habitus, PL 217, 676 A (= Richard von S. Germano, ad 1215, ed. Garufi 65); vgl. ders., Ep. I 336, ed. Hageneder 499,26–500,24, 501,14–502,4 (15. 8. 1198); siehe dazu und zum Folgenden Roscher, Innocenz 148, 153–158, Powell, Anatomy 43, 108f. – Über die verlorenen Jahrgänge 17 bis 19 von Innozenz' Register vgl. Haidacher, Beiträge bes. 44–51.

[106] Roger de Wendover, ad 1215, ed. Hewlett 2, 114, 139f., 142f., 145, 151f., 168; zur Exkommunikation auf dem Laterankonzil vgl. den Augenzeugenbericht bei Kuttner-García, Eyewitness 128, 159–168 (*Proposuitque dominus papa quam potens esset idem rex tam in persona quam in rebus terre sancte prebere subsidium*), siehe dazu ebd. 156–158; vgl. Cheney, Pope Innocent 260–263, 387–391.

[107] Van Cleve, Frederick 96f., führt als Indiz für Innozenz' Unwillen die Bemerkung Papst Gregors IX. an, Friedrich habe das Kreuz *sponte, non monitus, sede apostolica ignorante* genommen. Sie stammt aus jener Enzyklika, mit der Gregor Friedrichs erste Exkommunikation bekanntmachte (10. 10. 1227; MGH Epp. saec.

Am Ziel: Innozenz' Urteil auf dem Vierten Laterankonzil

Die Autorität, die Innozenz zu jener Zeit in der abendländischen Christenheit genoß, zeigte sich nirgends eindrucksvoller als auf dem Vierten Laterankonzil, das nach langer Vorbereitung im November 1215 unter seiner Leitung tagte. Kaum ein zeitgenössischer Chronist versäumte, das bedeutende Ereignis zu würdigen oder wenigstens auf seine große Teilnehmerzahl hinzuweisen. In der Tat führte es die Repräsentanten der lateinischen Kirche so zahlreich wie selten zuvor zusammen. Über vierhundert Kardinäle, Erzbischöfe und Bischöfe, an ihrer Spitze die Patriarchen von Konstantinopel und Jerusalem, dazu ungefähr doppelt so viele Äbte, Prioren sowie Delegierte von Domkapiteln und Stiften, schließlich die Gesandten weltlicher Herrscher, Friedrichs II. etwa oder des lateinischen Kaisers von Konstantinopel, der Könige von Frankreich, Ungarn oder Aragon, aber auch Konsuln italienischer Städte – sie alle fanden sich in drangvoller, hin und wieder geradezu lebensgefährlicher Enge zu den drei feierlichen Plenarversammlungen in der Lateranbasilika ein. Die auf dem Konzil gefaßten Beschlüsse betrafen, Innozenz' Absicht gemäß, vor allem die Reform der Kirche und den Kreuzzug. Sie definierten den Glauben, behandelten dogmatische und kirchenrechtliche Fragen, trafen Vorkehrungen für eine wirkungsvollere Ketzerbekämpfung, schärften die Rechte wie die Aufgaben und Pflichten der Geistlichen ein, äußerten sich zur Zuständigkeit der weltlichen Gerichte gegenüber Klerikern, bekräftigten die Immunität der kirchlichen Güter,

XIII 1, 282, Nr. 368), und trifft wohl, wie wir sahen, bezüglich des *sponte* völlig zu. Gregor betonte die absolute Freiwilligkeit von Friedrichs Entschluß, um die Geduld der Kirche mit ihm und die Berechtigung ihres Bannspruches um so eindrücklicher vor Augen stellen zu können; er sagt jedoch nichts von päpstlichem Unmut darüber, im Gegenteil: Die Kreuznahme erscheint als *iucundum auspicium*, und die Kirche überschüttet den König mit Gnadenerweisen, um seine Kreuzfahrt zu beschleunigen – ärgerlich ist allein, daß dieser sein Vorhaben wieder und wieder aufschiebt. Andererseits läßt Gregors Behauptung, Friedrich habe *sede apostolica ignorante* gehandelt, doch sehr zögern, in der leicht aus ihrer politischen Stellung erklärbaren, sich auch nach Juli 1215 fortsetzenden Anwesenheit bestimmter Kreuzzugsprediger am Hofe, auch aus dem einmaligen Erscheinen des damaligen Meißener Domherren, päpstlichen Subdiakons und Kreuzzugslegaten Nikolaus in Eger im März 1215, auf das vorausgehende päpstliche Einverständnis zu schließen, geschweige denn darauf, „daß Innocenz den Staufer ... zum Kreuzzug aufrufen ließ", Roscher, Innocenz 154, vgl. Powell, Anatomy 23, 43, 74f., 108f., Pixton, Anwerbung 181f., Schaller, Kanzlei 1, 257, dagegen Crusius, Konrad 441, siehe dazu Stürner, Kreuzzugsgelübde 303–315. Engels, Staufer 131, bezeichnet den Kardinalbischof Hugo von Ostia als den Empfänger von Friedrichs Kreuzzugsversprechen in Aachen; Hugo war damals jedoch in Rom, siehe Maleczek, Papst 130, 390f.

legten Einzelheiten fest über die weitere Werbung für den Kreuzzug, über seine Finanzierung und Organisation, über den Ablaß und den besonderen Rechtsschutz für die Kreuzfahrer, die am 1. Juni 1217 von Brindisi und Messina aus in Anwesenheit des Papstes und mit seinem Segen nach Osten absegeln sollten. Außerdem nützte Innozenz das Forum des Konzils, um eine ganze Reihe anderer das Abendland damals bedrängender Probleme zu klären und damit der von ihm beanspruchten übergreifenden Verantwortung für die Christenheit vor deren vornehmsten Vertretern gerecht zu werden. Zu seinen Entscheidungen gehörte die Exkommunikation der englischen Barone, die gegen ihren zum Kreuzzug bereiten König revoltierten, oder die Bestrafung Raimunds VI. von Toulouse, der seine Grafschaft wegen seiner Duldung, ja Förderung der dortigen Ketzer an seinen Gegner Simon von Montfort, den Leiter des Albigenser-Kreuzzuges, verlor.[108]

Die zweite Vollversammlung des Konzils am 20. November widmete der Papst indes ganz der Frage des Kaisertums. Unklar bleibt, von wem die Initiative dazu ausging. Natürlich lag Friedrich II. nach der Aachener Krönung an einer festen Zusage Roms bezüglich der Kaiserwürde. Ebenso selbstverständlich mußte man auf staufischer Seite jedoch damit rechnen, daß Otto im Konzil die wohl letzte Gelegenheit zu seiner Rehabilitierung sah und entsprechende Schritte unternahm – vermutlich wußte man sogar um seine Aktion und stellte sich auf sie ein. Ottos Vorstoß war ja trotz seiner jüngsten Mißerfolge keineswegs völlig aussichtslos, verwandte sich für ihn doch sein Onkel Johann von England, der bei Innozenz wieder Ansehen genoß und zudem über einigen Einfluß im Kardinalskollegium verfügte. Erreichte der Welfe aber erst einmal die Aufhebung seiner Exkommunikation, konnte auch seine erneute Anerkennung als König und Kaiser denkbar erscheinen.

Von der Beratung des Gegenstandes auf dem Konzil berichten zwei Augenzeugen, Richard von San Germano und ein unbekannter deutscher Beobachter. Zwar gehen ihre Schilderungen im einzelnen vielfach auseinander. Einhellig aber zeigen sie, welch großes Gewicht man der Angelegen-

[108] Die Canones des Konzils: Conciliorum decreta 206–243, die Kreuzzugsbeschlüsse: Expeditio pro recuperanda terra sancta, ebd. 243–247; über die Teilnehmer vgl. Werner, Teilnehmerliste 584–592, Hucker, Kaiser Otto 327–330, 650 f.; siehe die Augenzeugenberichte Richards von S. Germano, ad 1215, ed. Garufi 61–73, sowie eines deutschen Anonymus, edd. Kuttner-García, Eyewitness 123–129, Kommentar ebd. 129–167, außerdem etwa Roger de Wendover, ad 1215, ed. Hewlett 155–161, Annales Marbacenses, ad 1215, MGH SS rer. Germ 9, 86, Burchard von Ursberg, ad 1215, MGH SS rer. Germ. 16, 111 f., Reineri Annales, ad 1215 (vgl. ad 1216), MGH SS 16, 674, Cronica Reinhardsbrunnensis, ad 1215, MGH SS 30, 1, 588, Chronicon Montis Sereni, ad 1215, MGH SS 23, 186, Richer Senoniensis IV 1, MGH SS 25, 300 f.; Foreville, Latran 245–317, vgl. Tillmann, Innocenz 152–170, 184, 199.

heit beimaß, wie leidenschaftlich man sie noch immer diskutierte, zumal wenn die oberitalienischen Parteigegensätze die Meinungsverschiedenheiten verschärften. So wild und wirr wechselten zuweilen Rede und Widerrede, daß niemand mehr etwas verstand und Innozenz selbst den Tumult beruhigen mußte. Berard, Friedrichs bewährter Begleiter und Helfer, seit 1213 Erzbischof von Palermo, verlas zunächst ein Schreiben des Königs und stellte ihn offenbar als den rechtmäßigen künftigen Kaiser vor. Schon die Bitte einiger Mailänder, als Vertreter Ottos dem Konzil auch dessen Brief zur Kenntnis bringen zu dürfen, rief dann einen Sturm der Entrüstung hervor. Markgraf Wilhelm von Montferrat, der eigentliche, sichtlich wohlvorbereitete Anwalt der staufischen Sache, bestritt ihnen als Eidbrüchigen und Ketzerfreunden das Rederecht und legte sieben Gründe dar, die die Absolution Ottos verböten, darunter seine Meineidigkeit, den Raub der Länder der Kirche in Mittel- und Süditalien sowie seine Gewalttaten gegenüber dem Bischof von Münster und dem Damenstift Quedlinburg. Dennoch gab Innozenz der Abordnung des Welfen das Wort – die Hitze des Streits erhöhte ja nicht zuletzt auch den Wert seines Spruches. Ottos Botschaft richtete sich anscheinend an die Konzilsväter; er flehte sie an, beim Papst seine Absolution zu erwirken, da er ernstlich bereue und sich vollkommen den päpstlichen Weisungen unterwerfe. Anschließend entspann sich eine heftige Debatte, die allem nach chaotisch und ohne Ergebnis endete. Innozenz deutete hier seine negative Haltung gegenüber Otto bereits an, verkündete sein Urteil jedoch erst zehn Tage später, auf der Schlußsitzung des Konzils: „Niemand soll daran zweifeln: Was die Fürsten Deutschlands und des Imperiums hinsichtlich Friedrichs, des Königs von Sizilien, getan haben, halten wir für rechtskräftig; wir wollen und werden ihn gewiß in allem begünstigen und fördern.“[109]

Friedrich stand am Ziel. Die päpstliche Prüfung hatte seine Erhebung zum deutschen König als korrekt und gültig erwiesen. Nichts mehr vermochte jetzt ernsthaft seine Kaiserkrönung zu gefährden. Über Otto hin-

[109] Die Berichte: Richard von S. Germano, ad 1215, ed. Garufi 71–73, deutscher Anonymus: Kuttner-García, Eyewitness 126f., 128 (hier das Zitat), vgl. dazu ebd. 147–153, 161–163, außerdem Annales Placentini Codagnelli, ad 1215, MGH SS rer. Germ. 23, 53; Tillmann, Innocenz 149; Hucker, Kaiser Otto 319–326; Baaken, Thronstreit 509–521. Hucker betont, Otto habe an die „Kardinäle und Konzilsväter in einer zentralen politischen Frage als besondere, ja sogar letzte Instanz neben dem Papst“ appelliert (321). Nach des Anonymus Worten (126) flehte Otto die Konzilsväter aber lediglich an, sich beim Papst für seine Absolution einzusetzen, und auch nach Richard (71) enthielt der kaiserliche Brief zwar eine Art Klage oder Beschwerde gegen den Papst (*in modum querele contra dominum papam*), forderte Otto die Konzilsteilnehmer jedoch vor allem auf, beim Papst für ihn zu bitten und seine Absolution zu erwirken. Nach beiden Quellen blieb der Papst für Otto also die alles entscheidende, letzte Instanz.

gegen war nach seinem politischen und militärischen Scheitern nun auch rechtlich unwiderruflich entschieden. Die abschließende Äußerung des Papstes verrät durchaus seine Zufriedenheit mit der Entwicklung in Deutschland, seine Zustimmung und sein unverändertes Wohlwollen für Friedrich, auf dessen Dankbarkeit er rechnen, mit dem er manche Hoffnung gerade auch im Blick auf den ihn so stark beschäftigenden Kreuzzug verbinden mochte. Den Gedanken an eine Verstimmung über dessen Kreuznahme legen seine Worte jedenfalls nicht nahe. Von der Person des Staufers abgesehen, gab es für Innozenz freilich einen wohl noch wesentlicheren Grund zur Genugtuung: Sein Anspruch auf ein Prüfungs- und Kontrollrecht bezüglich der deutschen Königswahl, seit 1198 unermüdlich erhoben, erst zugunsten Ottos, dann Friedrichs, schien durchgesetzt und anerkannt. Eben hier lag denn auch aus königlicher Sicht das Bedenkliche der Entwicklung. Die jahrzehntelangen Thronstreitigkeiten mit ihren erbitterten Kämpfen und ihrer Rechtsunsicherheit hatten die Fürsten und Könige Deutschlands immer wieder veranlaßt, in Rom Hilfe für ihre Position zu suchen, das päpstliche Wort, sofern es nur die je eigene Seite begünstigte, als willkommenes und maßgebendes Urteil zu begrüßen und als Waffe dem Gegner gegenüber zu benützen. Wie viele von ihnen den damit unterstützten, grundsätzlichen Anspruch Innozenz' tatsächlich bejahten, bleibe dahingestellt. Fest steht, daß der Apostolische Stuhl seinerseits entschlossen war, die einmal erreichte, auf dem Vierten Laterankonzil so eindrucksvoll sichtbar gewordene Geltung der päpstlichen Rechtsauffassung auf Dauer zu wahren. Dreißig Jahre später sollte sie sich gegen Friedrich selbst wenden.

4. MÜHSAMER ERFOLG. DIE RÜCKGEWINNUNG UND SICHERUNG DER STAUFISCHEN STELLUNG IN DEUTSCHLAND (1212–1220)

Ziele und Hindernisse

Nach Friedrichs Krönung klärte sich die Lage am Niederrhein rasch vollends zu seinen Gunsten. Noch während seines Aachener Aufenthalts fiel ihm die wichtige Pfalz und einträgliche Zollstätte Kaiserswerth (nördlich Düsseldorf) zu. Unterdessen eilten der Trierer Erzbischof und der Herzog von Brabant nach Köln, der bis dahin mächtigsten und zuverlässigsten Stütze Ottos im Nordwesten des Reiches, voraus und erreichten endlich auch dort den Umschwung. Zwar verharrte eine starke pro-welfische Gruppe noch immer bei Ablehnung und Widerspruch. Die Mehrheit der Bürgerschaft und der Geistlichkeit jedoch empfing den Stauferkönig, wie es sich gebührte, mit allem Gepränge, mit festlicher Musik und Preisgesängen, sogar mit den Reliquien der Heiligen in ihrer Stadt. Eine Woche hielt er sich dort auf, suchte Falschmünzerei und ungerechte Besteuerung abzustellen und den Frieden zu sichern. Dann zog er nach Süden zurück, um zeitlebens nie wieder so weit rheinabwärts zu erscheinen.[1]

Volle fünf Jahre, bis zum August 1220 blieb Friedrich dann noch in Deutschland. Das mag verwundern, hatten sich doch die einst mit seinem Aufbruch nach Norden verbundenen Hoffnungen schon jetzt in einem kaum zu erwartenden Maße erfüllt: Nicht nur, daß Kaiser Otto längst keine Gefahr mehr für das Königreich Sizilien darstellte – Friedrich war der Herr des deutschen Stauferebes wie der deutschen Krone geworden und stand selbst vor dem Erwerb der Kaiserwürde. Gewiß, die seltenen Aktionen des Welfen erforderten weiterhin Aufmerksamkeit, so Ende 1215 sein Zug gegen Hamburg nach einem Vorstoß des Dänenkönigs Waldemar und vor allem sein Unternehmen vom Sommer 1217. Damals überschritt Otto im Bunde mit zwei Askanierfürsten, mit Markgraf Albrecht II. von Brandenburg († 1220) und Herzog Albrecht I. von Sachsen († 1261), die mittlere Elbe, um einmal mehr das Gebiet des Erzbischofs von Magdeburg zu verheeren. Greifbare Erfolge brachte ihm jedoch auch diese letzte größere

[1] Chronica regia Coloniensis, ad 1215, MGH SS rer. Germ. 18, 193f., Annales S. Pantaleonis, ad 1215, ebd. 236f., Reineri Annales, ad 1215, MGH SS 16, 673, Cronica Reinhardsbrunnensis, ad 1214, MGH SS 30, 1, 584.

Anstrengung nicht ein. Im Gegenteil: Auf die Nachricht, der Stauferkönig komme dem Erzbischof zu Hilfe, eilte er schleunigst nach Braunschweig zurück, um dort eingeschlossen zusehen zu müssen, wie die gegnerischen Truppen seine Lande bis vor die Mauern seines Herrschaftszentrums verwüsteten. Der Sturm auf die Stadt selbst blieb zwar aus, doch schmolz der ohnehin klein gewordene kaiserliche Anhang nun drastisch vollends zusammen. Wenig später schon, im Mai 1218, starb Otto auf der Harzburg an einer Ruhrerkrankung. Friedrichs Verhalten ihm gegenüber in der Zeit nach dem Laterankonzil zeigt, daß er den Einfluß seines Vorgängers zwar nach wie vor zu kontrollieren und, wenn möglich, weiter einzuschränken suchte. Es erweckt aber keineswegs den Eindruck, als sei die von dem Welfen ausgehende Gefahr damals seine Hauptsorge, dessen endgültige militärische Niederwerfung seine vordringlichste Absicht gewesen. Wenn Ottos Bruder Heinrich nach des Kaisers Tod ungeachtet königlicher und zuletzt sogar päpstlicher Drohungen die Herausgabe der Reichsinsignien bis in den Sommer 1219 hinauszögerte, um als Gegenleistung dafür am Ende offenbar das Reichsvikariat zwischen Elbe und Weser sowie die Herzogswürde für sich zu ertrotzen, so rief diese Halsstarrigkeit wohl des Staufers Ärger hervor, sie beunruhigte ihn aber sicherlich kaum mehr ernsthaft.[2]

Im Zentrum von Friedrichs Bemühungen stand damals vielmehr, soweit sich dies erkennen läßt, die möglichst umfassende Wiedergewinnung und dauerhafte Sicherung der Macht und Herrschaft in Deutschland, im Imperium und im Regnum Sicilie, wie sie sein Vater Heinrich VI. innegehabt hatte und wie sie ihm, so seine unverrückbare Überzeugung, nach Gottes Willen gleichfalls zukam. „Wir bedenken“, so schrieb er an Papst Honorius III., „mehr noch: wir stellen uns eindrücklich vor Sinn und Herz, was und wieviel die gütige Rechte Gottes für uns bewirkte, die uns, als wir ohne

[2] Reineri Annales, ad 1216–1218, MGH SS 16, 675f., Cronica Reinhardsbrunnensis, ad 1215, MGH SS 30, 1, 587, 589 (vgl. Cronica Erfordensis, ad 1215, MGH SS rer. Germ. 42, 214, 216), Sächsische Weltchronik, c. 353f., MGH Dt. Chroniken 2, 240f., Magdeburger Schöppenchronik II ad 1215, ad 1218, ed. Janicke 141–143, Albert von Stade, ad 1215–1218, MGH SS 16, 356f.; zu den Reichsinsignien vgl. Ottos Testament MGH Const. 2, 52, Nr. 42(1), Acta Imperii 1, 128, Nr. 151 (Brief Friedrichs vom 12.1.1219), MGH Epp. saec. XIII 1, 66, Nr. 92 (Brief Honorius' III. vom 8.2.1219), Chronica regia Coloniensis, ad 1219, MGH SS rer. Germ. 18, 196, Annales Rudberti, ad 1219, MGH SS 9, 781. Vgl. Hucker, Kaiser Otto 331–357; nicht ganz zutreffend sind dort die Angaben 348 Anm. 176: Heinrich heißt in RI V, Nr. 1026 und 1031 (vom Juli 1219 wie Nr. 1025) *comes palatinus Rheni.* Im übrigen begegnet er in Nr. 1618 (Mai 1226) zwar als *dux Saxonie*, kurz darauf in Nr. 1646–1649 aber als *dux de Brunswic.* Eine gewisse Unsicherheit der kaiserlichen Kanzlei bestand also, während Albrecht durchweg als *dux Saxonie* erscheint, mit Ausnahme von Nr. 1024 (doch vgl. zur Zeugenreihe RI V, 4, 170) und Nr. 3889 (Mandat Heinrichs VII.).

jeden Trost waren, nicht aufgrund unserer Verdienste, sondern allein aus Barmherzigkeit zu unserem großväterlichen Regnum und zum Imperium emporhob." Ganz entsprechend erinnerte er die Großen Italiens selbstbewußt daran, daß die unfehlbare göttliche Vorsehung die vielfältigen Wirren im Reich beruhigt habe, „indem sie uns mit aller königlichen Erhabenheit friedlich auf die väterlichen Throne setzte".[3]

Das Ziel, die ihm in seinen Augen rechtmäßig gebührende Stellung auch tatsächlich zu erlangen und seinem Hause zu wahren, verband alle Anstrengungen des Königs in den Jahren bis zu seinem Aufbruch aus Deutschland, mochte er sich als Territorialpolitiker in Süd- und Mitteldeutschland, als Verhandlungspartner und Lehnsherr der deutschen Fürsten, als Schützer des Rechts im deutschen Reich oder als künftiger Kaiser und Kreuzfahrer im diplomatischen Ringen mit dem Papst betätigen. Indessen konnte die Verwirklichung seines Vorhabens nicht auf allen Ebenen gleich vollkommen gelingen, obwohl oder vielleicht gerade weil sie sich so nah berührten. Erfolge bei der Verwaltung und beim Ausbau des Haus- und Reichsgutes etwa stärkten einerseits das staufische Gewicht in Deutschland und bildeten die nötige Basis für eine wirksame, kontinuierliche Ausübung des königlichen Amtes. Häufig genug unmittelbar auf Kosten der Fürsten erzielt, mußten sie andererseits sofort deren Mißtrauen und Widerstand wecken. Auf die fürstliche Zustimmung aber gründete sich von Anfang an ganz entscheidend Friedrichs Königtum und damit sein Anspruch auf die künftige Kaiserkrönung – ganz abgesehen davon, daß allein die Fürsten auch seinem Sohn die Königswürde zu verleihen und damit die Voraussetzung zu schaffen vermochten für den Bestand der staufischen Herrschaft über das Imperium wie das sizilische Regnum. Jeder Erfolg in dieser Richtung drohte freilich die erbitterte Gegnerschaft des Papsttums hervorzurufen, die das bereits Erreichte und alle weitergehenden Absichten im Kern gefährdete. Sehr rasch nämlich erfuhr Friedrich, daß Papst Innozenz nach wie vor die Vereinigung von sizilischem Regnum und Imperium als die Hauptgefahr für die kirchliche *libertas* betrachtete und mit allen Mitteln zu verhindern gedachte. Unversöhnlich schienen sich die päpstliche und die friderizianische Ansicht über die wünschenswerte Ordnung Mitteleuropas gegenüberzustehen, beriefen sich doch beide Seiten auf den Willen Gottes, die beste aller denkbaren Rechtfertigungen. Leicht konnte sich dieser Konflikt im übrigen zu dem grundsätzlichen und ebensowenig entscheidbaren Streit über das rechte Verhältnis der weltlichen zur geistlichen Gewalt ausweiten.

Daß Friedrich seine Vorstellungen trotz solch enormer Schwierigkeiten

[3] Acta Imperii 1, 127, Nr. 151 (12. 1. 1219), MGH Const. 2, 83, Nr. 71(1) (17. 4. 1220); vgl. etwa noch Acta Imperii 1, 128, Nr. 151, 111, Nr. 131, 123, Nr. 147, HB 1, 429, 660f., 662.

schließlich in hohem Maße durchzusetzen verstand, hatte mancherlei Gründe. Er selbst brachte die in jener Lage zweifellos wichtige Gabe mit, beweglich, mit raschem Sinn für das jeweils Mögliche und der Bereitschaft zum vorläufigen Verzicht auf das Unerfüllbare, zu agieren, ohne daß er dabei in seinem optimistischen Vertrauen auf seine gottgewollte Sendung schwankend geworden wäre oder sein zentrales Grundanliegen, die Sicherung der staufischen Herrschaft in Imperium und Regnum, aus dem Blick verloren hätte. Dabei bot ihm natürlich gerade die Vielschichtigkeit der politischen Situation einen offenbar willkommenen und gern genützten Handlungsspielraum. Freilich werden seine Absichten keineswegs immer ganz deutlich. Zuweilen wirken seine Argumente wie ein bloßer Vorwand, und manches mag tatsächlich unausgegoren und in der Schwebe geblieben, durch neue Entwicklungen und Überlegungen überholt worden sein.

Friedrichs letzte Vereinbarung mit Innozenz und die Übersiedlung seines Sohnes Heinrich nach Deutschland

Sicher erleichterte es das Vorgehen Friedrichs, daß Papst Innozenz III., sein früherer Vormund und vor allem sein wichtigster Förderer auf dem Weg zum deutschen Königsthron, dem er sich persönlich besonders verpflichtet fühlen mußte, früh und überraschend am 16. Juli 1216, kaum sechsundfünfzigjährig also, in Perugia starb. Doch scheute sich der Staufer, wie genaueres Zusehen wahrscheinlich macht, durchaus nicht, schon zu Lebzeiten und gewissermaßen unter den Augen seines großen päpstlichen Führers und Gönners seine Absichten der Verwirklichung näher zu bringen.

Bald nach dem Laterankonzil begannen die Verhandlungen über Friedrichs Krönung zum Kaiser. Innozenz sandte wohl zu diesem Zweck noch im Februar 1216 den Kardinal Petrus von S. Pudenziana als seinen Legaten nach Deutschland; im April treffen wir den Petrus in Bayern, im Mai bestätigte er in Würzburg den neugewählten Erzbischof Engelbert I. (1216–1225) von Köln.[4] Seine schwierige Hauptaufgabe bestand aber wahrscheinlich darin, mit dem Königshof als Voraussetzung für die Kaiserkrönung eine Einigung über die künftige Beziehung des Imperiums und des Kaisers zum sizilischen Königreich herbeizuführen. Dies gelang.

Friedrich bekundete der Kirche gegenüber gerade damals mehrfach seinen guten Willen. Bereits im Oktober 1215 hatte er, damit man ihn nicht der Undankbarkeit gegen Innozenz schelten müsse, die Grafschaft Sora im

[4] Chronica regia Coloniensis, ad 1216, MGH SS rer. Germ. 18, 194, Annales S. Pantaleonis, ad 1216, ebd. 237; RI V, Nr. 6183, Nr. 10797, vgl. Maleczek, Papst 163f.; Tod Innozenz': Richard von S. Germano, ad 1216, ed. Garufi 74f.

Abb. 9: Friedrich II., zweite Goldbulle als deutscher König (1212–1220); Stempel nach der Aachener Königskrönung zwischen 1216 und 1218 angefertigt und bis zur Kaiserkrönung in Rom am 22. November 1220 in Gebrauch.

Umschrift der Vorderseite (oben): + FRIDERIC(us) D(e)I GR(ati)A ROMANOR(um) REX (et) SEMP(er) AUGUSTUS (et) REX SICILIE; Rückseite (unten): + ROMA CAPUT MUNDI REGIT ORBIS FRENA ROTUNDI (im Torbogen: AUREA ROMA), Staatsarchiv Basel.

Nordwesten des Regnum Sicilie, das Lehen von Innozenz' Bruder Richard und seit 1210 Pfandbesitz des Apostolischen Stuhls, ganz der römischen Kirche geschenkt. Im darauffolgenden Mai löste er dann auf dem Würzburger Hoftag, also wohl in Anwesenheit des päpstlichen Legaten, sein zwei Jahre zuvor in Eger dem Papst gegebenes Versprechen ein: Er verzichtete unter ausdrücklichem Hinweis auf seine Kreuzesnahme den geistlichen Fürsten gegenüber verbindlich auf das Spolien- und Regalienrecht. Als schlüssige Weiterführung dieser kirchenfreundlichen Politik konnte die Vereinbarung gelten, zu der er sich schließlich am 1. Juli 1216 in Straßburg bereit fand: Unmittelbar nach seiner Kaiserkrönung, so gelobte er dort Innozenz, werde er seinen schon zum sizilischen König gekrönten Sohn Heinrich aus seiner väterlichen Gewalt entlassen, ihm das sizilische Reich als päpstliches Lehen übergeben und selbst auf die sizilische Königswürde verzichten; bis zur Mündigkeit seines Sohnes wolle er im Einverständnis mit Rom einen Regenten für Sizilien bestimmen, der alle Verpflichtungen gegenüber der Kirche erfülle. Das alles geschehe, „damit nicht deswegen, weil wir durch göttlichen Gnadenerweis zum Gipfel des Imperiums berufen sind, die Meinung aufkäme, es gebe zu irgendeiner Zeit irgendeine Form der Union des Regnum mit dem Imperium, wenn wir beides zugleich innehätten; dadurch könnte nämlich sowohl dem Apostolischen Stuhl wie unseren Erben irgendein Nachteil entstehen".[5] Das königliche Entgegenkommen schien vollständig, die päpstliche Auffassung auf der ganzen Linie durchgedrungen, selbst bezüglich der Gefahren, die der staufischen Dynastie künftig drohen mochten.

Indessen plante Friedrich vermutlich schon zu Beginn der Gespräche mit dem päpstlichen Unterhändler, das ganze ihm gebührende Erbe, mochte denn sein förmlicher Verzicht auf Sizilien um des Kaisertums willen unvermeidbar sein, wenigstens in den Händen seines Sohnes zusammenzuhalten. Eben damals nämlich, nicht erst nach dem Tode Innozenz' III., traf er wohl Anstalten, Heinrich zu sich kommen zu lassen, um ihm die deutsche Königskrone zu verschaffen, und im Blick auf dieses Vorhaben, in der Hoffnung auf dessen Gelingen, hätte er dann die allein seine eigene Machtfülle ansprechende Straßburger Erklärung unterzeichnet.

Für diese Annahme sprechen zunächst die Aufbruchstermine der beiden Vertrauensleute, denen der König das Geleit von Frau und Kind auftrug. Der eine, Erzbischof Berard von Palermo, begab sich offenbar gleich nach dem Abschluß des Laterankonzils in das sizilische Königreich. Vielleicht sollte er im Falle einer stauferfreundlichen Konzilsentscheidung sofort die Deutschlandreise Konstanzes und Heinrichs vorbereiten. Jedenfalls könnte

[5] MGH Const. 2, 72, Nr. 58; Schenkung Soras: ebd. 546f., Nr. 416; Spolien- und Regalienverzicht: ebd. 67–70, Nr. 56.

die Tatsache, daß von den elf aus den Jahren 1212 bis 1216 erhaltenen Urkunden der Königin und ihres Sohnes allein vier zwischen Februar und Juni 1216 entstanden, durchaus mit dem damals ins Auge gefaßten Aufenthalt im Norden zusammenhängen. Der andere Abgesandte Friedrichs, Graf Albert von Everstein (bei Holzminden, obere Weser), sein zuverlässiger Gefolgsmann von der ersten Stunde an und regelmäßig an seinem Hof anzutreffen, erscheint dort zum letzten Mal Ende Dezember 1215. Er verließ Deutschland demnach Anfang 1216, und spätestens er muß die Heinrich und Konstanze betreffenden Wünsche des Königs überbracht haben. In der Tat stellten die beiden im Juni in Messina ihre letzte Urkunde aus, im Juni oder Juli traten sie nach dem einzig verfügbaren, hier insgesamt vertrauenswürdigen Bericht des Breve chronicon ihre Fahrt von der Hafenstadt aus an.[6] Ein erst durch den Tod des Papstes ausgelöster Befehl Friedrichs aber hätte sie selbst bei größter Eile doch wohl schwerlich vor den ersten Septembertagen erreichen können.[7]

Friedrichs Schachzug haftet, selbst wenn man seine hohe Meinung von der ihm gebührenden Machtstellung einmal außer acht läßt, auch insofern nichts ganz Ungewöhnliches an, als es seit je das Bestreben der deutschen Könige gewesen war, ihren Thron möglichst früh dem eigenen Sohn zu sichern. Innozenz mußte also eigentlich mit einer entsprechenden Anstrengung des Staufers rechnen, und man mag sich fragen, ob und wie er sich dagegen zu wappnen suchte. Seine gerade aus jenen letzten Jahren nur sehr unvollständig überlieferten Briefe geben darüber leider keine Auskunft. Es gilt freilich zu bedenken, daß er auf Friedrichs Straßburger Urkunde, die er schwerlich noch zu Gesicht bekam, nicht mehr reagieren konnte. Vielleicht hätte er sie als ungenügend abgelehnt, vielleicht erschien ihm eine Königswahl Heinrichs gegen seinen Willen aufgrund seines Einflusses bei den geist-

[6] Breve chronicon, ed. Huillard-Bréholles 894f.; der Bericht verbindet die Absendung von Friedrichs Boten nach Sizilien unmittelbar mit dem Ende des Laterankonzils; als Aufbruchstermin Konstanzes nennt die Hs. Neapel, Bibl. Naz. VIII C 9, fol. 103v, *mense Julii*, der gleichzeitige, wohl ebenso zuverlässige Cod. Vat. Ottob. lat. 2940, fol. 44r, liest *mense Junii*. Die sizilischen Urkunden von 1212–1216 RI V, Nr. 3836–3838, 3840–3844, 5551, RI V 4, 80, Nr. 552, 552A, Druck der letzten: Acta Imperii 1, 376f., Nr. 443 (Nachdruck: Codice dipl. Salernitano 1, 107–109, Nr. 43). Zu Berard: Kamp, Kirche 1, 1131; zu Albert: RI V, bes. Nr. 808, 813–815, 818, 822f., 827, 829, 834f., 840 (22.12.1215), Nr. 854 ist eine Fälschung, siehe RI V 4, 160, zur Verwandtschaft Alberts mit Konstanze neben Breve chronicon 894 auch Magdeburger Schöppenchronik, ad 1212, ed. Janicke 136, vgl. Meuthen, Pröpste 60–62, Stoob, Doppelstädte 167–171, Crusius, Konrad 461f.

[7] Welchen Grund sollte nun freilich eine derartige Eile des Boten wie dann der Reisenden selbst (Konstanze war im Oktober in Verona, Annales Mantuani, ad 1216, MGH SS 19, 20, vgl. unten S. 194 mit Anm. 13) haben?

lichen Fürsten Deutschlands ausgeschlossen; möglicherweise vertraute er auch zu sehr auf die Ergebenheit Friedrichs ihm gegenüber, unterschätzte er dessen religiös motiviertes herrscherliches Sendungsbewußtsein. Unter Umständen aber hielt er am Ende tatsächlich die strikte Trennung der Kaiserwürde vom sizilischen Königtum für ausreichend oder doch auf Dauer allein durchsetzbar.[8]

Andererseits bleibt Friedrichs Verhalten in mancher Hinsicht gleichfalls etwas rätselhaft. Schon sein Vater hatte erfahren, wie widerstrebend sich die deutschen Fürsten selbst einem recht starken Herrscher gegenüber dazu bereit fanden, zu seinen Lebzeiten seinen Sohn zum Nachfolger zu wählen. Nun stand zu gewärtigen, daß das Auftauchen Heinrichs in Deutschland sofort den größten Argwohn bei Innozenz wecken und daraus der geplanten Königswahl ein zusätzliches schweres Hindernis erwachsen würde, von der Gefahr für Friedrichs eigene Kaiserkrönung zu schweigen. Offenkundig nahm der Staufer diese Risiken in Kauf. Er mochte hoffen, durch eine weiterhin kirchenfreundliche Politik, durch großzügiges Entgegenkommen auf

[8] Vgl. Winkelmann, Philipp 2, 437–440; nach seiner Vermutung, an die Van Cleve, Frederick 105–108, anknüpft, hätte Abt Ulrich von St. Gallen Anfang 1216 in königlichem Auftrag mit Innozenz III. in Rom die Hauptlinien der Vereinbarung vom 1. Juli 1216 ausgehandelt und so „die Hindernisse beseitigt, welche die Übersiedlung der Königin und ihres Sohnes bisher verzögert hatten" (S. 439). Dagegen spricht einmal, daß die Gefahr, die aus päpstlicher Sicht mit dieser Übersiedlung allein verbunden sein konnte, die Königskrönung Heinrichs, durch die Straßburger Vereinbarung gerade nicht gebannt wurde. Vor allem jedoch sagt der einzige Gewährsmann für Ulrichs Gesandtschaft, Conradus de Fabaria, c. 15, ed. Meyer von Knonau 179–182, weder etwas über deren Zweck noch über ihren Zeitpunkt, vgl. schon die Einwände Meyer von Knonaus, Fabaria-Edition 180f. Anm. 126, gegen Winkelmann. Es scheint in der Tat unwahrscheinlich, daß Friedrich den Abt kurz nach Abschluß des Laterankonzils eigens nach Rom gesandt hätte, nachdem sich zum Konzil selbst und oft noch Wochen darüber hinaus ohnehin die ihm vertrauten Führer der deutschen und sizilischen Kirche dort aufhielten, vgl. Krabbo, Bischöfe 280–300, Foreville, Latran 252f., 391–395. Weiter hätte Ulrich, um auf die Formulierung des Straßburger Versprechens Einfluß zu nehmen, im Mai oder spätestens Juni 1216 an den Stauferhof zurückkehren müssen, wofür jeder Nachweis fehlt. Sein Erscheinen in Überlingen und Ulm im Juli 1216 aber entspricht völlig seinem auch sonst beim Durchzug des Königs durch seine engere Heimat üblichen Verhalten (RI V, Nr. 869f., 873f., vgl. zum November 1215 Nr. 838, dazu RI V 4, 156 und 158f., Nr. 788 und 838). Möglicherweise fällt seine umstrittene Romreise in die Zeit zwischen September 1214 (RI V, Nr. 747) und November 1215, während der er Friedrich gegen seine Gewohnheit weder in Basel (November 1214), noch in Augsburg (April 1215) und Ulm (April 1215, Juni 1215) aufsuchte. Zur unsicheren Notiz über seine Anwesenheit bei einem Brand in St. Gallen im Mai 1215 vgl. Meyer von Knonau 187 Anm. 142; das Unglück könnte allenfalls sein Fehlen im Juni begründen.

anderen Gebieten, etwa beim Kreuzzugsunternehmen, schließlich doch Innozenz' Wohlwollen zu bewahren und wenigstens die päpstliche Duldung seiner umfassenden Herrschaftspläne zu erreichen. Vor allem aber erfüllte ihn wohl die Zuversicht, daß sich wie bisher so auch künftig der ihm von Gott vorgezeichnete Weg unvermutet und wunderbar öffne. Erscheint dieser Optimismus Innozenz gegenüber doch etwas leichtfertig, so sollte Friedrich bei dessen Nachfolger in der Tat damit recht behalten. Im übrigen blieb infolge seiner Entschlüsse fürs erste das Imperium der Schwerpunkt seines politischen Wirkens.

Die Regentschaft der Königin Konstanze in Sizilien

Leider wissen wir über die Tätigkeit Konstanzes als Regentin des Königreichs Sizilien bis zu ihrem Aufbruch nach Deutschland nicht sehr viel. Die wenigen Urkunden zeigen immerhin, daß sich der Hof nun meist in Messina oder doch im Osten der Insel, selten nur noch in Palermo aufhielt. Als Kanzler erscheint wieder der bereits vor Friedrichs Abreise rehabilitierte Bischof von Catania, Walter von Pagliara, dessen Treue und Verdienste Konstanze im März 1213 in einer feierlichen Urkunde mehrfach hervorhob und mit der Bestätigung des Besitzes der Burg Calatabiano (südwestlich Taormina) belohnte. Offenbar widmete sich Walter in jenen Jahren jedoch mit besonderem Eifer der Verwaltung seines Bistums, während sein Anteil an den Regierungsgeschäften nicht recht faßbar bleibt. In der Kanzlei selber wirkte das frühere Personal zu einem großen Teil weiter, so Aldoin, der im Mai 1217 Bischof von Cefalù wurde, oder der aus Deutschland heimgekehrte Philipp von Matera. Wenn neben ihnen ein Richter aus Messina und ein Notar des dortigen Erzbischofs arbeiteten, so spiegelt sich auch darin die wachsende Bedeutung dieser Stadt wider. Vor allem aber bot wohl deren Erzbischof Berard, der Familiar Friedrichs, der Königin wertvolle Unterstützung.[9]

Daneben festigte sich die Position Konstanzes auf Sizilien sicherlich durch die Berufung Berards von Bari zum Erzbischof von Palermo. Der dort zunächst gewählte Parisius war vom Papst abgesetzt worden. Da der König

[9] Zu den Urkunden siehe oben S. 190 mit Anm. 6; sieben stammen aus Messina, zwei aus Catania, je eine aus Calatagirone (südwestlich Catania) und Palermo, irrtümlich die Angabe bei Fried, Königsurkunde 571 mit Anm. 20. Zu Walter: HB 1, 253–255 (bessere Edition siehe RI V 4, 242, Nr. 3838), vgl. Holtzmann, Papsturkunden 3, 92f., Nr. 2, Kamp, Kirche 1, 1212f., Niese, Catania 57–59; dazu und zur Kanzlei: Schaller, Kanzlei 1, 220f., 258f., 263, zu Aldoin vgl. Kamp 1055–1061, zu Philipp oben S. 142 mit Anm. 53, zu Berard Niese 62.

trotzdem weiterhin an ihm festhielt, drohten die Dinge in eine Sackgasse zu geraten. Eine dauerhafte, alle Teile befriedigende Lösung kam erst zustande, als sich Innozenz im September 1213 zur Translation Berards nach Palermo entschloß. Er hatte damit seinen Rechtsstandpunkt vollkommen gewahrt, und Friedrich durfte dennoch über die Erhebung seines vertrauten Gefolgsmannes auf den vornehmsten Bischofsstuhl seines Königreiches glücklich sein. Zwar blieb Berard nach der Übernahme seiner neuen Würde nicht allzulange im Land, bereits im Mai 1214 eilte er über Rom wieder zurück nach Deutschland. Er vergaß indessen auch in der Ferne die Sorge für das Wohl seiner Kirche keineswegs. Im April 1215 erlangte er von Friedrich die Bestätigung ihrer Rechte und ihres Besitzes sowie zusätzliche Schenkungen; die entsprechenden Urkunden gedenken dabei ausführlich der aufopferungsvollen und bewährten Treue der Palermitaner Kanoniker und natürlich Berards selbst. Vermutlich wiederum auf dessen Drängen hin erging dann kurz darauf, vielleicht nach der Aachener Krönung, der Befehl des Königs, jene beiden kostbaren, noch immer leeren Porphyrsarkophage, die einst sein Großvater Roger II. als seine Grabstätte und zu seinem Andenken in der Kirche von Cefalù hatte aufstellen lassen, nunmehr in die Kathedrale von Palermo zu überführen und darin seinen Vater, Kaiser Heinrich VI., und künftig einmal ihn selbst zu bestatten. Verständlicherweise reagierte Bischof Johann von Cefalù, obwohl ihn eine königliche Schenkung entschädigte, tief enttäuscht und verärgert auf den schweren Prestigeverlust, den sein Bistum mit diesem Akt erlitt. Berard aber hatte für Palermo endgültig den so begehrten Rang der Grabkirche der sizilischen Herrscher gesichert.[10]

Carus von Monreale, der dritte sizilische Erzbischof, Familiar des Königs auch er, stand wohl gleichfalls auf Konstanzes Seite und förderte ihre Sache, so gut er konnte, etwa indem er Anfang 1215 gegen genuesischen Widerstand die Wahl des Bartholomaeus, des Kantors der Palermitaner Hofkirche, zum Bischof von Syrakus durchsetzte. Er sah sich freilich auf seinem eigenen Kirchengut nach wie vor gefährlichen Widerständen und Rebellionen der sarazenischen Bauern gegenüber, die seinen Handlungsspielraum offenbar empfindlich einschränkten. Dieser Aufruhr machte zugleich die Grenzen deutlich, die auch der königlichen Gewalt auf der Insel gezogen waren, in jener Region also, auf die sie sich, unter Einschluß des traditionell eng mit Sizilien verbundenen Kalabrien, ganz überwiegend konzentrierte. Verstand es Konstanze hier immerhin, gestützt auf die hohe Geistlichkeit und erfahrene, verläßliche Beamte wie den Familiaren Thomas von Gaeta, die Kron-

[10] Innozenz III., Ep. XVI 110, PL 216, 906; HB 1, 365f., 372–374, 426f.; Kamp, Kirche 1, 1127–1131, 1054, Deér, Porphyry Tombs 16–23, ders., Grab Friedrichs, bes. 368–370.

rechte gegen kirchliche Übergriffe und zuweilen vielleicht sogar gegen verräterische Adlige wenigstens einigermaßen zu wahren, so läßt sich über ihren Einfluß im übrigen Königreich, von einer Schenkung für den Erzbischof Nikolaus von Salerno abgesehen, nichts Sicheres sagen.[11] Hilfreich war dort gewiß ebenfalls der Einsatz papst- und königsfreundlicher Kleriker, der Erzbischöfe Anselm von Neapel und Bartholomaeus von Trani etwa oder der Bischöfe Philipp von Troia und Basuin von Aversa. Die meisten Adligen werden freilich wie Graf Matthaeus Gentilis von Lesina die Gelegenheit zum rigorosen Ausbau ihrer eigenen Macht benutzt haben, ohne daß die Legaten König Friedrichs, Aldobrandin, der Markgraf von Este und der Mark Ancona, und der 1215 in Apulien auftretende Bischof Lupold von Worms, allzuviel dagegen vermochten.[12]

Nach Deutschland begleiteten Konstanze und ihren Sohn neben Berard von Palermo und Graf Albert der aus Genua stammende sizilische Admiral und Familiar Guilelmus Porcus und der dem König ergebene apulische Adlige Berard Gentilis, Graf von Nardò, auf der ersten Etappe vielleicht auch Thomas von Gaeta, der sich dann im Auftrag der Königin zu dem neuen Papst Honorius III. begeben hätte. Zunächst segelte man wohl nach Santa Eufemia (westlich Catanzaro) hinüber. Während der fünfjährige Heinrich von da aus mit dem Schiff weiter nach Genua oder Pisa gelangte, wählte seine Mutter den mühseligeren und langwierigeren Landweg, ohne daß wir ihre Route verfolgen könnten. Möglicherweise schloß sich ihr nun noch der eben erst erhobene Erzbischof Rainald von Capua († 1222) an. Im Oktober 1216 traf sie in Reggio nell' Emilia wieder mit ihrem Sohn zusammen, und spätestens Anfang Dezember kam die ganze Gruppe endlich am Hofe Friedrichs in Nürnberg an.[13] Dankbar nahm dieser das glückliche Ende der Mis-

[11] Carus: Kamp, Kirche 1, 1193f., 1238–1240, vgl. zu Erzbischof Lukas von Cosenza 838f.; Thomas von Gaeta reiste 1215 in Konstanzes Auftrag zum Papst, um dort für die Sache ihres 1213 umgekommenen Bruders, Peters II. von Aragon, zu wirken: Kehr, Briefbuch 64, Nr. 16 (Brief Konstanzes an den Bischof von Urgel); Wahrung der Kronrechte: HB 1, 265f. (gegen Berard von Messina), RI V 4, 80, Nr. 552A (ed. Fried, Königsurkunde 574, vgl. 571–573; daß die Königin, die die treuen Dienste des privilegierten Bischofs Philipp von Martirano [südlich Cosenza] rühmt, selbst gegen den Verräter Nikolaus einschritt, geht freilich aus dem Text nicht hervor); Schenkung für Nikolaus: Acta Imperii 1, 376f., Nr. 443, vgl. Kamp 431f., Fried 572f.

[12] Zu den Bischöfen: Kamp, Kirche 1, 315, 553f., 520f., 344f.; zu Matthaeus Gentilis ebd. 271, 724, Neumann, Parteibildungen 244, Holtzmann, Nardò 62–65, sowie oben S. 118, zu Aldobrandin: Rolandus Patavinus I 15, MGH SS 19, 47, Annales Patavini, ad 1215, ebd. 151, vgl. RI V, Nr. 12457f., 12462f.; zu Lupold: RI V, Nr. 12475 (Bari, 28.4.1215; HB 1, 375–377), RI V, Nr. 12481, vgl. 12501a (Tod Lupolds am 17.1.1217 in Süditalien), Kamp 7 (zu 1216).

[13] Zur Reise: Breve chronicon, ed. Huillard-Bréholles 894f., Richard von S. Ger-

sion zum Anlaß, ein weiteres Mal die Kirche Berards von Palermo zu beschenken und den Erzbischof selbst zu rühmen als „unseren geliebten Getreuen und Familiaren, der uns sowohl außerhalb des Königreiches treu folgte wie auch im Königreich ergeben und wirksam diente, der uns in allen unseren Schwierigkeiten beistand und dabei viele Einbußen an materiellen Gütern und Gefahren für seine Person erduldete". Für die bevorstehende Zeit der Abwesenheit des Herrscherpaares scheint Berard damals zum Vertreter des Monarchen auf Sizilien bestellt, sein Amtskollege Rainald von Capua mit ähnlichen Vollmachten für das Festland versehen worden zu sein.[14] Beide kehrten dann offenbar bald in das sizilische Reich zurück. Das Hauptaugenmerk ihres Königs aber galt noch dem Norden seines Machtbereichs.

Süddeutsche Herrschaftszentren und die Wiederaufnahme der staufischen Territorialpolitik

Die Lage in Deutschland begann sich damals merklich zu beruhigen und zu festigen. Von einzelnen Ausnahmen abgesehen, dem gegen Otto gewandten Zug in den braunschweigischen Raum vom Spätsommer 1217 etwa oder einem Unternehmen gegen den Herzog Theobald I. von Oberlothringen (1213–1220) im Mai 1218, war Friedrich zu keinen weiteren militärischen Aktionen mehr gezwungen. Er führte sein Regiment fast ausschließlich von den großen, innerhalb des unmittelbaren staufischen Einflußbereiches gelegenen süd- und mitteldeutschen Zentren aus. Wir hören von häufigeren Aufenthalten und Hoftagen in den Bischofsstädten Speyer, Augsburg und Würzburg. Mindestens ebenso oft besuchte der König die großen Pfalzen in Nürnberg, Ulm und Frankfurt, allesamt wichtige Mittelpunkte der königlichen Verwaltung schon unter den früheren Staufern, die jene Plätze glanzvoll ausgebaut, die dort entstandenen Marktsiedlungen – vor allem auch in ihrem eigenen herrscherlichen Interesse – nach Kräften gefördert und

mano, ad 1216, ed. Garufi 73f., Reineri Annales, ad 1216, MGH SS 16, 675, HB 1, 483–485, die Zeugenlisten ebd. 489, 492 (RI V, Nr. 886f.; die Listen von Nr. 922 und 924 wiederholen nur Vorlagen vom Dezember 1216, siehe Kamp, Kirche 1, 119 Anm. 78, 80), vgl. RI V, Nr. 3845a–d; zu Guilelmus Porcus: Annales Ianuae, ad 1205, MGH SS 18, 123, ad 1211, ebd. 130, RI V, Nr. 12465, Neumann, Parteibildungen 91f.; zu Berard Gentilis oben S. 137, zur Teilnahme des Thomas von Gaeta Kehr, Briefbuch 7–11, 36 (vgl. 43–45, Nr. 3–5), zu Rainald von Capua Kamp 116–120, bes. 119; ein Aufenthalt Konstanzes in Capua, wie er RI V, Nr. 6214, vgl. 5552d, angenommen wird, läßt sich nicht nachweisen, vgl. Kamp 7 mit Anm. 23, 191 Anm. 28.

[14] Zitat: HB 1, 491; zur Regelung der Vertretung Kamp, Kirche 1, 1131 mit Anm. 151, 119 mit Anm. 79.

privilegiert, mit einträglichen Münzstätten und dem von den Einwohnern begehrten Stadtrecht versehen hatten.

Zu Friedrichs Lieblingssitz, zu seiner Residenz geradezu, entwickelte sich indessen die Pfalz Hagenau, auf einer Insel des Flüßchens Moder von Friedrich Barbarossa einschließlich einer prächtigen, doppelgeschossigen Kapelle wohl nach 1160 völlig neu errichtet. Manches mag zusammengekommen sein, um die Vorliebe des Enkels für den bereits von Vater und Großvater geschätzten Ort zu begründen: die Bindung an die Tradition der Vorfahren, die Freude an der Größe und dem erlesenen Reichtum der Anlage, die bequeme, Versorgung wie Sicherheit gewährleistende Nähe der am Südufer der Moder gleichfalls von Barbarossa gegründeten Stadt, die Weite des umliegenden sogenannten Heiligen Forstes, eines idealen Jagdreviers, die günstige Lage des Ganzen inmitten des umfangreichen nordelsässischen Haus- und Reichsgutes, das der Burgvogt und seit 1214 der vom König aus den Bürgern Hagenaus ausgewählte, bis dahin nur für städtische Angelegenheiten verantwortliche *scultetus* oder Schultheiß verwaltete. Jedenfalls verbrachte Friedrich, von kürzeren, gleich im Oktober 1212 einsetzenden Besuchen einmal abgesehen, hier einen großen Teil der Herbst- und Wintermonate 1215/16 sowie der Winter- und Frühjahrszeit in den Jahren 1218, 1219 und 1220. Hier fertigte er fast ein Viertel seiner Urkunden aus jener Zeit aus, und hier hielt er während eines längeren, von Ende August bis Anfang Oktober 1219 dauernden Aufenthaltes einen offenbar vorwiegend oberitalienischen Fragen gewidmeten Hoftag ab. Als er 1235/36 zum zweiten Mal in Deutschland erschien, diente ihm die Pfalz wiederum als bevorzugte Residenz und eine Art Winterquartier. Die im April 1237 von Wien aus angekündigte neuerliche Reise ins Elsaß kam dann aber nicht mehr zustande. Wenn der Kaiser damals, auf Gottes Vorliebe für Israel anspielend, bekannte, er wolle jenen Landstrich vor den übrigen deutschen Provinzen durch seine Anwesenheit ehren, weil er ihm teurer als alle anderen Besitztümer seines väterlichen Erbes sei, so war dies dennoch keine leere Floskel, sondern offenkundig der Ausdruck echter Verbundenheit.[15]

Zweifellos hatte die den Stauferherrschern im Laufe des 12. Jahrhunderts zugewachsene Machtfülle während Philipps Kampf gegen Otto IV. spürbare

[15] HB 5,60f. (RI V, Nr. 2243), zur Wendung *hereditatis nostre funiculus* vgl. Deut. 32,9; zu den Daten von Friedrichs Itinerar 1215–1220 siehe RI V, Nr. 823–1153. Nürnberg: Bosl, Nürnberg 16–21; Ulm: Maurer, Herzog von Schwaben 91–104, Baaken, Pfalz 36–45, vgl. 46–48; Frankfurt: Schwind, Frankfurt 735–740; vgl. Hotz, Pfalzen 34–36, 47–53, 90–93, Arens, Königspfalzen 134–137, zur Münzpolitik: Nau, Staufische Münzpolitik 49–53, 56. Hagenau: Maier, Stadt 56–62, vgl. 8–12, Fein, Städtegründungen 13–18, Schneider, Friedrich II. 137–139; Hotz 61–73, Arens 137; vgl. zum Folgenden insgesamt Goez, Friedrich II. 5–20 (mit Karten zum Itinerar und zur Herkunft der Urkundenempfänger Friedrichs 1212–1220).

Einbußen erlitten, und Friedrich seinerseits suchte in Deutschland, wie wir sahen, von Anfang an durch eine wahrhaft königliche Freigebigkeit seine Anhänger noch fester an sich zu binden und neue Freunde zu gewinnen. Wie bei seinem Verzicht auf die von Innozenz in Mittelitalien rekuperierten Gebiete oder auf das vom Dänenkönig besetzte Land nördlich der Elbe blieb ihm gewiß auch in den meisten anderen Fällen großzügigen Nachgebens, beim Verzicht auf Kirchenlehen, bei seinen Schenkungen an große und kleine weltliche Herren, schwerlich eine andere Wahl, hätte er doch ohne die tatkräftige Unterstützung der derart Privilegierten keinerlei Aussicht gehabt, im Reich überhaupt je Fuß zu fassen.

Das Ergebnis solcher Politik und ganz allgemein der seit 1198 herrschenden Wirrnis und Unsicherheit mochte freilich noch an manchem Ort sonst ähnlich ernüchternd ausgesehen haben wie in dem Amt oder *officium* von Pfullendorf (nördlich Überlingen), über das wir durch einen glücklichen Umstand genauer Bescheid wissen: Auf einem Pergamentblatt ist uns ein um 1220 angelegtes Verzeichnis überliefert, das die in diesem Bezirk dem Reich durch die Könige Philipp, Otto und Friedrich sowie durch die dortigen Minsterialen entzogenen Güter und Rechte aufführt. Sein Verfasser, vermutlich ein von Friedrich mit der Verwaltung seiner Einkünfte betrauter Ministeriale, vielleicht Konrad von Winterstetten (südlich Biberach), vermerkte zu jedem einzelnen Posten den Ertrag, den er einzubringen pflegte, und bezifferte abschließend den Gesamtverlust des Reiches im Amt Pfullendorf auf 190 Mark Silber jährlich. Lediglich ein paar Zentner Getreide standen dem König nach jener Abrechnung dort noch zu.[16] Zugleich bezeugt indessen gerade die Pfullendorfer Aufstellung doch ein wachsendes Bewußtsein für die Bedeutung von Geldwert und Schriftlichkeit in der königlichen Verwaltung; sie verrät ein offenbar starkes Interesse des Königs und seiner Umgebung an einem Überblick über Bestand und Entwicklung des staufischen Haus- und Reichsgutes und der daraus fließenden Einnahmen.

In der Tat mühte sich Friedrich, sobald und wo immer sich Gelegenheit dazu bot, Besitz und Rechtsstellung seiner staufischen Vorgänger wieder in seine Hand zu bekommen, diese Basis durch zusätzliche Gewinne zu erweitern und das Ganze durch eine leistungsfähige Administration zusammenzuhalten und zu nützen. Dieses Bestreben scheint im Gegensatz zu seiner so oft bewiesenen und eigens betonten Großzügigkeit zu stehen. Allem nach

[16] Text des Verzeichnisses: Schmid, Graf Rudolf 297, Nr. 112, dazu ebd. 219–223, Metz, Güterverzeichnisse 94–97 (Faksimile 156), sowie Dreher, Herkunft 321–323, vgl. RI V 4, 242 (BF. 3845). Zu Friedrichs Freigebigkeit siehe oben S. 156–161, 169 f., außerdem etwa noch RI V, Nr. 695, und Burchard von Ursberg, ad 1212, MGH SS rer. Germ. 16, 109, zu Philipp ebd. 91 f., dazu Niese, Verwaltung 55 f., Bosl, Reichsministerialität 157, vgl. Schwarzmaier, Ende 115 f.

aber gehörte für Friedrich beides untrennbar zusammen. Zwar war der Herrscher in seinen Augen, von den Zwängen bestimmter Notsituationen einmal ganz abgesehen, auch grundsätzlich gehalten, seine erprobten und verdienten Helfer nach Gebühr zu belohnen. Er hatte andererseits jedoch ebenso klar das Recht und die Pflicht, das ihm selbst Zukommende als Fundament seines Herrschertums und Voraussetzung für die gebotene Freigebigkeit zu beanspruchen und zu ergreifen. „Es scheint uns angemessen und vernünftig, daß wir, die wir auf dem Thron der Gerechtigkeit sitzen und allen Menschen fest und beständig ihre Rechte wahren, unser eigenes Vermögen nicht vergessen, sondern es wieder in unseren Besitz zurückbringen“, so bekannte er später im Blick auf die sizilischen Verhältnisse der dreißiger Jahre.[17] Doch bereits in Deutschland leitete ihn eine im Kern verwandte Vorstellung. Ihre Offenheit erlaubte ihm – darin bestand gewiß ihr Reiz – die bewegliche Anpassung an veränderte Gegebenheiten. Die dabei notwendige ständige Neubestimmung des Verhältnisses der Rechtsansprüche und Interessen des Herrschers zu denen seiner Untertanen bot freilich auch ihre Schwierigkeiten.

Der Kreis der Berater und Helfer

Friedrichs Vorhaben kam sicher entscheidend zugute, daß sich der altbewährte Kreis der Anhänger, engen Mitarbeiter und Diener der staufischen Sache in Süddeutschland schnell und ziemlich vollständig auf seine Seite begeben hatte und sich fortan für ihn einsetzte. Zu seinen treuesten Begleitern aus dem hohen Adel jener Region während der Jahre bis 1220 gehörte ohne Zweifel Markgraf Hermann V. von Baden († 1243), dessen Familie, eine Seitenlinie der Zähringer, sich nach ihrer Stammburg oberhalb von Baden-Baden nannte. Ihr Besitz freilich lag nur zum kleineren Teil in deren Umgebung, überwiegend hingegen im Breisgau und vor allem am mittleren Neckar und an der Murr. In Backnang hatte schon zu Beginn des 12. Jahrhunderts ein Vorfahre Hermanns ein Augustiner-Chorherrenstift als Grablege seines Geschlechts gegründet, und dem Raum zwischen Backnang und Stuttgart, das Hermann selbst vielleicht um 1219 zur Stadt erhob, galt zunächst auch sein eigenes Hauptaugenmerk. Darüber hinaus aber verkehrte er regelmäßig an Friedrichs Hof, sein Name gehört zu den meistgenannten in den Zeugenreihen der königlichen Urkunden. Offenbar wußte der Staufer seine Anwesenheit und seinen Rat zu schätzen. Jedenfalls überließ er ihm im Jahre 1219 die Königsstädte Lauffen am Neckar, Sinsheim und Eppingen im Kraichgau als Pfandschaften für 2300 Mark Silber, insbesondere aber im Rahmen eines Gütertausches gegen braunschweigischen Besitz

[17] Konst. III 4,1, 250.

Durlach als Eigentum und Ettlingen als Lehen. Der Raum um diese beiden vermutlich von Heinrich VI. gegründeten städtischen Verwaltungs- und Wirtschaftszentren, der Uf- und Pfinzgau, sollte künftig immer stärker in den Mittelpunkt der markgräflichen Aktivität rücken.[18]

Nicht so häufig wie den Markgrafen Hermann, doch ebenfalls einigermaßen regelmäßig sehen wir die Grafen von Württemberg in Friedrichs Umgebung, in erster Linie den Grafen Ludwig, aber auch seinen Bruder Hartmann. Sozusagen als Nachbarn der Badener auf dem Rotenberg über Untertürkheim (heute ein Stadtteil von Stuttgart) sitzend, verfügten die Württemberger, Erben der Herren von Beutelsbach und alte Parteigänger der Staufer, im Umkreis ihrer Burg an Rems und Neckar über reichen Eigen- und Lehensbesitz, darunter wertvolle Zollrechte. Ähnlich oft wie sie verweilten bei dem Stauferkönig noch der auf der Schwäbischen Alb und um Sigmaringen begüterte, zudem den einträglichen Zoll am Geislinger Albübergang kontrollierende Graf Eberhard von Helfenstein (über Geislingen an der Steige), daneben Graf Gerhard II. von Diez an der Lahn (westlich Limburg), dessen Vater Heinrich schon als zuverlässige Stütze staufischer Politik und Sachwalter der staufischen Interessen im Raum nördlich Frankfurts von Friedrich Barbarossa beim Ausbau seiner Herrschaft im Lahntal und in der westlichen Wetterau gefördert worden war, und Graf Sigbert von Werd (Wörth, Ortsteil von Matzenheim südlich Straßburg), den einst Heinrich VI. 1196 zusätzlich zu seinen ausgedehnten Gütern im Elsaß mit der damals allerdings nicht mehr sehr bedeutsamen Landgrafschaft im unteren Elsaß belehnt hatte; nun scheint Sigbert, zuweilen begleitet von seinem Sohn Heinrich, vor allem während Friedrichs Aufenthalten in Hagenau fast ständig um den König gewesen zu sein. Einen guten, wiewohl im Vergleich mit dieser Gruppe loseren Kontakt zum Hof unterhielt eine Reihe anderer Grafen wie Konrad I. aus dem Hause Zollern (südlich Tübingen), der Inhaber der seinem Vater von Heinrich VI. verliehenen Burggrafschaft Nürnberg, Rudolf I. († 1219), Pfalzgraf von Tübingen und Gründer des Zisterzienserklosters Bebenhausen, Ernst von Filseck (westlich Göppingen) oder Heinrich von Zweibrücken.[19]

[18] Zum Tausch von 1219: HB 4, 500f.; vgl. Schwarzmaier, Baden 1337f., Schäfer, Reichslandpolitik 216–229, vgl. 204–216. Siehe dazu und zum Folgenden RI V, Nr. 824–1153, dazu RI V 4, 22–28, Nr. 143–178.

[19] Decker-Hauff, Anfänge, bes. 30–62, Weller, Württembergische Geschichte 83f.; Eberl, Helfenstein 2118f.; Schwind, Diez 1039f.; Eyer, Landgrafschaft 164f., 172–176; Wendehorst, Hohenzollern 83f.; Sydow, Tübingen 1, 106, 110–112, Schmid, Geschichte 105–134. – Offen muß wohl bleiben, ob Friedrich, etwa auf Wunsch Graf Rudolfs II. von Habsburg, im Frühjahr 1218 dessen Enkel, den künftigen König Rudolf I. († 1291), aus der Taufe hob, wie dies recht spät erst, um 1350, Mathias von Neuenburg, c. 2, MGH SS rer. Germ. N. S. 4,9 (vgl. dort Anm. 3), behauptet.

Sie alle übertraf offenkundig Anselm von Justingen mit seinem Engagement für den Staufer, jener adlige Herr aus Schwaben also, der Friedrich an der Jahreswende 1211/12 die Kunde von seiner deutschen Königswahl überbracht und ihn auf seiner abenteuerlichen Reise nach Norden begleitet hatte. Nur selten einmal verließ er von da an das königliche Gefolge. Im Herbst 1212 und endgültig wohl im Frühjahr 1215, nach dem Tode Heinrichs von Kalden († 1214), mit dem Amt des Hof- oder Reichsmarschalls belohnt, gehörte er zu den wichtigsten Männern der zentralen königlichen Verwaltung mit vielfältigen Aufgaben. In seine Verantwortung fiel unter anderem die Oberaufsicht über das Personal, das für die Unterkunft des Hofes, für den Schutz des Königs und für die Einquartierung und Verpflegung des Heeres zu sorgen hatte. Heinrich von Neuffen, einst Anselms Genosse auf dem ersten Teil der Italienfahrt, war zwar nicht ähnlich dauerhaft an den Hof gebunden; er legte jedoch gleichfalls großen Wert auf engen, kontinuierlichen Kontakt mit dem Herrscher und erschien, hin und wieder zusammen mit seinem Vater oder Bruder, recht eifrig bei Hofe. Seinen edelfreien Standesgenossen begegnet man dort seltener. Erwähnung verdienen immerhin Gerlach II. von Büdingen (nordöstlich Frankfurt; † nach 1240) aus einer traditionell staufertreuen, in der östlichen Wetterau sehr einflußreichen Familie, die Herren Heinrich und Rudolf von Rapperswil am Züricher See und der sich manchmal bereits wie dann seine Söhne mit dem Grafentitel schmückende Eberhard von Eberstein (über Baden-Baden); dessen Vorfahren hatten im 12. Jahrhundert eine zielstrebige Rodungs- und Erschließungsarbeit im Nordwestschwarzwald betrieben, und auf umfangreiche Güter und Rechte dort und in der angrenzenden Rheinebene sowie auf vielfältige Verbindungen mit bedeutenden Adelsdynastien gründete sich seine eigene hervorragende Geltung.

Aus dem Kreis der Äbte Süddeutschlands fand sich Kuno (1188–1221), der Abt des damals seine Hochblüte erlebenden Benediktinerklosters Ellwangen und seit 1218 zugleich Abt von Fulda, besonders regelmäßig beim König ein, während Abt Ulrich von St. Gallen und mit kleinen Abstrichen auch Abt Hugo von Murbach im Elsaß zum mindesten Friedrichs Hoftage in der weiteren Umgebung ihrer Klöster ziemlich zuverlässig besuchten.[20]

Zu allen diesen adligen und geistlichen Vertrauensleuten Friedrichs treten als eine weitere, vielleicht die wichtigste Gruppe die Reichsministerialen, schon im 12. Jahrhundert die wirkungsvollsten Träger der staufischen Terri-

[20] Zu Anselm und Heinrich siehe oben S. 138 mit Anm. 45; Gerlich, Gerlach 1336, Schwind, Landvogtei 27–29, 51–55, 83–86; Schäfer, Reichslandpolitik 229–244, vgl. Wunder, Otto von Eberstein 93–99; Fik-Häfele, Kloster Ellwangen 152–165; zu Ulrich von St. Gallen siehe oben S. 191, Anm. 8. – Zu den Hofämtern Rösener, Hofämter, bes. 499–510, mit weiterer Literatur.

torialpolitik. Ihre führenden Repräsentanten stellten sich jetzt dem jungen Stauferherrscher zur Verfügung, an ihrer Spitze die Brüder Werner III. und Philipp III. von Bolanden (beide † um 1221). Bahnbrechend für den Aufstieg ihres Geschlechts war die energische und erfolgreiche Wirksamkeit ihres Großvaters Werners II. († um 1190) gewesen. Als entschiedener Gefolgsmann Friedrich Barbarossas hatte er seinen ursprünglichen Herrschaftsbereich um die Burg Bolanden (westlich Worms) mit kaiserlicher Unterstützung beträchtlich zu vergrößern vermocht. Das berühmte, in seinen wesentlichen Teilen wohl auf Werners letzte Lebensjahre zurückgehende Bolander Lehnbuch zeigt ihn als Lehnsmann des Kaisers und über vierzig weiterer Herren, darunter Herzöge, Erzbischöfe und Bischöfe, Äbte und Grafen, der in seiner Hand einen weitgespannten, relativ geschlossenen Komplex von Gütern und mannigfaltigen Hoheitsrechten vorwiegend im pfälzisch-rheinhessischen Raum vereinte. Von Barbarossa geradezu als sein *procurator* bezeichnet, durfte er als dessen maßgebender Vertreter in der für die Reichspolitik zentralen Region um den Mittelrhein gelten. Angesichts solcher Machtfülle verwundert es kaum noch, daß sein Sohn zum ersten Mal in der Geschichte der Reichsministerialität die Standesgrenze zum Adel zu überwinden und eine Frau aus dem edelfreien Hause Eppstein (westlich Frankfurt) zu gewinnen vermochte. Die beiden Enkel Werners hielten sich in den Wirren des deutschen Thronstreites zeitweise zusammen mit ihrem Onkel, dem Mainzer Erzbischof Siegfried II. von Eppstein, auf Ottos Seite, um dann jedoch wie jener sehr früh zu Friedrich überzuschwenken. Seither blieben sie offenbar bis zu ihrem Tod fast ununterbrochen in dessen Nähe, der den älteren, Werner III., bereits 1212 mit der Würde des Reichstruchsessen und damit also einer der zentralen Verwaltungsfunktionen am Hofe betraute.[21]

Ein weiteres wichtiges Hofamt, das des Reichsschenken, pflegte schon im 12. Jahrhundert die Reichsministerialenfamilie von Schüpf (Oberschüpf, westlich Bad Mergentheim) zu versehen. Walter II. von Schüpf, mit einer Schwester der Bolander verheiratet und als Schenk im Dienste Philipps sowie seit 1208 Ottos, fand sich wohl kurz nach seinen Schwägern bei Friedrich II. ein. Er behielt sein Amt und läßt sich gleichfalls bis zu seinem Tode Anfang 1218 regelmäßig beim König nachweisen. Danach ging die Schenkenwürde an seinen Bruder Konrad über, um 1226 an seinen Sohn Walter, den Erbauer der Limpurg bei Schwäbisch Hall, zu fallen. In ähnlicher Weise gelang es den Repräsentanten des mächtigen Dienstmannengeschlechts von Münzenberg (südlich Gießen) als unentbehrlichen, in der Wetterau und in dem riesigen Reichsforstbezirk Dreieich südlich von Frankfurt dominie-

[21] Eckhardt, Bolander Lehnbuch 317–344, Metz, Güterverzeichnisse 52–76, Bosl, Reichsministerialität 260–274.

renden Sachwaltern der frühen Staufer, geradezu einen Erbanspruch auf die angesehene und einflußreiche Stellung des Kämmerers zu erringen und unter Friedrich II. zu bewahren. Wie zuvor sein Vater und Bruder, beide mit Namen Kuno, so trug den Kämmerertitel nun Ulrich I. von Münzenberg, der im Februar 1213 zu Friedrich stieß.

Neben diesen in langem Reichsdienst, oft schon zur Zeit der Salier, aufgestiegenen Familien besaßen in Friedrichs Beraterkreis noch eine Reihe jener ehemals welfischen Ministerialen beachtliches Gewicht, die mit dem Welfenerbe in Oberschwaben endgültig erst 1191 unter die Herrschaft der Staufer gelangt waren. Aus ihrer Mitte ragen besonders Eberhard von Tanne-Waldburg († um 1234) und Konrad von Tanne-Winterstetten († 1243) hervor. Eberhard von Tanne (Alttann, nordöstlich Ravensburg), 1197 als Schenk Herzog Philipps von Schwaben bezeugt, 1214 erstmals bei Friedrich faßbar und danach häufig am Hof zugegen, stand offenkundig von Anfang an in königlicher Gunst. Er konnte zunächst sein schwäbisches Schenkenamt weiterverwalten und rückte dann in die Position des 1210 in männlicher Linie ausgestorbenen, ebenfalls ursprünglich der welfischen Ministerialität zugehörenden Hauses Waldburg ein. Friedrich übertrug ihm sowohl deren herzoglich-schwäbische Truchsessenwürde wie die östlich von Ravensburg gelegene Waldburg selbst, nach der sich Eberhard seit 1219 zu nennen pflegte. Seine Nachfolge als Schenk des schwäbischen Herzogs trat sein Neffe Konrad an, dem daneben die Burg Winterstetten (südlich Biberach), deren Namen er übernahm, und beträchtlicher weiterer Besitz in der Umgegend zufielen. Kaum weniger eifrig setzte sich Dieto von Ravensburg für den Stauferkönig ein. Aus einem Ministerialengeschlecht stammend, das seit langem die oberschwäbische Stammburg der Welfen verwaltete, vielleicht ein Enkel der Adelheid von Vohburg, Barbarossas erster Frau, die nach ihrer Scheidung vom Kaiser einen Dieto von Ravensburg geheiratet haben soll, erschien er des öfteren am Hof, hin und wieder als Kämmerer, vermutlich des schwäbischen Herzogs, im Mai 1216 auch einmal ausdrücklich als *camerarius imperii* bezeichnet.[22]

Damit überblicken wir zu einem wesentlichen Teil die Menschen, mit denen Friedrich während seiner Jahre in Deutschland besonders eng zusammenarbeitete, mit denen er bisweilen fast täglich verkehrte und deren mittel-

[22] Bosl, Reichsministerialität 376–383 (Schüpf; vgl. Wunder, Schenken 14–21), 289–297 (Münzenberg; dazu Keunecke, Münzenberger, bes. 15–25, vgl. Schwind, Landvogtei 44–47, 75–77), 428–439 (Tanne–Waldburg–Winterstetten), 412–417 (Ravensburg; Dieto als Reichskämmerer: HB 1, 465, zu RI V, Nr. 859, siehe RI V 4, 160), vgl. über die welfischen Ministerialen in staufischem Dienst Bradler, Studien 402–404, 409–412, 429–436, 465–470, 480–488, 496–500, 582f., zu den Hofämtern Niese, Verwaltung 22–24.

hochdeutsche Sprache er, so dürfen wir angesichts der praktischen Notwendigkeit wie seiner Intelligenz und raschen Auffassungsgabe doch vermuten, bald verstehen und wohl auch einigermaßen benutzen lernte.[23] Diesen Männern gräflicher, edelfreier und vor allem ministerialer Herkunft verdankte er erste Informationen über die Herrschaftsverhältnisse und Machthaber im deutschen Reich, insbesondere aber seine Kenntnisse der Begebenheiten im unmittelbaren staufischen Einflußgebiet Süd- und Mitteldeutschlands. Sie vermochten ihn aufzuklären über Personen und Gewohnheiten, über seine Rechts- und Besitzansprüche, über deren vielfältige Herkunft und Tragweite, ihren etwaigen Verlust und die Aussichten auf ihre Rückgewinnung. Wichtiger noch: Indem sie ihn anerkannten und sich in seinen Dienst stellten, schufen sie – das gilt vorzugsweise für die Ministerialen – überhaupt erst die konkrete territoriale und personelle Basis, die wirtschaftlichen und verwaltungstechnischen Voraussetzungen für seine Wirksamkeit als Herrscher.

Im übrigen vergaß Friedrich bei der Wiederaufrichtung und Neugliederung der staufischen Verwaltung natürlich keineswegs seine eigenen Erfahrungen im Königreich Sizilien, zog er Nutzen aus der sachkundigen Unterstützung einzelner sizilischer Getreuen, so offenbar vor allem des königlichen Kämmerers Richard, jenes kalabrischen Adligen, der ihn nach Deutschland begleitet hatte und seither fast immer in seiner Nähe blieb.

Außerordentlich positiv für den Staufer schlug endlich ohne Zweifel zu Buche, daß ihm nach dem frühen Übertritt des Kanzlers Konrad, des der Reichsministerialenfamilie von Scharfenberg (südlich Annweiler am Trifels) angehörenden Bischofs von Speyer und Metz, in Deutschland sofort nicht nur der gewichtige Rat Konrads selbst, sondern auch geschultes Personal der Reichskanzlei zur Verfügung stand. Als eigentlicher Leiter der Kanzlei mit dem Titel eines Protonotars fungierte zunächst Berthold von Neuffen, zuvor Kanoniker in Speyer und Trient, vom König in Verona im August 1212 ernannt und seit 1217 Bischof von Brixen. Seine Nachfolge trat Heinrich von Tanne († 1248) an, ein Bruder des Truchsessen Eberhard von Tanne-Waldburg, der bisher Domherr in Konstanz gewesen war und nach langen Jahren in staufischem Dienst 1233 Bischof von Konstanz werden sollte. Auch hier begegnen wir in den Spitzenpositionen also Vertretern der uns schon bekannten, traditionell staufertreuen Adels- und Ministerialenfami-

[23] Zu Friedrichs Kenntnis der italienischen, französischen, lateinischen, griechischen, arabischen und deutschen Sprache: Malispini, Storia c. 107, ed. Costero 106, Villani, Cronica VI 1, ed. Gherardi Dragomanni 1, 223, vgl. Collenuccio, Compendio IV, ed. Saviotti 146; dazu Winkelmann, Philipp 2, 87 mit Anm. 4, Schneider, Friedrich II. 148f., Kantorowicz, Friedrich – Ergänzungsband 143f., zur Originalität Malispinis die oben S. 45, Anm. 9 genannten Arbeiten.

lien Süddeutschlands. Daneben kennen wir die Namen dreier führender Notare und Schreiber, die sich durchweg mindestens bis in die Kanzlei Philipps zurückverfolgen lassen. Es handelt sich dabei in der Mehrzahl um süddeutsche Geistliche, und aus dem Klerus dieser Region warb Friedrich offenbar vorwiegend auch neue Kräfte für seine Kanzlei. Zu deren deutschen Mitgliedern, denen der größte Teil der Arbeit zufiel, traten meist noch einzelne sizilische Schreiber. Erstaunlicherweise entstand indessen trotz des relativ großen Kanzleiapparats mehr als die Hälfte der königlichen Urkunden aus jener Zeit bei Gelegenheitsschreibern oder in den Schreibstuben der Empfänger. Insbesondere die Zisterzienserklöster fertigten die ihnen zugedachten Privilegien in der Regel selbst.

Wenn ungefähr jede zehnte Urkunde Friedrichs eine deutsche Zisterze bedachte, so bezeugt dieser Sachverhalt im übrigen nicht nur einmal mehr die uns schon bekannte Hochachtung und Vorliebe des Herrschers für jenen Orden. Wie seinen Vorfahren brachte ihm dessen Förderung durchaus auch greifbare Vorteile bei seinen territorialpolitischen Bemühungen. Den Zisterziensern nämlich lag in ihrem Streben nach Unabhängigkeit von adligen Vögten seit je am Schutze des Königs. Als Friedrich nun seinen Städten gezielt die Protektion der in ihrer Umgebung gelegenen Zisterzen zu übertragen begann, intensivierten diese gerne die sich daraus entwickelnde Zusammenarbeit. Sie unterstützten den König ihrerseits nach Kräften, und Friedrich zog aus ihrer regen und vielseitigen wirtschaftlichen Tätigkeit in enger Nachbarschaft und Beziehung zu den Mittelpunkten seines unmittelbaren Einflußbereiches mannigfaltigen Nutzen.[24]

Die Struktur der Territorialverwaltung; Gerhard von Sinzig und Wolfelin von Hagenau

Gestützt auf den ihm verbundenen Kreis erfahrener, mit den Verhältnissen vertrauter Mitarbeiter zog Friedrich die Verwaltung des staufischen Haus- und Reichsgutes bald energisch an sich. Deren damalige Struktur, ihre allmähliche Straffung und zunehmende Effektivität lassen sich aus seinen Mandaten wenigstens in groben Umrissen durchaus erkennen. Den einzelnen Verwaltungsbezirken, den *officia*, standen königliche Amtleute vor, Vögte, Burggrafen oder Schultheißen genannt. Zuweilen adliger, meist

[24] Zu Richard: oben S. 142 mit Anm. 53; zu Reichskanzler Konrad: oben S. 153 und S. 162, sowie Bosl, Reichsministerialität 230–233; zur Kanzlei insgesamt: Schaller, Kanzlei 1, 216–219, vgl. ders., Heinrich 365, Zinsmaier, Untersuchungen 377–461, ders., Reichskanzlei 136–142; zu den Zisterziensern: Schulz, Zisterzienser, bes. 166, 176–186.

aber ministerialer Herkunft, erhielten sie ihre Stellung verhältnismäßig selten als Lehen übertragen. In der Regel setzte sie der König vielmehr als eine Art Beamte ein und auch wieder ab. Ihm hatten sie einen Treueid zu schwören und Rechenschaft abzulegen, er gewährte das Entgelt für ihre Dienste. Zu ihren Amtspflichten gehörten bei aller regionalen Vielfalt gewöhnlich gerichtliche, administrative und militärische Aufgaben. Sie führten den Vorsitz in dem den einzelnen Dorfgerichten übergeordneten zentralen Gericht ihres Bezirks; sie nahmen in Vertretung des Königs dessen grundherrliche Rechte wahr und schützten seine Forste und Güter sowie die darauf wirtschaftenden Bauern, aber auch jene Kirchen und Klöster, die seine besondere Protektion genossen; sie zogen die dem König zustehenden Natural- und Geldabgaben ein, die Einkünfte aus Grundzins, Mühlen, Berg- und Hüttenwerken, aus Zoll, Münze und der als Bede oder *exactio* bezeichneten, immer stärker in den Vordergrund tretenden Steuer, die insbesondere die Stadtbürger und Juden an ihren königlichen Schutzherrn zahlen mußten. Aus diesen Einnahmen bestritten sie die Kosten ihrer Amtsführung, die Entlohnung ihrer Untergebenen und Diener, die Aufwendungen für Gebäude und Burgen, Brücken und Wege, die vom König geforderten Zahlungen und Leistungen. Die Ämter oder *officia* ganzer Regionen zusammenfassend und übergreifend, finden sich darüber hinaus größere, mit Provinzen vergleichbare Verwaltungseinheiten, deren Leiter den Titel eines Provinzrichters (*iudex provincialis*) oder Prokurators, vereinzelt auch schon den eines Landvogts (*advocatus provincialis*) trugen und als Statthalter des Königs dessen Anordnungen durchführten.[25]

Ein anschauliches Beispiel für die Verwaltungspraxis jener Jahre bietet die Stellung des Reichsministerialen Gerhard von Sinzig (an der Mündung der Ahr in den Rhein), der, wie dann seit den dreißiger Jahren sein gleichnamiger Nachfolger, wohl sein Sohn, eine bedeutende Rolle unter den Beamten Friedrichs II. spielte. Als Anhänger König Philipps, für den er die strategisch wichtige Burg Landskron bei Sinzig erbaut hatte, erhielt Gerhard I. von dem Staufer 1214 das Amt Sinzig, das neben Sinzig selbst noch fünf weitere Dörfer umfaßte. Er durfte in Erfüllung seiner administrativen und richterlichen Funktionen über die Einkünfte in jenem Bezirk verfügen, mußte dem König allerdings jährlich eine feste, offenbar bereits seit langem fixierte Zinssumme bezahlen. Friedrich übertrug ihm außerdem die hier wie zum Teil auch sonst deutlich vom Schultheißenamt getrennte Burghut der Feste Landskron mit der Sorge für deren Bewachung und bauliche Unterhaltung und lenkt unseren Blick damit auf die entscheidende Rolle der Reichsburgen für die Sicherung des Reichsgutes. Er versprach, die auf der Burg

[25] Dazu grundlegend Niese, Verwaltung, bes. 87–113, 136–221, 262–289; zur Bede vgl. Brunner, Land und Herrschaft 273–297.

wohnenden, dem Gerhard eng, oft verwandtschaftlich verbundenen Burgmannen oder *castellani* dort zu lassen.

Diese Mitglieder der Burgbesatzung, die Gerhard befehligte, gehörten in Landskron also offenbar wie überwiegend im deutschen Reich der Ministerialität an. Sie waren zu ständiger Anwesenheit auf der Burg verpflichtet und lebten dort in von ihnen selbst errichteten Häusern. Offen bleibt, welche Art der Entschädigung sie für ihren strengen Burgendienst empfingen. Vielleicht gehörte dieser Dienst einfach zu ihren Obliegenheiten als Reichsministerialen; dann bestand ihr Entgelt aus den Einkünften der ihnen vom Reich anvertrauten Güter. Wahrscheinlich jedoch hatten sie, wie dies seit Anfang des 13. Jahrhunderts in Deutschland in solchen Fällen rasch üblich wurde und für ihre Burg Landskron 1242 tatsächlich nachweisbar ist, bereits spezifische Burglehen inne, das heißt: sie erhielten eine feste Geldsumme, deren Höhe den Umfang der von ihnen erwarteten Leistung widerspiegelte. Diese Summe pflegte in zwei verschiedenen Formen ausbezahlt zu werden. Floß sie dem Burgmann sofort bar zu, so mußte er davon Güter in der Nähe der Burg erwerben und vom Burgherrn zu Lehen nehmen, während ihm deren Erträge blieben. Meist aber zog es der Burgherr aus Mangel an Barmitteln zunächst vor, seinem *castellanus* jährlich einen Betrag von gewöhnlich zehn Prozent der vereinbarten Summe aus seinen Einkünften so lange anzuweisen oder zu verpfänden, bis er ihm diese Summe selbst, wieder zum Zweck des Güterkaufs, zu geben vermochte.

Der Reiz dieser neuen Rechtsform lag für jene Zeit wohl in ihrer sinnvollen Verbindung bewährter Grundzüge des althergebrachten Lehnswesens mit den Vorteilen der Geldbesoldung, die sich den vielfältigen praktischen Erfordernissen beweglich anpassen ließ. Zu Gerhard von Sinzig aber bleibt noch anzumerken, daß ihn der König schon im April 1216 – wie zwei Jahre zuvor in schriftlicher Form – zusätzlich mit dem Amt eines Prokurators des linksrheinischen Gebiets nördlich der Mosel betraute, ihm also die übergeordnete Verwaltung der Reichsrechte am gesamten Niederrhein übertrug.[26]

Als eine der hervorragendsten Gestalten aus Friedrichs Beamtenschaft darf gewiß Wolfelin von Hagenau gelten. Einfachen bäuerlichen Verhältnissen entstammend, stieg er im Reichsdienst dank seiner bald auffallenden und gerühmten Klugheit und Geschicklichkeit zum maßgebenden, aktiv

[26] Gerhards Bestallung: HB 1, 315f. und 451 (= MGH Const. 2, 66f., Nr. 55), Burglehen 1242: MGH Const. 2, 447, 8–10, Nr. 338; dazu Niese, Verwaltung 138–140, 154f., 160f., 172f., 254–256, 282f., Bosl, Reichsministerialität 323–327; zum Burglehen: Schwind, Verfassung 119–121, Maurer, Rechtsverhältnisse 135–190, Niese 225–262; zur Burgbauwelle in der ersten Hälfte des 13. Jahrhunderts vgl. Maurer 85, 89.

mitgestaltenden Vertreter Friedrichs im wichtigen Elsaß auf. Schon 1214 sehen wir ihn im Amt des *cellerarius*, des Kellermeisters am königlichen Hof in Hagenau. Ein Jahr später erlangte er die Stellung des *scultetus*, des Schultheißen von Hagenau, und übernahm als solcher zugleich die Verwaltung des außerordentlich großen und wertvollen Reichsgüterbezirks um die Stadt, die bisher bei dem nun aus den Quellen verschwindenden Hagenauer Vogt gelegen hatte. Dementsprechend fungierte fortan das Schultheißengericht unter seiner Leitung und besetzt mit Hagenauer Bürgern als höchste richterliche Instanz des gesamten Amtes Hagenau.

Nicht genug damit weitete Wolfelin seine Wirksamkeit in den nächsten Jahren auf das ganze Elsaß aus und scheint, von einem zeitgenössischen elsässischen Chronisten als *Alsatie prefectus* vorgestellt, in der Tat Friedrichs Prokurator in jener Landschaft gewesen zu sein. Ohne Zweifel mit dessen Wissen und Willen sorgte er, insbesondere mit Blick auf die Hauptkonkurrenten der staufischen Territorialpolitik im Elsaß, den Herzog von Lothringen und den Bischof von Straßburg, intensiv für den ausreichenden militärischen Schutz des dortigen königlichen Besitzes. Diesem Ziel diente die Anlage mehrerer Burgen, vornehmlich jedoch die Befestigung und der Ausbau städtischer Zentren. Sehr früh bildete dabei Schlettstadt einen Schwerpunkt seiner Bemühungen, bis dahin ein kleiner Marktort, auf den die Staufer als Vögte des von ihrer Familie gestifteten Klosters St. Fides einen gewissen Einfluß ausübten. Friedrich erwarb nun im April 1217 von Propst und Konvent dieses Klosters im Tausch gegen die ihm in Schlettstadt und zwei umliegenden Dörfern verbliebenen Hörigen und Güter den Anspruch auf Weinbau, Schankrecht und bestimmte Fronen der Einwohner, vor allem aber auf die Hälfte der Einnahmen von Zöllner und Schultheiß zu Schlettstadt, die beide künftig von ihm und dem Propst gemeinsam eingesetzt werden sollten. Mit dieser Vereinbarung wurde der König zum eigentlichen Herrn des Gemeinwesens, das er übrigens schon ausdrücklich *civitas*, eine Stadt also, nannte, ohne daß wir Näheres über deren innere Ordnung und die Stellung ihrer Bürger wüßten. Zugleich aber war jetzt der Weg geebnet für Wolfelin, der die weitere Entwicklung Schlettstadts energisch und erfolgreich vorantrieb. Er ließ eine weitläufige Mauer um die Stadt errichten, förderte offenbar nach Kräften ihr Wachstum durch den Zuzug neuer Bürger und setzte sich für die Mehrung der städtischen Freiheiten ein. Schließlich erhielt Schlettstadt damals, versorgt aus den Silbervorkommen im nahen Lebertal, eine Münze – sehr zum Verdruß des Straßburger Bischofs, dem damit neben Hagenau eine zweite Konkurrentin für seine eigene Prägestätte erwuchs.[27]

[27] Zu Wolfelin: HB 1, 342, 392f., 666–668, 786–788, Richer Senoniensis IV 6, MGH SS 25, 302f.; dazu Maier, Stadt, bes. 113–115, Bosl, Reichsministerialität 194

Ganz ähnlich gestalteten sich die Dinge in Kolmar. In langwierigem Ringen, vornehmlich mit dem Bischof von Straßburg, brachte Friedrich hier, aufbauend auf seine ererbte Stellung, die ihm noch fehlenden Vogteirechte vollends an sich. Auch hier trat Wolfelin als der praktische Vollstrecker des königlichen Willens auf den Plan und leitete die Ummauerung der Gemeinde in die Wege. Bereits 1219 konnte ein strenges Mandat des Königs an „seine Getreuen, die Schultheißen von Breisach, Kolmar und Schlettstadt" bezüglich des Vogesenklosters Pairis (westlich Kolmar) ergehen; wie seine benachbarten Kollegen verwaltete damals also der Kolmarer Schultheiß Stadt und umgebenden Amtsbezirk in königlichem Auftrag. Etwa zur gleichen Zeit, spätestens 1226, erwirkte die seit langem sehr aktive und selbständige Bürgerschaft Kolmars das Stadtrecht.[28]

Wolfelins Tätigkeit endete zunächst Anfang der zwanziger Jahre. Von 1227 bis gegen 1237 aber erscheint er wieder in seiner alten Position. Nun baute er neben anderem die Burg Kaysersberg, die König Heinrich 1227 von den Grafen von Horburg und Rappoltstein erwarb, zu einer mächtigen, den vielbegangenen Bonhomme-Paß nach Lothringen beherrschenden Feste aus und verstärkte sie noch durch die Anlage der gleichnamigen Stadt, in der schon 1230 ein Schultheiß amtierte. Sein Einsatz für Neuenburg (östlich Mülhausen) zeigt im übrigen, daß seine Aktivität nicht am Rhein endete. Offenbar vermochte Wolfelin indes den Verführungen, die Rang und Einfluß ihm boten, nicht zu widerstehen. Weil er die Menschen seines Amtsbereiches mit ungerechten und übermäßigen Abgaben bedrückte, habe ihn der Kaiser, wohl 1237, gefangengesetzt und ihm an die 16000 Mark Silber abgenommen, so hören wir. Als er daraufhin freikam, soll ihn seine eigene Frau umgebracht haben aus Furcht, er verrate dem Kaiser auch noch das Versteck ihrer Reichtümer. Man mag an der Richtigkeit dieser Behauptung zweifeln – wie stark der ungewöhnliche Aufstieg Wolfelins und sein Fall die Gemüter beschäftigte, das verdeutlicht sie immerhin.[29]

bis 198, Niese, Verwaltung 145–147, 173f., 273f.; zu Schlettstadt: HB 1, 505–507, vgl. Maier 84–89, Fein, Städtegründungen 27–32, Knöpp, Stellung 17f.

[28] Mandat Friedrichs: Acta Imperii 1, 138, Nr. 161, vgl. 104, Nr. 123; zu Kolmar: Maier, Stadt 46–54, Fein, Städtegründungen 22–27, vgl. Niese, Verwaltung 39f.

[29] Wolfelins Ende: Annales Marbacenses, ad 1236, MGH SS rer. Germ. 9, 98f., Richer Senoniensis IV 6, MGH SS 25, 302f., letztes Zeugnis: HB 5, 1173f. (von 1237); zu Wolfelins Einfluß auf König Heinrich vgl. noch Conradus de Fabaria, c. 38, 241f. Zu Kaysersberg: HB 3, 333f., 405f., dazu Maier, Stadt 62–64, Fein, Städtegründungen 46–48.

Die Rolle der Städte

Die verhältnismäßig gut belegbare Tätigkeit des Hagenauer Schultheißen beleuchtet einige für Friedrichs Vorgehen charakteristische Grundzüge. Er scheute sich, beispielsweise im Falle Schlettstadts, nicht, Grundbesitz abzugeben, um dafür Herrschaftsrechte zu gewinnen. Aktiven und einfallsreichen Mitarbeitern ließ er recht freie Hand, solange sie sich innerhalb des von ihm gesteckten politischen Rahmens bewegten. Entfiel diese Voraussetzung, zögerte er allerdings keinen Augenblick, sie, wo immer möglich, als weisungsgebundene Beamte abzusetzen. Sein Territorium überzog er mit einem Netz befestigter Städte, von denen aus das Umland durch die dort von ihm ernannten Schultheißen wirksam geschützt und verwaltet werden konnte. Die politischen Mitsprachemöglichkeiten der Stadtbewohner hielten sich vermutlich meist in Grenzen. Immerhin bildeten die Hagenauer Bürger das Gericht ihres Bezirks. Die ganz zweifellos große Anziehungskraft der Neugründungen beruhte aber wohl wesentlich auf den persönlichen Freiheitsrechten ihrer Einwohner sowie darauf, daß sie sich, durchaus mit königlicher Förderung, meist rasch zu Zentren der Gewerbeproduktion und des lokalen Handels, des Warenverkehrs mit ihrem ländlichen Umfeld, zum Teil sogar zu Fernhandelsmärkten entwickelten. Die beachtlichen Steuereinkünfte, die das Reich etwa nach Ausweis der Steuerliste von 1241 aus seinen Städten bezog, führen deren wirtschaftliche Bedeutung für die Stauferherrscher des 13. Jahrhunderts einprägsam vor Augen.[30]

Zwar läßt sich Friedrichs Wirken nicht in allen Regionen so gut verfolgen wie im Elsaß. Dennoch sehen wir, daß er auch anderswo im Kern die gleichen Ziele verfolgte, die gleichen Methoden anwandte. Unter seinen zahlreichen städtefördernden Maßnahmen in Schwaben, die neben anderen Eßlingen oder Biberach, Lindau oder Wangen im Allgäu zugute kamen, verdient die Gründung Pfullendorfs spezielle Erwähnung, da uns seine diesbezügliche Urkunde vom 2. Juli 1220 besonders ausführlich über Einzelheiten unterrichtet. Der Reichsbesitz um das Dorf Pfullingen sei durch schwere Verluste drastisch geschmälert, so klagt der König zunächst, und wir erinnern uns der entsprechenden Aufstellung seines dortigen Amtmanns; außerdem litten die Dorfbewohner unter den Folgen eines verheerenden Brandes und seien wehrlos den Übergriffen von Räubern und Friedensstörern ausgesetzt. Deshalb befehle er, auf seinem Eigengut unmittelbar neben dem Dorf eine Stadt zu errichten, die unter seinem Schutz stehe und die gleichen Gewohnheiten, Einrichtungen und Vorrechte wie alle anderen königlichen Städte besitzen solle. Nach dem Privileg zu schließen, das er kurz

[30] MGH Const. 3, 1–4, für das Elsaß bes. Nr. 25–48, vgl. Metz, Güterverzeichnisse 106f., 113f., Niese, Verwaltung 114–117, vgl. Fein, Städtegründungen 73f.

vorher für seine „getreuen Bürger zu Molsheim“ (westlich Straßburg) ausgestellt hatte, brauchten demnach auch die Pfullendorfer Bürger niemandem außerhalb ihrer Stadt Dienste und Abgaben zu leisten, mußten auch sie nur vor dem Gericht des vom König gesetzten Stadtschultheißen erscheinen, genossen auch sie gewisse Begünstigungen an den Zollstätten des Reiches. Das Bürgerrecht stand nach dem königlichen Willen allen Pfullendorfern, gleich welchen Standes zu, vorausgesetzt freilich, daß sie ständig in der Stadt wohnten und ihren Verpflichtungen als Bürger nachkamen. Dazu gehörte die unverzügliche Überbauung noch freier Grundstücke, die andernfalls nach einem Jahr an den König zurückfielen, vor allem jedoch die finanzielle Beteiligung an der Stadtbefestigung. Um der Bürgerschaft diese vordringlichen Aufgaben zu erleichtern, befreite Friedrich sie sechs Jahre von der Steuerzahlung, verpflichtete sie dafür jedoch, gemeinsam jährlich zwanzig Mark Silber für den Mauerbau aufzubringen.[31]

Ähnliche bürgerliche Rechte, Abgaben- und Zollbefreiungen erlangten bereits 1219 die Einwohner von Annweiler, denen der Staufer außerdem eigens zubilligte, ein in ihre Bürgergemeinschaft aufgenommener Höriger könne nach Jahresfrist nicht mehr von seinem Herrn zurückgefordert werden, und denen er überdies – ein Novum überhaupt – das Betreiben einer eigenen Münze erlaubte. Deren Gewinn sollte allerdings dem Unterhalt der über der Stadt gelegenen Burg Trifels dienen, und dem dort sitzenden Burggrafen oblag vermutlich neben der Verwaltung seines Amtsbezirks auch die der Stadt Annweiler. Derart enge Beziehungen von Stadt und Burg mit vergleichbaren Verflechtungen ihrer wirtschaftlichen und militärischen Funktionen entwickelten sich damals etwa noch in Friedberg (nördlich Frankfurt) oder in Oppenheim.[32]

Über seinen neuen Projekten vergaß Friedrich durchaus nicht die Sorge für schon bestehende, bewährte Zentren. So bestätigte und verbesserte er zwischen Sommer 1219 und Sommer 1220 mit teilweise sehr ins einzelne gehenden Privilegien die Rechtsstellung der Bürger und die innere Verfassung von Goslar, Nürnberg, Dortmund oder Gelnhausen. Nürnberg, das uns als Beispiel dienen möge, hatte während des 12. Jahrhunderts unter dem Schutz des von den Staufern eingesetzten hochadligen Burggrafen wachsende Bedeutung erlangt. Von der durch Barbarossa neu aufgeführten mächtigen

[31] Schmid, Graf Rudolf 298f., Nr. 113 (=HB 1, 790–792), zu Molsheim: HB 1, 736–738; zur Aufstellung des Pfullendorfer Reichsgutes siehe oben S. 197 mit Anm. 16; vgl. Weller, Städtegründung 203–222 (zu Pfullendorf 208–211).

[32] Annweiler: HB 1, 680f., dazu Knöpp, Stellung 22, Niese, Verwaltung 181f., vgl. Nau, Staufische Münzpolitik 195 (Diskussion), dies., Münzen 89; Friedberg, Oppenheim: Schwind, Verfassung 101–112, ders., Friedberg 918, ders., Landvogtei 29–35, vgl. Niese 243–250.

Reichsburg aus verwaltete zur Zeit Friedrichs II. dann offenbar der zur Ministerialität gehörende Reichsbutigler (Reichsschenk) in einer gewissen Konkurrenz mit dem Burggrafen das wertvolle Reichsgut im weiten Umkreis um Nürnberg. Dessen Bürgern nun bewilligte der König in seiner Urkunde vom November 1219 erneut alle schon von seinen Vorgängern erteilten Vergünstigungen und suchte darüber hinaus, wie er sagte, etwa noch bestehende Mängel abzustellen. Die dann folgenden detaillierten Regelungen sicherten vornehmlich die rechtliche Unabhängigkeit und die freie wirtschaftliche, besonders die kaufmännische Betätigung der Nürnberger Bürger, deren Herr allein der König und für die allein das Gericht des königlichen Schultheißen ihrer Stadt zuständig sein sollte. Niemand durfte sie an irgendeinem Ort des römischen Reiches zum Zweikampf fordern. Alles geschah, um ihnen den ungestörten Besitz ihrer Pfandschaften oder ihrer Lehen, die Wiedererlangung ausgegebener Pfänder zu gewährleisten. Aufs genaueste wurden endlich – unter ausdrücklicher Erwähnung eines Privilegs des Nürnberger Münzmeisters – ihre Vorrechte auf den ihnen wichtigen Märkten und ihre Zollvergünstigungen aufgelistet, wurde festgehalten, daß der König seine Steuer nicht unmittelbar vom einzelnen, sondern von der Stadt als Gesamtsumme fordere, zu der der einzelne nach seinem Vermögen beitrage.

Nichts hören wir indessen von Organen städtischer Selbstverwaltung. Es zeigt sich also ein weiteres Mal, wie sehr Friedrich daran lag, die Städte als die militärischen und administrativen Mittelpunkte des königlichen Territoriums in seiner Hand zu behalten. Ebenso klar aber tritt noch einmal zutage, wie hoch er deren wirtschaftliche Bedeutung einschätzte, wie ernst er deshalb die Aufgabe nahm, die wirtschaftliche Aktivität des Bürgertums zu fördern – auch durch den zunächst mißlichen, langfristig aber vorteilhaften Verzicht auf eigene Güter, Einkünfte und Rechte. Daß er grundlegende ökonomische Zusammenhänge tatsächlich kannte und sie bewußt berücksichtigte, verrät eine Bemerkung am Eingang unseres Privilegs. Gerade Nürnberg, so heißt es da nämlich, brauche die königliche Gunst und Hilfe ganz besonders dringend, „denn jener Ort hat weder Weinberge noch Schiffsverkehr, er liegt überdies auf äußerst kärglichem Boden“.[33]

[33] Nürnberger UB 111–114, Nr. 178 (das Zitat 113), dazu Bosl, Nürnberg 21–24, ders., Reichsministerialität 482f., 490–492, Schwind, Verfassung 115–117, Niese, Verwaltung 284–286, Maschke, Bürgerliche Welt 13f.; vgl. HB 1, 643–649 (Goslar), 777f. (Dortmund), 816f. (Gelnhausen), daneben HB 1, 659f. (Frankfurt), 673 (Freiburg i. Ü.), 812–814 (Donauwörth), vgl. zu Frankfurt und Gelnhausen Schwind, Landvogtei 11–29, zum Ganzen Stoob, Formen 401–403.

Beharrliche Kleinarbeit und langwierige Konflikte: Die Erweiterung des unmittelbaren Einflusses

Friedrichs Territorialverwaltung scheint damals im Streben nach größerer Übersichtlichkeit, besserer Planung und wirkungsvollerer Kontrolle, anknüpfend an das in Sizilien Übliche wie an erste deutsche Ansätze, zunehmend schriftliche Unterlagen benutzt zu haben. Als ein Hinweis auf solche Tendenzen werteten wir bereits die Notiz über die Pfullendorfer Einkünfte. Ähnliches kann etwa für die Bestallungsurkunden Gerhards von Sinzig gelten. Doch auch das Pappenheimer Urbar weist offenbar in diese Richtung. Es entstand vermutlich 1214, unmittelbar vor dem Tode des Reichsmarschalls Heinrich von Kalden (bei Monheim, nördlich Donauwörth), jenes hervorragenden Vertreters der Ministerialenfamilie von Pappenheim (westlich Eichstätt), der als zuverlässige Stütze der staufischen Sache Barbarossa, dessen Söhnen und zuletzt noch Friedrich II. diente. Das Verzeichnis listet den Pappenheimischen Besitz auf, soweit er zu Burg und Amt Neuburg an der Donau, zur Herrschaft Rechberg (östlich Burgau) und zur Burg Pappenheim gehörte. Dabei informiert es so präzise über die einzelnen Höfe, ihre Leistungsverpflichtungen und die auf ihnen sitzenden bäuerlichen Hörigen, aber etwa auch über handwerklich tätige Eigenleute des Burggrafen, daß man hier mit einer gewissen Berechtigung das Vorbild der sizilischen Finanzverwaltung wirksam sah und schloß, Friedrich selbst habe die Aufstellung im Rahmen seiner Bemühungen um eine feste Basis für sein Königtum veranlaßt.[34]

Beinahe von Anfang an war Friedrich darauf aus, verlorenes Gut zurück-, neues hinzuzugewinnen. Er trachtete insbesondere danach, Kirchenvogteien und Kirchenlehen in seine Hand zu bekommen, schaltete sich aber energisch auch beim Aussterben reicher Adelsdynastien ein, um ihre Reichslehen zu sichern oder Erbansprüche als Verwandter anzumelden. Natürlich setzte er sich damit nicht überall ganz nach Wunsch durch. In einzelnen Fällen zogen sich die Verhandlungen mit vielerlei Rückschlägen und Unterbrechungen sogar über Jahre und Jahrzehnte hin. Dennoch konnte Friedrich am Ende meist wenigstens einen Teilerfolg für sich verbuchen.

Schon im Frühjahr 1213 empfing der König vom Bischof von Chur Vogtei und Lehen, wie sie seine Vorgänger innegehabt hatten, darüber hinaus immerhin vom Abt von Kempten die Klostervogtei und die Lehnsgüter, die vorher an den 1212 verstorbenen Markgrafen von Ronsberg (nordöstlich Kempten) ausgegeben waren. Um die gleiche Zeit fiel ihm nach dem Tode

[34] Metz, Güterverzeichnisse 77–93, vgl. Bosl, Reichsministerialität 103 f., 483–488, Kölzer, Heinrich 2094; zum Pfullendorfer Verzeichnis oben S. 197 mit Anm. 16, zu Gerhards Bestallung oben S. 206 mit Anm. 26.

des letzten Grafen von Lauffen a. N. neben dessen Reichslehen die Vogtei des Klosters Odenheim (nordöstlich Bruchsal) zu. Als er zwei Jahre später mit einigem anderen ungesicherten Außenbesitz des Klosters Hirsau auch dessen Güter in Heilbronn samt den Rechten und Einkünften aus Markt, Münze und Fähre in seinen besonderen Schutz nahm, geschah dies offenbar gezielt im Blick auf den beabsichtigten großzügigen Ausbau der dortigen Siedlung. Freilich weigerte sich Bischof Otto von Würzburg, den für dieses Projekt unentbehrlichen Heilbronner Besitz seiner Kirche, bis 1201 schon einmal staufisches Lehen, von König Philipp jedoch an Würzburg zurückgegeben, erneut, diesmal an Friedrich, zu verlehnen, und es kam zum Streit darüber. Trotzdem entwickelte sich Heilbronn unterdessen zur Stadt, und Ottos Nachfolger mußte schließlich 1225 in die Belehnung König Heinrichs einwilligen.

Ähnlich lagen die Dinge im Falle der spätestens in den Jahren vor 1220 vollendeten Pfalz zu Wimpfen: Sie stand auf Grund, den die Staufer als Lehen des Wormser Bischofs hielten, auf den Friedrich selbst also 1212 seinem Vertrauten Lupold von Worms gegenüber verzichtet hatte. Bald suchte er indes den wertvollen Platz, wenn er ihn überhaupt je tatsächlich räumte, zurückzugewinnen. Nach dem Tode Lupolds (1217) bedrängte er dessen Nachfolger Heinrich massiv in diesem Sinne, verhinderte vermutlich seine Weihe und setzte ihn so sehr unter Druck, daß Heinrich schließlich Domkapitel, Ministerialen und Konsuln seiner Bischofsstadt um Rat anging. Man empfahl ihm, dem König das Wimpfener Lehen erneut zu gewähren, um endlich sein Wohlwollen zu erlangen. Erst 1227 erfolgte dann die entsprechende Belehnung König Heinrichs, der damals immerhin als Gegenleistung die ratenweise Zahlung von 1300 Mark Silber versprach.[35]

Am längsten und erbittertsten rang Friedrich wohl mit den Bischöfen von Straßburg um die Lehnsgüter dieser Kirche, unter anderem Mülhausen, Molsheim und Mutzig, die einst Barbarossa erworben, Philipp 1199 dann aufgegeben hatte in der Hoffnung, sich dadurch die Unterstützung des Straßburger Bischofs einzuhandeln. Friedrich selbst stand anfänglich in recht gutem Einvernehmen mit Bischof Heinrich II. von Veringen (1202–1223). Das änderte sich erst, als er wohl gegen 1219 dringende Ansprüche auf die Straßburger Lehen erhob und damals offenbar sofort seine Hand auf

[35] HB 1, 915f. (Chur), HB 1, 263–265 (Kempten), HB 1, 623–626 (Odenheim; zu Lauffen siehe oben S. 198); HB 1, 391f. (Hirsau), HB 2, 848f. (Heilbronn, vgl. HB 2, 814f., sowie RI V, Nr. 58); HB 3, 332f., Acta Imperii 2, 680, Nr. 1012 (zu Wimpfen; zu Heinrich siehe Krabbo, Besetzung 1, 53–57, zu Lupold oben S. 156). Dazu und zum Folgenden: Schwarzmaier, Ende 117–120, Weller, Städtegründung 197–202, 215–218, Niese, Verwaltung 39–41, 46–49, Werle, Hausmachtpolitik, bes. 362–367; zu Wimpfen auch Arens, Wimpfen 21–38, ders., Staufische Königspfalzen 138f., vgl. Hotz, Pfalzen 54–61.

sie legte, wie das schon erwähnte Privileg für seine Bürger von Molsheim zeigt. Heinrich weigerte sich freilich standhaft, zurückzuweichen und so dem Durchbruch der staufischen Macht im Elsaß selbst noch Vorschub zu leisten. Die Angelegenheit, im Grunde ein Kampf um die führende Position im Elsaß, verquickte sich zudem mit anderen Zwistigkeiten, etwa dem Streit um das Erbe der Zähringer und des Dagsburger Grafenhauses, und immer wieder scheiterten die Ausgleichsversuche.

Das gilt schon für den Schiedsspruch, den Friedrich 1221 auf Drängen des Papstes herbeiführte und der ihn zum vollständigen Verzicht auf Mülhausen, Wasselnheim (Wasselonne, westlich Straßburg) und die Münze zu Schlettstadt verurteilte, ihm andererseits aber „um des Friedens und seiner Gunst willen" die als Ursache der Zwietracht bezeichneten Lehen in Molsheim, Mutzig und Bischoffsheim zusprach, weiter die bischöflichen Hörigen zu Rosheim und – in der Nachfolge des Herzogs Berthold von Zähringen – die von Straßburg zu Lehen gehende Gerichtsbarkeit in Offenburg. Ebensowenig führten die verschiedenen Abmachungen zu einer dauerhaften Lösung, die Bischof Berthold von Teck (1223–1244) mit König Heinrich beziehungsweise mit der Reichsregierung traf; der ferne Kaiser scheint sie allesamt nicht gebilligt zu haben. Erst als er während seines zweiten Deutschlandaufenthaltes wieder selbst mit Berthold verhandelte, glückte schließlich im März 1236 die Einigung. Sie orientierte sich an dem seit 1221 grob abgesteckten Rahmen. Friedrich erreichte jedoch eine Reihe wertvoller Verbesserungen. Er erhielt nun zusätzlich insbesondere die Stadt Mülhausen zu Lehen, in der im übrigen wohl bereits seit Anfang der zwanziger Jahre ein königlicher Vogt amtete, daneben Nimburg, Emmendingen und Teningen mit zugehörigen Klostervogteien. In anderen Fällen waren umfangreiche Gütertauschaktionen oder die Teilung der Einnahmen vorgesehen, und seine Rechte in Offenburg sicherte sich der Staufer durch die Zahlung von 1000 Mark Silber. Die Attraktivität der neuen Stadtgründungen für die Menschen jener Zeit machen die Abreden am Ende des Vertrages noch einmal sichtbar. Sie regeln umständlich die Behandlung jener Ministerialen oder Hörigen, die aus dem Herrschaftsbereich der einen Partei in eine Stadt der jeweils anderen übergesiedelt waren oder dies künftig tun würden.[36]

[36] HB 4, 814–818 (März 1236), zum Nimburger Besitz HB 1, 322f. (Verzicht von 1214), dazu Niese, Verwaltung 47, Bosl, Reichsministerialität 150f.; Acta Imperii 1, 482–484, Nr. 603 (Spruch von 1221; vgl. Nr. 604), die folgenden Absprachen RI V, Nr. 3890, 3932f., 4029; Verzicht Philipps: Annales Marbacenses, ad 1199, MGH SS rer. Germ. 9, 74; zu Molsheim HB 1, 736–738 (4. 2. 1220), vgl. oben S. 209f. Dazu Maier, Stadt 12–23 (nicht immer zuverlässig), 65–70 (Molsheim, Mülhausen), Fein, Städtegründungen 32–39.

Abb. 10: Staufische Pfalz Wimpfen, Fensterarkaden der nördlichen Außenmauer des Palas; die größte deutsche Pfalz wurde vielleicht noch von Friedrich Barbarossa errichtet, spätestens jedoch von Friedrich II., der den Platz vom Wormser Bischof zurückgewann, in den Jahren vor 1220 vollendet.

[illegible]

Als fast ebenso mühselig und langwierig wie dieser Konflikt erwies sich die Auseinandersetzung um das reiche Erbe des im Februar 1218 verstorbenen letzten Zähringerherzogs Berthold V. Sein Allodialgut teilten sich im wesentlichen seine Schwäger, die Grafen Ulrich von Kyburg und Egino IV. von Urach, einiges ging an den Markgrafen von Baden. Doch auch Friedrich schaltete sich von Anfang an energisch ein. Er sicherte sich durch Kauf den Anteil der Herzöge von Teck und zog, das zähringische Reichsfürstentum auflösend, die Reichslehen der Zähringer ein, unter anderem Zürich, Bern, Interlaken, Solothurn, Murten, Rheinfelden, Schaffhausen, Neuenburg am Rhein, Villingen sowie die Vogtei über St. Blasien. Unter den zähringischen Kirchenlehen lag ihm besonders an den vom Bamberger und Straßburger Bistum stammenden Vogtei- und Herrschaftsrechten in der Ortenau, die den Zähringern die Gründung der Stadt Offenburg ermöglicht hatten. Ganz augenscheinlich trat er dort sofort die Nachfolge der Zähringer an und drängte die betroffenen Bischöfe, ihn in dieser Position förmlich anzuerkennen. Die beiden Geistlichen sträubten sich lange gegen sein Ansinnen, ehe schließlich der Bamberger nachgab und dem König 1225 sein Lehen gegen Zahlung von 4000 Mark Silber übertrug. Das zur Ergänzung notwendige und Friedrich im Schiedsspruch von 1221 auch schon zugestandene Straßburger Lehen fiel – wie wir sahen – erst 1236 endgültig an ihn.[37]

Auch die Haupterben, Egino von Urach-Freiburg und vor allem sein gleichnamiger Sohn Egino V., wandten sich im übrigen von Anfang an entschieden gegen einzelne Ansprüche des Staufers. Das wohl im September 1218 zu Ulm erreichte Einvernehmen über die strittigen Fragen überdauerte kaum das nächste Frühjahr. Bald darauf führte die Unzufriedenheit der Uracher sogar zu Kämpfen zwischen den beiden Parteien, und eine Reihe von Bewohnern Freiburgs und anderer gräflicher Orte benützte damals die Gelegenheit zur Übersiedlung in die anscheinend attraktiveren königlichen Städte. Obwohl sich die Dinge demnach für Friedrich keineswegs schlecht entwickelten, suchte er doch rasch den Ausgleich mit Egino V. – ob im Blick auf dessen Bruder Konrad, den Kardinalbischof von Porto, also in Wahrheit aus Ehrfurcht für den Apostolischen Stuhl, wie er später dem Papst beteuerte, oder aber einfach in dem Bestreben, einen wichtigen Fürsten Süddeutschlands wieder an sich zu binden, mag dahingestellt bleiben. Jedenfalls nahm er Egino im September 1219 erneut in seine Gnade auf, befahl die Rückführung der aus dem Gebiet des Grafen Abgewanderten und überließ

[37] Niese, Verwaltung 24f., 75f. (dazu HB 1, 539f.), 179, 269; zu Bern siehe RI V 4, 24, Nr. 154, zur unechten Berner Handfeste ebd. 164f. (BF. 935), zu Neuenburg oben S. 208; vgl. Weller, Städtegründung 201f., 219–222, Büttner, Egino 1–13, Bosl, Reichsministerialität 151. Zum Erwerb Offenburgs: Schäfer, Offenburg, bes. 49–55, 62, vgl. HB 2, 512–514, vgl. 514f. (Bamberger Lehen), sowie oben S. 214.

ihm sogar den von den Tecker Herzögen erworbenen Teil der zähringischen Erbschaft. Dafür sollte ihm der Graf allerdings die stattliche Summe von 25000 Mark Silber bezahlen, die er ihm dann bis auf 3000 Mark erließ, weil Egino versprach, mit einer ansehnlichen Ritterschar am Kreuzzug teilzunehmen. Damit war der Fall freilich längst nicht erledigt – noch 1235 gehörte Egino zu denjenigen, die sich mit König Heinrich gegen den Kaiser erhoben.[38]

Der Streit um das Zähringer Erbe zeigt deutlich wie kaum ein anderes Beispiel, mit welchem Geschick, mit welcher Geduld und Zähigkeit Friedrich in mühevoller Kleinarbeit den staufischen Territorialbesitz ausdehnte. Andererseits fehlte ihm keineswegs die Bereitschaft zum Kompromiß und selbst zum Verzicht, gewiß ein Zeichen dafür, daß er seine Territorialpolitik immer im Zusammenhang mit seinen anderen, weiter gespannten Zielen sah und wohl zurecht glaubte, diese ohne solche Rücksichtnahme nicht erreichen zu können. Hier jeweils die rechte Balance zu finden, war um so schwieriger, als Friedrichs Bemühen um die Ausdehnung seines unmittelbaren Einflusses in Deutschland in ganz erheblichem Maße zu Lasten gerade der Gruppe ging, die ihn grundsätzlich stützte und von der er besonders abhing: zu Lasten der geistlichen Fürsten. In erster Linie der Kirche trotzte er ja jene wichtigen Vogtei- und Herrschaftsrechte ab, mit deren Hilfe er den Ausbau und die Sicherung seiner herrscherlichen Position hauptsächlich betrieb. Dafür ließe sich leicht noch manches zusätzliche Beispiel anführen. Erinnert sei der Abrundung halber nur an Nördlingen und Öhringen, die der Staufer im Dezember 1215 vom Regensburger Bischof im Tausch gegen die Reichsstifte Ober- und Niedermünster in Regensburg erwarb. Zwar erwirkten die betroffenen Äbtissinnen bereits 1216 einen Spruch der Fürsten, wonach kein Fürstentum ohne den Willen seines Inhabers sowie ohne die Zustimmung seiner Ministerialen dem Reich entfremdet und irgendeiner anderen Person übertragen werden dürfe, und der König, der dieses Urteil ausdrücklich billigte und bekräftigte, machte daraufhin die Vergabe der beiden Stifte rückgängig. Er blieb jedoch im Besitz Nördlingens, ohne daß wir wüßten, ob und wie er den Regensburger Bischof anderweitig entschädigte. Sehr rasch brachte er ungefähr zur gleichen Zeit offenbar die Vogtei über die Bischofsstadt Konstanz in seine Hand und schuf damit die Basis für ein engeres Zusammenwirken mit der dortigen Bürgerschaft: Diese durfte jetzt zur Vertretung ihrer Interessen einen Rat bilden und zahlte Steuer an das Reich.[39]

[38] HB 1, 671f., 682f. (September 1219), dazu Acta Imperii 1, 157f., Nr. 180 (Juli 1220); zu Ulm (September 1218): RI V, Nr. 946a, Egino als Zeuge: HB 1, 613, Acta Imperii 1, 137, Nr. 159, HB 1, 621 (alle März 1219), MGH Const. 2, 79f. (Nr. 65f.), HB 1, 679 (alle September 1219), 702 (November 1219); vgl. zum Fortgang des Streits Acta Imperii 1, 158, Freiburger UB 1, 27f., Nr. 41 (8. 7. 1226), 40–42, Nr. 53f. (15. 2. bzw. 14. 7. 1234), HB 4, 734 (1235), zum Ganzen Büttner, Egino 13–24.

[39] Nördlingen: HB 1, 433f. (vgl. RI V, 4, 159 [BF. 840]), MGH Const. 2, 70–72,

Friedrichs Politik gegenüber der Kirche, die auch in ihrer da und dort spürbaren Aggressivität an staufische Tradition anknüpfte, entbehrte durchaus nicht einer gewissen Berechtigung und Folgerichtigkeit. Das Königtum zog damit sozusagen die Konsequenz aus den seit dem sogenannten Investiturstreit eingetretenen Veränderungen. Zu jener Zeit hatte die Kirche, bis dahin reich begünstigte Stütze der königlichen Gewalt, begonnen, sich aus der nun als bedrohlich empfundenen Bindung an die weltliche Herrschaft zu lösen und sich in neuer Weise auf ihre besondere seelsorgerliche, heilsvermittelnde Aufgabe und ihre darin begründete überragende Würde zu besinnen. Von derartigen Reformidealen umgeprägt, mußte sie dem weltlichen Herrscher fortan freilich als eine unsichere, oft problematische und ihrem innersten Wesen nach nur noch bedingt geeignete Sachwalterin seiner Interessen erscheinen, der gegenüber er seinen eigenen Anspruch auf diesseitige Machtausübung um so unzweideutiger zur Geltung zu bringen trachtete und von der er jene Güter und Herrschaftsrechte, die ihr einst unter ganz anderen Umständen zugefallen waren, wenigstens zu einem Teil zurückzugewinnen suchte, um sie seiner unmittelbaren Verfügung zu unterstellen. Die hohe Geistlichkeit hingegen sah sich dadurch in ihrem Recht bedroht und leistete, wir sahen es, zuweilen über Jahrzehnte hinweg heftigen Widerstand.

Daß Friedrich seinerseits in solchen Fällen seinen Standpunkt auch nach 1220 von Italien aus zäh weiterverfocht, beweist sein fortdauerndes, wenngleich von anderen Fragen nun zweifellos stärker überlagertes Interesse an der staufischen Territorialpolitik in Deutschland. Seine unbestreitbaren Erfolge auf diesem Felde führten im übrigen keineswegs nur zur merklichen Stärkung seiner herrscherlichen Stellung und zur Verärgerung einiger Kirchenfürsten. Vielmehr verbesserten seine Verwaltungsmaßnahmen offensichtlich auch die Lebensbedingungen der einfachen Bevölkerung spürbar. Klug und umsichtig habe er Räuber, Brandstifter, Diebe und andere Übeltäter verfolgt und die einmal gefaßten Verbrecher schonungslos bestraft, so lobt ein elsässischer Zeitgenosse und fährt dann fort: „Die Kaufleute aber liebten ihn deshalb von ganzem Herzen, weil er das Königreich mit allen Wegen und Straßen so befriedet hatte, daß sie sicher reisen konnten, wohin auch immer sie wollten. Und so verbreitete sich überall die Kunde von seinem guten Beginn."[40]

Nr. 57, HB 4, 607f., 715, vgl. Bosl, Reichsministerialität 153, Weller, Städtegründung 200f., 214f.; Niese, Verwaltung 41; zu Konstanz: Maurer, Konstanz 82–86, Möncke, Bischofsstadt 68–78, 105–108, vgl. ebd. 79–86 sowie Niese 77f. zu Friedrichs Stellung als Stadtvogt über Basel, anders Patemann, Stadtentwicklung 454f., 462f.

[40] Richer Senoniensis IV 2, MGH SS 25, 301; vgl. Chronicon Ebersheimense, c. 36, MGH SS 23, 450.

Der König und die Reichsfürsten

Zwar prägten Friedrichs Maßnahmen schwerlich – wie der zitierte Chronist behauptet – das ganze Reich gleich tiefgreifend; doch reichte sein Einfluß zweifellos vielfach und eindrücklich über die im engeren Sinne staufische Herrschaftszone hinaus. Von wesentlicher Bedeutung war dabei sein Zusammenwirken mit den weltlichen und geistlichen Reichsfürsten, also mit jenem unmittelbar vom König belehnten Kreis der in ihrem Land eigenständig herrschenden Herzöge, Mark-, Pfalz- und Landgrafen, der Erzbischöfe, Bischöfe und reichsunmittelbaren Äbte und Äbtissinnen, der sich im Laufe des 12. Jahrhunderts herausgebildet hatte und sich nun immer klarer vom übrigen Adel abhob.[41] Unter den weltlichen Fürsten unterhielt Herzog Ludwig von Bayern allem nach die besten Beziehungen zu Friedrich. Er begleitete ihn fast ständig und kann wohl als sein wichtigster Berater aus diesem Kreis, ja als einer seiner engsten Vertrauten überhaupt gelten. Auf den Hoftagen des Staufers erschienen indessen wiederholt auch König Ottokar von Böhmen, zum Teil zusammen mit Markgraf Heinrich von Mähren, die Herzöge Leopold VI. von Österreich und Steiermark († 1230), Bernhard II. von Kärnten († 1256), Otto I. von Meranien, Heinrich I. von Brabant und Berthold von Zähringen, weiter Markgraf Dietrich von Meißen († 1221), Landgraf Hermann von Thüringen und seit 1217 dessen Sohn Ludwig IV. († 1227), Anfang 1219 schließlich noch Herzog Albrecht I. von Sachsen († 1261) und im Juli desselben Jahres Markgraf Albrecht II. von Brandenburg († 1220). Erwähnung verdient in diesem Zusammenhang daneben vielleicht doch die regelmäßige Präsenz des Grafen Adolf III. von Schauenburg (Schaumburg an der Weser, nordwestlich Hameln) am Hof sowie die Anwesenheit der Grafen Wilhelm I. von Holland († 1222) und Gerhard IV. von Geldern († 1229) in den Jahren 1215 und 1220, obgleich sie nicht zu den Reichsfürsten zählten.

Entscheidendes Gewicht aber kam bei der Durchsetzung des königlichen Willens auf Reichsebene natürlich der Haltung der hohen Geistlichkeit Deutschlands zu, die Friedrich grundsätzlich unterstützte und auf breiter Front mit ihm zusammenwirkte. Bischof Konrad von Speyer und Metz, der Kanzler, hielt sich offenbar meist an seiner Seite auf. Wir sehen die Erzbischöfe Albrecht von Magdeburg und Siegfried von Mainz sehr häufig um ihn, namentlich bei allen großen und bedeutenden Versammlungen, fast ebenso oft Dietrich von Trier und Eberhard von Salzburg und nicht selten Engelbert I. von Köln. Gerhard I. von Bremen, 1210 gegen den Willen Ottos IV. erhoben und seitdem heftig von ihm bekämpft, fand zwar bis zu

[41] Zum Folgenden siehe die Zeugenlisten RI V, Nr. 671–1153; vgl. Boshof, Reichsfürstenstand 46–58.

des Welfen Tod wenig Gelegenheit, den Stauferkönig aufzusuchen, reiste dann jedoch im Dezember 1218 zu ihm und starb im August 1219 während eines neuerlichen Aufenthalts am königlichen Hof zu Frankfurt. Unter den übrigen Bischöfen gehörten Konrad von Regensburg, Ulrich von Passau, Siegfried von Augsburg, Otto von Würzburg und Heinrich von Basel zu den eifrigsten Teilnehmern an Friedrichs Hoftagen, gefolgt von Ekbert von Bamberg, Otto von Freising oder Heinrich von Worms. Eine gewisse Zurückhaltung bei Heinrich von Straßburg überrascht kaum, eher schon das verhältnismäßig seltene Auftreten Konrads von Konstanz. Andererseits begegnen in Friedrichs Umgebung wiederholt die Bischöfe von Naumburg, Halberstadt und Cambrai, daneben diejenigen von Lüttich, Utrecht, Merseburg, Hildesheim und Havelberg und je einmal immerhin Konrad von Minden und Theodor von Münster.

In das hier gewonnene Bild fügt sich gut, daß fast die Hälfte aller aus den Jahren 1215–1220 bekannten Urkunden Friedrichs Schenkungen für Klöster und Kirchen Deutschlands enthält oder deren Güter und Rechte bestätigt. Beinahe ein Viertel davon gilt den Zisterziensern, um deren gutes Verhältnis zum Herrscher wir bereits wissen. Fast ebenso zahlreich vertreten sind freilich Privilegien, die die Stellung des Deutschen Ordens in Deutschland, in Italien und Sizilien stärken sollten. Diese Gemeinschaft war 1189 oder 1190 in Anknüpfung an eine ältere Jerusalemer Spitalbruderschaft entstanden, um das damals von Bremer und Lübecker Kaufleuten zu Akkon gegründete Hospital zu betreuen. Der Papst hatte sie 1196 mit wichtigen Vorrechten versehen und drei Jahre später auf Wunsch führender deutscher Kreuzfahrer und hoher palästinensischer Geistlicher zum Ritterorden ausgestaltet, zu dessen Aufgaben nun neben der Krankenpflege nach dem Vorbild der Templer der Kampf gegen die Ungläubigen gehörte.

Wuchs der Orden danach zunächst eher langsam, so brachten die Jahre von Friedrichs deutscher Königsherrschaft seine rasche Entfaltung. Die Zahl seiner Mitglieder adliger, seltener bürgerlicher, meist aber ministerialer Herkunft stieg an. Großzügige Stiftungen des Hochadels, daneben Schenkungen edelfreier und bürgerlicher Familien oder von Seiten der Ministerialität, der staufischen wie der landesfürstlichen, ermöglichten die Einrichtung einer stattlichen Reihe von Ordenshäusern vorwiegend in Mitteldeutschland, am Rhein und im Südwesten des Reiches. Das sind keineswegs zufällig zugleich Zentren staufischer Territorialpolitik, denn der König betätigte sich nicht nur selbst als eifriger Förderer des Ordens, sein Vorbild veranlaßte manchen aus dem Kreis seiner Anhänger zu ähnlichen Anstrengungen. Dabei mochte Friedrichs Haltung von dem Bewußtsein mitbestimmt werden, daß der Deutsche Orden von Anfang an die Gunst und tatkräftige Hilfe der Staufer genossen und seinerseits ihn selbst offenbar sofort unterstützt hatte. Ganz gewiß beeindruckte ihn wie im Falle der Zisterzienser die den Ordensrittern eigentümliche Lebensform mit ihrer Verknüpfung von Frömmigkeit und praktischem Tun. Immerhin gehörte zum Kernbestand vieler Stiftungen jener Jahre, auch der unmittelbar staufischen, ein Spital. Diese Tatsache zeigt, welch hohen Rang die Armen- und Krankenpflege des Deutschen Ordens damals in den Augen des Königs und seiner Zeitgenossen durchaus noch besaß. Hervorragende Bedeutung aber mußte für Friedrich das enge Zusammenwirken mit dem durch ihn gestärkten, ihm verpflichteten Ritterorden natürlich im Blick auf seine Kreuzzugspläne erlangen, lagen auf diesem Felde doch die Vorteile eines gemeinsamen Vorgehens für beide Seiten besonders klar zutage.[42]

Als außerordentlicher Glücksfall durfte es deshalb gelten, daß der Hochmeister des Ordens, der aus einer thüringischen Ministerialenfamilie stammende und seit 1210 in seinem hohen Amt tätige Hermann von Salza († 1239), die Dinge nicht nur grundsätzlich ebenso einschätzte wie der König, sondern offenbar auch schnell dessen persönliches Vertrauen gewann. Im Dezember 1216 erschien er, vielleicht zusammen mit Königin Konstanze und Heinrich, am Hof zu Nürnberg und traf dort wohl zum ersten Mal mit dem Staufer zusammen. Schon in einer damals für den Deutschen Orden ausgestellten Urkunde hob dieser dann eigens Hermanns Frömmigkeit und Ehrenhaftigkeit hervor,[43] und die erste Begegnung der beiden Männer sollte in der Tat eine lange, erst mit Hermanns Tod endende Zeit intensiver Zusammenarbeit einleiten, während der der Hochmeister seiner Besonnenheit und seiner weitgespannten Kontakte, seiner guten Beziehungen insbesondere auch zur päpstlichen Kurie wegen zu einem der wichtigsten und einflußreichsten Ratgeber Friedrichs wurde.

Das Verhältnis des Königs zu den deutschen Fürsten war sicherlich alles andere als frei von Störungen. Wir erlebten bereits, mit welcher Zähigkeit er gegenüber nicht wenigen unter ihnen seine Territorialpolitik verfolgte. Den Herzog von Oberlothringen, Theobald I., bekämpfte er sogar an der Spitze eines Heeres. Theobald hatte, vielleicht weil er in Bouvines auf der Seite Ottos stand, die Verfügung über die seinem Vater verpfändeten staufischen Güter in Rosheim verloren und aus Empörung darüber die elsässische Siedlung im Handstreich erobert. Seine Truppen genossen im Siegestaumel dann allerdings allzu begierig den in den Kellern der überfallenen Gemeinde reichlich lagernden Wein. Sie wurden von den Bewohnern Rosheims erbarmungslos niedergemetzelt, und der Herzog mußte sich enttäuscht zurückziehen. Als er daraufhin versuchte, seine Position im Westen, an Marne und Maas, auf Kosten der Gräfin Blanche von Champagne und ihres unmün-

[42] Boockmann, Orden, bes. 17–65, Wojtecki, Orden 187–218.

[43] HB 1, 488, vgl. 488–490 (wiederholt 3. 1. 1218: Acta Imperii 1, 123f., Nr. 147), sowie HB 1, 918–920; dazu Kluger, Hochmeister 6–9.

digen Sohnes Tedbald IV. († 1253) auszubauen, griff Friedrich selbst ein, um abermals einen Erfolg des beunruhigend aktiven Lothringers zu vereiteln. Er belagerte ihn im Mai 1218 in seiner Festung Amance (nordöstlich Nancy), nahm den von seinen Anhängern Verlassenen gefangen und zwang ihn zum Verzicht auf seine Expansionspläne.[44]

Zuweilen suchte Friedrich, wie er selbst einräumt, auf Bischofswahlen durch Empfehlungen Einfluß zu nehmen. Auch scheute er sich, wie das Beispiel Heinrichs von Worms nahelegt, zumindest in einzelnen Fällen nicht, die nach der Mannschaftsleistung, also dem symbolischen Akt der Übergabe an den königlichen Lehnsherrn, und nach der Ablegung des Treueids übliche Belehnung eines zum Bischof Erwählten mit den Regalien und damit zugleich dessen Weihe hinauszuzögern, wenn es galt, ihm Zugeständnisse abzutrotzen. Die zeitweiligen Spannungen mit dem bischöflichen Stadtherrn erleichterten dem König überdies gewiß die Ausstellung jenes Privilegs vom April 1220, in dem er die von seinem Großvater bewilligte Friedensordnung und Gerichtsverfassung der Wormser Bürgerschaft bestätigte.[45]

Ganz ähnlich wiederholte er knapp sechs Jahre zuvor zugunsten der Bürger von Cambrai die ihnen bereits 1205 von König Philipp gegebene Garantie ihrer hergebrachten Rechte und Freiheiten. Damals, im Jahre 1214, stand der Bischof von Cambrai, Johannes III. von Béthune (1201–1219), noch immer wie von Anfang an auf der Seite Kaiser Ottos, der ihm seinerseits die volle Herrschaft über seine Stadt zurückgegeben und über deren Bewohner wegen ihrer Übergriffe gegen die Kirche die Reichsacht verhängt hatte – mit der Stellung des Bischofs zum Herrscher entschied sich also fast zwangsläufig die herrscherliche Haltung der Stadtgemeinde gegenüber. Dabei sollte es auch weiterhin bleiben. Kaum nämlich war Bischof Johannes im Juli 1215 zu Friedrich übergetreten, kaum hatte er ihm Mannschaft und Treueid geleistet und von ihm die Regalien empfangen, da versprach ihm der Staufer mit ausdrücklichem Hinweis auf diese Wendung der Dinge seinen besonderen Schutz und bestätigte ihm nach einem entsprechenden Urteil der Fürsten die Privilegien Ottos einschließlich der Ächtung der Bürgerschaft.

Ein merkwürdiger Vorgang schloß sich an: Nur zwei Monate später – der Bischof machte sich eben auf den Weg zum großen Laterankonzil in Rom – erlangten die Bürger von Cambrai von Friedrich die erneute Bestätigung

[44] Richer Senoniensis III 21–23, MGH SS 25, 298–300, Reineri Annales, ad 1217, MGH SS 16, 676; HB 1, 543–550; dazu Parisse, Noblesse 571, 741–748, vgl. Fein, Städtegründungen 43–46.

[45] Bischofsempfehlung: RI V, Nr. 744, vgl. Brief vom Mai 1219, ed. Theiner, Codex 1, 51 (Nr. 74). Worms: HB 1, 925–927, zu Bischof Heinrich siehe oben S. 213 mit Anm. 35.

ihrer alten Freiheiten. Schon im April 1216 indessen konnte Johannes auf seine Klagen hin und einem fürstlichen Spruch gemäß beim König den förmlichen Widerruf dieser städtefreundlichen Entscheidung durchsetzen. Ihr Zustandekommen erklärte Friedrich entschuldigend damit, daß die Bürger ihm die Wahrheit verschwiegen hätten. Es fällt freilich schwer, ihm hier zu folgen, war doch die Entwicklung zu Cambrai in jenen Monaten am Hof mehrfach erörtert worden. Möglicherweise muß man in seiner Aktion zugunsten der Stadt tatsächlich einen etwas halbherzigen und letztlich untauglichen Versuch sehen, den Bürgern die von seinen kaiserlichen Vorfahren erworbenen Vorrechte doch noch zu retten und ihren von ihm nach wie vor mit Mißtrauen betrachteten Bischof zu schwächen. Dieser Versuch scheiterte, so lassen die betreffenden Urkunden wenigstens vermuten, an der Parteinahme der Fürsten. Er ermutigte andererseits aber wohl die Bürgerschaft zur Fortsetzung ihres Kampfes, bis sich 1227 Gottfried, Johanns Nachfolger, endgültig durchsetzte.[46]

Unter unbekannten Umständen, vielleicht um seinen Einfluß in Basel auf Kosten des unkanonisch gewählten und deshalb vom Papst schließlich abgesetzten Bischofs Walter (1213–1215) auszudehnen, gestand Friedrich der dortigen Bürgerschaft die Einrichtung eines städtischen Rates zu. Walters Nachfolger, der tatkräftige Heinrich II. von Thun († 1238), gewann jedoch offensichtlich rasch das Vertrauen und die Unterstützung des Königs. So kam es, daß ihm Friedrich im September 1218 die seinen bischöflichen Vorgängern gerade auch in der Stadt Basel eigenen Rechte verbriefte sowie eine neue städtische Abgabe übertrug. Außerdem aber bekräftigte er feierlich einen auf Heinrichs Anfrage ergangenen Fürstenspruch, wonach niemand, auch nicht er, der Herrscher, berechtigt sei, den Baslern ohne Zustimmung ihres Bischofs einen Stadtrat zu geben. Sein diesbezügliches Privileg kassierte er. Grundsätzlich der gleichen Rechtsauffassung hatte er sich im übrigen schon im März 1214 angeschlossen, als es galt, einen um die Bildung eines Ratsgremiums ausgebrochenen Streit zwischen der Bürgerschaft von Straßburg und Bischof Heinrich, damals eine seiner wichtigsten Stützen, zu entscheiden.[47]

Nicht nur als Territorialpolitiker, sondern auch bei der Ausgestaltung seiner Beziehungen zu den deutschen Fürsten blieb sich Friedrich demnach

[46] Siehe dazu HB 1, 310 (vgl. Acta Imperii 1, 8f., Nr. 11); Acta Imperii selecta 206f., Nr. 230f., HB 1, 403–405 (vgl. Acta Imperii selecta 215f., Nr. 238); HB 1, 402–408, 425f., 449–451 (durchweg mit dem Hinweis *per sententiam principum*), vgl. HB 1, 694f., sowie HB 2, 629–632, 892–895; Platelle, Luttes 51–55, Moreau, Histoire 3, 158–166.

[47] Basel: MGH Const. 2, 75f., Nr. 62, HB 1, 560, vgl. RI V, Nr. 947; dazu Möncke, Bischofsstadt 89–97, sowie 82–85, Patemann, Stadtentwicklung 447–451, 463f., Rütimeyer, Stadtherr 196–202, vgl. Wackernagel, Geschichte 17–22; Straßburg: HB 1, 292, vgl. HB 1, 582f., 677–679, dazu Rütimeyer 203–205.

der wachsenden Bedeutung der Städte, des zunehmenden Gewichts ihrer Bürgerschaft wohl bewußt, und wo sich Gelegenheit dazu bot, suchte er zumal bischöfliche Städte zu fördern und an sich zu binden. Doch trugen solche Maßnahmen niemals ihren Zweck in sich selbst, entscheidend war stets die Wirkung auf die betroffenen Fürsten. Ihre Schwäche suchte Friedrich auf diese Weise zum eigenen Vorteil zu nutzen, seinen Gegnern Schwierigkeiten gewissermaßen im eigenen Haus zu bereiten. Aufs Ganze gesehen jedoch bedurfte er der Hilfe der Fürsten und ihrer wohlwollenden Kooperation. Wo sie sich dazu bereit fanden, aber auch wenn sie energisch und einhellig ihren Willen bekundeten, zögerte er deshalb meist nicht, sich gegen die Städte auf ihre Seite zu stellen.[48]

Königliche Abhängigkeit: Die Sicherung von Recht und Frieden und die Nachfolgefrage

Wie die Dinge lagen, ließ sich gerade eine zentrale herrscherliche Aufgabe wie die Sicherung von Recht und Frieden im Reich nicht meistern ohne die Bereitschaft der Fürsten zur Mitarbeit. In der Tat beauftragte Friedrich offenbar vorwiegend geistliche Fürsten seines Vertrauens immer wieder, in seinem Namen Streitigkeiten unter den Großen ihrer Region zu schlichten, so etwa im Jahre 1219 den Erzbischof Albrecht von Magdeburg und die Bischöfe von Naumburg und Merseburg anläßlich eines Zwistes zwischen dem Markgrafen von Meißen und dem Abt von Pegau (südlich Leipzig). Umgekehrt lud er Erzbischof Gerhard I. von Bremen vor sich, um Frieden zwischen ihm und Heinrich von Braunschweig, dem Bruder Kaiser Ottos, zu stiften. Den Erzbischof von Vienne wies er an, gegen die Erhebung ungerechter Weggelder durch die Adligen seiner Diözese vorzugehen, erreichte dadurch allerdings wohl keine allzu spürbare Besserung der dortigen Verhältnisse. Mehr Erfolg hatte er vermutlich, als er dem Bischof von Osnabrück auf die Klage eines betroffenen Grafen hin direkt befahl, an seinen Zoll- und Münzstätten widerrechtliche Praktiken abzustellen. Die Durchführung eines im April 1220 unter seinem Vorsitz von den Fürsten gefällten Urteils, das dem Grafen von Geldern vielfältiger Beschwerden wegen jede Zollerhebung am Rhein verbot, übertrug er dem Erzbischof Engelbert von Köln. Engelbert indessen gewann während seiner diesbezüglichen Bemühungen anscheinend ein neues Bild von der Sachlage und erwirkte bei Friedrich eine für den Grafen günstigere Regelung, die der Protest des Bischofs von Utrecht dann noch einmal für kurze Zeit außer Kraft zu setzen ver-

[48] Siehe dazu noch Acta Imperii 1, 111f., Nr. 132, HB 1, 706, 752; vgl. Stoob, Formen 396f.

mochte, ehe ihr ein kaiserliches Privileg mit Zustimmung der Fürsten im März 1223 dauernde Geltung verschaffte.[49]

Eine entscheidende Rolle bei der Klärung von Rechtsfragen und bei der Weiterentwicklung des Rechts fiel schon seit dem 12. Jahrhundert dem Urteil der auf den königlichen Hoftagen versammelten Fürsten des Reiches zu. Dabei blieb es auch jetzt, wie wir schon mehrfach sahen. Auf die Klage oder dringende Nachfrage des Betroffenen forderte der König den Spruch der anwesenden Fürsten zu dem vorgetragenen Fall, wobei er meist wohl die Ansicht des vornehmsten unter ihnen zuerst erbat, danach die der anderen Fürsten, um sich schließlich, wie er hin und wieder eigens betont, noch der Zustimmung der übrigen Adligen und der Ministerialen zu versichern. Er selbst bekräftigte und verkündete daraufhin das *rationabiliter*, also vernünftig, zustande gekommene Urteil und traf die zu seiner Vollstreckung nötigen Entscheidungen und Anweisungen. Leider verraten seine darüber ausgestellten feierlichen Urkunden in aller Regel nichts über Meinungsverschiedenheiten und Diskussionen, die die Urteilsfindung etwa erschwerten. Hingegen führten der erneute Einsatz einer Partei, das Auftauchen bisher unberücksichtigter Gesichtspunkte oder eine veränderte Interessenlage nicht selten wie im Falle der Gelderner Zölle oder des Stadtrechts zu Cambrai zur Revision eines bereits ergangenen Spruches. Zu einer solchen hielt sich Friedrich im übrigen offensichtlich auch ohne neuerliche Anhörung der Fürsten berechtigt, wo die Billigkeit – die *equitas iuris*, wie er schreibt – ihm dies nahelegte. So erklärt er ein im April oder Mai 1220 gefälltes fürstliches Urteil, das der Gräfin Johanna von Flandern und Hennegau ihre Reichslehen entzog und dem Grafen Wilhelm von Holland zusprach, vermutlich noch im Sommer des gleichen Jahres „aus gerechten und gesetzmäßigen Gründen" für ungültig und nichtig. Die Gräfin habe nämlich wegen der zu befürchtenden Gefahren einer derartigen Reise nicht vor ihm erscheinen können; ihr Gemahl aber, der Graf Ferrand, befinde sich noch immer – wie seit der Schlacht von Bouvines – in der Gefangenschaft des französischen Königs. Der ernsthafte Wille des Herrschers, „aufgrund der uns angeborenen königlichen Umsicht als gerechter Richter" verantwortlich und maßgebend zu wirken, bildete demnach doch immerhin eines jener vielfältigen Elemente, die die Rechtsetzung in seinem Reiche damals prägten.[50]

[49] Schlichtungen: RI V 4, 25f., Nr. 162A, vgl. Acta Imperii 1, 104f., Nr. 124; Gerhard von Bremen: Albert von Stade, ad 1219, MGH SS 16, 357, Sächsische Weltchronik, c. 360, MGH Dt. Chron. 2, 242; Vienne: RI V, Nr. 757, Nr. 938; Osnabrück: RI V, Nr. 1129; Geldern: MGH Const. 2, 92f., Nr. 74f., vgl. HB 2, 242f., 290–292, 334–336 (dazu RI V, Nr. 1462), HB 2, 797f. (dazu RI V, Nr. 3922), siehe Schiffer, Grafen 309–322, 334f., 365–367, Klingelhöfer, Reichsgesetze 139–142.

[50] Zum Verfahren: MGH Const. 2, 75, Nr. 62, 70f., Nr. 57, 77, Nr. 64; Johanna von Flandern: HB 1, 821f.; vgl. etwa noch HB 1, 769.

Inhaltlich ging es den Fürsten bei ihren Entscheidungen häufig um die Sicherung ihrer dominierenden Stellung. Sie bekräftigten ihre Reichsunmittelbarkeit und gestalteten ihre lehnsrechtlichen Befugnisse aus. Die Bischöfe suchten die Kontrolle über die Bürgerschaft ihrer Städte zu wahren oder der Entfremdung von Kirchengut, gerade auch während Zeiten der Sedisvakanz, einen Riegel vorzuschieben. Eine nicht unwichtige Rolle spielte in diesem Zusammenhang natürlich die fürstliche Sorge um den ungestörten Ausbau der wirtschaftlichen Macht. So verpflichtete ein Fürstenspruch den König, er dürfe weder Zoll- noch Münzrechte vergeben, wenn dadurch ein Dritter Verluste oder Nachteile erleide. Eine andere Entscheidung legte fest, sobald der König jemandem einen Jahres- oder Wochenmarkt verliehen habe, stehe an dem betreffenden Ort neben diesem weder dem Grafen noch sonst einem Richter der Region Gerichtsbarkeit und Strafgewalt zu.[51] In die gleiche Richtung zielten vielfach auch die Privilegien, die Friedrich auf Wunsch einzelner Fürsten ausfertigte: Sie regelten Fragen der Münzprägung, bestätigten Zollfreiheiten, gestatteten die Einrichtung eines Marktes oder die Verlegung einer Zollstätte. Verhältnismäßig oft ließen sich Bischöfe oder Herzöge auch die Eigentumsrechte an den Salz- und Metallvorkommen ihres Territoriums verbriefen – ein Indiz für die damals merklich zunehmende Bedeutung der metallverarbeitenden städtischen Gewerbe und des Bergbaus in Deutschland.[52]

Überblickt man Friedrichs Beziehungen zu den Reichsfürsten in jenen Jahren im ganzen, so bemerkt man zunächst durchaus seine Absicht, die ihm kraft Erbrechts wie durch seine herrscherliche Würde gebotenen Möglichkeiten ihnen gegenüber auszuschöpfen, um seine Position zu stärken und glanzvoller zur Geltung zu bringen. Zäh rang er mit ihnen um den Ausbau seiner territorialen Machtbasis, gerne betonte er die Bedeutung und Verantwortung der königlichen Majestät für Friede und Recht im Reich. Die Fürsten besuchten denn auch rege seinen Hof, mühten sich dort um die Bestätigung alter, die Gewährung neuer Privilegien, um die Klärung grundsätzlicher und allgemeiner Probleme. In seinem Auftrag wirkten sie als Friedensstifter oder als Vollstrecker am Hofe gefällter Entscheidungen; er entzog einzelnen von ihnen mit seiner Gnade auch ihre Vergünstigungen. Freilich bildeten Konfrontation und Zerwürfnis, Feindschaften oder gar kriegerische Gewalt, zumal in Reichsangelegenheiten, doch eher die seltene Ausnahme. Friedrich blieb sich stets der Grenze bewußt, die ihm durch die über Jahrhunderte behauptete und gerade in der Zeit vor seiner Ankunft in

[51] Vgl. MGH Const. 2, 70–72, Nr. 57, 77, Nr. 64, vgl. 73f., Nr. 59; 75f., Nr. 62 (vgl. HB 1, 292), 80f., Nr. 67f., vgl. 76f., Nr. 63; 92f., Nr. 74f., 74f., Nr. 61.

[52] HB 1, 769f., 756f. (vgl. 452–456), 754f., Acta Imperii 1, 121, Nr. 144; HB 1, 526f., 706f., 708f., 788f.

Deutschland stark gewachsene Bedeutung der Fürsten gesetzt war, ohne deren Unterstützung er selbst weder König geworden wäre, noch auf Dauer königliche Macht auszuüben vermochte. Aus klarer Einsicht in diese Sachlage und überdies wohl ernsthaft der Überzeugung, daß zuverlässiger Dienst zu königlicher Belohnung verpflichte, anerkannte er die deutschen Fürsten als seine Partner im Reichsregiment und bemühte sich, jede ernsthafte Störung des Einvernehmens mit ihnen zu vermeiden, auch wenn dies Opfer von seiner Seite forderte.

Zu gleicher Rücksicht veranlaßten den Staufer im übrigen auch seine weiter gesteckten, eng zusammenhängenden und ständig im Auge behaltenen Ziele. Nach wie vor ging es ihm letztlich um die dauerhafte Sicherung der ihm nach seiner Auffassung gebührenden, von Gott zugedachten Herrschaft im Imperium wie im sizilischen Regnum. Schon der erste Schritt in diese Richtung aber bedurfte ebenfalls der fürstlichen Zustimmung: Anders war an die Königswahl seines Sohnes Heinrich nicht zu denken. Darüber hinaus mußten natürlich das Wohlwollen und die Hilfe der Fürsten – zumal angesichts der zu erwartenden päpstlichen Widerstände – auch für seine Bemühungen um die wie immer geartete Verbindung der Kaiserwürde mit dem sizilischen Königtum und die Aufwertung beider Institutionen von kaum zu unterschätzendem Nutzen sein.

Friedrich lag offensichtlich daran, seinen Sohn Heinrich möglichst rasch als den künftigen Erben der traditionellen staufischen Position in Deutschland einzuführen und bekannt zu machen. Deshalb ernannte er ihn unmittelbar nach seiner Ankunft aus Sizilien zum Herzog von Schwaben. Schon in einer Urkunde vom Februar 1217 trägt Heinrich zum ersten Mal den Titel *dux Suevie*. Sein sizilischer Königstitel, der hier noch vorweg erscheint, entfiel fortan – die Erinnerung an seine ererbte Stellung im Süden sollte wohl zurücktreten, um seinen weiteren Aufstieg im Norden nicht zu behindern. Der ließ denn auch nicht lange auf sich warten. Nach dem Tode Bertholds V. von Zähringen im Jahre 1218 kam die nun freigewordene Würde des *rector Burgundie*, des Stellvertreters des Königs in ganz Burgund, an den Königssohn; spätestens seit Januar 1220 ergänzte sie seinen herzoglichen Rang.[53] Nur drei weitere Monate später stand Friedrich schließlich am Ziel aller seiner Bemühungen, er erreichte die Wahl Heinrichs zum deutschen König, korrekter: zum *Romanorum rex*.

Dahin zu gelangen, war gewiß nicht einfach gewesen. Heinrich VI. hatte einst sogar in ungleich stärkerer Stellung erfahren müssen, daß die Fürsten nur äußerst ungern daran dachten, seinen Sohn, also eben Friedrich, bereits zu Lebzeiten des Vaters zu seinem Nachfolger zu bestimmen. Damals wie jetzt

[53] HB 1, 499f., vgl. Acta Imperii 1, 123, Nr. 147, HB 1, 555, dazu Maurer, Herzog von Schwaben 274f.; *rector:* HB 1, 718.

drohte dieser Schritt die Bedeutung ihres Wahlrechts empfindlich zu schmälern, erbrechtliche Ansprüche der herrschenden Familie aber und damit die Position des Königtums ganz allgemein zu stärken, zu schweigen vom päpstlichen Unmut über die solcherart verlängerte und befestigte Umklammerung des Patrimonium Petri durch die Staufer. Zudem stand Friedrich unter wachsendem Zeitdruck. Seine Absicht ließ sich wohl am ehesten durchsetzen, solange er noch selbst in Deutschland anwesend war und ihre Verwirklichung energisch, in ständigem persönlichen Kontakt mit den Fürsten, in genauer Kenntnis der eigenen Möglichkeiten wie der fürstlichen Vorbehalte, betreiben konnte. Umgekehrt mußte es auch seinen Verhandlungspartnern grundsätzlich einleuchten, daß er noch vor dem Verlassen seines deutschen Königreiches dort eine den Frieden sichernde, klare und dauerhafte Nachfolgeregelung treffen wollte. Das galt zumal dann, wenn es sich um einen Aufbruch zum Kreuzzug handelte. Auf die Einlösung des königlichen Kreuzzugsversprechens aber drängte Papst Honorius III. († 1227) immer ungeduldiger.

Papst Honorius III. und der Beginn des fünften Kreuzzuges

Der Nachfolger Innozenz' III., ursprünglich Cencius geheißen, stammte aus Rom und war als Geistlicher im Dienst der römischen Kirche aufgestiegen. Dabei hatte sich offenbar bald seine spezielle Begabung für Fragen der Verwaltung und des Finanzwesens gezeigt. Jedenfalls war er 1188 zum Kämmerer ernannt worden und in diesem Amt mit der Abfassung des Liber censuum, einer umfangreichen Übersicht über die der römischen Kirche zustehenden Einkünfte, besonders hervorgetreten. Seine Leistung fand die gebührende Belohnung: 1193 erhob ihn Papst Coelestin III. zum Kardinal, und Cencius blieb bis zu dessen Tod einer der führenden Männer an der Kurie, ebenso aktiv als Leiter der päpstlichen Kanzlei und Organisator kirchlicher Bauten wie bei wichtigen Verhandlungen oder am päpstlichen Gericht. Wesentlich zurückgezogener und unauffälliger verlief sein Leben dann während des Pontifikats Innozenz' III. Erwähnung verdienen immerhin seine zahlreichen, von ihm selbst später veröffentlichten Predigten aus jener Zeit, denn sie rücken das Bild des einseitig am Konkret-Praktischen interessierten Verwaltungsfachmannes doch ein wenig zurecht. Seine etwas überraschende Wahl zum Papst am 18. Juli 1216, zwei Tage nur nach dem Tod seines Vorgängers, verdankte er wohl einem gewissen Unwillen der Mehrheit der Kardinäle über ihre Zurücksetzung durch Innozenz und über dessen Bevorzugung einer kleinen Gruppe vertrauter Ratgeber. Deren dominierende Stellung wollte man jetzt beseitigen, ohne freilich verhindern zu können, daß Männer wie die Kardinalbischöfe Hugo (Hugolinus) von Ostia und Pelagius von Albano auch künftig einen maßgebenden Einfluß an der Kurie ausübten.[54]

Honorius scheint bei seiner Berufung an die Spitze der Kirche schon in höherem Alter gestanden zu haben. „Körperlich schwach infolge seines Alters und außerordentlich gebrechlich" sei er damals gewesen, schreibt Burchard von Ursberg, und Jakob von Vitry († 1240), der erwählte Bischof von Akkon, den seine Reise an seine künftige Wirkungsstätte eben im Juli 1216 nach Perugia führte, schildert den neuen Papst, dessen Erhebung er also unmittelbar miterlebte, als „einen guten und frommen, sehr schlichten und gütigen Greis, der fast seine ganze Habe den Armen gespendet hatte".[55]

Honorius vertrat denn auch die päpstliche Position ganz gewiß nicht so scharfsinnig durchdacht, so offensiv und entschieden-kompromißlos wie Innozenz. Insbesondere hielt er offenbar anders als jener, wohl unter dem Einfluß der Römerbrief-Kommentare seiner Zeit, die weltliche Gewalt für eine nach dem Sündenfall notwendige Institution von eigenständiger Bedeutung, die Gott selbst in seiner Gnade bei allen Völkern, bei Heiden wie Christen, einsetzte, damit sie dem ungezügelten, in den Untergang führenden Hang der sündigen Menschen zu Untat und Verbrechen entgegenwirke und sie zwinge, ihre im Kern bösen, Gottes Willen zuwiderlaufenden Absichten fallenzulassen. Den Herrschenden war demnach von ihrem göttlichen Schöpfer aufgetragen, unter ihren Untertanen für Frieden und Gerechtigkeit zu sorgen, sie so in die von Gott stammende Ordnung zurückzuführen und vor der Selbstzerfleischung zu retten. Als Sachwalter Gottes verdienten sie andererseits die besondere Achtung ihrer Völker.[56] Diese Einschätzung der weltlichen Obrigkeit durch Honorius traf sich durchaus mit den Vorstellungen, die seit je in staufisch gesinnten Kreisen lebendig waren, und sogar Friedrich selbst konnte deshalb ihre Grundgedanken aufnehmen, als er 1231 im Vorwort der Konstitutionen von Melfi seine eigene Auffassung zu dem Thema formulierte.

So unverkennbar sich Honorius freilich in vielem von Innozenz unterscheiden mochte – dessen kirchenpolitischen Hauptanliegen blieb er doch stets eindeutig verpflichtet. Während seines immerhin fast elf Jahre dauernden Pontifikats gelang es ihm, den Platz und die Funktion der Bettelorden

[54] Maleczek, Papst 111–113, 354–358, Roberg, Honorius 120f., Powell, Anatomy 110f.

[55] Bernhard von Ursberg, ad 1217, MGH SS rer. Germ. 16, 113, vgl. 112f.; Jakob von Vitry, Ep. 1, ed. Huygens 74, vgl. 73f., 52, über Jakob: Bourgain, J. von Vitry 294f., Paravicini Bagliani, Cardinali 99–109.

[56] Brief Honorius' III. an die kastilischen Großen (wohl 1218) bei Heller-Schaller, Frage 446–448, zur Interpretation siehe Stürner, Peccatum 180f., vgl. 176–179 sowie ders., Rerum necessitas 517–520.

innerhalb der Kirche mit der Bestätigung ihrer Regeln und Lebensformen endgültig zu bestimmen, und schon 1216 schuf seine mündliche Billigung den von Jakob von Vitry dringend erbetenen Rückhalt für jene neuen, zunächst hauptsächlich im Herzogtum Brabant und um Lüttich verbreiteten Gemeinschaften frommer, bald Beginen genannter Frauen, die ohne ein förmliches Gelübde ihr Leben in Armut und Keuschheit führen und ganz der religiösen Besinnung und dem Gebet, der Handarbeit und den Werken der Nächstenliebe widmen wollten.[57] Zur zentralen Sorge aber wurde ihm die Verwirklichung und glückliche Vollendung des von Innozenz geplanten und so tatkräftig vorbereiteten Kreuzzuges.

Das Kreuzzugprojekt war nach Innozenz' Tod zunächst etwas ins Stocken geraten. Doch der Entschlossenheit des Honorius gelang es bald, die da und dort spürbare zögernde Unsicherheit zu überwinden. Zwar begaben sich die Kreuzfahrer nicht, wie ursprünglich festgelegt, allesamt zum Juni 1217 nach Unteritalien, um von dort in Anwesenheit und mit dem Rat des Papstes gemeinsam in See zu stechen. Immerhin aber brach im August eine ansehnliche österreichisch-ungarische Streitmacht unter der Führung von Herzog Leopold und König Andreas von Split aus nach Osten auf. Die niederrheinischen und friesischen Teilnehmer, an ihrer Spitze Graf Wilhelm von Holland, segelten sogar schon vorher, im Mai, von Vlaardingen an der Maasmündung ab, griffen dann allerdings südlich von Lissabon auf Bitte des dortigen Bischofs in die Kämpfe mit den Sarazenen ein und stießen deshalb erst im folgenden Frühjahr in Akkon zu den übrigen, inzwischen bereits etwas zerstrittenen und nicht mehr ganz vollzähligen Kreuzrittern. Die maßgebenden Leiter des Unternehmens entschlossen sich, ihre vereinigten Kontingente gegen Damietta im östlichen Nildelta zu lenken, also Ägypten anzugreifen, das Zentrum jenes bis nach Syrien und Nordmesopotamien reichenden islamischen Großreiches, das damals der Ayyubide Al-ʿĀdil, der Bruder und Nachfolger Saladins, zusammen mit seinen Söhnen beherrschte. Damietta, eine bedeutende, außerordentlich stark befestigte Hafenstadt, leistete den christlichen Belagerern indessen hartnäckig Widerstand, so daß sich die Lage auf beiden Seiten rasch verdüsterte.[58]

Dennoch ließen die Kreuzfahrer die Gelegenheit zur friedlichen Lösung des Konflikts ungenützt. Nach dem Tode Al-ʿĀdils im August 1218 nämlich waren seine drei Söhne zu selbständigen Herrschern in ihren jeweiligen Teil-

[57] Elm, Beg(h)inen 1799f., Grundmann, Religiöse Bewegungen, bes. 170–198; Bitte Jakobs: Ep. 1, ed. Huygens 74.

[58] Zum fünften Kreuzzug: Powell, Anatomy 113–118 (Führung), 123–172 (Verlauf), Mayer, Kreuzzüge 195–203, Kluger, Hochmeister 9–20, Van Cleve, Fifth Crusade 377–428, Böhm, Johann 38–64, vgl. 11–38, Gottschalk, Al-Kāmil 19–115; zu den arabischen Quellen: Gabrieli, Kreuzzüge 313–325.

reichen geworden, und Al-Kāmil (1218–1238), der von mancherlei Schwierigkeiten bedrängte Erbe Ägyptens, bot den gefährlichen Eindringlingen im Laufe des Jahres 1219 mehrfach gegen die Räumung seines Landes die Rückgabe fast des gesamten Königreichs Jerusalem an. Verständlicherweise drang Johann von Brienne († 1237), als Vater der minderjährigen Thronerbin Isabella Regent dieses Königreiches beziehungsweise des den Christen davon gebliebenen schmalen Küstenstreifens und zugleich militärischer Führer des Kreuzheeres, auf die Annahme des gegnerischen Vorschlags. Aber auch andere Große, Deutsche, Franzosen und Engländer vor allem, rieten, auf ihn einzugehen, schien damit doch das eigentliche Ziel des Ägypten-Zuges erreicht, während die Aussichten auf noch größere Erfolge angesichts der bisherigen Erfahrungen, angesichts der rasch wechselnden Zusammensetzung des Heeres, der ständigen Unsicherheit über seinen Bestand und der zunehmenden Spannungen unter seinen Anführern in der Tat eher skeptisch beurteilt werden mußten. Dennoch wandten sich die Italiener, die Templer und Johanniter sowie die Geistlichkeit gegen ein Einlenken. An der Spitze dieser Gruppe stand der Kardinal Pelagius von Albano, jener enge Vertrauensmann Innozenz' III., dessen Zähigkeit ebenso wie seine Arroganz schon bei seinen früheren Missionen aufgefallen war. Seit Herbst 1218 wirkte er als päpstlicher Legat unter den Kreuzfahrern, mit leidenschaftlichem Eifer bemüht, alles Zweifeln und Zagen unter ihnen zu überwinden und sie zu immer neuen Anstrengungen anzuspornen, unbekümmert darum, daß sein fanatischer, alles erfassender Einsatz ihm durchaus auch Gegner schuf und insofern das gemeinsame Unternehmen gefährdete. Nun setzte er sich mit seiner Ansicht durch, vor jeder Verhandlung sei Damietta einzunehmen.[59]

Die Belagerung der Stadt ging also weiter, und es sah zunächst ganz danach aus, als sollte Pelagius recht behalten: Anfang November 1219 fiel Damietta endlich in die Hände der Christen. Sie merkten freilich nach kurzer Siegesfreude rasch, daß sie nichts Wesentliches gewonnen hatten. Al-Kāmil verschanzte sich nilaufwärts in Mansura, um Kairo zu decken; unter ihnen selbst aber brach ein heftiger Streit um die Verteilung der Beute aus. Johann von Brienne, dem Pelagius die Herrschaft über die eroberte Stadt verweigerte, zog schließlich im Frühjahr 1220 sogar verärgert nach Palästina ab, wo Al-Muʿaẓẓam, Al-Kāmils Bruder, die kärglichen Reste seines Reiches bedrohte. Den sinkenden Mut der Zurückbleibenden suchte der päpstliche Legat durch die Verbreitung von Prophetien zu stärken, die ihnen die machtvolle Hilfe zweier Könige sowie die baldige Eroberung ganz Ägyptens ankündigten. Er selbst vertraute diesen Weissagungen offenbar vollkommen,

[59] Gibb, Aiyūbids 693–699; Maleczek, Papst 166–169 (Pelagius), vgl. Van Cleve, Fifth Crusade 402f., 409f., 414–417, 423, Gottschalk, Al-Kāmil 84f., 110f.

und einen bescheidenen Bezug zur Realität besaßen sie ja immerhin insoweit, als König Friedrich sein Eingreifen wiederholt versprochen hatte. Von der Unsicherheit über Zeitpunkt und Umfang seines Engagements im Osten einmal ganz abgesehen, stand allerdings sehr zu befürchten, daß die Ankunft des Staufers den Streit um die Führung und das strategische Ziel des Kreuzzuges nur neu und verschärft würde aufleben lassen.

Päpstliche Kreuzzugsmahnungen und Friedrichs Ringen um die Königswahl seines Sohnes

Papst Honorius war offenbar rasch nach seiner Erhebung mit Friedrich in Verbindung getreten. Er teilte ihm das Ereignis selbst mit und lenkte seine Aufmerksamkeit wohl wenig später sehr eindringlich auf die bewährten Dienste des getreuen königlichen Familiaren Thomas von Gaeta. Gleichzeitig knüpfte er Kontakte zu einflußreichen Beratern am Hofe, zu dem ihm schon von früher her bekannten Erzbischof Berard von Palermo etwa oder zu dem Kämmerer Richard. Friedrich seinerseits sandte dann Anfang 1217 eine offizielle Delegation nach Rom, die seine Glückwünsche überbrachte und Vorschläge zur Entwicklung der gegenseitigen Beziehungen unterbreitete. Möglicherweise kam dabei auch die künftige Kaiserkrönung zur Sprache – etwas Handfestes erfahren wir freilich nicht. Der Papst kündigte immerhin an, zur weiteren Behandlung der aufgeworfenen Fragen einen Legaten zu entsenden, und fügte dem zu erörternden Problemkatalog die Hilfe für das Heilige Land hinzu – Friedrich selbst hatte das Kreuzzugsthema also nicht angeschnitten.[60]

Es wurde zwischen ihm und Honorius zunächst offenbar auch nicht intensiv weiterverfolgt. Ohnehin scheint der königlich-päpstliche Briefwechsel in den folgenden Monaten nicht sehr rege gewesen zu sein. Wir hören lediglich, daß die schon zu Innozenz' Zeiten von Friedrich geplante Vergabe der Aachener Stiftspropstei an Alatrin, einen päpstlichen Subdiakon und Kaplan, den der Staufer selbst allem nach hoch schätzte, Anfang 1218 auch des Honorius Billigung fand.[61] Alatrin kam in Aachen dann zwar

[60] Kehr, Briefbuch 43–45, Nr. 3–5, dazu 7–11; MGH Epp. saec. XIII 1, 22, Nr. 26, vgl. 22f., Nr. 27. Powell, Anatomy 112, vgl. 125, geht sicher zu weit mit der These, Honorius habe von Friedrich schon im Sommer 1217 die Zusage zur Übernahme der Führerrolle im Kreuzzug erhalten; andererseits widerspricht die päpstliche Formulierung der Behauptung Van Cleves, Frederick 113, ders., Fifth Crusade 432, Honorius habe das Kreuzzugsgelöbnis des Königs zunächst ignoriert und dessen entsprechende Diskussionswünsche zurückhaltend aufgenommen.

[61] MGH Epp. saec. XIII 1, 34f., Nr. 45 (= Meuthen, Urkunden 257f., Nr. 64, vgl. 258–260, Nr. 65), dazu Meuthen, Pröpste 59f. Alatrins Kandidatur entsprach freilich

trotzdem nicht zum Zuge; dafür sollte ihm indessen bald die Rolle eines vielbeschäftigten Kuriers zwischen dem deutschen Hof und der Kurie zufallen.

Der unbefriedigende Verlauf des Damietta-Feldzuges nämlich, dessen Führer schon im Sommer 1218 zusammen mit einem langen Bericht ein dringendes Hilfsgesuch unter anderem auch an Friedrich richteten, veranlaßte den gut über den Stand der Dinge informierten Papst, sich um den November 1218 ebenfalls an den König zu wenden. Wir besitzen leider nur Friedrichs Antwort vom Januar. Sie ist freilich aufschlußreich genug, läßt sie doch bereits deutlich jene Grundsätze und Ziele erkennen, die die Politik ihres Verfassers dem Papst gegenüber bis zur Kaiserkrönung und noch darüber hinaus bestimmen sollten.[62]

Zunächst äußerte sich der König tief betroffen über die Not der Kreuzfahrer im Osten und betonte erneut seine besondere, einer persönlichen Dankesschuld gegen Gott entspringende Verpflichtung zum Kreuzzug. Er bekannte sich also zu seinem Aachener Gelöbnis, zu der religiösen Überzeugung, die ihn damals erfüllt hatte, und es war ihm wohl auch jetzt durchaus ernst damit. Unübersehbar aber traten für ihn nun – Ergebnis seiner gewachsenen Erfahrung und gestärkten Stellung – sofort andere Gesichtspunkte hinzu. Das Kreuzzugsunternehmen erfuhr eine nüchternere, sachliche Behandlung als ein, wenngleich wichtiges Element im Rahmen seiner politischen Gesamtkonzeption – eine bei weltlichen Herrschern zumal seit dem Ausgang des 12. Jahrhunderts weithin übliche Betrachtungsweise, die auf einem besonderen Feld die damals allgemein schärfer werdende Abgrenzung des Regnum vom Sacerdotium bezeugt.

Er habe, so eröffnete der Staufer seinem Adressaten selbstbewußt, alle Fürsten des Reiches bindend, unter Androhung schwerster Strafen, für Mitte März zu einem großen Hoftag geladen, wo über den Termin seines Aufbruchs ins Heilige Land wie über seinen Nachfolger im Reich beschlossen werden solle. Bislang sei seine Überfahrt an den schändlichen Machenschaften derjenigen gescheitert, die, indem sie die königliche Abreise verhinderten, zugleich um ihre eigene herumzukommen hofften. Er bitte deshalb den Papst, ihm, dem König, wie allen geistlichen und weltlichen Großen des Reiches schon jetzt die Exkommunikation anzukündigen für den Fall, daß sie bis zum 24. Juni 1219 nicht zum Kreuzzug aufbrächen. Honorius möge ferner ihn und seinen Nachfolger im Reich, daneben das Im-

in erster Linie wohl doch dem Wunsche von Friedrich selbst; der spätere Sinneswandel des Königs scheint denn auch keine negativen Folgen gehabt, insbesondere sein gutes Verhältnis zu Alatrin nicht getrübt zu haben, vgl. MGH Epp. saec. XIII 1, 109, Nr. 154 (vom 11. 12. 1220), zu Alatrin: Manselli, Federico 649–658, bes. 650f.

[62] Acta Imperii 1, 127–129, Nr. 151, vgl. Acta Imperii selecta 642, Nr. 934, MGH Epp. saec. XIII 1, 54–57, Nr. 77f., sowie 58–60, Nr. 80.

perium wie das Regnum mit ihren Rechten in seinen besonderen Schutz nehmen, niemanden von seinem Kreuzzugsgelübde entbinden und dafür sorgen, daß Heinrich, Kaiser Ottos Bruder, die Reichsinsignien endlich herausgebe. „Das ist der Weg, auf dem Ihr, Vater und Herr, wenn es beliebt, schreiten solltet, auf dem die über dem Meer die erwünschte Hilfe der Deutschen haben können", so schloß der Brief mahnend, fast schon drohend.

Die Absicht Friedrichs ist deutlich: Da das Gelingen des Kreuzzugs ein Herzensanliegen des Papstes war, zugleich aber von Tag zu Tag mehr von seinem, des Königs, Eingreifen abhing, schien es ihm nur recht und billig, wenn sich Honorius bemühte, die Voraussetzungen für dieses Eingreifen zu schaffen, wenn er also mit seiner päpstlichen Autorität half, eine breite fürstliche Beteiligung zu gewährleisten, die dem Königtum von einzelnen Widersachern drohenden Gefahren zu beseitigen und vor allem die Dauer der staufischen Herrschaft zu sichern. Grundsätzlich sprach in der Tat vieles für diese Auffassung. Entscheidend mußte freilich sein, wo der Papst im konkreten Einzelfalle die Grenze für sein Entgegenkommen ziehen und ob der König sie anerkennen würde. Die von Friedrich vorgeschlagene, recht kurz bemessene Frist bis zum gemeinsamen Aufbruch nach Palästina sollte wohl die Ernsthaftigkeit seiner Absichten beweisen und den Druck auf die Fürsten noch erhöhen. Sie verrät aber auch seinen optimistischen Glauben an die rasche, relativ problemlose Verwirklichung seines Planes.

Trotz des gelegentlich beinahe herablassenden Tons des königlichen Briefes ging Honorius auf dessen Forderungen ohne Zögern ein: Gleich zu Beginn des Februars sandte er die entsprechenden Schreiben nach Deutschland.[63] Sie führten zwar zur Aushändigung der Reichsinsignien. An anderen, wesentlicheren Stellen aber zeigten sich bald Hemmnisse und Widrigkeiten.

Von Peregrinus, dem Erzbischof von Brindisi (1216–1222), der sich im Frühjahr 1219 am Stauferhof aufhielt, erfuhr Friedrich nämlich, man erhebe an der Kurie verschiedene Anschuldigungen gegen ihn, tadle etwa, daß er die Ansprüche Rainalds, des Sohnes Konrads von Urslingen, auf das Herzogtum Spoleto stütze, verüble ihm insbesondere jedoch, daß er die deutsche Königswahl seines eigenen Sohnes betreibe, also entgegen seinem Versprechen das sizilische Regnum mit dem Imperium zu vereinen trachte. Damit war zweifellos der heikelste Punkt seiner Strategie berührt. Die Nachfolgefrage drohte, wie sich sofort zeigte, Papst und Reichsfürsten gegen ihn zusammenzuführen. Andererseits hielt er gerade sie für entscheidend. Während er in seiner Antwort alle anderen Vorwürfe abwies, bekannte er sich denn auch offen zu seinen Bemühungen um Heinrichs Wahl: Sie stärke das Reichsregiment während seiner Abwesenheit und sichere, sollte er selbst im Osten sterben, seinem Sohn sein Erbe. Friedrich gedachte also, unter Hin-

[63] MGH Epp. saec. XIII 1, 66, Nr. 92 (vgl. dazu oben Anm. 2), 67–69, Nr. 93–95.

weis auf die besonderen Erfordernisse des Kreuzzuges seinen Willen durchzusetzen. Im übrigen gab er sich unverändert zuversichtlich und kündigte ein weiteres Mal seine nächstens bevorstehende Romfahrt an. Daß er seinen Kreuzzug im Anschluß an einen Rombesuch und die Kaiserkrönung antreten würde, darüber herrschte demnach wohl bereits damals grundsätzliches Einvernehmen.[64]

Der Papst trug Friedrich in den folgenden Monaten mancherlei Klagen vor. Immer häufiger rügte er zum Beispiel dessen angebliche Übergriffe auf kirchliche Gebiete und Rechte in Ober- und Mittelitalien. Zu Heinrichs Wahl jedoch äußerte er sich , soweit wir wissen, nicht – trotz der klaren Worte Friedrichs und seiner gewiß auch in Rom bekannten unverminderten Aktivität in dieser Angelegenheit. Vielleicht hatte sich Honorius insgeheim schon jetzt damit abgefunden, als Preis für den Kreuzzug unter Umständen Heinrichs Königtum auch in Deutschland hinnehmen zu müssen. Friedrich mochte die päpstliche Zurückhaltung jedenfalls so deuten, und die Erkundigungen, die sein Kanzler, Bischof Konrad von Metz, in Rom einholte, bestätigten durchaus diesen Eindruck. Er erhielt von Honorius selbst, woran er ihn später ausdrücklich erinnerte, auf seine Frage nach der päpstlichen Haltung zu einer etwaigen Wahl Heinrichs überhaupt keine Antwort; von einem eng befreundeten Kardinal erfuhr er dann, der Papst sei der Meinung, die deutsche Königswahl gehe ihn nichts an.[65] Trotzdem war natürlich zu erwarten, daß der Unwille der Kurie gegen das Vorhaben bestehen blieb und fürstlicher Widerstand dagegen mindestens mit Verständnis, wenn nicht mit Unterstützung aus Rom rechnen konnte.

Auch die plangerechte Organisation des Kreuzzuges stieß von Anfang an auf Schwierigkeiten. Zu knapp für ihre Vorbereitungen sei den Reichsfürsten der vorgesehene Termin, so meldete Friedrich wohl Ende April 1219 dem Papst, und die von jenem erlangte Fristverlängerung bis zum Michaelistag (29.9. 1219) schuf ihm spürbar große Erleichterung. Sie entzog nach seinen Worten allen Ausflüchten von fürstlicher Seite die Grundlage.[66] Außerdem bestätigte Honorius damit grundsätzlich des Königs Ansicht, wonach sein Kreuzzugsaufbruch nur zusammen mit einem stattlichen fürstlichen Aufgebot denkbar war und hauptsächlich durch das Zögern der Fürsten verhindert wurde.

[64] Brief vom Mai 1219, ed. Theiner, Codex 1, 50f., Nr. 74. Zu Peregrinus: Kamp, Kirche 1, 667–671, vgl. Acta Imperii 2, 11f., Nr. 10; zur Spoleto-Frage: Schubring, Herzoge 42–44, vgl. MGH Epp. saec. XIII 1, 64f., Nr. 87f.; zu Romzug und Kaiserkrönung: Acta Imperii 1, 129, Nr. 151, MGH Epp. saec. XIII 1, 68, Nr. 95, Z. 34, eindeutige Aussage des Papstes in Ep. IV 19 an Pelagius vom 1. Oktober 1219, Honorii Opera, ed. Horoy 3, 301.

[65] Brief Konrads vom 31. 7. 1220, MGH Epp. saec. XIII 1, 93, Nr. 127.

[66] MGH Epp. saec. XIII 1, 70, Nr. 97; HB 1, 637f.

Friedrichs Klage über die Säumigkeit und Unlust der Fürsten verstummte auch künftig nicht. In der Tat dominierte unter ihnen wohl eine eher abwartende Haltung, und der Staufer befürchtete gewiß mit einigem Recht, manche Große könnten seine Abwesenheit nutzen wollen, um ihre eigene Position auf seine Kosten auszubauen. Andererseits wünschten auch die ernsthaft zur Palästinafahrt entschlossenen Fürsten verständlicherweise genau wie er selbst, vor ihrer Reise ins Ungewisse offene Konflikte oder Rechtsstreitigkeiten möglichst günstig abzuschließen und ihre Stellung zu sichern. Wenn nun Friedrich im Zusammenhang mit dem Kreuzzug seit Anfang 1219 intensiv für die Königswahl seines Sohnes arbeitete, so lag es für sie nahe, hier gewissermaßen den Hebel anzusetzen und als Gegenleistung für die Konsolidierung des Königtums entsprechende Garantien für ihre eigene Herrschaft zu verlangen. So wurde das zähe, Monate dauernde Ringen um Heinrichs Wahl und die damit verbundenen fürstlichen Forderungen zu einem Hauptgrund für die schleppende Vorbereitung des Unternehmens, die den immer widerwilligeren Honorius noch mehrmals zwang, dem König und seinen Fürsten Aufschub zu gewähren, zunächst bis zum 21. März, dann zum 1. Mai 1220.[67]

Die zuweilen kaum mehr möglich scheinende Klärung der schwebenden Fragen gelang schließlich doch noch im April 1220 auf einem großen Hoftag zu Frankfurt. Diese bedeutende Versammlung, deren rege Geschäftigkeit schon unverkennbar auf den in Kürze bevorstehenden Italien- und Romzug Friedrichs vorauswies, wählte seinen Sohn Heinrich zum König, gewährte ihm also endlich die lang gewünschte Kontinuität der staufischen Herrschaft in Deutschland. Ihr Beschluß schuf die Voraussetzung dafür, daß das seit 1212 zur Stärkung des deutschen Königtums Erreichte ebenso Bestand haben würde wie die Verbindung des Imperiums mit dem Regnum Sicilie und damit die nach Friedrichs Überzeugung ihm und seinen Erben von Gott zugedachte Stellung in Mitteleuropa.

Der Wahlvorgang und die Confoederatio mit den geistlichen Fürsten

Die Hintergründe des Wahlvorgangs lassen sich einigermaßen deutlich erkennen. Friedrich selbst machte in seinem Bericht an den Papst zwar erneut keinen Hehl aus seinem intensiven, bislang freilich vergeblichen Mühen um die Erhebung seines Sohnes, stritt seine Beteiligung an dem unmittelbaren Geschehen in Frankfurt jedoch rundweg ab. Ausführlich schilderte er, dort

[67] Acta Imperii 1, 151f., Nr. 173, vgl. 157f., Nr. 180; MGH Epp. saec. XIII 1, 75–77, Nr. 106f., 79f., Nr. 112; vgl. zur damaligen Situation Walther von der Vogelweide, L 29, 15–24.

sei zwischen dem Erzbischof von Mainz und dem Thüringer Landgrafen ein schwerer Streit ausgebrochen, dessen Heftigkeit bei den Fürsten größte Befürchtungen für die Zeit seiner, des Königs, Abwesenheit verursacht und sie völlig unerwartet zur Wahl veranlaßt habe. Vergeblich habe er, von dem Vorgang unterrichtet, widersprochen und auf die fehlende päpstliche Zustimmung verwiesen. Die königliche Darstellung soll, man durchschaut es leicht, ihren Verfasser in ein günstiges Licht bei seinem Adressaten rücken und verteilt die Rollen und Gewichte entsprechend. Dennoch braucht sie nicht völlig aus der Luft gegriffen zu sein. Immerhin stimmt die Aussage des Kanzlers Konrad von Metz in den wesentlichen Punkten mit ihr überein. Vor allem aber hätte ein Mann wie der päpstliche Kaplan Alatrinus, auf den sich Friedrich ausdrücklich als Zeugen beruft, diesen in Rom rasch der Lüge überführen können. So mag jenes Zerwürfnis, zumal zwischen zwei engen Vertrauten des Königs, in der Tat letzte Zweifel bei einzelnen noch zögernden Fürsten vollends ausgeräumt, mag der zunächst vielleicht wirklich nicht anwesende König mit den Wählern durchaus über die zu erwartende Reaktion des Papstes gesprochen und ihnen Schritte zu dessen Besänftigung nahegelegt haben, die sie dann ablehnten.[68]

Gewiß aber waren damals die entscheidenden Hürden für Heinrichs Wahl bereits überwunden, die wesentlichen Zugeständnisse und Absprachen ausgehandelt, durch die sich die Fürsten zu dem wichtigen Schritt bewegen ließen. Dabei spielten die geistlichen Fürsten die führende Rolle – verständlicherweise, da sie, zahlenmäßig den weltlichen ohnehin weit überlegen, immer die Hauptstütze des Staufers gewesen, zugleich jedoch von dessen Territorialpolitik am empfindlichsten getroffen worden waren. Das Privileg, mit dem der König ihre Anliegen erfüllte, seit dem 19. Jahrhundert ›Confoederatio cum principibus ecclesiasticis‹ genannt, erging denn auch nur wenige Tage nach der Wahl, und sein Aussteller bekannte gleich zu Beginn, er löse damit eine Dankesschuld ein gegenüber seinen „geliebten und getreuen geistlichen Fürsten", die nicht nur ihn selbst allzeit gefördert und gestärkt hätten, sondern sich endlich auch „unseren Sohn Heinrich wohlwollend und einträchtig zum König und Herrn wählten". Mit „Wohltaten seiner Gunst"

[68] Acta Imperii 1, 156f., Nr. 180, MGH Epp. saec. XIII 1, 92f., Nr. 127; vgl. außerdem Reineri Annales, ad 1220, MGH SS 16, 677f., Chronica regia Coloniensis, ad 1220, MGH SS rer. Germ. 18, 196, Sächsische Weltchronik 359, MGH Dt. Chron. 2, 242, sowie RI V, Nr. 1098–1129, zu Alatrin siehe Manselli, Federico 651–654; von Friedrichs „politischer Amoral" (so Goez, Gegeben 33, vgl. ders., Friedrich II. 19: „ein geschicktes, aber skrupelloses und letztlich verderbliches Intrigen- und Diplomatenspiel") kann im Zusammenhang mit Heinrichs Wahl allem nach schwerlich die Rede sein, vgl. dazu oben S. 232–234, unten S. 245f., 248–250. Zur denkbaren Verkündung eines Landfriedens im April 1220: Angermeier, Landfriedenspolitik 176f.

wollte er nun seinerseits für das Gedeihen der Kirche wie für den Schutz und Nutzen ihrer Fürsten sorgen.[69]

Gänzlich neu unter den Bestimmungen des zu diesem Zweck formulierten Dokuments waren wohl nur die Maßnahmen zur Verschärfung der Exkommunikation, vor allem die Ankündigung, künftig solle dieser kirchlichen Strafe nach sechs Wochen die Reichsacht folgen. Es handelte sich dabei indessen um einen offenbar alten kirchlichen Wunsch, und schon König Philipp wäre 1203 um der päpstlichen Anerkennung willen zum gleichen Zugeständnis bereit gewesen.[70] Weiter wiederholte der König, interessanterweise ohne die Regaliennutzung zu erwähnen, seinen 1213 und 1216 ausgesprochenen Verzicht auf das Spolienrecht, auf den Nachlaß verstorbener Kirchenfürsten also, und verbot nun zusätzlich allen Laien generell den Zugriff darauf. Er versprach ferner, künftig keine neuen Zoll- und Münzstätten auf dem Gebiet der geistlichen Fürsten gegen deren Willen einzurichten. Außerdem erfuhren die Befugnisse, die seinen Amtleuten in den Bischofsstädten während der dort abgehaltenen Hoftage zufielen, in Anlehnung an Regelungen Friedrich Barbarossas eine genaue zeitliche und sachliche Begrenzung.

Deutlicher auf die Methoden der staufischen Haus- und Reichsgutpolitik zielten die übrigen Punkte der Vereinbarung. Friedrich sicherte dort zu, Hörige der geistlichen Fürsten nicht mehr in seinen Städten aufzunehmen, verlangte freilich gleiches Handeln von allen Laien, aber auch von den Kirchenfürsten selbst. Er garantierte den letzteren die ungehinderte Verfügung über frei werdende Kirchenlehen, die er seinerseits nicht gewaltsam, sondern nur auf deren Wunsch und mit ihrer Erlaubnis zu übernehmen gelobte, und er untersagte schließlich jeden Übergriff von Vögten auf Kirchengut, insbesondere jedoch den Bau von Burgen und Städten auf kirchlichem Boden ohne Genehmigung des Grundbesitzers.

Die Confoederatio zeigt den König, den Inhaber des weltlichen Schwertes, als den Helfer des geistlichen Schwertes, wie er an einer Stelle selbst sagt. Im ganzen stärkte sie sicherlich die Rolle der Kirche, sie vergrößerte speziell den Einfluß des kanonischen Rechtes in der deutschen Gesellschaft des 13. Jahrhunderts. Der Herrscher band sich in ihr an genau bestimmte, recht eng bemessene Grenzen bei der Handhabung einzelner Regalien auf dem Gebiet der Geistlichen, er verzichtete ihnen gegenüber vor allem auf die

[69] Text der ›Confoederatio‹: MGH Const. 2, 86–91, Nr. 73, zu dessen Entstehung: Zinsmaier, Diplomatik 82–106, zum Inhalt: Weller, Städtegründung 205f., Kirn, Verdienste 204–212, Klingelhöfer, Reichsgesetze 1–60, 130–149, 165–192, Schrader, Deutung 424–428, 435–441, 451–454, Maurer, Rechtsverhältnisse 93–96, Goez, Fürstenprivilegien 1358f., ders., Friedrich II. 19, Abulafia, Frederick 124f., 129f.

[70] MGH Const. 2, 9, Nr. 8 (§ 9).

weitere Anwendung wesentlicher Methoden und Elemente seiner Territorialpolitik gegen ihren Willen. Dies geschah nun erstmals, darin liegt wohl das für die Zukunft eigentlich Bedeutsame, nicht mehr in Einzelprivilegien, sondern in einer für alle geistlichen Fürsten insgesamt ausgestellten Verfügung. Die *principes ecclesiastici* traten dem Königtum hier als geschlossene Gruppe gegenüber, deren Glieder sich der Gemeinsamkeit ihrer Position, ihrer Schwierigkeiten und Forderungen bewußt geworden waren und nun zusammen mit größerem Gewicht als bisher ihre Vorstellungen durchzusetzen suchten. Die ständische Gesellschaft begann sich zu formieren, und Friedrichs Privileg anerkannte diese Entwicklung.

Inhaltlich bestätigten die meisten Punkte indessen lediglich Gewohnheiten und Einzelzugeständnisse der vergangenen Jahrzehnte, ohne irgendwelche Hoheitsrechte der Krone völlig aufzugeben. Der Staufer bemühte sich dabei, soweit als möglich die generelle Verbindlichkeit der erlassenen Normen wenigstens für alle Laien hervorzuheben, also den Eindruck eines einseitigen königlichen Verzichts zu vermeiden, den König vielmehr auch in diesem Falle als den Wahrer der allgemeinen Rechtsordnung handeln zu lassen. Wenn er insbesondere seine Territorialpolitik dort, wo sie die Kirche zu beeinträchtigen drohte, von deren Zustimmung abhängig machte, so gab es nach wie vor durchaus Möglichkeiten, auf diesem Felde trotzdem ans Ziel zu gelangen, und Friedrich – wir sahen es bereits – war willens, sie weiterhin zu nutzen.

Wie immer man die Confoederatio am Ende beurteilen mag – sie stellt gewiß das Ergebnis langer und zäher Verhandlungen dar. Anders, mit bescheideneren Zugeständnissen, ließ sich demnach die Wahl Heinrichs und die damit erstrebte Sicherung des dem Königtum in Deutschland seit 1212 wiedergewonnenen Handlungsraumes ganz offensichtlich nicht erreichen. So spiegelt das Dokument zumindest das Verhältnis von König und geistlichen Fürsten im Deutschland des Jahres 1220 in aller Klarheit wider.

Die Frankfurter Beschlüsse öffneten dem Herrscher den Weg nach Italien. Daran änderten grundsätzlich auch jene neuerlichen Widrigkeiten nichts, von denen er entschuldigend dem Papst berichtete. Ein ärgerliches und bedenkliches Beispiel hochadligen Verhaltens war es freilich doch, wenn sich Graf Egino von Urach, obwohl er dem König bei seiner Aussöhnung erhebliche Kreuzzugshilfe versprochen hatte, nun mit anderen zusammen bei seinem Bruder, dem Kardinal Konrad von Porto, die Lösung vom Kreuzzugsgelübde verschaffte oder wenn vorwiegend elsässische Große vom selben Kardinal die Erlaubnis einholten, statt nach Palästina gegen die Albigenser im ungleich näheren südlichen Frankreich zu ziehen. Honorius hielt das Vorkommnis immerhin für so wichtig, daß er sich selbst um die Einhaltung der ursprünglichen Gelöbnisse kümmerte. Dennoch traf nach seiner Meinung auch den König wegen seiner über den Maitermin hinaus anhaltenden Untätigkeit schwere Schuld. Er erlegte ihm deshalb eine Buße auf, der sich jener nach eigenen Worten gewissenhaft unterzog, obwohl ihn die nach Rom gemeldeten Hinderungsgründe in seinen Augen eigentlich freisprachen. Immerhin hören wir von keinem neuen Kreuzzugstermin mehr. Der Papst spornte den Staufer mit Hinweis auf die prekäre Lage in Damietta weiterhin zur Eile an, drängte ihn nun jedoch insbesondere dazu, wenigstens den anderen deutschen Kreuzfahrern die Überfahrt zu gestatten, wenn er schon selbst nicht an ihr teilnehmen könne. Im gleichen Sinne sollte der päpstliche Kaplan und Pönitentiar Konrad, Domscholaster in Mainz, auf ihn einwirken, der seit dem Frühjahr 1220 auf päpstliches Geheiß die Kreuzzugspredigt in Deutschland neu und intensiv betrieb.[71]

Wie Friedrich seine Vertretung in Deutschland regelte, vermögen wir nicht mehr ganz klar zu erkennen. Jedenfalls betraute er zunächst den bewährten Heinrich von Neuffen mit der Sorge für seinen Sohn und mit der Verwaltung des Herzogtums Schwaben. Wohl Ende des Jahres, vielleicht nach der Kaiserkrönung, erfolgte dann die Bestellung Engelberts, des Kölner Erzbischofs, zum Reichsverweser, dem mit der Leitung der Regierungsgeschäfte in Deutschland zugleich die Verantwortung für Heinrich zufiel. Heinrichs eigentliche Erziehung aber lag nun offenbar in den Händen des einflußreichen Ministerialen Konrad von Winterstetten, und Konrad tritt fortan neben seinem Onkel Eberhard von Waldburg, seit 1221 Bewahrer der Reichsinsignien, auch als Prokurator des schwäbischen Herzogtums auf. Beide gehörten außerdem vermutlich ebenso wie ihr Standesgenosse Werner von Bolanden, wie der Kanzler Konrad von Metz und Speyer, der Bischof Otto von Würzburg, Graf Gerhard von Diez oder Heinrich von Neuffen zu jenem engeren Beraterkreis, den Friedrich seinem Stellvertreter Engelbert an die Seite gab. Gewiß nicht zufällig bevorzugte er dabei erneut die Gruppen, auf die er sich in Deutschland vorwiegend gestützt hatte.[72]

[71] Acta Imperii 1, 157f., Nr. 180, MGH Epp. saec. XIII 1, 99, Nr. 137, vgl. 96–98, Nr. 131f., Nr. 134; zu Egino vgl. oben S. 215f.; Acta Imperii selecta 244f., Nr. 276, MGH Epp. saec. XIII 1, 83f., Nr. 117f., vgl. ebd. 90, Nr. 124, 92, Nr. 126; zu Konrad von Mainz: Crusius, Konrad 434, Pixton, Anwerbung 188f., sowie oben S. 178f. mit Anm. 103.

[72] Heinrich: MGH Epp. saec. XIII 1, 97, Nr. 133; Engelbert: HB 2, 233, 853, Caesarius, Vita I 4f., ed. Zschaeck 241f., Reineri Annales, ad 1220, MGH SS 16, 678, vgl. Wisplinghoff, Engelbert 30–39, Engels, Stauferzeit 244, 247–254; außerdem: Burchard von Ursberg, ad 1221, MGH SS rer. Germ. 16, 114f., Annales Marbacenses, ad 1220, MGH SS rer. Germ. 9, 89, Sächsische Weltchronik 361, MGH Dt. Chron. 2, 243, Gesta Treverorum cont., MGH SS 24, 399; zu den Ministerialen: Bosl, Reichsministerialität 271, 432–435, Niese, Verwaltung 269f., siehe auch oben S. 200–202.

Die Lage in Reichsitalien

Als der Staufer Anfang September 1220 nach acht Jahren Oberitalien zum zweiten Mal betrat, hatte sich die Situation dort nicht grundlegend geändert. Innere Unruhen in den Kommunen, Machtkämpfe unter den städtischen Adelsparteien oder zwischen Adel und übriger Bevölkerung bestimmten noch immer ebenso das Bild wie die Kämpfe der Städte gegeneinander, in die die Nachbargemeinden je nach Interessenlage, nach traditioneller oder neu geknüpfter Bindung einzugreifen pflegten. Natürlich versuchten die großen Fürstenhäuser, ihren Einfluß zu halten und zu erweitern, und die nicht seltenen Übergriffe auf Kirchengut führten zum Protest der Geistlichkeit, zu Ermahnungen, Drohungen und Bestrafungen durch den Papst, zur Entsendung päpstlicher Legaten.

Piacenza etwa, das 1212 mit Mailand zusammen gegen Cremona und Pavia gefochten und Friedrichs Durchzug zu vereiteln gesucht hatte, wandte sich noch Ende desselben Jahres gegen das 45 Kilometer südlich gelegene Städtchen Bobbio, verwüstete dessen Weinberge und Baumgärten und zwang seine Bewohner zur Unterwerfung. Ein Jahr darauf kämpften Reiter und Bogenschützen aus Piacenza sowie Truppen aus Lodi, Vercelli und Novara erneut an der Seite Mailands gegen Cremona, das einem Mailänder Angriff auf Pavia zuvorkommen und zugleich die seit dem Vorjahr gefangenen Bürger Pavias befreien wollte. Die Schlacht, am Pfingstsonntag 1213 ausgetragen und weithin in Oberitalien beachtet, endete mit einer Niederlage Mailands und seiner Verbündeten. Sie leitete jedoch eine Kette jahrelanger Auseinandersetzungen ein, an denen sich nach und nach fast alle bedeutenden Städte der Lombardei beteiligten, Alessandria und Tortona ebenso wie Mantua, Reggio nell'Emilia, Modena oder Parma. Über Seiten hinweg berichtet der zeitgenössische Piacenzer Chronist Giovanni Codagnello wie selbstverständlich von den Kriegszügen seiner nach wie vor eng mit Mailand kooperierenden Heimatstadt, bei denen mit trauriger Regelmäßigkeit auf feindlichem Gebiet die Saat vernichtet, die Ernte angesteckt, das Vieh weggetrieben, die Häuser geplündert, die Dörfer zerstört, die Menschen gefangengenommen wurden. Wir hören von der mühseligen und aufwendigen, aber wohl auch faszinierenden Belagerung und Erstürmung gegnerischer Burgen und Ortschaften, von zahllosen Gefechten und Überfällen, von den bis ins einzelne gleichartigen Gegenzügen Cremonas und seiner Alliierten, von dem Stolz der Menschen auf ihre jeweilige Vaterstadt und deren im Fahnenwagen verkörperten, im Sieg glanzvoll bestätigten Ruhm. Als es dann seit Ende 1218 unter päpstlichem Druck zu einer gewissen äußeren Beruhigung kam, brach prompt ein schwerer Streit in Piacenza selbst aus wegen bestimmter rechtlicher Forderungen des *populus*, die die adlige Führungsschicht nicht anzunehmen gedachte. Beide Parteien verharrten unversöhnlich auf ihrem Standpunkt, und die Ritter der Stadt zogen sich im Sommer 1220 schließlich auf ihre Burgen und Dörfer im städtischen Umland zurück.[73]

Kaum besser sah es in anderen Teilen Oberitaliens aus. Im Nordosten mußte sich damals die Kommune Padua, zeitweise unterstützt von Ezzelino da Romano und seinem knapp zwanzigjährigen, energischen Sohn Ezzelino III. († 1259), mit Heeresmacht gegen den Markgrafen Aldobrandin von Este († 1215) behaupten, und ihr Verhältnis zum benachbarten Venedig war so angespannt, daß ein harmloser Zwischenfall während eines Festes in Treviso zum ernsthaften Konflikt, zur Sperrung der Grenze für Menschen und Waren und sogar zu einem erfolglosen und äußerst verlustreichen paduanischen Einfall in das Gebiet von Chioggia (südlich Venedig) führte.

Im Südosten brachte Imola, das unter dem gemeinsamen Zugriff von Bologna und Faenza seine Freiheit zu verlieren drohte, im Juli 1215 einen Pakt mit Ravenna, Forlì und einigen kleineren Kommunen der Romagna zuwege. Durch eine Handelsblockade wollten die Bündispartner Faenza in die Knie zwingen, mußten aber nach massivem Einspruch Bolognas auf ihr Vorhaben verzichten. Daraufhin ergriff Faenza unter Anwendung der uns bekannten Methoden die Initiative: Es überfiel 1216 ein zu Imola gehörendes Dorf, verwüstete dessen Felder und äscherte die Häuser ein. Die Eroberung zweier von Imola unterstützter Burgen und ein von Bologna mitgetragener Plünderungszug gegen Rimini schlossen sich an. Obwohl Papst Honorius die Einwohner Bolognas wie die Faenzas dieses Friedensbruches wegen exkommunizierte, setzten letztere ihre militärischen Aktionen gegen störende Adelssitze und Gemeinden in ihrer Nachbarschaft fort und befestigten zahlreiche Plätze, um ihren Einflußbereich zu sichern. Der Bau eines großen Entwässerungskanals rief dann den Protest Forlìs hervor, dessen Territorium angeblich durch das Unternehmen verletzt wurde. Zwar mußte die Stadt, von der vereinigten Heeresmacht Faenzas und Bolognas bedroht, bald einlenken, doch an Anlaß und Vorwand zum Streit fehlte es auch künftig nicht.

Darin machten im übrigen natürlich die großen Hafen- und Seehandelsstädte keine Ausnahme. Für sie ging es ja nicht nur um den Ausgleich innerer Spannungen und, wie wir im Falle Venedigs bereits sahen, um die Behauptung ihres Einflusses zu Land, sondern vor allem um den Schutz und Ausbau ihrer über das ganze Mittelmeer reichenden Handelsbeziehungen. Dabei standen sie miteinander in scharfem Wettbewerb, der insbesondere zwi-

[73] Annales Placentini Codagnelli, ad 1212–1220, MGH SS rer. Germ. 23, 42–69, vgl. Sicardi Cronica, ad 1213, 1216, 1218, MGH SS 31, 181f., Annales Cremonenses, ad 1213–1220, ebd. 13f., Annales Mediolanenses Minores, ad 1213–1219, MGH SS 18, 398, Memoriae Mediolanenses, ad 1213–1219, MGH SS 18, 401, Chronicon Parmense, ad 1213–1219, ed. Bonazzi 8f.

schen Genua und Pisa zu tiefer Feindschaft geworden war. Voller Mißtrauen beobachtete jede Stadt die Pläne, Rüstungen und diplomatischen Schachzüge der anderen, und kaum ein Jahr verging ohne Zwischenfälle, sei es, daß die Pisaner ein genuesisches Schiff kaperten, die Genuesen die Arnomündung zu sperren suchten oder eine Gesandtschaft die Herausgabe geraubter Waren oder gefangener Mitbürger bei der Konkurrentin einforderte. Das ganze Land rang offensichtlich mit Leidenschaft und unter schmerzhaften Verlusten um die angemessene Ordnung seines wirtschaftlichen, sozialen und politischen Lebens.[74]

Päpstliche Sorgen: Der wachsende königliche Einfluß in Italien und das künftige Verhältnis Siziliens zum Imperium

Des Kreuzzugs wegen hatte sich schon Innozenz III. energisch um den Frieden in Oberitalien bemüht, auf dem Weg dorthin war er in Perugia gestorben. Sein Nachfolger Honorius knüpfte sofort an diese Politik an. Eines seiner ersten Schreiben suchte den Podestà und das Volk von Mailand zum Verzicht auf alle Feindseligkeiten gegen Pavia und zu einem Waffenstillstand zu überreden. Gleichzeitig bestätigte und verschärfte er die bereits früher wegen des Bruchs des konziliaren Friedensgebotes über Mailand und Piacenza verhängten Strafen der Exkommunikation und des Interdikts. Dennoch sollten über zwei Jahre vergehen, mußten neue, eindringliche päpstliche Mahn- und Drohbriefe folgen, ehe das persönliche Auftreten eines päpstlichen Legaten, des außerordentlich erfahrenen und einflußreichen Kardinals Hugolinus von Ostia, endlich auch hier zum Durchbruch führte.

Hugolin hatte während einer ersten Friedensmission in die Toskana und nach Ligurien im Laufe des Jahres 1217 Genua und Pisa zur Unterwerfung unter den päpstlichen Schiedsspruch bewegen können. So erhielt er im nächsten Jahr von Honorius abermals den Auftrag, sich als Schlichter und Friedensstifter nach Norden zu begeben. Er reiste zunächst wieder in die Toskana, dann jedoch weiter in die Poebene. Dort nun gelang ihm Ende 1218 tatsächlich das Kunststück, den maßgeblich an der regionalen Dauerfehde beteiligten Städten Mailand und Piacenza sowie Cremona und Parma nach zähen Einzelverhandlungen die Zustimmung zu einem Versöhnungs- und Friedensvertrag abzutrotzen.[75]

[74] Padua: Annales Patavini, ad 1213–1215, MGH SS 19, 150f., Rolandinus Patavinus I 12–16, MGH SS 19, 45–47; Faenza: Tolosanus, c. 143–153, ed. Rossini 127–134, vgl. c. 158–160, 136f., c. 169, 143; Genua: Annales Ianuae, ad 1213–1219, MGH SS 18, 132–142.

[75] Roscher, Innocenz 167f., Maccarrone, Studi 123–163; Honorius: MGH Epp.

Seine Gespräche überkreuzten sich allerdings auf etwas peinliche Weise mit der gleichgerichteten, aber im Namen König Friedrichs unternommenen Initiative des Bischofs Jakob von Turin († 1226). Dieser begleitete seit August 1218, wohl in der Nachfolge des damals zum Kreuzzug aufgebrochenen Bischofs Friedrich von Trient, das Amt des Hofvikars für Italien und wirkte seitdem, zeitweise auch als Legat tituliert, in der Lombardei auf königliche Weisung für die Sache des Reiches. Die Cremonesen hatte er bereits vier Wochen vor Hugolins Erscheinen auf den Spruch des Königs und seiner Boten verpflichtet; der Kardinal brachte die unsichere, widerstrebende Bevölkerung deshalb nur mit einiger Mühe und dank des Zuredens des noch in der Stadt anwesenden königlichen Kaplans und Vertrauensmannes Nikolaus dazu, jetzt sein Schiedsgericht anzuerkennen. Offensichtlich kam es dann rasch zu einer Verständigung zwischen königlichem und päpstlichem Friedensvermittler bezüglich der Behandlung Mailands. Jedenfalls blieb das Ereignis ohne erkennbare Folgen, nicht zuletzt wohl, weil Hugolin sich beeilte, es König Friedrich ausführlich zu schildern und um Nachsicht für sein Verhalten zu bitten.[76] Dennoch wirkt die Episode wie ein erster, noch unbedeutender Hinweis auf die künftige Auseinandersetzung zwischen Papst und Kaiser um den führenden Einfluß in der Lombardei.

Das aktive Vorgehen Jakobs von Turin bezeugt ohne Zweifel die wachsende Aufmerksamkeit, die Friedrich angesichts des geplanten Romzugs Oberitalien zuwandte. Sie war damals auch sonst kaum mehr zu übersehen. So erfahren wir, daß mit Jakob zusammen der Markgraf Wilhelm von Montferrat als königlicher Gesandter in der Lombardei auftrat, um die Rechte des Reiches zu sichern, Streitigkeiten zu schlichten und Treueide der Bevölkerung einzufordern. Im Gebiet westlich von Pavia agierte seit dem Frühjahr 1219 als bevollmächtigter Bote des Königs außerdem Eberhard von Lautern († nach April 1222), ein aus der Reichsministerialität der Pfalz Kaiserslautern stammender, im Dienst für die Krone in Italien wie in Deutschland vielfach erprobter Mann. Wohl schon früher hatte Friedrichs Kanzlei gleichlautende Schreiben an alle Städte Reichsitaliens versandt, ver-

saec. XIII 1, 2–4, Nr. 2f., 44f., Nr. 61, 50–52, Nr. 71f.; Hugolin: Ebd. 9f., Nr. 12 (vgl. dazu Annales Ianuae, ad 1217, MGH SS 18, 138, sowie RI V, Nr. 6252), Acta Imperii selecta 647–650, Nr. 939f., 651–653, Nr. 942, vgl. Annales Placentini Codagnelli, ad 1218, MGH SS rer. Germ. 23, 67f., Annales Cremonenses, ad 1218, MGH SS 31, 14, RI V, Nr. 6318, siehe auch Maleczek, Papst 130f.

[76] Jakob: RI V 4, 24, Nr. 155, Acta Imperii selecta 643–647, Nr. 937f., 650f., Nr. 941, RI V, Nr. 12546f., vgl. Ficker, Forschungen 1, 340–342, Scheffer-Boichorst, Urkunden 1, 219–222, zu Friedrich von Trient oben S. 159 mit Anm. 78; Nikolaus: Acta 649, Nr. 939, vgl. 774, Nr. 1077, 776, Nr. 1080f., sowie HB 1, 526, und oben S. 181, Anm. 107.

mutlich mit der Aufforderung, den demnächst eintreffenden Gesandten Gehorsam zu leisten.[77] Umgekehrt erschienen auf dem Speyrer Hoftag vom Februar 1219 eine ganze Reihe lombardischer Bischöfe und Städtegesandtschaften. Kommunen wie Cremona und Parma, Imola und Asti oder bewährte geistliche und adlige Anhänger des Staufers erlangten die Bestätigung ihrer Privilegien; der König gab Befehle, etwa bezüglich des freien Straßenverkehrs zwischen Modena und Ferrara, oder beauftragte Vertreter mit der Untersuchung von Streitigkeiten. Das gleiche wiederholte sich im August und September auf dem Hoftag zu Hagenau bei eher noch stärkerer Beteiligung vorwiegend westlombardischer Geistlichkeit.[78]

Dieses zunehmende königliche Interesse an Italien rief bald Unruhe und Besorgnis bei der Kurie hervor. Erregte dort zunächst der Herzogstitel Rainalds von Spoleto Mißtrauen, so mußte Friedrich kurz darauf, im Juni 1219, gegen die von „schmähsüchtigen Neidern" verbreitete Behauptung protestieren, er verleihe Kirchengut. Niemals habe er etwas derartiges willentlich getan, so beteuerte er; Honorius möge deshalb doch künftig sein Ohr vor den Einflüsterungen derjenigen verschließen, die lediglich auf Verwirrung und Spaltung hinarbeiteten.

Bereits im September freilich, während der Hagenauer Versammlung also, gab ein anscheinend über und über mit Sorgen, Vorwürfen und Zweifeln gefüllter Papstbrief Anlaß, die gleiche Bitte erneut vorzutragen. Zugleich äußerte sich Friedrich nun zu einzelnen Anklagepunkten. Dabei ging es durchweg um Übergriffe auf die Güter und Rechte der römischen Kirche in Italien, um Schenkungen in Medicina (östlich Bologna), Belehnungen in Montefiascone (nördlich Viterbo), Herrschaftsansprüche in Ferrara und endlich erneut um die Vergabe Spoletos. Der Staufer gestand einzelne Fehler ein und entschuldigte sie mit seiner eigenen Unkenntnis oder der seiner oft aus Sizilien kommenden Notare. Er betonte dann jedoch seine feste grundsätzliche Absicht, die Ehre und Stellung der Kirche nicht herabzusetzen, sondern zu mehren, und erklärte, offenkundig auf päpstliches Verlangen, ausdrücklich alle seine etwa Spoleto, die Mathildischen Güter oder andere Teile des Patrimonium Petri berührenden Rechtsakte vorsorglich für ungültig. Einer päpstlichen Bitte folgte er auch, als er noch in Hagenau die im Juli 1213 in Eger an Innozenz III. gegebenen Zusagen fast wörtlich für Honorius wiederholte,

[77] Acta Imperii 1, 146, Nr. 167; zu Eberhard: RI V 4, 25, Nr. 157 (Ernennung am 9. 3. 1219), Acta Imperii selecta 826f., Nr. 1141, 242, Nr. 273, MGH Const. 2, 623–625, Nr. 453, RI V, Nr. 12569, vgl. Epp. saec. XIII 1, 74, Nr. 102; Bosl, Reichsministerialität 243–247.

[78] Acta Imperii selecta 241f., Nr. 272f., 775–779, Nr. 1078–1082, Acta Imperii 1, 129–131, Nr. 152–155, 139–145, Nr. 163–166, RI V 4, 26, Nr. 164f., HB 1, 593–600, 602f., 606–610, 669f., 686–690; vgl. Acta Imperii 1, 131–137, Nr. 156–160, sowie HB 1, 629f., RI V 4, 25f., Nr. 158f., Nr. 167.

also neben der Freiheit der Kirchenwahlen und der Appellationen nach Rom, neben seinem Verzicht auf das Spolien- und Regalienrecht und seiner Hilfe im Kampf gegen die Ketzerei insbesondere versprach, der römischen Kirche ihre genau bezeichneten Territorien, einschließlich der vom Reich wiedererlangten Gebiete, zu wahren und zu verteidigen.[79]

Friedrich erstrebte gewiß eine möglichst umfassende Wiederbelebung und Stärkung der Reichsgewalt in Italien. Angesichts der Ortsfremdheit eines Teils seines Personals, angesichts vor allem aber der wohl auch bei unparteiischer Betrachtung oft reichlich unklaren und verwickelten Rechtslage, mußte eine auf dieses Ziel gerichtete Politik immer wieder zu Meinungsverschiedenheiten und Konflikten gerade mit der Kirche führen, und die Kurie beobachtete deshalb die Maßnahmen der königlichen Legate ganz verständlicherweise äußerst kritisch und mißtrauisch. Trotzdem verdienen die Erklärungen und Bestätigungen des Königs generell wohl Glauben. Es gab für ihn in der Tat eigentlich keinen vernünftigen Grund, gerade jetzt in offenem Wortbruch die Rückgewinnung des an die Kirche verlorenen Reichsgutes zu versuchen und sich damit neue Schwierigkeiten aufzuladen, während wichtigere, das Fundament seiner Stellung berührende Probleme noch einer Lösung harrten. Dazu gehörte insbesondere die alte Frage nach dem künftigen Verhältnis von Imperium und sizilischem Regnum, und hier hielt der Staufer mit seinen Vorstellungen durchaus nicht hinterm Berg.

Honorius wünschte nämlich im September zu den bereits genannten, sofort zugestandenen Sicherheiten noch die Erneuerung jenes Dokuments vom 1. Juli 1216, in dem Friedrich gelobt hatte, unmittelbar nach der Kaiserkrönung auf die sizilische Königswürde zugunsten seines Sohnes zu verzichten und das Regnum bis zu dessen Volljährigkeit einem dem Papst genehmen Verwalter anzuvertrauen. Doch die Bekräftigung dieses Versprechens zögerte der König nun, kurz vor dem Ernstfall gewissermaßen, hinaus. Er beauftragte vielmehr den eben durch Rom bestätigten Erzbischof Nikolaus von Tarent († 1248), einen Mann seines besonderen Vertrauens, den Papst dahin zu bringen, daß er ihm die Herrschaft in Sizilien auf Lebenszeit überlasse. Der Widerstand des Honorius gegen dieses Ansinnen muß allerdings entschieden und sehr eindrücklich gewesen sein, denn Friedrich lenkte bereits im Februar 1220 ein. Er fügte an sein abermaliges Gelöbnis lediglich den Zusatz, er behalte sich, sollte sein Sohn erbenlos vor ihm sterben, dessen Nachfolge im Regnum kraft Erbrechtes vor. Der Papst suchte demnach, mochte auch das Doppelkönigtum Heinrichs absehbar sein, wenigstens die vor allem gefürchtete Vereinigung von Imperium und Regnum in der Hand des gekrönten Kaisers zu verhindern und damit zu-

[79] HB 1, 638; Acta Imperii 1, 145–147, Nr. 167; MGH Const. 2, 77–80, Nr. 65 f., vgl. ebd. 84–86, Nr. 72 sowie RI V, Nr. 1095 f.; zu Rainald von Spoleto vgl. oben S. 233.

gleich dem Kirchenstaat immerhin die sofortige Umklammerung zu ersparen, also Zeit zu gewinnen. Friedrich hingegen blieb voller Zuversicht, doch noch in den dauernden Besitz beider Reiche zu kommen, und bekannte dies dem Honorius ganz offen: Im Vertrauen auf das päpstliche Wohlwollen wie in Anbetracht seiner eigenen Devotion gegen die Kirche hoffe er sehr, die Erfüllung seines sehnlichen Wunsches zu erlangen, stehe er ihm nur erst persönlich gegenüber, so schrieb er dem Papst, um ihm dann in den glühendsten Farben die Vorteile einer solchen Entscheidung für die römische Kirche auszumalen – gleichsam als Vorgeschmack auf die Intensität und das rhetorische Geschick seiner künftigen Überzeugungsbemühungen.[80]

Friedrichs Zug nach Rom, die Klärung der Streitpunkte und die Kaiserkrönung

Nach der zumindest vorläufigen Klärung der zwischen König und Papst offenen Fragen nahmen die Vorbereitungen des Romzuges greifbare Formen an. Im zeitigen Frühjahr 1220 reiste Abt Kuno von Fulda nach Rom, um als offizieller Bote Friedrichs dessen baldigen Aufbruch zur Kaiserkrönung zu melden. Senator und Volk von Rom hießen ihn ebenso freudig willkommen wie Honorius selbst. Dieser deutete zwar mit vorsichtigem Tadel an, frühere Herrscher hätten bei gleicher Gelegenheit wesentlich hochrangigere Delegationen entsandt; er stellte vor allem jedoch die hohen Erwartungen heraus, die er für den Fortgang des Kreuzzuges, für die Freiheit und Ruhe der Kirche und ganz allgemein für den Frieden in der Welt mit Friedrichs lange gewünschtem Kaisertum verbinde.

Von jenem Frankfurter Hoftag im April, der endlich die für den Staufer entscheidend wichtige Königswahl seines Sohnes Heinrich brachte, ging dann zugleich eine feierliche Erklärung des Herrschers an alle Großen Reichsitaliens hinaus. Er wolle, so kündigte er darin an, nach der Befriedung Deutschlands nun auch ihre Länder zu der dem Reich dringend nötigen Eintracht zurückführen. Zu diesem Zweck schicke er zunächst seinen Kanzler, den Bischof Konrad von Metz, als seinen Legaten voraus, damit er als sein Stellvertreter mit umfassenden Vollmachten die Verhältnisse ordne, Gericht halte und den Ansprüchen und Rechten des Reiches neue Geltung verschaffe. Mit einer anscheinend teilweise durch Krankheit bedingten Verzögerung traf Konrad denn auch im Juli in Oberitalien ein und begann sofort, seinem Auftrag gemäß energisch in die dortigen Verhältnisse einzugreifen.[81]

[80] Acta Imperii 1, 150f., Nr. 173, MGH Const. 2, 82, Nr. 70 (vgl. dazu 72, Nr. 58, und oben S. 189); zu Nikolaus von Tarent: Kamp, Kirche 1, 698–701.

[81] MGH Epp. saec. XIII 1, 82f., Nr. 116, 92–94, Nr. 127, MGH Const. 2, 103f.,

Etwa sechs Wochen nach Konrad überquerte der König selbst die Alpen. Durch Bozen und Verona zog er das Etschtal herab, verweilte etwas länger im Raum von Mantua, wandte sich dann bei Modena auf der Via Emilia ostwärts, um bei Bologna, Faenza und Forlì noch einmal innezuhalten. Überall bemühte er sich, entfremdete Reichsrechte zurückzuerlangen, die königliche Herrschaft sichtbar zu machen, wichtige Positionen für Männer seines Vertrauens zu sichern – den Eberhard von Lautern etwa ernannte er nun zu seinem Bevollmächtigten in der Toskana. Er erneuerte das Abkommen seiner Vorgänger mit Venedig und die früheren Privilegien Genuas, ohne allerdings zur Enttäuschung der eigens angereisten hochrangigen Genueser Delegation irgendwelche Zusagen hinsichtlich der Vorrechte der Stadt in Sizilien zu machen. Auch seine Eingriffe in örtliche Streitigkeiten führten keineswegs immer zu dauerhaftem Frieden; so verstimmte offenbar seine Begünstigung Imolas und Forlìs die Einwohner von Faenza. Doch zu gründlicher Behandlung der Probleme fehlte die Zeit. Im November verließ der Herrscher Oberitalien bereits wieder und erschien, wohl die alte Via Flaminia von Fano durch den Apennin einschlagend, endlich vor Rom.[82]

Seitdem der Reichskanzler und bald darauf auch der König in Oberitalien anwesend waren, verstärkte Honorius seine Bemühungen um die Sicherung des dortigen Kirchenbesitzes. Insbesondere die wertvollen Mathildischen Güter lagen ihm dabei am Herzen. Früh ging deshalb die Anweisung an den Kaplan Alatrin hinaus, er möge sich diese Güter unmittelbar vom Kanzler, wenn er mit ihm durch Italien reise, aushändigen lassen, und Kanzler Konrad bestätigte seinerseits, daß er eben dazu beauftragt sei. Trotzdem liefen die Dinge lange nicht nach päpstlichem Wunsch. Noch immer, so mahnte er Konrad im August voller Ungeduld, habe er nichts von der Übergabe der Güter gehört, und sein Subdiakon Rainald erhielt gleichzeitig den Auftrag, Konrad nicht nur an die Exkommunikation zu erinnern, der er wegen des nicht wahrgenommenen Kreuzzugstermins am 1. Mai verfallen sei, sondern bei ihm auch inständig auf die Übereignung der Mathildischen Güter zu drängen. Vier Wochen später verwahrte er sich erneut scharf gegen Konrads Politik des Hinhaltens und der leeren Versprechungen und wandte sich nun direkt an Friedrich. Vielleicht hatte er indes die Schwierigkeiten, die der Verwirklichung seines Verlangens entgegenstanden, doch etwas unterschätzt und deshalb den Kanzler zu kritisch beurteilt. Jedenfalls kam der

Nr. 82, 83 f., Nr. 71, vgl. 112 f., Nr. 89 sowie RI V, Nr. 12613–12622, 12626 f., 12629–12632, 12635–12638, 12645–12647, sowie Tolosanus, c. 173 f., ed. Rossini 144 f.; vgl. Fasoli, Federico II 43 f.

[82] Venedig, Eberhard: MGH Const. 2, 93–99, Nr. 76–78; Genua: HB 1, 868–872, dazu Annales Ianuae, ad 1220, MGH SS 18, 145 f.; Faenza: Acta Imperii selecta 245 f., Nr. 277, Tolosanus, c. 174, ed. Rossini 145 f.; vgl. RI V, Nr. 1154–1200a.

König den päpstlichen Forderungen zwar sofort in vollem Umfang nach, nicht nur hinsichtlich des gewünschten Verbots kirchenfeindlicher, ketzerischer Städtestatuten, sondern gerade auch bezüglich der Mathildischen Güter. Der praktische Vollzug seines Entschlusses stieß jedoch nach wie vor auf Grenzen. Vor allem die Besatzung des wichtigen Kastells Gonzaga (südlich Mantua) trotzte wie früher dem Kanzler so jetzt der königlichen Ächtung und Strafdrohung und verweigerte erfolgreich die Auslieferung ihrer Burg an die Kirche.[83]

Neben diesem territorialen Anliegen beschäftigte Honorius damals unter anderem überraschend stark die Sorge um das Geschick des toskanischen Grafen Rainer von Manente, dem Friedrich vorwarf, er halte als ehemaliger Parteigänger und Mitstreiter Ottos IV. auf Sizilien noch immer königliche Güter besetzt, und den er deshalb festnahm, als er Anfang 1220 ohne Geleitbrief in Deutschland erschien.[84] Nichts freilich äußerte der Papst anscheinend auch jetzt zur Königswahl Heinrichs. Möglicherweise blieben die ausführlichen Darstellungen des Ereignisses, die Friedrich und sein Kanzler im Juli auf die Nachricht von der Erregung der Kurie an ihn sandten, doch nicht ganz ohne Wirkung. Außerdem fürchtete er wohl ohnehin nicht so sehr die von ihm früh als unvermeidbar angesehene Wahl, sondern, was Friedrich selbst offen ansprach, die Vereinigung der beiden Reiche, das Aufgehen Siziliens im Imperium. Dieser Verschmelzung aber gelobte der König mit allen Kräften zu widerstehen[85], und sie konnte in der Tat kaum in seiner Absicht liegen, drohte sie ihm doch zu der Feindschaft des Papstes auch noch einen Mitspracheanspruch der deutschen Fürsten im Regnum zu bescheren.

Daß Friedrich die Sizilien-Frage anläßlich seiner Kaiserkrönung, wie angekündigt, wieder aufrollen würde, daran ließen vermutlich bereits die Verhandlungen keinen Zweifel, zu denen königliche Delegierte, unter ihnen Hermann von Salza, im Oktober in Rom eintrafen. Die päpstlichen Legaten, die sich ihrerseits im November in das königliche Lager auf dem Monte Mario nordwestlich der Stadt Rom begaben, der Kardinal Nikolaus von Tusculum und der inzwischen mit der Problematik der königlich-päpstlichen Beziehungen bestens vertraute Kaplan Alatrin, erhielten gewiß deshalb von Honorius die Instruktion mit auf den Weg, besonders sorgfältig die ernsthafte Bereitschaft des Königs zur Trennung von Regnum und Imperium

[83] MGH Epp. saec. XIII 1, 85, Nr. 119, 93–95, Nr. 127–129, 99f., Nr. 138f., 101, Nr. 141; MGH Const. 2, 100–103, Nr. 79–81, vgl. Epp. saec. XIII 1, 106f., Nr. 150f., 115f., Nr. 165.

[84] Acta Imperii 1, 153f., Nr. 176, MGH Epp. saec. XIII 1, 85f., Nr. 120f., vgl. RI V, Nr. 12650, vgl. zu Rainer: Neumann, Parteibildungen 50–52, 223f.

[85] Acta Imperii 1, 157, Nr. 180, vgl. MGH Epp. saec. XIII 1, 92f., Nr. 127, sowie oben S. 233f. und S. 235f.

zu prüfen. In diesem Zusammenhang sollten sie ihm eindrücklich vor Augen führen, daß die Wahl des sizilischen Königs Heinrich zum *rex Romanorum*, aber ebenso die Aufforderung an sizilische Große zum Besuch der Kaiserkrönung und zur erneuten Ableistung von Treueiden seinen Versprechungen zuwiderlaufe, weil beides die Verbindung Siziliens mit dem Reich zu fördern scheine.

Hier also kam Heinrichs Wahl noch einmal zur Sprache, der Hinweis darauf diente offenbar vornehmlich dem verhandlungstaktischen Ziel, den Ernst des kurialen Hauptanliegens, der Verhinderung jener verpönten Union, zu demonstrieren und auf diesem Felde möglichst große Sicherheiten zu erlangen. Friedrich bekannte denn auch in einer eigenen, nach der Kaiserkrönung wiederholten Erklärung, daß es keinerlei Rechte des Imperiums am sizilischen Königreich gebe, daß er dieses vielmehr kraft Erbrechts durch seine Mutter und wie sie von der Kirche als der eigentlichen Eigentümerin zu Lehen besitze. Um dies ganz deutlich zu machen, werde er künftig das Regnum durch eigene Beamte verwalten und für sizilische Angelegenheiten ein spezielles Siegel verwenden. Damit war allerdings zugleich gesagt, daß er seinen Herzenswunsch durchgesetzt, daß der Papst tatsächlich auf die Einlösung der früheren Zusagen des Staufers verzichtet und ihm die gleichzeitige Herrschaft in Imperium und Regnum auch nach der Kaiserkrönung zugestanden hatte.[86]

Dieser Schritt war nach der deutschen Königswahl Heinrichs keineswegs schon selbstverständlich oder gar unvermeidlich.[87] Nach wie vor wäre mit der Übergabe Siziliens an einen der Kurie genehmen Gubernator im Anschluß an die Kaiserkrönung die Unabhängigkeit des Regnum vom Imperium für jedermann am eindrücklichsten sichtbar geworden. Zudem hätte die faktische Trennung der beiden Reiche während der nächsten neun Jahre wenigstens den unmittelbaren Druck vom Patrimonium Petri genommen, sie hätte die Selbständigkeit des sizilischen Königreichs unter Umständen sogar gestärkt; zumindest aber wäre die Entwicklung nach der Mündigkeit Heinrichs offen, dessen Entscheidung für ein vom Vater unabhängiges Wirken in Sizilien möglich geblieben. Trotzdem gab Honorius dem sicherlich äußerst intensiven Drängen Friedrichs nach, vielleicht überzeugt von dessen erneut wirkungsvoll vorgetragener Versicherung, die grundsätzlich-staatsrechtliche Trennung der Reiche liege auch in seinem Interesse, ihre Vereinigung in seiner Person aber schaffe der Kirche einen um so wertvolleren, weil dankbareren Diener, vielleicht gewonnen durch das Argument, erst die

[86] MGH Const. 2, 104f., Nr. 83f., vgl. 110f., Nr. 87, sowie Acta Imperii 1, 161, Nr. 185, dazu Kluger, Hochmeister 21.

[87] So etwa Van Cleve, Frederick 125, Kantorowicz, Frederick 93f., Lammers, Friedrich 209.

Basis Siziliens und seiner Mittelmeerhäfen garantiere den vollen Erfolg der kaiserlichen Kreuzzugsanstrengungen.

Der Gedanke des Kreuzzuges stand bei Honorius jedenfalls auch jetzt ganz im Vordergrund, vor ihm trat offenbar selbst ein traditioneller Grundsatz der päpstlichen Territorial- und Sicherheitspolitik in den zweiten Rang zurück. Die Not des Heiligen Landes und die Wichtigkeit der Hilfeleistung vor allem anderen beim König auf dem Monte Mario hervorzuheben, ihm zu eröffnen, er werde in erster Linie der Kreuzfahrt wegen derart ungeduldig zur Krönung nach Rom berufen, so gebot der Papst seinen Legaten; wie Friedrich sich zu diesem Thema äußere, möge man ihm eilends zurückmelden. Was Honorius darüber dann erfuhr, befriedigte ihn offenbar; der König kündigte wohl für die nahe Zukunft seinen Aufbruch nach Osten an. Schließlich versprach er allem nach, einen ihm vorgelegten Gesetzesentwurf zugunsten der Kirche und ihrer Rechte ohne größere Änderungen in Kraft zu setzen.

Nun endlich konnte die Kaiserkrönung stattfinden. Ihren Ablauf ordnete ein wohldurchdachtes, umständlich-bedeutungsschweres Zeremoniell, dessen glanzvoll-festlicher Gang freilich nur noch an wenigen Stellen erkennen ließ, daß der Gekrönte aus dem Stand der Laien herausgehoben war, daß ihm ein gewisser geistlicher Rang zukam. Am 22. November 1220, dem Sonntag vor dem 1. Advent, zogen Friedrich und Konstanze vom Monte Mario herab, bei der Engelsburg die römische Leostadt betretend und von da an in feierlicher Prozession durch Klerus und Volk von Rom geleitet, zur Peterskirche, wo Papst Honorius sie empfing. Friedrich wurde unter die Kanoniker von St. Peter aufgenommen und gesalbt. Während der dann beginnenden Messe krönte ihn der Papst mit Mitra und Kaiserkrone und überreichte ihm die übrigen Insignien seiner neuen Würde, Zepter, Reichsapfel und Schwert. Die Krönung Konstanzes schloß sich an. Danach nahm der Kaiser aus der Hand des Kardinals Hugolin von Ostia das Kreuz und heftete es sich, die Geste der Aachener Krönung wiederholend, ein zweites Mal an die Schulter mit dem Gelöbnis, im kommenden August selbst die Überfahrt anzutreten. Seinem Beispiel folgten der Kanzler Konrad, Herzog Ludwig von Bayern, der Truchseß Werner von Bolanden und über vierhundert andere Große, die mit ihren Rittern, von Kaiser und Papst großzügig finanziell unterstützt, sogar schon im März aufbrechen wollten.[88]

[88] Zum wahrscheinlichen Ablauf der Krönung siehe Ordo XVII f., ed. Elze, Ordines 61–87, dazu ebd. XII f., XXIII–XXVI, sowie die ausführliche Schilderung bei Elze, Kaiserkrönung 365–373; vgl. MGH Epp. saec. XIII 1, 98 f., Nr. 136 (Teilnahme Konstanzes), 104–106, Nr. 146–149, 111, Nr. 157, MGH Const. 2, 150, Nr. 116, Reineri Annales, ad 1220, MGH SS 16, 678, Burchard von Ursberg, ad 1220, MGH SS rer. Germ. 16, 114.

Abb. 11: Krone im Domschatz zu Palermo, aller Wahrscheinlichkeit nach kurz vor 1220 in der sizilischen Hofwerkstatt gefertigt und von Friedrich bei seiner Kaiserkrönung am 22. November 1220 getragen; der Kaiser gab die Krone seiner 1222 gestorbenen und im Dom von Palermo beigesetzten ersten Gemahlin Konstanze mit ins Grab.

Noch am Krönungstag verkündete Friedrich verabredungsgemäß auch jene Serie von Gesetzen, deren Wortlaut – im wesentlichen wohl ein Produkt der Kurie – er bereits während der Vorverhandlungen gebilligt hatte. Diese Konstitutionen bekräftigten die Ungültigkeit aller gegen den Klerus und die kirchlichen Privilegien gerichteten städtischen Statuten, die Steuerfreiheit der Geistlichen und ihre Befreiung von der weltlichen Gerichtsbarkeit; sie drohten allen die Reichsacht an, die länger als ein Jahr wegen eines Verstoßes gegen die kirchliche *libertas* in der Exkommunikation verharrten, legten in enger Anlehnung an die entsprechenden Bestimmungen des Vierten Laterankonzils Strafmaßnahmen des Kaisers gegen die Ketzer fest und gewährten Schiffbrüchigen, Reisenden sowie der bäuerlichen Bevölkerung mit ihrem Vieh und Gerät den besonderen kaiserlichen Schutz. Wie einst Friedrich Barbarossa sein sogenanntes Scholarenprivileg, so sandte jetzt sein Enkel seine Krönungsgesetze den „Doktoren und Scholaren der heiligen Gesetze zu Bologna“, den Juristen der Bologneser Universität also, mit der Weisung, sie in den Text des justinianischen Corpus iuris aufzunehmen, was tatsächlich geschah, und sie künftig in der Lehre zu berücksichtigen. Damit bekannte er sich nicht nur unzweideutig zu ihrem Inhalt; er stellte sich so zugleich, staufischer Tradition gemäß, bewußt in die Nachfolge des großen kaiserlichen Gesetzgebers Justinian.[89]

Drei weitere Tage hindurch lagerte der Kaiser auf dem Monte Mario, danach bis zum Monatsende bei Sutri – wie die Fülle der damals entstandenen Urkunden lehrt, vollauf beschäftigt mit den Sorgen und Wünschen der offenbar zahlreich anwesenden Städtevertreter und Großen des Adels und der Kirche vornehmlich Italiens. Dann zog er über Tivoli nach Süden ab, um, wie Papst Honorius hoffte, im Regnum die nötigen Vorbereitungen zur Unterstützung des Heiligen Landes zu treffen. Kurz vor Mitte Dezember überschritt er die Grenze seines sizilischen Königreiches.[90]

Wenig mehr als acht Jahre nach seinem gewagten Aufbruch aus einer fast hoffnungslosen Lage war Friedrich in jene glanzvolle Stellung gelangt, die ihm nach seiner innersten Überzeugung als sein Erbe gebührte und zu der ihn, wie er wieder und wieder betonte, Gott selbst auf wunderbare Weise erhoben hatte.[91] Wie sein Vater Heinrich VI. stand er an der Spitze von Imperium und Regnum, in beiden Positionen jedoch anders als jener anerkannt

[89] MGH Const. 2, 106–110, Nr. 85f., vgl. Richard von S. Germano, ad 1220, ed. Garufi 82–87; dazu Selge, Ketzerpolitik 316–321, Abulafia, Frederick 137–139.

[90] Richard von S. Germano, ad 1220, ed. Garufi 87, Chronicon Suessanum, ad 1220, ed. Pellicia 52, MGH Epp. saec. XIII 1, 111, Nr. 157; vgl. RI V, Nr. 1205–1257.

[91] MGH Const. 2, 115f., Nr. 92f., vgl. oben S. 171 mit Anm. 93, S. 186f. mit Anm. 3, sowie das Vorwort der Konstitutionen von Melfi, ed. Stürner, Rerum necessitas 552.

auch vom Papst. Die ihm damit gegebenen, in den einzelnen Regionen seines Herrschaftsbereiches gewiß sehr unterschiedlichen Wirkungsmöglichkeiten hatte er allerdings erst zu einem Teil ausgeschöpft. Es war ihm gelungen, das staufische Haus- und Reichsgut weitgehend zurückzugewinnen, es mit Hilfe einer modernen Verwaltung auszubauen und auf dieser Basis dem neu gestärkten deutschen Königtum ein Maß an Einfluß zu verschaffen, das angesichts der traditionell bedeutsamen, in den letzten Jahrzehnten noch weiter gewachsenen Geltung der Reichsfürsten und der von Anfang an bestehenden vielfältigen königlichen Abhängigkeit von ihnen wohl dem damals überhaupt Möglichen entsprach. Auch die weitere Konzentration auf Deutschland hätte hier vermutlich keine allzugroße Steigerung mehr herbeizuführen vermocht, ganz abgesehen davon, daß sie Friedrichs Selbstverständnis, seiner Sicht von der ihm zugewiesenen Rolle und Aufgabe nicht entsprach.

Nun aber stellte sich die Frage, welche konkreten Vorstellungen der Staufer mit seiner Kaiserwürde verband und wie sich diese auf seine Beziehungen zu den anderen Reichen der Christenheit oder auf sein künftiges Engagement für den Kreuzzug auswirken würden, vor allem aber auf sein Verhältnis zum Papsttum, das bisher ähnlich dem zu den deutschen Fürsten aus zuvorkommender Kompromißbereitschaft und Unnachgiebigkeit in einigen ihm wesentlichen Punkten gemischt und nicht durch grundsätzliche Konflikte belastet gewesen war. Zudem mußte sich zeigen, ob und in welcher Form es dem Kaiser gelingen würde, die ebenso reiche und schöpferische wie unruhig-chaotische Welt Oberitaliens zu erfassen, ihre selbstbewußten, auf Unabhängigkeit bedachten Kommunen und ehrgeizigen adligen Machthaber zur Zusammenarbeit zu gewinnen und in sein Imperium zu integrieren. Vordringlich und besonders reizvoll erschien ihm selbst indessen, wie sich bald ergab, die Wiederaufrichtung der Königsmacht in Sizilien, dort also, wo seine Vorfahren am uneingeschränktesten geherrscht hatten und wo sich dem durch Erbrecht legitimierten königlichen Handeln deshalb auch jetzt, trotz oder gerade wegen der gegenwärtigen Unübersichtlichkeit, der freieste Gestaltungsspielraum bot, kaum eingeengt durch die Abhängigkeit von übermächtigen, geschlossen auftretenden sozialen Gruppen und die Rücksichtnahme auf deren wohlerworbene, lange ausgeübte Rechte. Selbstverständlich stand im übrigen zu erwarten, daß jeder Erfolg oder Mißerfolg des Staufers auf einem begrenzten Feld Folgen für die innere Situation und seine Autorität in seinem gesamten Herrschaftsgebiet haben würde, also etwa auch für das Ansehen des staufischen Königtums in Deutschland. Dort hatte der Sechsundzwanzigjährige eindrucksvoll seine Herrscherbefähigung bewiesen, seine mannigfaltige Begabung und seine jugendlich-gewinnenden Umgangsformen, seine Bereitschaft zum Verzicht auf das nicht Erreichbare und seine Zähigkeit im Festhalten des

Unabdingbaren, seinen Sinn für eine leistungsfähige Verwaltung und seine Wertschätzung der Gerechtigkeit, beides für ihn die Grundlagen einer friedlichen Gesellschaftsordnung. Nun galt es, diese Eigenschaften in einem größeren Rahmen, an einer umfassenderen herrscherlichen Aufgabe zu bewähren.

QUELLEN

Acta Imperii inedita seculi XIII et XIV. Urkunden und Briefe zur Geschichte des Kaiserreichs und des Königreichs Sizilien, 2 Bde., ed. E. Winkelmann (Innsbruck 1880–1885).

Acta Imperii selecta. Urkunden deutscher Könige und Kaiser mit einem Anhang von Reichssachen, edd. F. Böhmer – J. Ficker (Innsbruck 1870).

Albert von Beham und Regesten Pabst Innocenz IV., ed. C. Höfler (Stuttgart 1847).

Albert von Stade, Annales, ed. J.M. Lappenberg, MGH SS 16 (Hannover 1859) 271–379.

Annales Aquenses, ed. G. Waitz, MGH SS 24 (Hannover 1879) 33–39.

Annales Bergomates, ed. O. Holder-Egger, MGH SS 31 (Hannover 1903) 325–335.

Annales Casinenes, ed. G.H. Pertz, MGH SS 19 (Hannover 1866) 303–320.

Annales Ceccanenses, ed. G.H. Pertz, MGH SS 19 (Hannover 1866) 275–302.

Annales Cremonenses, ed. O. Holder-Egger, MGH SS 31 (Hannover 1903) 1–21.

Annales Ianuae, ed. G.H. Pertz, MGH SS 18 (Hannover 1863) 1–356.

Annales Marbacenses, ed. H. Bloch, MGH SS rer. Germ. 9 (Hannover–Leipzig 1907).

Annales Mediolanenses Minores, ed. Ph. Jaffé, MGH SS 18 (Hannover 1863) 392–399.

Annales Parisii de Cereta, ed. G.H. Pertz, MGH SS 19 (Hannover 1866) 2–18.

Annales Placentini Gibellini, ed. G. H. Pertz, MGH SS 18 (Hannover 1863) 457–581.

Annales Placentini Johannis Codagnelli, ed. O. Holder-Egger, MGH SS rer. Germ. 23 (Hannover–Leipzig 1901).

Annales Siculi, ed. E. Pontieri, Muratori² 5,1 (Bologna 1925–1928) 109–120.

Annales S. Iustinae Patavini, ed. Ph. Jaffé, MGH SS 19 (Hannover 1866) 148–193.

Annales S. Pantaleonis, ed. G. Waitz, MGH SS rer. Germ. 18 (Hannover 1880) 197–299.

Annales S. Rudberti Salisburgenses, ed. W. Wattenbach, MGH SS 9 (Hannover 1851) 758–810.

Anonymi Vaticani Historia Sicula ab ingressu Normannorum in Apuliam usque ad a. 1282, Muratori 8 (Mailand 1726) 741–780.

Antoninus archiepiscopus Florentinus, Chronicon sive opus historiarum sive summa historialis, 3 Bde. (Lyon 1586).

Appelt, H., (Hrsg.), Die Urkunden Friedrichs I. (Friderici I. Diplomata), MGH Diplomata. Die Urkunden der deutschen Könige und Kaiser 10,1–4 (Hannover 1975–1990).

Arnold von Lübeck, Chronica Slavorum, ed. J. M. Lappenberg, MGH SS rer. Germ. 14 (Hannover 1868).

Assisen von Ariano, ed. G.M. Monti, in: Ders., Il testo 309–344.

Bartholomaeus von Neocastro, Historia Sicula, ed. G. Paladino, Muratori² 13,3 (Città di Castello 1921/22).
Braunschweigische Reimchronik, ed. L. Weiland, MGH Deutsche Chroniken 2 (Hannover 1877) 430–574.
Breve chronicon de rebus Siculis, ed. J.-L.-A. Huillard-Bréholles, HB 1,2 (Paris 1852) 887–908.
Brühl, C., (Hrsg.), Rogerii II. Regis diplomata latina. Codex diplomaticus regni Siciliae. Series prima, Tomus II/1 (Köln–Wien 1987).
Burchard von Ursberg, Chronik, edd. O. Holder-Egger und B. von Simson, MGH SS rer. Germ. 16 (Hannover–Leipzig 1916).
Caesarius von Heisterbach, De vita et actibus Domni Engilberti Coloniensis archiepiscopi et martiris, ed. F. Zschaeck, Publikationen der Gesellschaft für rheinische Geschichtskunde 43,3 (Bonn 1937) 223–328.
Chronica regia Coloniensis, ed. G. Waitz, MGH SS rer. Germ. 18 (Hannover 1880) 1–196.
Chronicon Ebersheimense, ed. L. Weiland, MGH SS 23 (Hannover 1874) 427–453.
Chronicon Montis Sereni, ed. E. Ehrenfeuchter, MGH SS 23 (Hannover 1874) 130–226.
Chronicon Parmense, ed. G. Bonazzi, Muratori² 9,9 (Città di Castello 1902–1904).
Chronicon Siciliae auctore anonymo, ed. L. A. Muratori, Rerum Italicarum Scriptores 10 (Mailand 1727) 800–904.
Chronicon Suessanum, ed. A. A. Pelliccia, Raccolta di varie croniche, diarj ed altri opuscoli appartenenti alla storia del Regno di Napoli 1 (Neapel 1780) 49–78.
Chronique d'Ernoul et de Bernard le Trésorier, ed. L. de Mas Latrie (Paris 1871).
Codice diplomatico Barese. Bd. 1: Le pergamene del Duomo di Bari (952–1264), edd. G. B. Nitto de Rossi – F. Nitti di Vito (Bari 1897; Nachdruck Trani 1964).
Codice diplomatico Barese. Bd. 6: Le pergamene di S. Nicola di Bari. Periodo svevo (1195–1266), ed. F. Nitti di Vito (Bari 1906).
Codice diplomatico Salernitano del secolo XIII a cura di C. Carucci, 1(1201–1281), Fonti per la Storia d'Italia 1 (Subiaco 1931).
Collenuccio, Pandolfo, Compendio de le istorie del regno di Napoli, ed. A. Saviotti, Scrittori d'Italia 115 (Bari 1929).
Conciliorum oecumenicorum decreta, ed. C. Leonardi (Freiburg i. Br. 1962).
Conradus de Fabaria, Continuatio Casuum S. Galli, ed. G. Meyer von Knonau, Mitteilungen zur vaterländischen Geschichte 17 (St. Gallen 1879) 133–252.
Constitutiones et acta publica imperatorum et regum (1198–1272), ed. L. Weiland (MGH Const. 2; Hannover 1896).
Continuatio Admuntensis, ed. W. Wattenbach, MGH SS 9 (Hannover 1851) 579–593.
Continuationes Weingartenses Hugonis et Honorii Chronicorum, ed. L. Weiland, MGH SS 21 (Hannover 1869) 473–480.
Cronica ducum de Brunswick, ed. L. Weiland, MGH Deutsche Chroniken 2 (Hannover 1877) 574–585.
Cronica Reinhardsbrunnensis, ed O. Holder-Egger, MGH SS 30,1 (Hannover 1896) 490–656.

Cronica Principum Saxoniae, ed. O. Holder-Egger, MGH SS 25 (Hannover 1880) 468–480 (Cronica ampliata, ed. O. Holder-Egger, MGH SS 30, Hannover 1896, 27–31).

Cronica S. Petri Erfordensis moderna, ed. O. Holder-Egger, MGH SS rer. Germ. 42 (Hannover–Leipzig 1899) 117–398.

Dandolo, Andrea, Chronica per extensum descripta, ed. E. Pastorello, Muratori² 12,1 (Bologna 1938–58).

Dante Alighieri, La divina commedia, ed. G. Petrocchi, La commedia secondo l'antica vulgata (Turin 1975).

Elze, R., (Hrsg.), Die Ordines für die Weihe und Krönung des Kaisers und der Kaiserin, MGH Fontes iuris 9 (Hannover 1960).

Epistola ad Petrum Panormitane Ecclesie Thesaurarium, ed. G. B. Siragusa, Fonti per la storia d'Italia 22 (Rom 1897) 167–186.

Epistolae saeculi XIII e regestis pontificum Romanorum selectae, ed. C. Rodenberg (MGH Epp. saec. XIII 1–3; Berlin 1883–1894).

Freiburger Urkundenbuch, Bd. 1 Texte, ed. F. Hefele (Freiburg i. Br. 1940).

Genealogiae comitum Flandriae, ed. L. C. Bethmann, MGH SS 9 (Hannover 1851) 302–336.

Gesta episcoporum Leodiensium abbreviata, ed. J. Heller, MGH SS 25 (Hannover 1880) 129–135.

Gesta Heinrici VI., ed. G. Waitz, MGH SS 22 (Hannover 1872) 334–338.

Gesta Innocentii papae III, PL 214, XVII–CCXXVIII.

Gesta Treverorum continuata, ed. G. Waitz, MGH SS 24 (Hannover 1879) 368–488.

Gottfried von Viterbo, Pantheon, ed. G. Waitz, MGH SS 22 (Hannover 1872) 107–307.

Gregorii VII Registrum. Das Register Gregors VII., ed. E. Caspar, MGH Epistolae selectae 2 (Berlin 1920–1923).

Guillelmus Armoricus, Gesta Philippi Augusti, Œuvres de Rigord et de Guillaume le Breton, ed. H.-F. Delaborde, 1. Chroniques (Paris 1882) 168–333.

Guillelmus Armoricus, Philippidos Libri XII, Œuvres de Rigord et de Guillaume le Breton, ed. H.-F. Delaborde, 2 (Paris 1885).

Honorii III Opera omnia que exstant, ed. C. A. Horoy, 5 Bde. (Paris 1879–82).

Hugo Falcandus, Liber de regno Sicilie, ed. G. B. Siragusa, Fonti per la storia d'Italia 22 (Rom 1897) 1–165.

Huillard-Bréholles, J.-L.-A., (Hrsg.), Historia diplomatica Friderici secundi sive Constitutiones, privilegia, mandata, instrumenta quae supersunt istius imperatoris et filiorum eius. Accedunt epistolae paparum et documenta varia. 6 Bde. (in 11 Teilen) sowie ein Bd.: Préface et introduction (Paris 1852–1861; Nachdruck Turin 1963).

Innocentius III, Das Register Innozenz' III. Bd. 1: 1. Pontifikatsjahr 1198/99. Bd. 2: 2. Pontifikatsjahr 1199/1200, edd. O. Hageneder u. a. (Graz–Wien–Köln 1964–1979).

Innocentius III, Regestorum sive epistolarum libri XVI, PL 214–217 (Paris 1889–1891).

Innocentius III, Regestum Innocentii III papae super negotio Romani imperii (RNI), ed. F. Kempf, Miscellanea historiae pontificiae 12 (Rom 1947).

(Innocentius III), Lotharii Cardinalis De miseria humane conditionis, ed. M. Maccarrone (Lucca 1955).

Innocentius III, Sermones, PL 217,309–688.

Jakob von Vitry, Lettres de Jacques de Vitry (1160/70–1240), évêque de Saint-Jean-d'Acre, ed. R. B. C. Huygens (Leiden 1960).

Johannes von Salisbury, Policraticus sive de nugis curialium et vestigiis philosophorum, ed. C. C. I. Webb, 2 Bde. (London–Oxford 1909).

Kölzer, Th., (Hrsg.), Die Urkunden der Kaiserin Konstanze (Constantiae Imperatricis diplomata), MGH Diplomata. Die Urkunden der deutschen Könige und Kaiser 11, 3 (Hannover 1990).

(Die) Konstitutionen Friedrichs II.von Hohenstaufen für sein Königreich Sizilien, edd. H. Conrad, Th. von der Lieck-Buyken, W. Wagner (Köln–Wien 1973).

L'Estoire de Eracles Empereur, Recueil des Historiens des Croisades. Historiens occidentaux 2 (Paris 1859) 1–481.

Magdeburger Schöppenchronik, ed. K. Janicke, Die Chroniken der deutschen Städte 7 (Leipzig 1869).

Magnus von Reichersberg, Chronicon. Continuatio, ed. W. Wattenbach, MGH SS 17 (Hannover 1861) 523–534.

Malispini, Ricordano, Storia fiorentina, ed. F. Costero (Mailand 1927).

Mathias von Neuenburg, Chronik, ed. A. Hofmeister, MGH SS rer. Germ. N. S. 4 (Berlin 1940).

Memoriae Mediolanenses, ed. Ph. Jaffé, MGH SS 18 (Hannover 1863) 399–402.

Nicetae Choniatae Historia, ed. I. A. van Dieten, Corpus Fontium Historiae Byzantinae 11,1 (Berlin 1975).

Nicolaus de Jamsilla, Historia de rebus gestis Frederici II. imperatoris eiusque filiorum Conradi et Manfredi Apuliae et Siciliae regum, ed. G. del Re, Cronisti e scrittori sincroni napoletani editi e inediti 2 (Neapel 1868) 101–200.

Notae S. Georgii Mediolanenses, ed. Ph. Jaffé, MGH SS 18 (Hannover 1863) 386–389.

Nürnberger Urkundenbuch. Quellen und Forschungen zur Geschichte der Stadt Nürnberg 1 (Nürnberg 1959).

Otto von Freising und Rahewin, Gesta Frederici seu rectius Cronica, ed. F.-J. Schmale, Freiherr vom Stein-Gedächtnisausgabe 17 (Darmstadt 1974).

Otto von St. Blasien, Chronica, ed. A. Hofmeister, MGH SS rer. Germ. 47 (Hannover–Leipzig 1912).

Petrus von Blois, Epistolae, PL 207,1–560.

Petrus von Eboli, Liber ad honorem Augusti, ed. E. Rota, Petri Ansolini de Ebulo De rebus Siculis carmen, Muratori² 31,1 (Città di Castello 1904–1910).

Petrus von Eboli, Liber ad honorem Augusti secondo il cod. 120 della Biblioteca civica di Berna, ed. G. B. Siragusa, Fonti per la storia d'Italia 39,1–2 (Rom 1905–1906).

Radulfus de Diceto, Ymagines Historiarum, ed. W. Stubbs, RS 68,2 (London 1876) 3–174.

Rahewin: siehe Otto von Freising.

Reineri Annales, ed. G. H. Pertz, MGH SS 16 (Hannover 1859) 651–680.

Richard von San Germano: Ryccardi de Sancto Germano Notarii Chronica, ed. C. A. Garufi, Muratori² 7,2 (Bologna 1936–1938).

Richer, Gesta Senoniensis ecclesiae, ed. G. Waitz, MGH SS 25 (Hannover 1880) 249–345.
Roger de Wendover, Flores Historiarum, ed. H. G. Hewlett, RS 84,1–3 (London 1886–1889).
Roger von Howden, Chronica, ed. W. Stubbs, RS 51,1–4 (London 1868–1871).
Rolandinus Patavinus, Chronica, ed. Ph. Jaffé, MGH SS 19 (Hannover 1866) 32–147.
Sächsische Weltchronik, ed. L. Weiland, MGH Deutsche Chroniken 2 (Hannover 1877) 1–384.
Salimbene de Adam, Cronica, ed. O. Holder-Egger, MGH SS 32 (Hannover 1905–1913).
Sicardi episcopi Cremonensis Cronica, ed. O. Holder-Egger, MGH SS 31 (Hannover 1903) 22–183.
Statuta Capitulorum Generalium Ordinis Cisterciensis 1 (ab anno 1116 ad annum 1220), ed. J.-M. Canivez (Louvain 1933).
Summa „Elegantius in iure divino" seu Coloniensis, edd. G. Fransen – S. Kuttner, Monumenta Iuris canonici, A I 1–2 (New York 1969–1978).
Thomas von Pavia (Tuscus), Gesta imperatorum et pontificum, ed. E. Ehrenfeuchter, MGH SS 22 (Hannover 1872) 483–528.
Tolosanus: Magistri Tolosani Chronicon Faventinum, ed. G. Rossini, Muratori² 28,1 (Bologna 1936–1939).
Villani, Giovanni, Cronica, ed. F. Gherardi Dragomanni, Collezione di storici e cronisti italiani 1–4 (Florenz 1844–1845).
Vitae Odiliae Liber III. De Triumpho S. Lamberti in Steppes, ed. J. Heller, MGH SS 25 (Hannover 1880) 169–191.
Walther von der Vogelweide, Die Gedichte, edd. K. Lachmann – C. von Kraus – H. Kuhn (Berlin¹³ 1965).
Wilhelm von Conches, De philosophia mundi libri IV, in: PL 172,39–102.
Wilhelm von Conches, Glosae super Platonem, ed. E. Jeauneau, Textes Philosophiques du Moyen Age 13 (1965).
Zielinski, H., (Hrsg.), Tancredi et Wilhelmi: III Regum diplomata. Codex diplomaticus Regni Siciliae. Series prima, Tomus V (Köln–Wien 1982).

LITERATUR

Abulafia, D.: Frederick II. A medieval emperor (London 1988).

Amari, M.: Storia dei Musulmani di Sicilia, 3 Bde. (Florenz 1854–1872; Catania ²1933–1939, a cura di C. A. Nallino).

Angermeier, H.: Landfriedenspolitik und Landfriedensgesetzgebung unter den Staufern, Vorträge und Forschungen 16 (Sigmaringen 1974) 167–186.

Appelt, H.: Friedrich Barbarossa und das römische Recht, Römische Historische Mitteilungen 5 (1961–62) 18–34, Nachdruck: Friedrich Barbarossa, hrsg. von G. Wolf, Wege der Forschung 390 (1975) 58–82.

–: Friedrich Barbarossa und die italienischen Kommunen, MIÖG 72 (1964) 311–325, Nachdruck: Wege der Forschung 390 (1975) 83–103.

–: Die Kaiseridee Friedrich Barbarossas, SB Wien 252, 4. Abh. (1967) 3–32, Nachdruck: Wege der Forschung 390 (1975) 208–244.

–: Privilegium minus. Das staufische Kaisertum und die Babenberger in Österreich (Wien–Köln–Graz 1973, ²1976).

–: Kaiserin Beatrix und das Erbe der Grafen von Burgund, in: Aus Kirche und Reich, Festschrift für F. Kempf (Sigmaringen 1983) 275–283.

–: Friedrich Barbarossa und die Rechtsentwicklung des 12. Jahrhunderts, in: Domus Austriae. Eine Festgabe H. Wiesflecker zum 70. Geburtstag (Graz 1983) 36–44.

–: Friedrich Barbarossa, in: Kaisergestalten des Mittelalters, hrsg. von H. Beumann (München 1984) 177–198.

Aquilecchia, G.: Malispini, Ricordano, Enciclopedia Dantesca 3 (Rom 1971) 791 f.

Arens, F.: Die staufischen Königspfalzen, in: Die Zeit der Staufer. Geschichte – Kunst – Kultur 3 (Stuttgart 1977) 129–142.

Arens, F. – R. Bührlen: Wimpfen. Geschichte und Kunstdenkmäler (Bad Wimpfen a. N. 1980).

Baaken, G.: Die Verhandlungen zwischen Kaiser Heinrich VI. und Papst Coelestin III. in den Jahren 1195–1197, DA 27 (1971) 457–513.

–: Unio Regni ad Imperium. Die Verhandlungen von Verona 1184 und die Eheabredung zwischen König Heinrich VI. und Konstanze von Sizilien, QFIAB 52 (1972) 219–295.

–: Pfalz und Stadt, in: Südwestdeutsche Städte im Zeitalter der Staufer, hrsg. von E. Maschke – J. Sydow (Sigmaringen 1980) 28–48.

–: Salvo mandato et ordinatione nostra. Zur Rechtsgeschichte des Privilegiums in spätstaufischer Zeit, Zs. für Württembergische Landesgeschichte 40 (1981) 11–33.

–: Der deutsche Thronstreit auf dem IV. Laterankonzil (1215), in: Ex ipsis rerum documentis. Festschrift für H. Zimmermann zum 65. Geburtstag (Sigmaringen 1991) 509–521.

Bach, G.: Konrad von Querfurt, Kanzler Heinrichs VI., Bischof von Hildesheim und Würzburg (Hildesheim 1988).

Baethgen, F.: Zu Mainardino von Imola, NA 38 (1913) 684–687.

–: Die Regentschaft Papst Innozenz III. im Königreich Sizilien (Heidelberger Abhandlungen zur mittleren und neueren Geschichte 44, Heidelberg 1914).

–: Das Königreich Burgund in der deutschen Kaiserzeit des Mittelalters, Jahrbuch der Stadt Freiburg i. Br. 5 (1942) 73–98, Nachdruck: Ders., Mediaevalia. Aufsätze, Nachrufe, Besprechungen, Schriften der MGH 17 (Stuttgart 1960) 25–50.

Baethgen, F. – K. Hampe: Mitteilungen aus der Capuaner Briefsammlung IV, SB Heidelberg 1912, 14. Abhandlung (Heidelberg 1912).

Baldwin, J. W.: The Government of Philip Augustus. Foundations of French Royal Power in the Middle Ages (Berkeley–London 1986).

Beck, H.-G.: Byzanz und der Westen im 12. Jahrhundert, Vorträge und Forschungen 12 (1968) 227–241.

Beumann, H.: Das Reich der späten Salier und der Staufer 1056–1250, in: Handbuch der europäischen Geschichte 2, hrsg. von F. Seibt (Stuttgart 1987) 280–382.

Bocchi, F.: Este (d'), Lexikon des Mittelalters 4 (1987) 27f.

–: siehe auch unter Fasoli, G.

Bogyay, Th. v.: Grundzüge der Geschichte Ungarns (Darmstadt 1967).

Böhm, L.: Johann von Brienne, König von Jerusalem, Kaiser von Konstantinopel (um 1170–1237) (Heidelberg 1938).

Boockmann, H.: Der Deutsche Orden. Zwölf Kapitel aus seiner Geschichte (München 1981).

Bordone, R.: La società urbana nell'Italia comunale (secoli XI–XIV) (Turin 1984).

Borst, A.: Die Katharer (Stuttgart 1953).

Boshof, E.: Reichsfürstenstand und Reichsreform in der Politik Friedrichs II., BDLG 122 (1986) 41–66.

Bosl, K.: Die Reichsministerialität der Salier und Staufer, 2 Bde. (Stuttgart 1950–1951).

–: Europäischer Adel im 12./13. Jahrhundert. Die internationalen Verflechtungen des bayerischen Hochadelsgeschlechtes der Andechs-Meranier, Zeitschrift für bayerische Landesgeschichte 30 (1967) 20–52.

–: Bayerische Geschichte (München 1971).

–: Das staufische Nürnberg, Pfalzort und Königsstadt, in: G. Pfeiffer (Hrsg.), Nürnberg – Geschichte einer europäischen Stadt (München 1971) 16–29.

Bourgain, P.: Jakob von Vitry, Lexikon des Mittelalters 5 (1990) 294f.

Bradler, G.: Studien zur Geschichte der Ministerialität im Allgäu und in Oberschwaben, Göppinger Akademische Beiträge 50 (Göppingen 1973).

Bretholz, B.: Ein päpstliches Schreiben gegen Kaiser Otto IV. von 1210, Oktober 30, Lateran, NA 22 (1897) 293–298.

Browning, R.: The Byzantine Empire (New York 1980).

Brühl, C.: Diplomi e cancelleria di Ruggero II, con un contributo sui diplomi arabi di A. Noth (Palermo 1983), deutsch: Urkunden und Kanzlei König Rogers II. von Sizilien. Mit einem Beitrag: Die arabischen Dokumente Rogers II. von A. Noth (Köln–Wien 1978).

–: (Hrsg.): Rogerii II. Regis diplomata latina. Codex diplomaticus regni Siciliae. Series prima, Tomus II/1 (Köln–Wien 1987).

Brunner, O.: Land und Herrschaft (Wien ^{5}1965).

Buisson, L.: L'impératrice Constance au paradiso: Dante et les canonistes, Revue de droit canonique 28 (1978) 41–61.

Bumke, J.: Mäzene im Mittelalter. Die Gönner und Auftraggeber der höfischen Literatur in Deutschland 1150–1300 (München 1979).

–: Höfische Kultur. Literatur und Gesellschaft im hohen Mittelalter, 2 Bde. (München 1986).

Burdach, K.: Walther von der Vogelweide (Leipzig 1900).

Büttner, H.: Egino von Urach-Freiburg, der Erbe der Zähringer, Ahnherr des Hauses Fürstenberg (Donaueschingen 1939).

–: Staufische Territorialpolitik im 12. Jahrhundert, Württembergisch Franken 47, N. F. 37 (1963) 5–27.

–: Friedrich Barbarossa und Burgund, Vorträge und Forschungen 12 (1968) 79–119.

Calò Mariani, M. S.: I fenomeni artistici come espressione del potere, in: Potere, società e popolo tra età normanna ed età sveva (1189–1210) (Centro di studi normanno–svevi. Università degli studi di Bari. Atti 5; Bari 1983) 215–250.

Capitani, O.: Costanza d'Altavilla, Enciclopedia Dantesca 2 (Rom 1970) 239 f.

Caravale, M.: Il regno normanno di Sicilia, Ius nostrum 10 (Mailand 1966).

Cartellieri, A.: Philipp II. August. König von Frankreich, 4 Bde. (Leipzig 1899–1922).

Caspar, E.: Roger II. (1101–1154) und die Gründung der normannisch-sizilischen Monarchie (Innsbruck 1904; Nachdruck: Darmstadt 1963).

Chalandon, F.: Histoire de la domination normande en Italie et en Sicile, 2 Bde. (Paris 1907; Nachdruck: New York 1960).

Cheney, C. R.: Pope Innocent III and England (Stuttgart 1976).

Chiappini, L.: Gli Estensi (Varese 1970).

Chodorow, St.: Dekretalensammlungen, Lexikon des Mittelalters 3(1986) 656–658.

Clementi, D. R.: Some Unnoticed Aspects of the Emperor Henry VI's Conquest of the Norman Kingdom of Sicily, Bulletin of The John Rylands Library Manchester 36 (1953/54) 328–359.

Clementi, D.: The Circumstances of Count Tancred's Accession to the Kingdom of Sicily, Duchy of Apulia and the Principality of Capua, in: Mélanges Antonio Marongiu. Études présentées à la Commission Internationale pour l'Histoire des Assemblées d'États 34 (Brüssel 1968) 57–80.

Coing, H.: Handbuch der Quellen und Literatur der neueren europäischen Privatrechtsgeschichte 1. Mittelalter (1100–1500) (München 1973).

Colliva, P.: Ricerche sul principio di legalità nell'amministrazione del regno di Sicilia al tempo di Federico II. (Seminario giuridico della Università di Bologna 39, Mailand 1964).

Cox, E. L.: The Eagles of Savoy. The House of Savoy in Thirteenth-Century Europe (Princeton, N. J. 1974).

Crusius, I.: Bischof Konrad II. von Hildesheim: Wahl und Herkunft, in: Institutionen, Kultur und Gesellschaft im Mittelalter. Festschrift für J. Fleckenstein (Sigmaringen 1984) 431–468.

Csendes, P.: Die Kanzlei Kaiser Heinrichs VI. (Wien 1981).

D'Alessandro, V.: Corona e nobiltà nell'età dei due Guglielmi, in: Potere, società e popolo nell'età dei due Guglielmi (Università degli studi di Bari, Centro di studi normanno-svevi. Atti 4; Bari 1981) 63–77.

D'Alverny, M.-Th.: Translations and Translators, in: Renaissance and Renewal in the Twelfth Century, hrsg. von R. L. Benson – G. Constable (Oxford 1982; Paperback 1985) 421–462.

Daneu Lattanzi, A.: Petrus de Ebulo. Nomina et virtutes balneorum seu De Balneis Puteolorum et Baiarum. Codice Angelico 1474 (Rom 1962).

Davis, C. T.: Il buon tempo antico, in: Florentine Studies. Politics and Society in Renaissance Florence, hrsg. von N. Rubinstein (London 1968) 45–69.

De Boor, H.: Die Höfische Literatur. Vorbereitung, Blüte, Ausklang. 1170–1250, Geschichte der deutschen Literatur, hrsg. von H. de Boor – R. Newald, 2 (München [10]1979).

Decker-Hauff, H.-M.: Die Anfänge des Hauses Wirtemberg, 900 Jahre Haus Württemberg, hrsg. von R. Uhland (Stuttgart 1984) 25–81.

Deér, J.: Der Kaiserornat Friedrichs II. (Bern 1952).

–: The Dynastic Porphyry Tombs of the Norman Period in Sicily (Cambridge, Mass. 1959).

–: Papsttum und Normannen. Untersuchungen zu ihren lehnsrechtlichen und kirchenpolitischen Beziehungen (Köln–Wien 1972).

–: Das Grab Friedrichs II., Vorträge und Forschungen 16 (1974) 361–383.

Delisle, L.: Catalogue des actes de Philippe-Auguste (Paris 1856).

De Matteis, M. C.: Ancora su Malispini, Villani e Dante: per un riesame dei rapporti tra cultura storica e profezia etica nell'Alighieri, BISI 82 (1970) 329–390.

–: Malispini da Villani o Villani da Malispini? Una ipotesi sui rapporti tra Ricordano Malispini, il ›Compendiatore‹ e Giovanni Villani, BISI 84 (1972–1973) 145–221.

De Stefano, A.: Fridericus, puer Apuliae, Archivio storico Pugliese 4 (1951) 23–30.

Dilcher, G.: Die Entstehung der lombardischen Stadtkommune (Aalen 1967).

Dilcher, H.: Die sizilische Gesetzgebung Kaiser Friedrichs II. Quellen der Constitutionen von Melfi und ihrer Novellen (Köln–Wien 1975).

Dreher, A.: Über die Herkunft zweier Güterverzeichnisse der späteren Stauferzeit, ZWLG 29 (1970) 321–325.

Duby, G.: Der Sonntag von Bouvines. 27. Juli 1214 (Berlin 1988; frz. Original: Paris 1973).

Eberl, I.: Helfenstein, Gf.en v., Lexikon des Mittelalters 4 (1989) 2118 f.

Eckhardt, A.: Das älteste Bolander Lehnbuch. Versuch einer Neudatierung, Archiv für Diplomatik 22 (1976) 317–344.

Ehlers, J.: Geschichte Frankreichs im Mittelalter (Stuttgart 1987).

Elm, K.: Beg(h)inen, Lexikon des Mittelalters 1 (1980) 1799 f.

Elm, K. – P. Joerißen – H. J. Roth (Hrsg.): Die Zisterzienser. Ordensleben zwischen Ideal und Wirklichkeit, Schriften des Rheinischen Museumsamtes 10 (Bonn 1980).

Elze, R.: Zum Königtum Rogers II. von Sizilien, in: Festschrift Percy Ernst Schramm zu seinem siebzigsten Geburtstag von Schülern und Freunden zugeeignet (Wiesbaden 1964) 102–116.

–: Eine Kaiserkrönung um 1200, in: Adel und Kirche. G. Tellenbach zum 65. Geburtstag dargebracht (Freiburg 1968) 365–373.

–: Ruggero II e i papi del suo tempo, in: Società, potere e popolo nell'età di Ruggero II (Università degli studi di Bari, Centro di studi normanno-svevi. Atti 3, Bari 1979) 27–39.

–: (Hrsg.), Die Ordines für die Weihe und Krönung des Kaisers und der Kaiserin, MGH Fontes iuris 9 (Hannover 1960).

Engels, O.: Die Staufer (Stuttgart–Berlin–Köln–Mainz 1972, ^{4}1989).

–: Die Stauferzeit, in: F. Petri – G. Droege (Hrsg.), Rheinische Geschichte, Bd. 1,3 (Düsseldorf 1983) 199–296.

Englebert, O.: Vie de St. François d'Assise (Paris 1972).

Enzensberger, H.: Beiträge zum Kanzlei- und Urkundenwesen der normannischen Herrscher Unteritaliens und Siziliens, Münchener historische Studien, Abtl. Gesch. Hilfswiss. 9 (Kallmünz 1971).

–: Der „böse" und der „gute" Wilhelm. Zur Kirchenpolitik der normannischen Könige von Sizilien nach dem Vertrag von Benevent (1156), DA 36 (1980) 385–432.

–: Il documento regio come strumento del potere, in: Potere, società e popolo nell' età dei due Guglielmi (Università degli studi di Bari, Centro di studi normanno-svevi. Atti 4, Bari 1981) 103–138.

Esser, K.: Anfänge und ursprüngliche Zielsetzung des Ordens der Minderbrüder, Studia et Documenta Franciscana 4 (Leiden 1966).

Eyer, F.: Die Landgrafschaft im unteren Elsaß, ZGO 117 (1969) 161–178.

Falkenhausen, V. von: I gruppi etnici nel regno di Ruggero II e la loro partecipazione al potere, in: Società, potere e popolo nell'età di Ruggero II (Università degli studi di Bari, Centro di studi normanno-svevi. Atti 3, Bari 1979) 133–156.

Fasoli, G.: La Lega Lombarda – Antecedenti, formazione, struttura, Vorträge und Forschungen 12 (1968) 143–160.

–: Federico Barbarossa e le città lombarde, Vorträge und Forschungen 12 (1968) 121–142, deutsch: Friedrich Barbarossa und die lombardischen Städte, Wege der Forschung 390 (1975) 149–183.

–: Federico II e la Lega lombarda. Linee di ricerca, Annali dell'Istituto storico italo-germanico in Trento 2 (1976) 39–74.

–: Ezzelino III. da Romano, Lexikon des Mittelalters 4 (1987) 196f.

Fein, H., Die staufischen Städtegründungen im Elsaß (Frankfurt a. M. 1939).

Ficker, J., Forschungen zur Reichs- und Rechtsgeschichte Italiens, 4 Bde. (Innsbruck 1868–1874; Nachdruck: Aalen 1961).

Fik, K. – H. Häfele: Kloster Ellwangen in der frühen Stauferzeit, Ellwanger Jahrbuch 25 (1973/74) 140–166.

Foreville: Latran I, II, III et Latran IV (Paris 1965).

Fried, J.: Eine unbekannte sizilische Königsurkunde Konstanzes von Aragon und Heinrichs (VII.), DA 36 (1980) 567–574.

–: Friedrich Barbarossas Krönung in Arles (1178), HJb 103 (1983) 347–371.

Fuhrmann, H.: Deutsche Geschichte im hohen Mittelalter (Göttingen 1978, ^{2}1983).

Gabrieli, F.: Federico II e la cultura musulmana, Rivista storica italiana 64 (1950) 5–18, deutsch: Friedrich II. und die Kultur des Islam, in: Stupor mundi. Zur Geschichte Friedrichs II. von Hohenstaufen, hrsg. von G. Wolf (Darmstadt ^{2}1982) 76–94.

–: Die Kreuzzüge aus arabischer Sicht (Zürich–München 1973).

–: Storia, cultura e civiltà degli Arabi in Italia, in: Gabrieli, F. – Scerrato, U., Gli Arabi in Italia (Mailand 1979) 15–269.

García y García: siehe unter Kuttner, S.

Gerlich, A.: Gerlach II. v. Büdingen, Lexikon des Mittelalters 4 (1989) 1336.
Gernhuber, J.: Die Landfriedensbewegung in Deutschland bis zum Mainzer Reichslandfrieden von 1235 (Bonn 1952).
Gianni, M. – R. Orioli: La cultura medica di Pietro da Eboli, in: Studi su Pietro da Eboli (Rom 1978) 89–117.
Gibb, H. A. R.: The Aiyūbids, in: A History of the Crusades, hrsg. von K. M. Setton, 2 (Madison, Wisc.–London [2]1969) 693–714.
Girgensohn, D.: Über die Schwierigkeit, sein Recht zu bekommen. Lateinische Landbesitzer im Streit mit dem griechischen Abt von Santa Maria del Patire bei Rossano (1187–89), in: Institutionen, Kultur und Gesellschaft im Mittelalter. Festschrift für J. Fleckenstein (Sigmaringen 1984) 415–430.
Girgensohn, D. – N. Kamp: Urkunden und Inquisitionen der Stauferzeit aus Tarent, QFIAB 41 (1961) 137–234.
–: Urkunden und Inquisitionen des 12. und 13. Jahrhunderts aus Patti, QFIAB 45 (1965) 1–240.
Goez, W.: Der Leihezwang. Eine Untersuchung zur Geschichte des deutschen Lehnrechtes (Tübingen 1962).
–: Fürstenprivilegien Friedrichs II., Handwörterbuch zur deutschen Rechtsgeschichte 1 (1971) 1358–1361.
–: Friedrich II. und Deutschland, in: K. Friedland, W. Goez, W. J. Müller (Hrsg.), Politik, Wirtschaft und Kunst des staufischen Lübecks (Lübeck 1976) 5–38.
–: „Gegeben zu Borgo San Donnino“. Aussteller und Ausstellungsort des Freiheitsbriefes von 1226, in: Lübeck 1226. Reichsfreiheit und frühe Stadt, hrsg. von O. Ahlers u. a. (Lübeck 1976) 21–48.
–: Gestalten des Hochmittelalters (Darmstadt 1983).
Gottschalk, H. L.: Al-Malik al-Kāmil von Egypten und seine Zeit (Wiesbaden 1958).
Grimme, E. G.: Karl der Große in seiner Stadt, in: Karl der Große. Lebenswerk und Nachleben, hrsg. von W. Braunfels, Bd. 4 (Düsseldorf 1967) 229–273.
Grundmann, H.: Studien über Joachim von Floris (Leipzig–Berlin 1927).
–: Neue Forschungen über Joachim von Fiore (Marburg 1950).
–: Zur Biographie Joachims von Fiore und Rainers von Ponza, DA 16 (1960) 437–546.
–: Kirchenfreiheit und Kaisermacht um 1190 in der Sicht Joachims von Fiore, DA 19 (1963) 353–396.
–: Religiöse Bewegungen im Mittelalter, mit Anhang: Neuere Beiträge zur Geschichte der religiösen Bewegungen im Mittelalter (Darmstadt [4]1977).
Güterbock, F.: Eine zeitgenössische Biographie Friedrichs II., das verlorene Geschichtswerk Mainardinos, NA 30 (1905) 35–83.
Häfele, H.: siehe unter Fik, K.
Hagemann, W.: Jesi im Zeitalter Friedrichs II., QFIAB 36 (1956) 138–187.
Haidacher, A.: Über den Zeitpunkt der Exkommunikation Ottos IV. durch Papst Innozenz III., Röm. Hist. Mitt. 3 (1960) 132–185.
–: Zur Exkommunikation Ottos IV. durch Papst Innozenz III., Röm. Hist. Mitt. 4 (1961) 26–36.
–: Beiträge zur Kenntnis der verlorenen Registerbände Innozenz' III., Röm. Hist. Mitt. 4 (1961) 37–62.

–: Zum Zeitpunkt der Exkommunikation Kaiser Ottos IV. Replik zu: H. Tillmann, Datierungsfragen, Röm. Hist. Mitt. 11 (1969) 206–209.

Hampe, K.: Beiträge zur Geschichte Kaiser Friedrichs II. 1. Über die erste Vermählung Friedrichs. 2. Zur Entstehung des Konflikts zwischen Otto IV. und Friedrich II., Historische Vierteljahrschrift 4 (1901) 161–194.

–: Aus der Kindheit Kaiser Friedrichs II., in: MIÖG 22 (1901) 575–599.

–: Deutsche Angriffe auf das Königreich Sizilien im Anfang des 13. Jahrhunderts, Historische Vierteljahrschrift 7 (1904) 473–487.

–: Mitteilungen aus der Capuaner Briefsammlung I–II, SB Heidelberg 1910, 13. Abhandlung (Heidelberg 1910).

–: Mitteilungen aus der Capuaner Briefsammlung III, SB Heidelberg 1911, 5. Abhandlung (Heidelberg 1911).

–: Ein sizilischer Legatenbericht an Innocenz III. aus dem Jahre 1204, QFIAB 20 (1928/29) 40–56.

–: siehe auch unter Baethgen, F.

Haskins, C. H.: Studies in the History of Mediaeval Science (Cambridge, Mass. 1924).

Haverkamp, A.: Herrschaftsformen der Frühstaufer in Reichsitalien. 2 Teile (Stuttgart 1970–1971).

–: Friedrich I. und der hohe italienische Adel, Vorträge und Forschungen. Sonderband 9 (Sigmaringen 1971) 53–92.

–: Das Zentralitätsgefüge Mailands im hohen Mittelalter, in: Zentralität als Problem der mittelalterlichen Stadtgeschichtsforschung. Städteforschung A 8 (1979) 48–78.

–: Die Städte im Herrschafts- und Sozialgefüge Reichsitaliens, HZ Beiheft 7 (1982) 149–245.

–: Aufbruch und Gestaltung. Deutschland 1056–1273 (München 1984).

–: Italien im hohen und späten Mittelalter 1056–1454, in: Handbuch der europäischen Geschichte 2, hrsg. von F. Seibt (Stuttgart 1987) 546–681.

–: Der Konstanzer Friede zwischen Kaiser und Lombardenbund (1183), Vorträge und Forschungen 33 (1987) 11–44.

Heinemeyer, K.: König und Reichsfürsten in der späten Salier- und frühen Stauferzeit, BDLG 122 (1986) 1–39.

Helbig, H.: Der Wettinische Ständestaat. Untersuchungen zur Geschichte des Ständewesens und der landständischen Verfassung in Mitteldeutschland bis 1485 (Münster–Köln 1955).

Heller, E. – H. M. Schaller: Zur Frage des kurialen Stileinflusses in der sizilischen Kanzlei Friedrichs II., DA 19 (1963) 434–450.

Hemptinne, Th. de: Ferrand v. Portugal, Lexikon des Mittelalters 4 (1987) 384 f.

Herde, P.: Albert Behaim, Lexikon des Mittelalters 1 (1980) 288.

–: Guelfen und Neoguelfen. Zur Geschichte einer nationalen Ideologie vom Mittelalter zum Risorgimento (Stuttgart 1986).

–: Die Katastrophe vor Rom im August 1167. Eine historisch-epidemiologische Studie zum vierten Italienzug Friedrichs I. Barbarossa, Sitzungsberichte der Wissenschaftlichen Gesellschaft an der Johann Wolfgang Goethe-Universität Frankfurt a. M., Bd. 27, Nr. 4 (Stuttgart 1991).

Herkenrath, R. M.: Regnum und Imperium in den Diplomen der ersten Regierungsjahre Friedrichs I., SB Wien 264, 5. Abh. (1969).
Herkommer, H.: Überlieferungsgeschichte der ›Sächsischen Weltchronik‹. Ein Beitrag zur deutschen Geschichtsschreibung des Mittelalters (München 1972).
Hettinger, A.: Zur Lebensgeschichte und zum Todesdatum des Constantinus Africanus, DA 46 (1990) 517–529.
Heupel, W. E.: Der sizilische Großhof unter Kaiser Friedrich II. Eine verwaltungsgeschichtliche Studie, MGH Schriften 4 (Stuttgart 1940).
Hilpert, H.-E.: Zwei Briefe Kaiser Ottos IV. an Johann Ohneland, DA 38 (1982) 123–140.
Hoffmann, H.: Die Unveräußerlichkeit der Kronrechte im Mittelalter, DA 20 (1964) 389–474.
Holder-Egger, O.: Italienische Prophetien des 13. Jahrhunderts I., NA 15 (1890) 141–178; II., NA 30 (1905) 321–386; III., NA 33 (1908) 95–187.
Holtzmann, W.: Papst-, Kaiser- und Normannenurkunden aus Unteritalien, 1: QFIAB 35 (1955) 46–85, 2: QFIAB 36 (1956) 1–85, 3: QFIAB 42/43 (1963) 56–103.
–: Aus der Geschichte von Nardò in der normannischen und staufischen Zeit, Nachrichten der Akademie der Wissenschaften in Göttingen. Phil.-hist. Kl. (Göttingen 1961) 35–82.
Horst, E.: Friedrich II. der Staufer. Kaiser – Feldherr – Dichter (Düsseldorf 1975, [5]1986).
Hotz, W.: Pfalzen und Burgen der Stauferzeit. Geschichte und Gestalt (Darmstadt 1981).
Hucker, B. U.: Die Chronik Arnolds von Lübeck als ›Historia Regum‹, DA 44 (1988) 98–119.
–: Kaiser Otto IV., MGH Schriften 34 (Hannover 1990).
Imkamp, W.: Das Kirchenbild Innocenz' III. (1198–1216) (Stuttgart 1983).
Jamison, E. M.: The Norman Administration of Apulia and Capua more especially under Roger II. and William I. 1127–1166, Papers of the British School at Rome 6 (London 1913, Nachdruck: Aalen 1987).
Jamison, E.: Admiral Eugenius of Sicily. His Life and Work and the Authorship of the Epistola ad Petrum and the Historia Hugonis Falcandi Siculi (London 1957).
Johnson, E. N.: The Crusades of Frederick Barbarossa and Henry VI., in: A History of the Crusades, hrsg. von K. M. Setton, 2 (Madison, Wisc.-London [2]1969) 87–122.
Jordan, K.: Investiturstreit und frühe Stauferzeit (1056–1197), in: Gebhardt, Handbuch der deutschen Geschichte 1, hrsg. von H. Grundmann (Stuttgart [9]1970) 323–425.
–: Heinrich der Löwe. Eine Biographie (München 1979).
Kamp, N.: Münzprägung und Münzpolitik der Staufer in Deutschland, Hamburger Beiträge zur Numismatik 17 (1963) 517–544.
–: Kirche und Monarchie im staufischen Königreich Sizilien. I: Prosopographische Grundlegung. Bistümer und Bischöfe des Königreiches 1194–1266. Teil 1–4 (München 1973–1982).
–: Vom Kämmerer zum Sekreten. Wirtschaftsreformen und Finanzverwaltung im staufischen Königreich Sizilien, Vorträge und Forschungen 16 (1974) 43–92.
–: Der unteritalienische Episkopat im Spannungsfeld zwischen monarchischer Kon-

trolle und römischer 'libertas' von der Reichsgründung Rogers II. bis zum Konkordat von Benevent, in: Società, potere e popolo nell'età di Ruggero II (Università degli studi di Bari, Centro di studi normanno-svevi. Atti 3, Bari 1979) 99–132.
–: Cicala, Paolo di, Dizionario biografico degli Italiani 25 (1981) 318–320.
–: Costanza d'Aragona, Dizionario biografico degli Italiani 30 (1984) 356–359.
–: siehe auch unter Girgensohn, D.
Kantorowicz, E.: Kaiser Friedrich der Zweite (Berlin 1927). Ergänzungsband (Berlin 1931) (Nachdruck: Düsseldorf–München 1963).
Kauffmann, C. H.: The Baths of Pozzuoli. A Study of the Medieval Illumination of Peter of Eboli's Poem (Oxford 1959).
Kehr, P.: Das Briefbuch des Thomas von Gaeta, Iustitiars Friedrichs II., QFIAB 8 (1905) 1–76.
Kempf, F.: Papsttum und Kaisertum bei Innocenz III. Die geistigen und rechtlichen Grundlagen seiner Thronstreitpolitik (Rom 1954).
Keunecke, H. O.: Die Münzenberger. Quellen und Studien zur Emanzipation einer Reichsdienstmannenfamilie (Darmstadt–Marburg 1978).
Kienast, W.: Deutschland und Frankreich in der Kaiserzeit (900–1270). Weltkaiser und Einzelkönige, 3 Bde. (Stuttgart 1974–1975).
Kirfel, H. J.: Weltherrschaftsidee und Bündnispolitik. Untersuchungen zur auswärtigen Politik der Staufer (Bonn 1959).
Kirn, P.: Die Verdienste der staufischen Kaiser um das deutsche Reich, HZ 164 (1941) 261–284, Nachdruck in: Stupor Mundi. Zur Geschichte Friedrichs II. von Hohenstaufen, hrsg. von G. Wolf (Darmstadt [1]1966) 194–221.
Klingelhöfer, E.: Die Reichsgesetze von 1220, 1231/32 und 1235. Ihr Werden und ihre Wirkung im deutschen Staat Friedrichs II., Quellen und Studien zur Verfassungsgeschichte des Deutschen Reiches in Mittelalter und Neuzeit 8, 2 (Weimar 1955); Teil-Nachdruck mit Nachtrag 1979 in: Stupor Mundi. Zur Geschichte Friedrichs II. von Hohenstaufen, hrsg. von G. Wolf (Darmstadt [2]1982) 161–202.
Kluger, H.: Hochmeister Hermann von Salza und Kaiser Friedrich II. Ein Beitrag zur Frühgeschichte des Deutschen Ordens (Marburg 1987).
Kluxen, K.: Englische Verfassungsgeschichte. Mittelalter (Darmstadt 1987).
Knöpp, F.: Die Stellung Friedrichs II. und seiner beiden Söhne zu den deutschen Städten, Historische Studien 181 (Berlin 1928).
Koch, G.: Auf dem Wege zum Sacrum Imperium. Studien zur ideologischen Herrschaftsbegründung der deutschen Zentralgewalt im 11. und 12. Jahrhundert (Wien–Köln–Graz 1972).
Koch, W.: Friedrich II., Lexikon des Mittelalters 4 (1988) 933–938.
Kölzer, Th.: Urkunden und Kanzlei der Kaiserin Konstanze, Königin von Sizilien (1195–1198) (Köln–Wien 1983).
–: Costanza d'Altavilla, Dizionario biografico degli Italiani 30 (1984) 346–356.
–: Die sizilische Kanzlei von Kaiserin Konstanze bis König Manfred (1195–1266), DA 40 (1984) 532–561.
–: Heinrich v. Kalden, Lexikon des Mittelalters 4 (1989) 2094.
–: Sizilien und das Reich im ausgehenden 12. Jahrhundert, HJb 110 (1990) 3–22.
–: (Hrsg.): Die Urkunden der Kaiserin Konstanze (Constantiae Imperatricis diplo-

mata), MGH Diplomata. Die Urkunden der deutschen Könige und Kaiser 11,3 (Hannover 1990).
Krabbo, H.: Die Besetzung der deutschen Bistümer unter der Regierung Kaiser Friedrichs II. (1212–1250), Historische Studien 25 (Berlin 1901).
–: Die deutschen Bischöfe auf dem Vierten Laterankonzil von 1215, QFIAB 10 (1907) 275–300.
Kraus, A.: siehe unter Spindler, M.
Krönig, W.: Sul significato storico dell'arte sotto i due Guglielmi, in: Potere, società e popolo nell'età dei due Guglielmi (Università degli studi di Bari, Centro di studi normanno-svevi. Atti 4, Bari 1981) 291–310.
Kuttner, S.: The Revival of Jurisprudence, in: Renaissance and Renewal in the Twelfth Century, hrsg. von R. L. Benson – G. Constable (Oxford 1982; Paperback 1985) 299–323.
Kuttner, S. – A. García y García: A New Eyewitness Account of the Fourth Lateran Council, Traditio 20 (1964) 115–178.
La Duca, R.: Cartografia generale della città di Palermo e antiche carte della Sicilia, 2 Bde. (Neapel 1975).
Lambert, M. D.: Ketzerei im Mittelalter. Häresien von Bogumil bis Hus (München 1981, engl.: London 1977).
Lamma, P.: Comneni e Staufer. Ricerche sui rapporti fra Bisanzio e l'Occidente nel secolo XII, 2 Bde. (Rom 1955–1957).
–: Byzanz kehrt nach Italien zurück, Vorträge und Forschungen. Sonderband 9 (Sigmaringen 1971) 37–51.
Lammers, W.: Verzicht auf Reichsgebiet. Friedrichs II. Urkunde von Metz 1214, Frankfurter Historische Abhandlungen 5 (Wiesbaden 1973) 56–89; Nachdruck: Vestigia Mediaevalia. Frankfurter Historische Abhandlungen 19 (1979) 303–337.
–: Friedrich II. (1212–1250), in: Kaisergestalten des Mittelalters, hrsg. von H. Beumann (München 1984) 199–239.
Laufs, M.: Politik und Recht bei Innozenz III. (Köln–Wien 1980).
Le Bras, G. – Ch. Lefebvre – J. Rambaud: L'âge classique, 1140–1378. Sources et théories du droit (Paris 1965).
Lekai, L. J. – A. Schneider: Geschichte und Wirken der Weißen Mönche. Der Orden der Cistercienser (Köln 1958).
Leonhard, J.-F.: Die Seestadt Ancona im Spätmittelalter. Politik und Handel (Tübingen 1983).
Leonhardt, W.: Der Kreuzzugsplan Kaiser Heinrichs VI. (Borna–Leipzig 1913).
Löwe, H.: Dante und die Staufer, in: Speculum historiale. Festschrift für J. Spörl (Freiburg–München 1965) 316–333, Nachdruck: Ders., Von Cassiodor zu Dante. Ausgewählte Aufsätze zur Geschichtsschreibung und politischen Ideenwelt des Mittelalters (Berlin 1973) 277–297.
Maccarrone, M.: Studi su Innocenzo III (Padua 1972).
–: Papato e Regno di Sicilia nel primo anno di pontificato di Innocenzo III, in: Potere, società e popolo tra età normanna ed età sveva (1189–1210) (Centro di studi normanno-svevi, Università degli studi di Bari. Atti 5, Bari 1983) 75–108.
Maier, W.: Stadt und Reichsfreiheit. Entstehung und Aufstieg der elsässischen

Hohenstaufenstädte (mit besonderer Berücksichtigung des Wirkens Kaiser Friedrichs II.) (Zürich 1972).
Maisonneuve, H.: Études sur les origines de l'inquisition (Paris ²1960).
Maleczek, W.: Papst und Kardinalskolleg von 1191 bis 1216. Die Kardinäle unter Coelestin III. und Innocenz III. (Wien 1984).
Manselli, R.: Federico II ed Alatrino, diplomatico pontificio del secolo XIII, Studi Romani 6 (1958) 649–658.
–: Ezzelino da Romano nella politica italiana del sec. XIII, Studi ezzeliniani. Istituto storico italiano per il medio evo, Studi storici 45–47 (1963) 35–79.
–: L'eresia del male (Neapel 1963).
–: Grundzüge der religiösen Geschichte Italiens im 12. Jahrhundert, in: Vorträge und Forschungen. Sonderband 9 (Sigmaringen 1971) 5–35.
–: Premessa ad una lettura di Pietro da Eboli, in: Studi su Pietro da Eboli (Rom 1978) 5–16.
–: S. Francesco d'Assisi (Rom ²1981).
Mariotte, J.-I.: Le comté de Bourgogne sous les Hohenstaufen, 1156–1208 (Cahiers d'Études comtoises 4, Paris 1963).
Martin, J.-M.: Les communautés d'habitants de la Pouille et leurs rapports avec Roger II, in: Società, potere e popolo nell'età di Ruggero II (Università degli studi di Bari, Centro di studi normanno-svevi. Atti 3, Bari 1979) 73–98.
Maschke, E.: Bürgerliche und adlige Welt in den deutschen Städten der Stauferzeit, in: Südwestdeutsche Städte im Zeitalter der Staufer, hrsg. von E. Maschke – J. Sydow (Sigmaringen 1980) 9–27.
Maurer, H.-M.: Rechtsverhältnisse der hochmittelalterlichen Adelsburg vornehmlich in Südwestdeutschland, Vorträge und Forschungen 19, 2 (1976) 77–190.
Maurer, H.: Der Herzog von Schwaben. Grundlagen, Wirkungen und Wesen seiner Herrschaft in ottonischer, salischer und staufischer Zeit (Sigmaringen 1978).
–: Die Bischofsstadt Konstanz in staufischer Zeit, in: Südwestdeutsche Städte im Zeitalter der Staufer, hrsg. von E. Maschke – J. Sydow (Sigmaringen 1980) 68–94.
Mayer, H. E.: Geschichte der Kreuzzüge (Stuttgart ⁴1976).
Mazzarese Fardella, E.: Aspetti dell'organizzazione amministrativa nello stato normanno e svevo (Mailand 1966).
–: Problemi preliminari allo studio del ruolo delle contee nel Regno di Sicilia, in: Società, potere e popolo nell'età di Ruggero II (Università degli studi di Bari, Centro di studi normanno-svevi. Atti 3, Bari 1979) 41–54.
Ménager, L.-R.: Amiratus. L'émirat et les origines de l'amirauté (XIe–XIIIe siècles) (Paris 1960).
–: La législation sud-italienne sous la domination normande, in: Settimane di Studio del Centro Italiano di Studi sull'alto medioevo 16 (Spoleto 1969) 439–496.
Metz, W.: Staufische Güterverzeichnisse. Untersuchungen zur Verfassungs- und Wirtschaftsgeschichte des 12. und 13. Jahrhunderts (Berlin 1964).
Meuthen, E.: Die Aachener Pröpste bis zum Ende der Stauferzeit, Zs. des Aachener Geschichtsvereins 78 (1966/67) 5–95.
–: Aachener Urkunden 1101–1250, Publikationen der Gesellschaft für Rheinische Geschichtskunde 58 (Bonn 1972).

Miccoli, G.: La «crociata dei fanciulli» del 1212, Studi Medievali, 3. Serie 2 (1961) 407–443.

Miglio, M.: Momenti e modi di formazione del ›Liber ad honorem Augusti‹, in: Studi su Pietro da Eboli (Rom 1978) 119–146.

Minio-Paluello, L.: Henri Aristippe, Guillaume de Moerbeke et les traductions latines médiévales des Météorologiques et du De Generatione et Corruptione d'Aristote, Revue Philosophique de Louvain 45 (1947) 206–235; Nachdruck: Ders., Opuscula. The Latin Aristotle (Amsterdam 1972) 57–86.

Mitteis, H.: Die deutsche Königswahl, ihre Rechtsgrundlagen bis zur Goldenen Bulle (Brünn–München–Wien ²1944).

Möncke, G.: Bischofsstadt und Reichsstadt. Ein Beitrag zur mittelalterlichen Stadtverfassung von Augsburg, Konstanz und Basel (Berlin 1971).

Monti, G. M.: Il testo e la storia esterna delle Assise normanne, in: Studi di storia e diritto in onore di C. Calisse I (Milano 1940) 293–348.

Moreau, E. de: Histoire de l'église en Belgique 3. L'église féodale 1122–1378 (Brüssel 1945).

Müller, U.: Untersuchungen zur politischen Lyrik des deutschen Mittelalters, Göppinger Arbeiten zur Germanistik 55/56 (Göppingen 1974).

Munz, P.: Frederick Barbarossa. A study in medieval politics (London 1969).

Nau, E.: Münzen und Geld in der Stauferzeit, in: Die Zeit der Staufer. Geschichte – Kunst – Kultur 3 (Stuttgart 1977).

–: Staufische Münzpolitik, in: E. Maschke – J. Sydow (Hrsg.), Südwestdeutsche Städte im Zeitalter der Staufer (Sigmaringen 1980) 49–67.

Neumann, R.: Parteibildungen im Königreich Sizilien während der Unmündigkeit Friedrichs II. (1198–1208) (Frankfurt a. M. 1986).

Niese, H.: Die Verwaltung des Reichsgutes im 13. Jahrhundert (Innsbruck 1905, Nachdruck Aalen 1969).

–: Die Gesetzgebung der normannischen Dynastie im Regnum Siciliae (Halle/Saale 1910).

–: Das Bistum Catania und die sizilischen Hohenstaufen, Nachrichten der K. Gesellschaft der Wissenschaften zu Göttingen, Philol.-hist. Kl. 1912, 42–71.

–: Materialien zur Geschichte Kaiser Friedrichs II., Nachrichten der K. Gesellschaft der Wissenschaften zu Göttingen, Philol.-hist. Kl. 1912, 384–413.

–: Zur Geschichte des geistigen Lebens am Hofe Kaiser Friedrichs II., HZ 108 (1912) 473–540.

Nörr, K. W.: Institutional Foundations of the New Jurisprudence, in: Renaissance and Renewal in the Twelfth Century, hrsg. von R. L. Benson – G. Constable (Oxford 1982; Paperback 1985) 324–338.

Norwich, J. J.: Die Normannen in Sizilien 1130–1194 (Wiesbaden 1971, engl.: The Kingdom in the Sun 1130–1154, London 1970).

Noth, A.: I documenti arabi di Ruggero II di Sicilia, in: Brühl, Diplomi 189–222, deutsch: Die arabischen Dokumente König Rogers II. von Sizilien, in: Brühl, Urkunden 217–261.

Opll, F.: Friedrich Barbarossa (Darmstadt 1990).

Ostrogorsky, G.: Geschichte des Byzantinischen Staates (1940; Sonderausgabe: München 1965).

Otte, G.: Die Rechtswissenschaft, in: Die Renaissance der Wissenschaften im 12. Jahrhundert, hrsg. von P. Weimar (Zürich 1981) 123–142.
Pacaut, M.: Alexandre III – Étude sur la conception du pouvoir pontifical dans sa pensée et dans son œuvre (Paris 1956).
–: Frédéric Barberousse (Paris 1967), deutsch: Friedrich Barbarossa (Stuttgart 1969).
–: Papauté, royauté et épiscopat dans le royaume de Sicile (deuxième moitié du XIIe siècle), in: Potere, società e popolo nell'età dei due Guglielmi (Università degli studi di Bari, Centro di studi normanno-svevi. Atti 4, Bari 1981) 31–61.
Paravicini Bagliani, A.: Cardinali di curia e „familiae" cardinalizie dal 1227 al 1254, Italia Sacra 18–19 (Padua 1972).
Parisse, M.: La Noblesse Lorraine. XIe–XIIIe siècle. 2 Bde. (Paris 1976).
Partner, P.: The Lands of St. Peter. The Papal State in the Middle Ages and the Early Renaissance (Berkeley–Los Angeles 1972).
Pásztor, E.: Joachim von Fiore, Lexikon des Mittelalters 5 (1990) 485–487.
Patemann, R.: Die Stadtentwicklung von Basel bis zum Ende des 13. Jahrhunderts, ZGO 112 (1964) 431–467.
Patze, H.: Kaiser Friedrich Barbarossa und der Osten, Vorträge und Forschungen 12 (1968) 337–408.
Peri, I.: Uomini, città e campagne in Sicilia dall'XI al XIII secolo (Bari 1978).
Petersohn, J.: Saint-Denis–Westminster–Aachen. Die Karls-Translatio von 1165 und ihre Vorbilder, DA 31 (1975) 420–454.
Pfaff, V.: Die Gesta Innocenz' III. und das Testament Heinrichs VI., ZRG Kan. Abt. 50 (1964) 78–126.
Pini, A. I.: Città, comuni e corporazioni nel medioevo italiano (Bologna 1986).
Pixton, P. B.: Die Anwerbung des Heeres Christi: Prediger des Fünften Kreuzzuges in Deutschland, DA 34 (1978) 166–191.
Platelle, H.: Les luttes communales et l'organisation municipale (1075–1313), in: Histoire de Cambrai, hrsg. von L. Trenard (Lille 1982) 43–59.
Posse, O.: Die Siegel der deutschen Kaiser und Könige 751 bis 1913, 5 Bde. (Dresden 1909–1913).
Powell, J. M.: Anatomy of a Crusade. 1213–1221 (Philadelphia, Penn. 1986).
Queller, D. E.: The Fourth Crusade. The Conquest of Constantinople 1201–1204 (Leicester 1978).
Raedts, P.: The Children's Crusade of 1212, Journal of Medieval History 3 (1977) 279–323.
Regesta Imperii IV 3, Die Regesten des Kaiserreiches unter Heinrich VI. 1165 (1190)–1197. Nach J. F. Böhmer neubearbeitet von G. Baaken, 2 Bde. (Köln–Wien 1972–1979).
Regesta Imperii V 1–3, Die Regesten des Kaiserreiches unter Philipp, Otto IV, Friedrich II, Heinrich (VII), Conrad IV, Heinrich Raspe, Wilhelm und Richard 1198–1272. Nach der Neubearbeitung und dem Nachlasse J. F. Böhmers neu herausgegeben und ergänzt von J. Ficker und E. Winkelmann, 3 Bde. (Innsbruck 1881–1901; Nachdruck Hildesheim 1971).
Regesta Imperii V 4, Nachträge und Ergänzungen, bearbeitet von P. Zinsmaier (Köln–Wien 1983).

Reeves, M.: The Influence of Prophecy in the Later Middle Ages. A Study in Joachimism (Oxford 1969).
Ries, R.: Regesten der Kaiserin Constanze, Königin von Sizilien, Gemahlin Heinrichs VI., QFIAB 18 (1926) 30–100.
Roberg, B.: Honorius III., Lexikon des Mittelalters 5 (1990) 120f.
Roscher, H.: Papst Innocenz III. und die Kreuzzüge (Göttingen 1969).
Rösener, W.: Südwestdeutsche Zisterzienserklöster unter kaiserlicher Schirmherrschaft, ZWLG 33 (1974) 24–52.
–: Hofämter an mittelalterlichen Fürstenhöfen, DA 45 (1989) 485–550.
Runciman, S.: Geschichte der Kreuzzüge, 3 Bde. (München 1957–1960); engl.: A History of the Crusades, 3 Bde. (Cambridge 1951–1954).
Rütimeyer, E.: Stadtherr und Stadtbürgerschaft in den rheinischen Bischofsstädten. Ihr Kampf um die Hoheitsrechte im Hochmittelalter, Vierteljahrschrift für Sozial- und Wirtschaftsgeschichte. Beiheft 13 (Stuttgart 1928).
Sackur, E.: Zu Petrus von Eboli, NA 15 (1890) 387–393.
Salzer, E.: Über die Anfänge der Signorie in Oberitalien. Ein Beitrag zur italienischen Verfassungsgeschichte (Berlin 1900).
Scerrato, U.: Arte islamica in Italia, in: F. Gabrieli – U. Scerrato, Gli Arabi in Italia (Mailand 1979) 271–570.
Schadek, H.: Die Familiaren der sizilischen und aragonesischen Könige im 12. und 13. Jahrhundert, Spanische Forschungen der Görresgesellschaft, 1. Reihe: Gesammelte Aufsätze zur Kulturgeschichte Spaniens 26 (1971) 201–348.
Schäfer, A.: Staufische Reichslandpolitik und hochadlige Herrschaftsbildung im Uf- und Pfinzgau und im Nordwestschwarzwald im 11.–13. Jahrhundert, ZGO 117 (1969) 179–244.
–: Offenburg, eine zähringische Stadtgründung?, ZGO 123 (1975) 47–64.
Schaller, H. M.: Die staufische Hofkapelle im Königreich Sizilien, DA 11 (1954/55) 462–505.
–: Die Kanzlei Kaiser Friedrichs II. Ihr Personal und ihr Sprachstil. Teil 1, Archiv für Diplomatik 3 (1957) 207–286; Teil 2, ebd. 4 (1958) 264–327.
–: Kaiser Friedrich II. Verwandler der Welt (Göttingen–Frankfurt a. M.–Zürich 1964, ^{2}1971).
–: Heinrich I. v. Tanne, NDB 8 (Berlin 1969) 365.
–: Justingen, Anselm von, NDB 10 (Berlin 1974) 709f.
–: Das geistige Leben am Hofe Kaiser Ottos IV. von Braunschweig, DA 45 (1989) 54–82.
–: Eustachius de Matera und Pandolfo Collenuccio, in: Tradition und Wertung. Festschrift für F. Brunhölzl zum 65. Geburtstag (Sigmaringen 1989) 245–260.
–: siehe auch unter Heller, E.
Scheffer-Boichorst, P.: Die Vorbilder für Friedrichs II. Constitutio de resignandis privilegiis, in: Ders., Zur Geschichte des XII. und XIII. Jahrhunderts (Berlin 1897) 244–249.
–: Urkunden und Forschungen zu den Regesten der staufischen Periode, 1: NA 24 (1899) 123–229; 2: NA 27 (1901) 71–124.
–: Die Erhebung Wilhelms von Baux zum Könige des Arelats, SB Berlin 1901, 1231–1254.

Schiffer, P.: Die Grafen von Geldern im Hochmittelalter (1085–1229). Ein Beitrag zur Geschichte des unteren Rheingebietes (Geldern 1988).
Schipperges, H.: Chartres, Schule von, Lexikon des Mittelalters 2 (1983) 1753–1759.
Schmale, F.-J.: Studien zum Schisma des Jahres 1130 (Köln–Graz 1961).
Schmid, K.: Graf Rudolf von Pfullendorf und Kaiser Friedrich I., Forschungen zur oberrheinischen Landesgeschichte 1 (Freiburg i. Br. 1954).
Schmid, L.: Geschichte der Pfalzgrafen von Tübingen (Tübingen 1853).
Schmidt, U.: Königswahl und Thronfolge im 12. Jahrhundert (Köln–Wien 1987).
Schminck, C. U.: Crimen laesae maiestatis. Das politische Strafrecht Siziliens nach den Assisen von Ariano (1140) und den Konstitutionen von Melfi (1231) (Aalen 1970).
Schneider, A.: siehe unter Lekai, L. J.
Schneider, F.: Kaiser Friedrich II. und seine Bedeutung für das Elsaß, Elsaß-Lothringisches Jahrbuch 9 (1930) 128–155.
Schnith, K.: Bouvines, Schlacht v., Lexikon des Mittelalters 2 (1983) 522f.
Schrader, E.: Zur Deutung der Fürstenprivilegien von 1220 und 1231/32, in: Stupor Mundi. Zur Geschichte Friedrichs II. von Hohenstaufen, hrsg. von G. Wolf (Darmstadt ¹1966) 420–454.
Schramm, P. E.: Kaiser Friedrichs II. Herrschaftszeichen (Göttingen 1955).
Schramm, P. E. – F. Mütherich: Denkmale der deutschen Könige und Kaiser (Bd. 1): Ein Beitrag zur Herrschergeschichte von Karl dem Großen bis Friedrich II., 768–1250 (München 1962, ²1981).
Schubring, K.: Die Herzoge von Urslingen. Studien zu ihrer Besitz-, Sozial- und Familiengeschichte mit Regesten (Stuttgart 1974).
Schulz, K.: Die Zisterzienser in der Reichspolitik während der Stauferzeit, in: Die Zisterzienser. Ordensleben zwischen Ideal und Wirklichkeit. Ergänzungsband, hrsg. von K. Elm, Schriften des Rheinischen Museumsamtes 18 (Köln 1982) 165–193.
Schwarzmaier, H.: Das Ende der Stauferzeit in Schwaben: Friedrich II. und Heinrich (VII.), in: Bausteine zur geschichtlichen Landeskunde von Baden-Württemberg (Stuttgart 1979) 113–127.
–: Baden, Mgf.en von, Mgft., Lexikon des Mittelalters 1 (1980) 1337f.
Schweikle, G.: Die Staufer und der Minnesang, in: Auf den Spuren der Staufer, hrsg. von O. Müller (Gerlingen 1977) 117–127.
–: Der Stauferhof und die mhd. Lyrik, im besonderen zur Reinmar-Walther-Fehde und zu Hartmanns ‘herre’, in: Stauferzeit. Geschichte, Literatur, Kunst, hrsg. von R. Krohn u. a. (Stuttgart 1978) 245–259.
Schwind, F.: Die Landvogtei in der Wetterau. Studien zu Herrschaft und Politik der staufischen und spätmittelalterlichen Könige (Marburg 1972).
–: Zur Verfassung und Bedeutung der Reichsburgen, vornehmlich im 12. und 13. Jahrhundert, Vorträge und Forschungen 19, 1 (1976) 85–122.
–: Diez, Lexikon des Mittelalters 3 (1986) 1039f.
–: Frankfurt am Main, Lexikon des Mittelalters 4 (1989) 735–740.
–: Friedberg, Lexikon des Mittelalters 4 (1989) 918.
Selge, K.-V.: Die ersten Waldenser. 1. Untersuchung und Darstellung – 2. Der Liber Antiheresis des Durandus von Osca (Berlin 1967).

Selge, K.-V.: Die Ketzerpolitik Friedrichs II., Vorträge und Forschungen 16 (Sigmaringen 1974) 309–343.

Seltmann, I.: Heinrich VI. Herrschaftspraxis und Umgebung (Erlangen 1983).

Siberry, E.: Criticism of Crusading 1095–1274 (Oxford 1985).

Simeoni, L.: Note sulla formazione della seconda Lega Lombarda, Memorie della R. Accademia delle scienze dell'Istituto di Bologna. Classe di scienze morali, 3. ser. 6 (1931–32) 3–52, Nachdruck: Studi su Verona nel Medioevo di L. Simeoni, Bd. 4, Studi storici Veronesi 13 (1962) 281–353.

Siragusa, G. B.: siehe unter Petrus von Eboli, Liber.

Southern, R. W.: The Schools of Paris and the School of Chartres, in: Renaissance and Renewal in the Twelfth Century, hrsg. von R. L. Benson – G. Constable (Oxford 1982; Paperback 1985) 113–137.

Spindler, M. – A. Kraus (Hrsg.): Handbuch der bayerischen Geschichte 2: Das Alte Bayern. Der Territorial-Staat vom Ausgang des 12. Jahrhunderts bis zum Ausgang des 18. Jahrhunderts (München ²1988).

Stoob, H.: Formen und Wandel staufischen Verhaltens zum Städtewesen, in: Festschrift H. Aubin zum 80. Geburtstag (Wiesbaden 1965) 423–451, Nachdruck: Ders., Forschungen zum Städtewesen in Europa 1 (Köln–Wien 1970) 51–72, sowie: Ders. (Hrsg.), Altständisches Bürgertum 1, Wege der Forschung 352 (Darmstadt 1978) 380–413.

–: Doppelstädte, Gründungsfamilien und Stadtwüstungen im engrischen Westfalen, in: Kunst und Kultur im Weserraum 800–1600. 3 (Münster 1969) 113–147, Nachdruck: Ders., Forschungen zum Städtewesen in Europa 1 (Köln–Wien 1970) 138–186.

Stürner, W.: Natur und Gesellschaft im Denken des Hoch- und Spätmittelalters. Naturwissenschaftliche Kraftvorstellungen und die Motivierung politischen Handelns in Texten des 12. bis 14. Jahrhunderts (Stuttgart 1975).

–: Rerum necessitas und divina provisio. Zur Interpretation des Prooemiums der Konstitutionen von Melfi (1231), DA 39 (1983) 467–554.

–: Peccatum und potestas. Der Sündenfall und die Entstehung der herrscherlichen Gewalt im mittelalterlichen Staatsdenken (Sigmaringen 1987).

–: Kreuzzugsgelübde und Herrschaftssicherung. Friedrich II. und das Papsttum im letzten Pontifikatsjahr Innozenz' III., in: Papsttum, Kirche und Recht im Mittelalter. Festschrift für H. Fuhrmann (Tübingen 1991) 303–315.

Sydow, J.: Geschichte der Stadt Tübingen 1. Von den Anfängen bis zum Übergang an Württemberg 1342 (Tübingen 1974).

Tabacco, G.: Impero e Regno meridionale, in: Potere, società e popolo tra età normanna ed età sveva (1189–1210) (Centro di studi normanno-svevi, Università degli studi di Bari. Atti 5, Bari 1983) 13–48.

Tarlazzi, A.: Appendice ai Monumenti Ravennati dei secoli di mezzo del Conte M. Fantuzzi 1 (Ravenna 1869).

Theiner, A.: Codex diplomaticus dominii temporalis S. Sedis 1–3 (Rom 1861–62).

Theuerkauf, G.: Der Prozeß gegen Heinrich den Löwen. Über Landrecht und Lehnrecht im hohen Mittelalter, in: Mohrmann, W.-D. (Hrsg.), Heinrich der Löwe (Göttingen 1980) 217–248.

Thouzellier, C.: Catharisme et Valdéisme en Languedoc à la fin du XIIe et au début du XIIIe siècle (Louvain-Paris ²1969).

Tillmann, H.: Papst Innocenz III. (Bonn 1954).
–: Datierungsfragen zur Geschichte des Kampfes zwischen Papst Innocenz III. und Kaiser Otto IV., HJb 84 (1964) 34–85.
Töpfer, B.: Reges provinciales. Ein Beitrag zur staufischen Reichsideologie unter Kaiser Friedrich I., ZfG 22 (1974) 1348–1358.
Tramontana, S.: Gestione del potere, rivolte e ceti al tempo di Stefano di Perche, in: Potere, società e popolo nell'età dei due Guglielmi (Università degli studi di Bari, Centro di studi normanno-svevi. Atti 4, Bari 1981) 79–101.
–: Ceti sociali e gruppi etnici, in: Potere, società e popolo tra età normanna ed età sveva (1189–1210) (Università degli studi di Bari, Centro di studi normanno-svevi. Atti 5, Bari 1983) 147–163.
–: La monarchia normanna e sveva (Turin 1986).
Van Cleve, Th. C.: Markward of Anweiler and the Sicilian Regency (Princeton 1937).
–: The Fifth Crusade, in: A History of the Crusades, hrsg. von K. M. Setton, 2 (Madison, Wisc.-London ²1969) 377–428.
–: The Crusade of Frederick II, in: A History of the Crusades, hrsg. von K. M. Setton, 2 (Madison, Wisc.-London ²1969) 429–462.
–: The Emperor Frederick II of Hohenstaufen. Immutator Mundi (Oxford 1972).
Vicaire, H.-M.: Geschichte des heiligen Dominikus, 2 Bde. (Freiburg 1962/1963), frz.: Histoire de Saint Dominique (Paris 1957, ²1982).
Voltmer, E.: Formen und Möglichkeiten städtischer Bündnispolitik in Oberitalien nach dem Konstanzer Frieden: Der sogenannte Zweite Lombardenbund, Vorträge und Forschungen 33 (1987) 97–116.
Wackernagel, R.: Geschichte der Stadt Basel, 3 Bde. (Basel 1907–1916).
Waley, D.: The Papal State in the Thirteenth Century (London 1961).
–: Die italienischen Stadtstaaten (München 1969; engl.: The Italian City Republics, 1969).
Wattenbach, W. – F.-J. Schmale: Deutschlands Geschichtsquellen im Mittelalter. Vom Tode Kaiser Heinrichs V. bis zum Ende des Interregnum 1 (Darmstadt 1976).
Weigand, R.: Magister Rolandus und Papst Alexander III., Archiv für Katholisches Kirchenrecht 149 (1980) 3–44.
–: Glossen des Magister Rolandus zum Dekret Gratians, in: Miscellanea Rolando Bandinelli Papa Alessandro III, hrsg. von F. Liotta (Siena 1986) 389–427.
Weller, K.: Die staufische Städtegründung in Schwaben, Württembergische Vierteljahrshefte für Landesgeschichte 36 (1930) 145–268.
Weller, K. und A.: Württembergische Geschichte im südwestdeutschen Raum (Stuttgart–Aalen ⁷1972).
Wendehorst, A.: Das Bistum Würzburg 1: Die Bischofsreihe bis 1254, Germania Sacra NF 1,1 (Berlin 1962).
–: Hohenzollern, Lexikon des Mittelalters 5 (1990) 83 f.
Werle, H.: Staufische Hausmachtpolitik am Rhein im 12. Jahrhundert, ZGO 110 (1962) 241–370.
Werner, J.: Die Teilnehmerliste des Laterankonzils vom Jahr 1215, NA 31 (1906) 584–592.
Wieruszowski, H.: Roger II of Sicily, 'Rex-Tyrannus', in Twelfth-Century Political Thought, Speculum 38 (1963) 46–78.

Willemsen, C. A.: Über die Kindheit Friedrichs II., in: Potere, società e popolo tra età normanna ed età sveva (1189–1210) (Università degli studi di Bari, Centro di studi normanno-svevi. Atti 5, Bari 1983) 109–129.

Winkelmann, E.: Philipp von Schwaben und Otto IV. von Braunschweig (Jahrbücher der Deutschen Geschichte) 2 Bde. (Leipzig 1873–1878).

–: Über die Herkunft Dipolds des Grafen von Acerra und Herzogs von Spoleto, Forschungen zur deutschen Geschichte 16 (1876) 159–163.

Wisplinghoff, E.: Engelbert I. von Berg, Erzbischof von Köln (etwa 1182–1225), Rheinische Lebensbilder 1 (Düsseldorf 1961) 30–48.

Wojtecki, D.: Der Deutsche Orden unter Friedrich II., Vorträge und Forschungen 16 (Sigmaringen 1974) 187–224.

Wulz, W.: Der spätstaufische Geschichtsschreiber Burchard von Ursberg. Persönlichkeit und historisch-politisches Weltbild (Stuttgart 1982).

Wunder, G.: Otto von Eberstein. Bemerkungen zu seiner Biographie und Genealogie, ZGO 123 (1975) 93–101.

–: Die Schenken von Limpurg und ihr Land (Sigmaringen 1982).

Zecchino, O.: Le Assise di Ruggiero II. Problemi di storia delle fonti e di diritto penale (Pubblicazioni della Facoltà Giuridica dell'Università di Napoli 185, Neapel 1980).

Zeit der Staufer, Die: Geschichte – Kunst – Kultur. Katalog der Ausstellung Stuttgart 1977, 5 Bde. (Stuttgart 1977–1979).

Zerbi, P.: Papato e Regno meridionale dal 1189 al 1198, in: Potere, società e popolo tra età normanna ed età sveva (1189–1210) (Università degli studi di Bari, Centro di studi normanno-svevi. Atti 5, Bari 1983) 49–73.

Zielinski, H.: Zu den Urkunden der beiden letzten Normannenkönige Siziliens, Tankreds und Wilhelms III. (1190–1194), DA 36 (1980) 433–486.

–: (Hrsg.): Tancredi et Wilhelmi III Regum diplomata. Codex diplomaticus Regni Siciliae. Series prima, Tomus V (Köln–Wien 1982).

Zinsmaier, P.: Untersuchungen zu den Urkunden König Friedrichs II. 1212–1220, ZGO 97 (1949) 369–466.

–: Zur Diplomatik der Reichsgesetze Friedrichs II. (1216, 1220, 1231/32, 1235), ZRG Germ. Abt. 80 (1963) 82–117.

–: Die Reichskanzlei unter Friedrich II., Vorträge und Forschungen 16 (1974) 135–166.

–: Beiträge zur Diplomatik der Urkunden Friedrichs II., DA 41 (1985) 101–174.

ABKÜRZUNGSVERZEICHNIS

Im allgemeinen werden die im Lexikon des Mittelalters 1 (1980) XVII ff. angeführten Abkürzungen benützt. Auf die folgenden Abkürzungen sei eigens hingewiesen:

BDLG	Blätter für deutsche Landesgeschichte (Wiesbaden 1937 ff.)
BISI	Bullettino dell'Istituto storico italiano per il medio evo (Rom 1886 ff.)
Ep(p.)	Epistula(e)
HB	Huillard-Bréholles, J.-L.-A., (Hrsg.), Historia diplomatica Friderici secundi, 6 Bde. (in 11 Teilen, dazu ein Bd. Préface et introduction) (Paris 1852–1861; Nachdruck Turin 1963)
Inst.	Corpus iuris civilis. Institutiones
Konst.	Die Konstitutionen Friedrichs II. von Hohenstaufen für sein Königreich Sizilien, edd. H. Conrad, Th. von der Lieck-Buyken, W. Wagner (Köln–Wien 1973)
MGH SS rer. Germ.	Monumenta Germaniae Historica. Scriptores rerum Germanicarum in usum scholarum separatim editi
NDB	Neue deutsche Biographie 1 ff. (Berlin 1953 ff.)
PL	Patrologiae cursus completus, Series latina, ed. J.-P. Migne, 221 Bde. (Paris 1844 ff.)
RI	Regesta Imperii
RNI	Innocentius III, Regestum super negotio Romani imperii, ed. F. Kempf (Rom 1947)
Röm. Hist. Mitt.	Römische Historische Mitteilungen (Graz–Köln 1956/57 ff.)
RS	Rolls Series. Rerum Britannicarum medii aevi Scriptores
SB	Sitzungsberichte der Akademie der Wissenschaften. Philosophisch-historische Klasse
UB	Urkundenbuch
Vorträge und Forschungen	Vorträge und Forschungen, hrsg. vom Konstanzer Arbeitskreis für mittelalterliche Geschichte 1 ff. (Sigmaringen 1955 ff.)
ZWLG	Zeitschrift für Württembergische Landesgeschichte

REGISTER

Das Register erfaßt sämtliche topographischen Begriffe, Familien-, Personen- und Ortsnamen. Der Häufigkeit der Belege wegen fehlen allerdings „Friedrich II.“, „Deutschland“, „Italien“ (bzw. „Süditalien“, „Unteritalien“), „Sizilien“ und „Staufer“. Auf Belege, die sich nur in den Anmerkungen finden, verweist ein A nach der Seitenzahl.

Abkürzungen: Bf. = Bischof, Ebf. = Erzbischof, Gem. = Gemahlin, Gf. = Graf, Hg. = Herzog, K. = Kaiser, Kd. = Kardinal, Kg. = König, Ldgf. = Landgraf, Mkgf. = Markgraf, P. = Papst, Pfgf. = Pfalzgraf.

ABBILDUNGSVERZEICHNIS

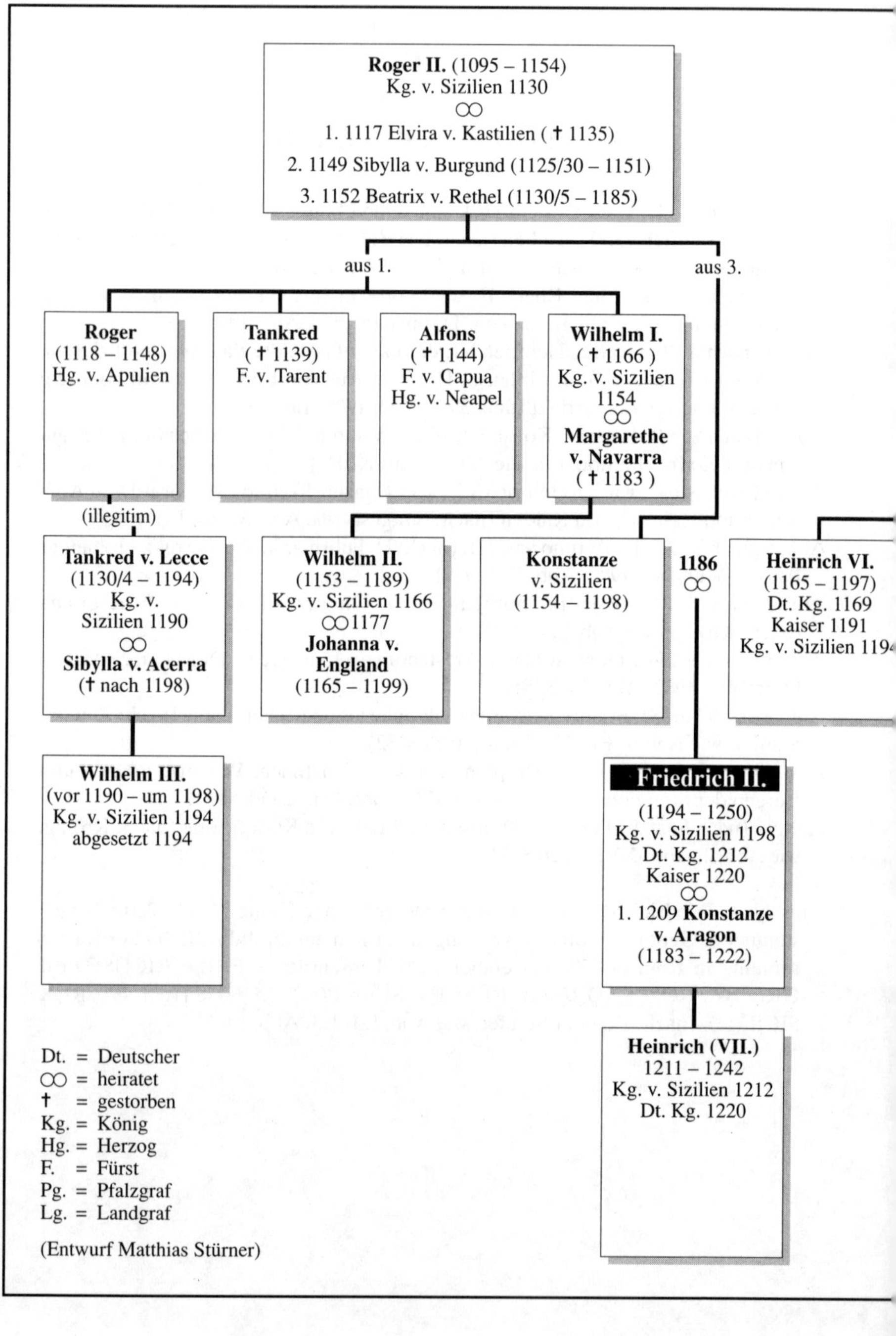
Roger II. (1095 – 1154)
Kg. v. Sizilien 1130
∞
1. 1117 Elvira v. Kastilien († 1135)
2. 1149 Sibylla v. Burgund (1125/30 – 1151)
3. 1152 Beatrix v. Rethel (1130/5 – 1185)
aus 1.
aus 3.
Roger (1118 – 1148) Hg. v. Apulien
Tankred († 1139) F. v. Tarent
Alfons († 1144) F. v. Capua Hg. v. Neapel
Wilhelm I. († 1166) Kg. v. Sizilien 1154 ∞ Margarethe v. Navarra († 1183)
(illegitim)
Tankred v. Lecce (1130/4 – 1194) Kg. v. Sizilien 1190 ∞ Sibylla v. Acerra († nach 1198)
Wilhelm II. (1153 – 1189) Kg. v. Sizilien 1166 ∞1177 Johanna v. England (1165 – 1199)
Konstanze v. Sizilien (1154 – 1198)
1186 ∞
Heinrich VI. (1165 – 1197) Dt. Kg. 1169 Kaiser 1191 Kg. v. Sizilien 119
Wilhelm III. (vor 1190 – um 1198) Kg. v. Sizilien 1194 abgesetzt 1194
Friedrich II.
(1194 – 1250) Kg. v. Sizilien 1198 Dt. Kg. 1212 Kaiser 1220 ∞ 1. 1209 Konstanze v. Aragon (1183 – 1222)
Heinrich (VII.) 1211 – 1242 Kg. v. Sizilien 1212 Dt. Kg. 1220
Dt. = Deutscher
∞ = heiratet
† = gestorben
Kg. = König
Hg. = Herzog
F. = Fürst
Pg. = Pfalzgraf
Lg. = Landgraf
(Entwurf Matthias Stürner)

Stammtafel der Vorfahren Friedrichs II.

Friedrich I. Barbarossa (nach 1122 – 1190)
Hg. v. Schwaben 1146 Dt. Kg. 1152 Kaiser 1155
⚭
1. um 1149 **Adela v. Vohburg** (um 1128 – 1187)
geschieden 1153
2. 1156 **Beatrix v. Burgund** (1140/4 – 1184)

aus 2.

Friedrich
(urspr. Konrad ;
1167 – 1191)
g. von Schwaben
nach 1170

Otto
(1168/71 – 1200)
Pg. v. Burgund 1188
⚭ 1190
Margarethe v. Blois - Champagne
(um 1169 – 1230)

Konrad
(um 1172 – 1196)
Hg. v. Rothenburg
1188
Hg. v. Schwaben
1192

Philipp
(1176/7 – 1208)
Hg. v. Tuskien 1195
Hg. v. Schwaben 1196
Dt. Kg. 1198
⚭ 1195
Irene v. Byzanz
(1181 – 1208)

Beatrix
193 – 1231)
⚭ 1208
Otto I.
n 1171–1234)
. v. Meranien
1204
g. v. Burgund
1208

Maria
(1196 – 1235)
⚭ 1210/1
Heinrich II.
(1193 – 1248)
Hg. v. Brabant
1235

Beatrix
(1198 – 1212)
⚭ 1209
Otto IV.
(1177 – 1218)
Dt. Kg. 1198
Kaiser 1209

Kunigunde
(1202 – 1248)
⚭ 1224
Wenzel I.
(um
1205 – 1253)
Kg. v. Böhmen
1230

Beatrix
(1205 – 1235)
⚭ 1219
Ferdinand III.
(1200 – 1252)
Kg. v. Kastilien
und León 1230

Otto II.
218 – 1248)
g. v. Meranien
. v. Burgund
1234

Heinrich III.
(1230/1 – 1261)
Hg. v. Brabant
1248

Beatrix
(um
1225 – 1288)
⚭ 1241
Heinrich Raspe
(um
1202 – 1247)
Lg. v. Thüringen
1231
Gegenkg. 1246

Ottokar II.
(um
1230 – 1278)
Kg. v. Böhmen
1253

Alfons X.
(1221 – 1284)
Kg. v. Kastilien
und León 1252
Dt. Kg.
1257 – 1273